2023年第1卷
第73卷

刑法论丛

CRIMINAL LAW REVIEW VOL. 73

高铭暄／学术顾问
赵秉志／主　编
阴建峰／副主编
彭新林　袁　彬　张　磊　苏明月／专业编辑

中文社会科学引文索引（CSSCI）来源集刊

法律出版社
LAW PRESS CHINA
——北京——

图书在版编目（CIP）数据

刑法论丛. 2023年. 第1卷：总第73卷 / 赵秉志主编. -- 北京：法律出版社, 2024. -- ISBN 978 - 7 - 5197 - 9298 - 5

Ⅰ. D914.04 - 53

中国国家版本馆CIP数据核字第2024C0W250号

刑法论丛（2023年第1卷·总第73卷）
XINGFA LUNCONG (2023 NIAN DI - 1 JUAN · ZONG DI - 73 JUAN)

赵秉志 主编

责任编辑 黄倩倩
装帧设计 李 瞻

出版发行 法律出版社
编辑统筹 学术·对外出版分社
责任校对 晁明慧 王晓萍
责任印制 胡晓雅 宋万春
经　　销 新华书店

开本 A5
印张 13.625 **字数** 386千
版本 2024年10月第1版
印次 2024年10月第1次印刷
印刷 北京新生代彩印制版有限公司

地址：北京市丰台区莲花池西里7号（100073）
网址：www.lawpress.com.cn
投稿邮箱：info@lawpress.com.cn
举报盗版邮箱：jbwq@lawpress.com.cn

销售电话：010 - 83938349
客服电话：010 - 83938350
咨询电话：010 - 63939796

书号：ISBN 978 - 7 - 5197 - 9298 - 5
定价：72.00元

凡购买本社图书，如有印装错误，我社负责退换。电话：010 - 83938349

目录

CONTENTS

〔单位犯罪专栏〕

单位过失犯罪的基本构造

阴建峰*　侯撼岳**

目　次

一、问题的提出

刑事责任与犯罪同时发生,且是动用刑罚的前提,没有犯罪就没有刑事责任,没有刑事责任也就没有刑罚。在传统的自然人犯罪中,犯罪行为与刑事责任之间的联结非常紧密且明确,实行者与责任主体之间高度统一。在责任论中,无论是以非难对象为区分的行为责任论、性格责任论、人格责任论,还是以把握责任要素为基础的心理责任论、规范责任论等,都以有明确、独立的主体与行为为基础来判断责任,也即犯

---

* 北京师范大学法学院副院长、教授、博士生导师。
** 北京师范大学法学院博士生。

罪行为发生之时,特定的主体基于行为而承担刑事责任,进而产生对象明确的刑罚。但在单位犯罪中,主体和行为均包含个人与集体两个层面,单位意志和行为都呈现"集体—个人"的二元形态。在此样态之下,单位过失犯罪存在知行分离的情况。单位部分管理人员对某些特定事实并不知情而实施了特定行为,但知晓特定事实的另一部分管理人员未能采取适当的措施进行报告或处理,则会导致知行分离的情况。在我国现行的单位犯罪整体意志认定模式中,这种情况通常很难被认定。因此,必须通过评估单位的注意义务履行情况来确定其知情责任。在知情责任理论中,有序组织的内部沟通与协调义务是责任基础。[①]如果单位因没有通过有效的内控机制履行该义务而导致个人的犯罪行为发生,则需对知行分离的情形负有责任。实际上,这就是单位犯罪"集体—个人"特殊样态下罪过与行为具有二元性的体现,并通过单位的监督管理义务将单位和个人各自的意志、行为连接起来。此种犯罪构造的复杂性在单位过失犯罪中更加凸显,以致部分论者对单位过失犯罪质疑,认为单位不存在过失,单位过失犯罪没有单独讨论的必要。基于此,本文将从剖析单位犯罪中关于罪过的争议切入,揭示单位过失是单位犯罪的一种独立的罪过形式;在此基础上,集中探讨单位过失犯罪中注意义务的违反以及因果关系这两个核心构造。

二、单位过失是独立的单位罪过形式

对于单位罪过的争议与单位犯罪归责理论的发展紧密联系,尤其是近年来企业内控机制相关概念的引入后,单位责任与个人责任针锋相对,学界和实务界对于单位犯意的认定逻辑、形成基础都产生了不同的理解,进而发展出关于单位罪过类型的不同观点:一是单位罪过仅包括故意;二是单位罪过仅包括过失;三是单位犯罪适用客观归责,没有区分故意与过失之必要;四是单位罪过既包括故意,也包括过失。我们认

---

① 参见萧鑫:《知情与行为相分离情形下法人知情归责的认定》,载《法学研究》2021 年第 4 期。

为,单位犯罪中故意与过失并存,单位过失是一种独立的单位罪过形式。

(一)单位罪过单一论的批驳

单位罪过单一论发展出两种截然不同的观点,即单位过失否定说与单位故意否定说。在我国早期的单位犯罪理论中,虽然通说认为单位犯罪的罪过形式包括故意与过失,但是仍有部分学者持否定论,认为单位犯罪的罪种范围中不应当包括过失犯罪,“只宜限定为经济犯罪和妨害社会管理秩序罪中的某些犯罪以及贪利性的渎职罪”①。单位过失否定说的基础实际上是法人拟制说和个人责任论,认为单位犯罪的本质仍然是自然人犯罪。该观点认为,单位犯罪的罪过形成中单位决策机构集体研究是必经环节,而过失犯罪自然人的过失行为往往不是经过单位集体决策形成,无法体现单位意志,进而不能构成过失犯罪。② 这种观点忽略了单位作为组织体的决策能力与监督管理义务,仅将单位是否知情与明示作为单位罪过判断的客观要素,对于单位组织体系的理解囿于时代经济发展的限制而较为浅显。实际上,不论是日本等大陆法系国家,还是英国等英美法系国家,回应单位过失而导致的公害犯罪、重大安全责任事故犯罪等单位监督管理过失类犯罪,正是推动单位犯罪立法的主要社会需求。因此,此种单位过失否定说虽然仍有一定影响,但由于无法满足社会治理的需要,也有内在逻辑上的固有问题,故而逐渐式微。

与之相反的是单位故意否定说(单位过失论),认为单位罪过仅有过失而无故意。这类观点在日本有较大影响,日本最高法院判例中的“两罚规定”的解释论和立法论,就是以法人的可罚性违法过失为基础,亦即“违反客观性注意义务”是单位应当承担组织责任的前提。③ 我国也有学者持该观点,认为单位刑事责任是固有责任,并以存在组织

---

① 高铭暄:《试论我国刑法改革的几个问题》,载《中国法学》1996 年第 5 期。

② 参见陆诗忠:《试论单位犯罪的罪过形式》,载《平原大学学报》2001 年第 1 期。

③ 参见[日]铃木敬夫:《中、日、韩三国的法人刑事责任论》,载《东北亚论坛》1999 年第 1 期。

过失为前提,“其本质在于单位违反预防性注意规范,未履行结果回避义务”①。根据该观点,单位高层或一般职员在职权范围内的任何故意和过失行为,都是因单位的内部管理不善引起的,单位只有过失而无故意。这一观点实际上将单位的意志和行为完全与个人割裂开,有将单位犯罪的行为方式限定在不作为之嫌,即单位必须要违反某种注意性义务才能构成单位犯罪;而且,其在单位意志的认定上也是摇摆的。实际上,即使是在强调集体能够作为责任主体的集体本体论中,不论是推理进路还是意向性进路都强调集体本体具有个人集合的属性,集体的行动能力的根基在于内部成员之间采取特定的路径协调、互动,从而共同完成集体目标。② 集体的意志就是个人意志集合后的产物,这种意志所产生的决策,本身是没有限制的,和自然人一样能产生积极追求某种结果的故意,进而基于该故意,管理层的指令使个人实施某种犯罪行为,也即从逻辑上看,其既存在故意,也存在过失,可以表现为作为,也可以表现为不作为。因此,单位故意否定论也值得商榷。

(二)绝对客观归责论的质疑

单位刑事责任中的绝对客观归责论源于英美刑法中的严格责任论。英美刑法中认为,单位本身不能从事不法行为,而只能通过其代理人(如雇员)实施犯罪。③ 一开始,犯罪意图被视为单位犯罪的一个基本要素。不过,随着单位犯罪数量的增加,有英美学者认为,单位刑事责任已从公共滋扰扩大到不需要犯罪意图的所有犯罪。④ 我国持该观

① 耿佳宁:《单位固有刑事责任的提倡及其教义学形塑》,载《中外法学》2020年第6期。

② 参见邬桑、丛杭青:《集体行动者与能动性——集体本体论的两个核心概念》,载《自然辩证法研究》2017年第2期。

③ See Khanna V. S., *Corporate Criminal Liability: What Purpose does it Serve*, Harv. L. Rev., Vol. 109, p. 1477(1995).

④ See Khanna V. S., *Corporate Liability Standards: When should Corporations be Held Criminally Liable*, Am. Crim. L. Rev., Vol. 37, p. 1239(2000).

点的学者由此引出了客观责任论,认为单位犯罪本身并没有罪过上的区分,故意与过失都是人为构造出来的,并提倡放弃主观归责部分,采取绝对客观化的归责方式。[①] 但是,这种路径更像是一种方法论的转向,即以传统的责任主义来认定单位犯罪存在困难,因此转换思路,通过摒弃主观归责来重建单位犯罪的归责构造,进而认为单位犯罪宜适用严格责任。

我们认为,这种思路主要存在两方面的问题。一是严格责任并不否认主观罪过的存在,并且严格责任的适用范围有限。严格责任是为了加强犯罪威慑而放弃过错责任,不论行为人主观罪过的一种责任形式,其主要集中于"公共福利犯罪""道德犯罪"等需要加强惩戒的犯罪。[②] 进言之,严格责任本身并不是否定主观罪过的存在,只是不以过错为前提。二是单位客观上违反或怠于行使其监督管理义务,并不必然意味着应当承担刑事责任,也即单位中仍有主观归责的必要。事实上,单位犯罪客观归责路径仍然蕴含对主观罪过的认定。例如,责任事故类犯罪通常是典型的过失犯罪,表现为"行为故意+结果过失",我国刑法中的工程重大安全事故罪就是如此。在归责的过程中,不仅要证明单位在生产、作业中违反有关安全管理的规定,实际上还暗含对单位过失的要求,即单位并未积极追求危害结果的发生。一旦呈现"行为故意+结果故意"的情况,则将转归于其他类型的犯罪,如仅能由自然人构成的故意杀人罪、以危险方法危害公共安全罪等。再如,在帮助恐怖活动罪的认定中,由于单位管理的疏漏,致使单位中的个人利用单位的资金、场地等实施帮助恐怖活动的行为,单位同样不构成该罪。换言之,由于单位性质的特殊性,客观归责的路径在单位犯罪中是必然选择,但是这种客观归责并不是绝对化的,也无法完全摒弃主观罪过的认定,由于单位所违反义务的程度、内容不同,以及个人意志向单位意志的转化情况不同,单位犯罪也可以像自然人一样区分故意与过失,而且

① 参见时延安:《合规计划实施与单位的刑事归责》,载《法学杂志》2019 年第 9 期。

② 参见刘仁文:《刑法中的严格责任研究》,载《比较法研究》2001 年第 1 期。

这种区分并不是人为创造的,而是本就可以基于罪过理论而进行的分类。因此,这种绝对化的客观归责合理性存疑。

(三)单位犯罪中故意与过失并存论之提倡

虽然由于组织体责任论、单位固有责任论、严格责任论等理论的引入与发展,单位过失论、绝对化客观归责论等观点得到诸多学者的肯定,但是如上所述,这些观点都存在内在的逻辑问题。比较而言,单位犯罪中故意与过失并存论更为适当,值得倡导。

单位犯罪的罪过中,故意与过失的区分并不是没有意义的。绝对化客观归责论者的核心论点就是,单位主观罪过不影响单位犯罪的成立,单位刑事归责中可以直接以所违反的义务来认定是否构成某类犯罪。在现代犯罪论体系之下,单位犯罪所涉及的罪名同样包含故意犯罪与过失犯罪两种类型,这也彰显了责任主义的具体要求。"法人"即为"法律上的人",法律在自然人之外创造了"法人"的概念,对于其本质存在拟制说和实在说两种观点。[①] 拟制说认为,法人系立法者为实现一定的治理目的,而赋予特定社会实体以法律人格,进而享有权利、承担义务。[②] 实在说承认法人是"社会行动的基本单位",认为其意志独立于决策机关中的个人意志。[③] 不论是实在说还是拟制说,虽对单位(法人)的主体地位来源有争议,但是都承认单位具有与自然人类似的法律人格。作为具有法律人格的主体,单位犯罪同样需要根据责任主义保证其罪责相适应,单位过失犯罪与单位故意犯罪同样有其区分的内在法律根据。此外,由于单位的特殊构造,在归责层面需要通过对

---

① 此外,还有法人否定说,认为法人为法律上的虚构概念,最终责任的受体仍然是个人,赋予其法律上的人格没有任何意义。但是这种学说否认责难社会实体的正当性与必要性,无法适应现代社会的治理需要,没有成为通行学说。

② 参见江平、龙卫球:《法人本质及其基本构造研究——为拟制说辩护》,载《中国法学》1998 年第 3 期。

③ 参见谢鸿飞:《论民法典法人性质的定位　法律历史社会学与法教义学分析》,载《中外法学》2015 年第 6 期。

客观义务的履行情况进行主观推定，但这并不是绝对化的客观归责，而是基于实际操作需要而进行的归责路径选择。单位过失犯罪领域的客观化归责思路并不等于对主观归责的摒弃，而是一种路径选择。

我国刑法中同样对单位的故意与过失进行了区分。例如，《刑法》第370条规定了故意提供不合格武器装备、军事设施罪以及过失提供不合格武器装备、军事设施罪两种自然人犯罪，其第3款则仅就前者设置了单位犯罪。探究背后的立法逻辑就是立法者虽承认单位犯罪存在故意与过失两种罪过，但认为不宜在刑法中对单位此类过失行为进行否定性评价，而只对单位故意行为进行处罚。换言之，单位违反提供武器装备、军事设施的义务的情形中，不能只因为“客观违法状态的存在”，就推定单位“在主观方面存在故意或者过失，进而追究其刑事责任”①，这种客观违法状态必须指向故意。

综上，单位犯罪中应当采取故意与过失并存论，即承认单位过失系有别于单位故意的一种独立的单位罪过形式。这正是我们剖析单位过失犯罪基本构造的逻辑起点。

三、单位过失犯罪中的因果关系

在自然人犯罪中，因果关系在“个人行为→结果”的路径中认定。在单位犯罪“集体—个人”的样态下，由于单位中个人的介入，单位犯罪的因果关系处于一种长路径中，呈现出“单位行为(→决策层)→个人行为→结果”的链条，使得结果、行为、单位之间相隔甚远。换言之，因为介入了个人，单位犯罪中的因果关系变得间接且呈现出多因一果。因此，对于单位犯罪的归责逻辑就产生了两种不同的思路：一是个人责任的思路，所适用的是以自然人责任为前提对单位归责，往往认为单位刑事责任是一种代位责任；二是组织体责任的思路，即不依托自然人认定，通常强调单位固有责任。在单位故意犯罪中，由于单位的集体意志

① 李鄂贤：《法人刑事责任的本质转变与法人犯罪立法的未来改革》，载《法学杂志》2019年第5期。

通过直接的明示方式体现出来,作用于其他个人的行为,使得单位意志对危害结果的原因力明确、直接而强有力,个人行为完全依附于单位意志,因此,单位行为与危害结果之间的因果关系并未因个人的介入而切断。反观单位过失犯罪,则不尽然。单位过失责任作为典型的监督责任和管理责任,归责思路可以进一步归纳为"监督(管理)者行为→被监督(管理)者行为→结果",其因果关系较为特殊,主要存在三组因果关系,分别是个人行为与结果之间的因果关系、单位过失与个人行为之间的因果关系,以及单位过失与危害结果之间的因果关系。这三组因果关系整体构成了单位过失犯罪的因果关系链条。因此,对于单位过失犯罪中因果关系的判断,首先需要对这三种因果关系的地位及其判断标准进行讨论。

(一)三种因果关系的相互关系与定位

对于监督过失犯罪因果关系的判断目前主要有二阶段说[①]与两个因果关系说[②]。这两种观点都是基于介入说,即因果关系中介入了被监督者及其行为,进而使监督者的行为与被监督者造成的危害结果之间是间接因果关系而非直接因果关系。[③]

我们认为,虽然以上观点的逻辑思路值得借鉴,但是在单位过失中引入介入说的立场本身就存在缺陷。因果关系中的介入因素是指行为发生后其他因素(包括被害人自己的因素、行为人的因素、第三人的因素及自然力作用)的介入而导致结果发生,其解决的问题是到底哪个因素和结果之间具有因果关系。[④] 但是,在单位过失犯罪中,这不是一

---

① 参见谢雄伟:《监督过失中因果关系的"二阶判断"》,载《政治与法律》2016年第5期。

② 参见彭凤莲:《监督过失责任论》,载《法学家》2004年第6期。

③ 参见马荣春、唐张:《监督过失:因果性、注意义务与定罪实践》,载《河南财经政法大学学报》2022年第1期。

④ 参见钱叶六:《刑法因果关系理论的重要发展与立场选择》,载《中国刑事法杂志》2022年第4期。

种理论上的“介入因素”,因为它不存在两个独立发生的因果关系,个人行为应当是单位行为的延伸,而非影响单位行为与危害结果之间因果关系的介入因素。在单位过失犯罪中,虽然理论上对单位与个人之间的关系存在不同观点,但是都承认“单位成员在单位业务活动中的违法行为,与单位自身的制度、措施、精神文化等具有千丝万缕的关系,单位鼓励、促进、默许或者疏忽了其成员的犯罪”[①]。易言之,个人行为造成危害结果是单位监督或管理过失的外化体现,单位过失对结果发生的原因力是通过个人行为来实现的,单位过失与危害结果之间天然存在个人行为。不论是二阶段说还是两个因果关系说都将几种因果关系割裂开,并人为地总结出前后关系。正如有学者所说,此类过失中的因果关系应当是同时、并存、竞合,对被监督者过失及其结果“内含”于监督者过失,而非“相接”。[②]

因此,实际上在单位过失的行为模型中,通过逻辑化、抽象化而得的三种因果关系之间没有先后顺序之分,也不是各自独立,而是具有“包含”与“延伸”两种关系,即单位过失与个人行为间的因果关系是单位过失与危害行为之因果关系的具象化,而个人行为是单位过失的外化与延伸。换言之,单位过失与危害结果之间的因果关系是核心因果,是最终的证明对象,但是该因果的证明需要通过其他两种因果关系进行推定。可以认为,单位过失与个人行为之间的因果关系、个人行为与危害结果之间的因果关系是两种事实因果关系。借用环境侵权领域的观点,前者类似于一种到达因果关系,即单位过失只有通过个人行为才能到达危害结果;后者类似于一种致害因果关系,即危害结果的发生是由此类个人行为而产生。[③] 而单位过失与危害结果之间的因果关系则是构成要件上的因果关系,也是前两种因果关系最终所指向的对象。

---

① 黎宏:《组织体刑事责任论及其应用》,载《法学研究》2020 年第 2 期。

② 参见马荣春、唐张:《监督过失:因果性、注意义务与定罪实践》,载《河南财经政法大学学报》2022 年第 1 期。

③ 参见陈伟:《二阶段归因论——关于事实因果关系的一般理论》,载《政治与法律》2021 年第 9 期。

(二)三种因果关系的认定

既然单位过失犯罪中的三种因果之间存在包含与延伸的关系,那么在进行认定时,三种因果关系应当采取完全相同的认定原则,还是可以有所区别?我们认为,三种因果关系之间相互关联又相互独立,在保持一定同向性的同时,可以采取不同的认定标准。

1.单位过失与危害结果之间的因果关系是本质因果关系,应当采取客观归责理论。在判断构成要件因果关系时,传统的因果关系理论并未对归因与归责进行区分,不论是条件说还是相当因果关系说等皆是如此,在一定程度上将事实因果关系与构成要件因果关系等同。以上理论在讨论自然人过失之时较为适宜,因为自然人过失的因果关系中并未介入其他因素,主体即行为实行者,主体的行为即造成结果的原因。但是,由于单位犯罪的特殊样态,出现了个人行为这一造成危害结果的前提条件,以及单位对个人的监督或管理过失这一到达条件,因此,传统以判断事实因果关系为底层逻辑的因果关系理论,在应对单位过失犯罪时捉襟见肘。我们认为,客观归责理论则能较好地契合单位犯罪这种特殊的犯罪链条。根据客观归责理论,在判断因果关系时,应当首先从事实层面确定造成危害结果的原因与条件,再从规范层面检验是否能将该结果归责于该行为。[①] 该理论之下,事实因果关系的归因与规范因果关系的归责被区分开,这种区分的优势在于个人行为与危害结果、单位过失与个人行为两者的因果关系可以被独立出来,成为单位过失与危害结果这一核心因果关系判断中的两个层次,避免单位过失因果关系判断产生混乱。此外,由于单位犯罪的特殊样态,主观归责也是相对客观化的,需要通过单位注意义务的履行情况进行推定。这种注意义务是以预见可能性为主,结合结果回避可能性展开的,并通过内控机制体现。单位基于营商活动的需要,必然制定并实施一定的

---

① 参见陈兴良:《从归因到归责:客观归责理论研究》,载《法学研究》2006年第2期。

内控机制，在内控机制制定与实施的过程中就留下了个人行为的空间，单位过失判断的实质就是判断单位合规计划中所留下的“空间”是不是法律所允许的，亦即客观归责中的制造法所不容许的风险、实现法所不容许的风险、构成要件的效力范围三个原则。因此，单位过失中，核心因果关系的判断应采取客观归责理论，并以此理论为基本原则，就致害因果关系、到达因果关系进行分别判断。

2. 个人行为与危害结果之间的因果关系是致害因果关系，也即条件因果关系，可以直接采取条件说。条件说由德国学者布黎所提倡，主张无原因则无结果。[①] 条件说受到了诸多批评，主要集中在无法查明具体因果流程时，无法提供其他的归因手段，其有效性受到质疑，产生了条件说无用论等观点。但是，条件说仍然是事实因果关系判断中的主要理论。单位过失犯罪主要涉及污染环境犯罪、食品安全犯罪、重大责任事故等公害类犯罪。在这些犯罪中，虽然三种因果关系之间没有先后顺序同时发生，但是由于实践中本质因果关系与到达因果关系的隐蔽性，致害因果关系往往是前提，即没有致害因果关系的发生，就没有对其他因果关系的考察。可以说，这一因果关系是单位过失认定中的前提条件。[②]

3. 单位过失与个人行为之间的因果关系是到达因果关系，宜采取危险的现实化说。危险的现实化说主张，实行行为是含有引起结果发生的具体危险性的行为，与结果之间的因果经过，完全可以被视为实行行为中内含的危险性经由结果发生这种状况从而得以实现的过程。[③] 换言之，“因果进程的核心内容，就是实行行为的内在危险向外现实化的过程”，在因果关系的判断进程中，则是强调考察“造成实际结果发生的危险是否包含在实行行为当中”，而非单一地探究“介入因素的异

① 参见马克昌：《比较刑法原理——外国刑法学总论》，武汉大学出版社 2015 年版，第 195 页。

② 参见童德华、马嘉阳：《刑法中监督过失的适用条件及归属限制》，载《社会科学动态》2020 年第 6 期。

③ 参见钱叶六：《刑法因果关系理论的重要发展与立场选择》，载《中国刑事法杂志》2022 年第 4 期。

常性"[①]。这种理论与单位过失和个人行为因果关系天然契合。单位过失犯罪中,单位过失与危害结果之间天然介入了个人行为这一因素,无法跳过个人行为直接认定单位过失与危害结果之间的因果关系,这也是在单位过失与危害结果因果关系中主张客观归责说的原因之一。

我们认为,判断到达因果关系是为判断本质因果关系服务,而在本质因果关系的链条中,到达因果关系的因与果之间就是危险的引起关系。换言之,在单位过失与个人行为之间因果关系的判断中,判断的核心是单位的过失行为是否具有引起特定个人行为的危险性,即是否制造一种法不允许的风险。在危险的现实化理论中,危险分为直接危险与间接危险,在到达因果关系的判断中同样可以依据两种风险的特征进行类型化判断。直接危险是指"实行行为直接形成了导致结果发生的原因,构成要件结果由实行行为所创造的危险直接转化而成,实行行为对结果发生具有决定性作用",间接危险则是"构成要件结果系实行行为的危险经由其所诱发的介入因素转化而成"。具体到单位监督管理领域,当个人行为是由单位直接指令实施时,如单位作出倾倒污染物的决策,并交由特定部门和个人实施,或单位的规章制度中就有可能导致部门过度收集用户个人信息的条款,这就属于直接危险,此时单位中的个人意志被弱化,单位意志起了决定性作用。间接危险则给予了单位排除自身责任的空间。当单位与对于造成危害结果的个人行为并无直接关系,即没有通过决策或规章进行指令时,个人的意志具有高度独立性、明确性,实际上形成了一种介入因素,此时判断的就是一种间接危险。这种间接危险的判断应当避免过度抽象化,需要根据前置法进行规范性的判断。对于单位的概念,无论是采取拟制说还是实在说,实际上都不否认单位与前置法之间的关系,即单位作为"人"的形象、品格的构成,都是由前置法决定的。要判断单位是否引起了间接危险,仍然应当首先以前置法规范所确定的单位义务为基准进行判断,即单位是否有预见并避免单位中的个人实施特定危害行为的可能性与义务,

---

① 参见刘润泽:《管理过失中因果关系认定的反思与重构——以危险现实化理论为向导》,载《北京理工大学学报(社会科学版)》2023 年第 2 期。

而非完全以抽象化的道德、社会标准进行判断。

(三)因果关系判断中的几个要点

1. 内控计划仅对到达因果关系的判断产生影响

近年来,企业风险内控相关的各类概念逐渐被引入刑事法,此内控机制"实际上是一种企业犯罪的处遇制度,它的产生与存在以对企业犯罪能力的承认为基础,并在一定的责任形式上得以发展。"①在这个层面,这类机制与实体法的联结点在于单位犯罪的归责。单位的行为与意志通过个人对外体现,单位犯罪中个人意志与行为如何与单位区别,个人责任与单位责任如何划分,是区分单位犯罪与自然人犯罪的基础,也是内控机制作用于单位犯罪并实现本土化必须遵循的规则。此类机制对责任分配的影响本质上就是通过对一般个人的行为之间因果关系的阻却而实现,即个人意志与集体意志分离的事实因果关系阻却,而非仅如部分学者所谓的停留在量刑或程序法阶段。

英美法系中,内控机制嵌套于单位刑事责任而存在。英国 SG 案中,法庭依据《英国 2010 年贿赂罪法适用指南》中规定的六项原则,对 SG 公司预防相关个人贿赂犯罪的计划、程序和实施情况进行了逐一审查,最后认为 SG 公司"内部不存在有效的发现和调查贿赂行为的程序",进而判决该公司存在过失,而构成商业组织预防贿赂失职罪。②再如美国诉 Vimpel Com Ltd. 案中,美国司法部(DOJ)依据《美国量刑指南》的规定,认定公司向美国司法部提供了一切该公司所知的案件相关信息与证据,而将罚金降低 25%,并因为其"及时承认犯罪事实并补救"而获得 20% 的合作奖励。③ 在以上两个案例中,内控机制既作为

---

① 李本灿:《合规计划的效度之维——逻辑与实证的双重展开》,载《南京大学法律评论》2014 年第 1 期。

② 参见周振杰、赖祎婧:《合规计划有效性的具体判断:以英国 SG 案为例》,载《法律适用(司法案例)》2018 年第 14 期。

③ 参见尹云霞、庄燕君、李晓霞:《企业能动性与反腐败"辐射型执法效应"——美国 FCPA 合作机制的启示》,载《交大法学》2016 年第 2 期。

定罪时犯罪构成的认定要素,又作为影响处罚的情节。换言之,内控制度高度发达的英美基于功利主义的角度,在替代原则(又称上级责任原则)和同一视原则的立场下,将其作为法人主观意图的衡量标准之一,并对刑事责任的认定发挥实质作用。在我国,有学者将雀巢公司员工侵犯公民个人信息案作为公司运用内控机制进行无罪抗辩的"第一案",具有里程碑的意义。[①] 不可否认,该案对于企业内控机制的发展具有重要意义,但是该案中,此类机制并未实质影响单位犯罪的成立,而是将个人意志(行为)和单位整体意志(行为)相分离,其判读逻辑为"单位实施了有效的内控计划——涉案人员的行为不能反映单位的整体意志——单位不构成犯罪"。易言之,单位犯罪认定过程中,内控计划义务的履行实际上是用于判断因果关系的成立与否。

我们认为,在致害因果关系上,内控计划是难以发挥作用的,因为致害因果关系其实是在自然人行为层面判断个人行为与危害结果之间的因果关系。这类计划主要是在到达因果关系之上发挥作用。到达因果关系中,单位必须违反某项特定的注意义务,该违反注意义务的行为使得个人实施特定危害行为的风险增加,且该风险是法所不容许的,也即风险通过单位内控机制的失效到达个人行为之上,最终出现了致害结果。

2. 被监督的个人主观故意时的因果关系判断

单位过失属于监督过失中的一种典型情形,在这种监督过失中出现了两种主观罪过,单位罪过与个人罪过。在大多数案件中,被监督的个人听令行事,主观上与单位罪过相一致,呈现出"行为故意 + 结果过失"的形态。但是还有一种特殊的情形就是个人对于结果故意的情形,即虽然单位监督存在过失,但是个人主观上属于故意的情形。在因果关系层面,就需要讨论被监督个人主观的故意是否会影响到达因果关系的成立,即此时单位是否还需要因监督过失而承担责任。对于这一问题尚存在争议。

肯定说认为,即使被监督的个人故意实施引起危害结果的行为,单

---

① 参见陈瑞华:《合规无罪抗辩第一案》,载《中国律师》2020 年第 5 期。

位也应当为其监督过失承担责任。持肯定说的学者通常认为,监督过失的表现形式是危害结果的发生,中间介入者的主观罪过对其监督过失的成立并不产生影响,被监督者的故意或过失仅会对监督者所承担的监督过失责任的程度有所影响。[①] 也有持肯定论的学者认为应当部分肯定,即要考虑是否充分履行了注意义务。[②] 但是,被监督者既然意图故意实施犯罪,那么再去讨论监督义务是否充分履行实际上没有太大意义,因为个人的故意犯罪能够顺利实施实际上已经表明了单位存在某种程度上的过失。单位监督过失在被监督的个人的过失行为造成危害结果时就已经成立。[③]

否定说则认为,被监督者实施故意犯罪时,使得单位的支配力弱化,实际上由个人完全支配了结果的发生,单位的监督过失已经中断,出现了介入因素,阻断了因果关系的成立。[④] 司法实践中似乎也更倾向于此种观点,在大连 7 · 16 输油管道爆炸火灾事故案认定中就对被监督实体的故意与否进行了考察,以判断监督者是否应当承担责任。[⑤]

我们认为,应当采取否定说,因为因果关系中的实质介入因素,使得单位过失行为对危害结果失去原因力。在监督过失中,存在地位等同的监督过失与地位不等同的监督过失。[⑥] 而在单位过失犯罪中,单位与个人之间属于不等同地位的监督过失,单位对个人的行为具有较强的支配力,在多数情况下,个人行为的实施是对单位指令的执行,单位对个人的义务,包括监督与管理两个部分,这也是单位需要对危害结

---

① 参见童德华、马嘉阳:《刑法中监督过失的适用条件及归属限制》,载《社会科学动态》2020 年第 6 期。

② 参见赵瑞罡、杨庆玖:《监督过失论》,载《政治与法律》2001 年第 4 期。

③ 参见马荣春、唐张:《监督过失:因果性、注意义务与定罪实践》,载《河南财经政法大学学报》2022 年第 1 期。

④ 参见王安异:《浅谈监督过失的注意义务》,载《华中科技大学学报(社会科学版)》2005 年第 6 期。

⑤ 参见梁苏琴、郝银钟:《监督过失犯罪因果关系法理辨析》,载《法律适用》2023 年第 5 期。

⑥ 参见姜涛:《监督过失的限缩适用方案》,载《清华法学》2021 年第 6 期。

果承担责任的基础。如果个人主观上存在故意,对危害结果采取积极追求或放任发生的态度,那么个人行为就脱离单位与个人之间地位不等同的监督关系,而出现了类似于第三人介入因素的因果关系阻断情形。此时,个人不再是单纯的单位指令执行者,同样是追求危害结果的第三者。单位对于危害结果的支配力大小就不再以单位是否及时、有效履行注意义务为转移,而是由个人对危害结果进行支配。

同时,基于信赖原则,单位对于个人存在合理信赖,这也是单位履行注意义务的基础之一。单位对于个人行为的支配不是绝对的,而是在原则性支配之下,个人对相关事务存在自由裁量权,单位有合理理由信赖个人能够凭借其工作经验、专业知识对事务进行一定的自主判断。这是企业作为组织体,建立健全灵活、自主、高效、平稳运转的组织框架的必要条件。一旦如部分肯定论学者所认为的,不论被监督者是否具有故意,监督者的"监督无效"已经形成,不妨碍监督过失的成立,[①]那么,单位这种合理信赖就被实质否定,单位过失责任的范围将被无限扩展,与现代企业的运作模式相悖。因此,否定说更合适。

3. 特殊被监督主体的因果关系认定

当被监督的主体较为特殊时,因果关系的判断则更为复杂,最为典型的就是"个人行为"中的个人是子公司或者第三方公司时,是否需要承担责任。我们认为,母公司并不必然因管理失职而承担子公司的刑事责任。

对于子公司而言,判断其责任是否应当归属于母公司,首先要判断与母公司之间的关系,该关系直接决定了因果关系的认定。在公司法上,母子公司是两个独立的法人实体,子公司在财产、人员、业务、身份等方面已经独立于母公司存在,成为具有独立人格的"法人"。当两者完全独立时,母公司是否需要承担责任,应根据共犯因果关系进行认定,即两者之间构成了共同犯罪。但是,当两者存在人格混同时,母公司则有可能由于监督管理上的失职而承担责任。美国在其《反海外腐

① 参见马荣春、唐张:《监督过失:因果性、注意义务与定罪实践》,载《河南财经政法大学学报》2022 年第 1 期。

败法》(Foreign Corrupt Practices Act,FCPA)中规定了母子公司责任(parent-subsidiary liability)和代理原则(agency principle),禁止公司和个人直接或间接向“外国”(非美国)官员提供、承诺、给予或授权给予金钱或其他有价物,不正当地影响该官员利用其职位获得或保留业务。美国《反海外腐败法资源指南》(A Resource Guide to the U. S. Foreign Corrupt Practices Act)则进一步扩大了母公司的责任,通过评估母公司对子公司的控制力,包括母公司对子公司行为的了解程度以及指导情况,以确认两者之间的关系。虽然美国采取了代理原则,以判断子公司的行为是否归属于母公司,但其内在逻辑实际上是判断母公司是否对其具有控制力的子公司发挥了适当的监督与管理义务。这与公司对其内部具有代理地位的员工的行为承担法律责任的逻辑是相同的。我国虽没有母子公司责任,却有法人人格否认制度,通过人员混同、业务混同、身份混同、财产混同四个方面来判断是否存在关联公司的人格混同。我国的法人人格否认制度是一种纵向的人格否认,无法直接适用于母子公司,但是在理论上可以横向用于判断两个独立的公司之间的关系。这种人格否认制度实际上是因果关系的重现,即公司为逃避归责,而掩盖因果关系进而避免归因。因此,在我国借鉴法人人格否认制度以进一步扩大企业的监督管理责任,是具有理论依据的。遗憾的是,我国目前的立法中并未对此类母子公司的归责问题予以规定。因此,在后续的立法中,应当适当考量母子公司责任的问题,以应对频发的企业犯罪问题。

此外,母子公司之间还存在“纵容”的问题,也就是母公司对子公司行为的“知情”和“放任”。对于子公司等独立的关联公司而言,这种“纵容”更像是“不置可否”,即“知情不报”,可以类比以下情形:甲系成年男子乙的父亲,甲通过观察知道乙通过贿赂获得公职工作,而没有向警方报告。此种情况下,因纵容而承担责任的前提是有“知情报告”的义务,尤其是当双方都是法律上独立的个体时,这种义务的承担更需要立法上的明确。但是根据责任主义,很难肯定母公司在此种“知情不报”情况下的法律责任,因为母子公司都是具有独立人格的经济实体,个体应当为自己的行为负责。美国虽然在 FCPA 中强化了母子公司的连带责任,但是其核心是犯罪共谋与代理原则。前者是两个行为人之间的共同犯罪,后者则是“刺破公司的面纱”,两种情况均非让一个独立法人实体为另一个独立法人实体的违规行为承担责任。因此,这种“纵容”的情形不宜规定在法律中,即使要让企业承担知情不报的责任,其前提也必须是母公司对子公司等关联公司有实际的“控制力”。易言之,根据责任主义与现代公司法基本原则,除形成控制关系外,不宜将子公司的行为归因于母公司的监督管理失职,进而要求母公司承担相应的单位过失之刑事责任。

四、单位过失犯罪中的行为:以义务违反为核心

单位过失中的行为体现为对注意义务的违反,而单位注意义务又通过内部风险控制机制体现。此处将围绕单位过失中旧过失论、新过失论或是新新过失论认定注意义务的范围,以及单位注意义务认定路径中的核心问题展开。

(一)单位过失中的过失论

注意义务要求行为人应当认识到具体行为所导致的造成法益损害的危险,并且对之加以相应的注意与避免。[①] 对于该义务内容的不同理解形成了不同的观点。过失犯注意义务的探讨经历了从结果预见义务到结果回避义务,再到提倡结果回避义务和危险回避义务的发展。目前,我国的通说仍是以预见可能性为核心的过失犯理论,“基本上等同于日本刑法中的旧过失论和德国古典犯罪论体系下的过失论”[②]。预见可能性与预见义务仍然是我国通行过失论的核心。不过,“二战”后逐步发展形成以结果回避义务(结果回避可能性)为核心的新过失

---

① 参见金燚:《论过失犯注意义务的具体化》,载《清华法学》2022 年第 6 期。

② 劳东燕:《过失犯中预见可能性理论的反思与重构》,载《中外法学》2018 年第 2 期。

论。新过失论结果预见的要求较旧过失论更低,可能预见的结果只是成立过失犯的前提条件,真正的实行行为是结果回避义务的履行。[①]比较而言,我们认为在此问题上应当采取新过失论。

其一,新旧过失论体现了结果无价值和行为无价值两种立场,分别体现出两种不同的立法与政策倾向。旧过失论可以在传统社会中给偶然而例外发生的人身事故的刑事法处理提供充分依据;新过失论则是在风险社会中为了处罚能产生法益侵害危险的行为而提出,对于处理涉及公共利益的食品安全、环境污染等犯罪有着较大优势,与单位过失理论更契合。对于单位犯罪而言,由于集体意志与危害结果之间存在个人行为这一中间环节,且个人本身具有独立的认知能力、判断能力,往往难以判断单位是否履行了临界时刻的即时结果回避义务。同时,基于监督过失理论,单位对于危害结果的注意义务,是通过单位对个人的管理义务来实现的,这种管理义务通常属于事前义务,更侧重于单位是否能够预见危害结果发生的可能性。换言之,判断单位是否违反了注意义务,首先判断的是单位是否履行了事前的注意义务,然后判断单位充分履行该义务时,是否有避免结果发生的可能性。行为无价值论对单位过失犯罪的天然亲和力,使旧过失论难以适用于单位过失犯罪的判断。而新过失论在单位犯罪中的可操作性更强,能最大限度实现立法旨意。

其二,由旧过失论转向新过失论,是单位过失特殊结构作用下的必然结果,但是在新过失论基础上形成的新新过失论也不宜作为单位过失犯罪的理论基础。新新过失论产生的背景是工业社会中公害案件频发,传统的过失论难以实现犯罪预防,为了保护社会安全,以不安感说、危惧感说为内核的新新过失论涌现。该学说以结果回避义务为核心,属于新过失论的范畴,但是不要求对具体结果有预见可能性,只要行为中伴随着某些不安、危惧即足够。[②] 部分学者认为,新新过失论突破了

---

① 参见张明楷:《论过失犯的构造》,载《比较法研究》2020 年第 5 期。

② 参见[日]前田雅英:《刑法总论讲义》,曾文科译,北京大学出版社 2017 年版,第 183 页。

新过失论具体预见可能性与信赖原则的制约,[①]只需要对危害结果的预见可能性有“不安感”“危惧感”就可以,是监督过失理论的基础。[②]新新过失论是一种结果主义的观点,要求行为人只要具有“危惧感”就需要履行明确的结果回避义务,实际上有违背责任主义的嫌疑。[③] 这一批驳在自然人犯罪中是强有力的,因为新新过失论降低了预见可能性的门槛,却保留了较高的结果回避义务要求,打破了原有罪责主义中的平衡,不当提高了社会理性人的预见义务。在单位犯罪中,同样存在这一问题。由于单位过失中的预见义务通过内控机制体现,内控机制本身就是事前预防,在事前预防中要求单位最大限度预见所有可能出现的危害结果并采取相应的措施从而制定完备的风险内控计划。在一些有较高危险性的生产作业中,危险的产生是很难被准确预见的,但其所产生的危害结果又极其严重。新新过失论虽然能够要求单位穷尽各种方式最大限度预见且规避各类结果的发生,与风险社会中组织体责任的价值追求相一致,但是却有无限扩张犯罪圈的嫌疑。“危惧感”之下的预见可能性过于抽象,单位没有可以出罪的空间,即与自然人犯罪一样,同样存在背离责任主义。因此,在单位过失的讨论中,仍应回归至新过失论的讨论框架,将结果预见义务适当纳入考察范围,而非使预见能力走向绝对化的客观归责。

(二)单位的注意义务与前置法义务之间的关系

我国采取的是二元违法体系,即行政违法与刑事犯罪。基于该违法体系,行刑不法的边界成为犯罪圈划定的核心议题。对于单位过失犯罪而言,单位犯罪的义务犯特质使单位过失在实行行为的认定中,判

---

① 参见李泽华:《过失型食品安全犯罪的理论构建——以三种过失理论的比较研究为视角》,载《黑龙江省政法管理干部学院学报》2021 年第 5 期。

② 参见于文龙、陈雅丽:《论监督过失理论在我国刑法中的适用》,载《开封文化艺术职业学院学报》2021 年第 3 期。

③ 参见陈兴良:《过失犯论的法理展开》,载《华东政法大学学报》2012 年第 4 期。

断行刑不法边界的问题实际上是刑事法注意义务与前置法一般义务之间的边界以及衔接问题。

德国学者罗克辛教授在研究正犯体系时提出了义务犯的概念。他强调,对于义务犯而言,是否如同支配犯一样事实性地支配了犯罪并不重要,重要的是谁负有一种特别义务。① 根据义务犯的理论,实行行为认定的逻辑起点在于行为人是否有特别义务,并且是否违反了这种特别义务。在现代社会中,单位不存在像自然人一样的犯意与行为,其过错往往通过能否有效阻止内部成员的犯罪来认定,企业承担责任的前提是违反"阻止内部成员利用企业进行犯罪"这一义务。因此,有学者认为,单位(法人)犯罪具有义务犯的天然属性。② 我们认为,这种观点是成立的。该论断成立的基础,在于单位过失犯罪与自然人过失犯罪截然不同的构造。在自然人犯罪中,主观意图与客观行为具有同一性,行为人因其作为或不作为承担责任。但是,单位犯罪却不尽然:一方面,作为拟制主体,在我国的法律传统与法律体系下,单位并不具有与自然人等同的法律地位;另一方面,单位难以像自然人一样实现主客观同一,即单位犯罪依赖于自然人的行为,自然人本身又存在主观意图和价值考量。因此,在这种特殊的构造下,单位犯罪的前提往往是基于一种特别义务,这种特别义务的来源通常是前置法的规范,即单位过失犯罪中的注意义务通常来源于前置法义务。换言之,单位过失犯罪中的行政责任与刑事责任高度重合,注意义务的判断是以确定前置法义务的范围为前提。因此,单位过失注意义务判断路径的逻辑起点是判断单位前置法义务的范围。但是,我国目前对于单位注意义务的类型化大多停留在理论层面。虽然有学者基于实践操作性的考量,将其划分为内在注意义务与外在注意义务以进行判断,③但其讨论仍然不够深入。实际上不论何种分类,最终都是在讨论义务的内容及其适用问题,

① 参见何庆仁:《义务犯研究》,中国人民大学出版社2010年版,第13~20页。

② 参见聂立泽、刘林群:《法人犯罪的义务犯本质与单一犯罪性质之确证》,载《政法学刊》2020年第5期。

③ 参见金燚:《论过失犯注意义务的具体化》,载《清华法学》2022年第6期。

而单位过失犯罪中注意义务的来源主要就是行政法与民法,只要协调好刑法注意义务与其他两法义务之间的关系,不论分类标准如何,都能进行准确判断。

在法律规范体系中,民法、行政法等非刑事部门法所组成的前置法的集合构成了第一道防线,当前置法不足以有效保护其规定的调整性法律关系或者说调整性法益时,才由刑法介入。[①] 具体到过失犯领域,行为需要创设并实现了法不允许的风险,这种风险判断的基础就是对某种特定前置法义务的违反。"具有原因违法性质的能力下降即注意义务的违反构成了过失犯可罚性的核心根据。"[②]由于单位过失犯罪的义务犯属性,前置法义务贯穿了归因、归责与可罚各个阶段。但是,前置法义务是注意义务的具体化,指引构成要件判断的方向,并不意味着单位违反特定义务的行为都由违法向犯罪转变。在行政义务方面,单位基于其经营方向而从事特定的业务。由于这些业务活动可能造成的危害比一般活动大,如设备生产、食品生产、建筑施工等,因此在前置法中基于社会生活的经验极尽所能对可能造成的风险进行预测后,制定了相应的业务活动规范,此即业务活动中的注意义务。当单位在业务活动中违反了这些注意义务,造成特定危害时,其行为则由一般违法向犯罪转变。

但是,并不是所有违反业务活动注意义务的行为都需要承担刑事法责任,还要根据是否造成并实现了法不允许的风险进行判断。例如,单位在生产经营活动中,由于管理过失,员工并未严格按照相关国家标准进行生产,最终造成了消费者人身安全损害的结果。此时,结合因果关系理论,还需要考虑是否存在介入因素,如消费者的不当操作,或者消费者自身的身体原因等。一旦介入因素对于危害结果的原因力达到足以切断违反注意义务的行为与危害结果之间的因果关系,则同样不

---

① 参见田宏杰:《知识转型与教义坚守:行政刑法几个基本问题研究》,载《政法论坛》2018 年第 6 期。

② 喻浩东:《过失犯注意义务违反的交叉研究——兼论法秩序统一性原理》,载《中国刑事法杂志》2023 年第 3 期。

宜认定单位的过失责任。在民事侵权法方面,民法上对于行为和结果之间有其专门的判断标准,多以“客观标准人的行为作为参照”来确定是否违反了注意义务。有观点认为,客观化的判断标准忽略了个人注意能力的发展,并不具有可操作性。① 我们赞同这种观点。单位过失犯罪中注意义务的判断不应完全客观化。单位犯罪中绝对化的客观归责是存在问题的,仍应包括客观与主观两个归责层面。刑法上的注意义务中,之所以要求行为人具有结果预见的可能性,就是考虑个人主观注意能力是变动的,结果预见可能性不是一个完全客观化的基准线,而是根据注意能力的个人化而形成的范围区间,即当法律要赋予特定注意义务违反的行为刑事法上的可罚性时,所处理的是特定个人在具体事件中的行为。

(三)单位过失犯罪中注意义务认定的路径修正

我国有丰富的法律规范体系,在民法、刑法等传统部门法之外,还通过各类专门立法对单位的日常经营活动进行规范。近年来企业内控机制在我国的发展更是进一步推动了对法律义务的研究。单位犯罪的义务犯特质,要求更完善的法定义务体系以更准确地判断注意义务,实现认定路径的修正。

1.通过前置法的调整实现完善路径

理论上对于单位前置法义务与刑事法责任之间关系的研究较为滞后,这就导致我国刑法中单位注意义务与前置法义务的衔接存在问题。

首先,义务指向不明确,体系冗杂。例如,在个人信息保护领域,拒不履行信息网络安全管理义务罪的前置法义务界定以及侵犯公民个人信息的具体行为认定,都需要借助非刑事法规范进行判断。关于个人信息权益保护义务的规定散见诸多法律、法规、文件中,包括《个人信息保护法》《网络安全法》《互联网信息服务管理办法》等。其具体内容

---

① 参见喻浩东:《过失犯注意义务违反的交叉研究——兼论法秩序统一性原理》,载《中国刑事法杂志》2023 年第 3 期。

虽涉及信息处理和网络服务提供的每一环节,但是对于其中哪些义务对应刑法中的具体罪名却没有明确。

其次,转致条款过于简略。现有罪名体系中有诸多罪名设置了空白罪状,刑事违法性的认定以行政不法为前提。由于我国缺乏足够的附属刑法与单行刑法,行政不法与刑事违法的衔接往往通过空白罪状与前置法中的"转致条款"实现,[①]即前置法为构成要件的规范要素,而目前专门立法的行刑"转致条款"过于简练,以至于指引性功能较弱。[②]这导致前置法规范的案件分流作用被弱化,无法起到准确分流行政违法案件和刑事犯罪案件的作用。

我们认为,空白罪状中同时包含行政与刑事两个层面的违法性判断,前置法义务违反中也同时包含一般违法与刑事犯罪两个层面的界定。从实际操作上,需要从义务完善与转致条款指明两个方面进一步优化衔接体系。在义务完善方面,我国在诸多领域出现了刑民倒挂、刑行倒挂的问题。例如,在个人信息保护领域,《个人信息保护法》的出台远远晚于侵犯公民个人信息罪与拒不履行信息网络管理义务罪。从社会治理的角度而言,民法、行政法对于社会问题的回应应当早于刑法,刑法只能作为最后的手段。当刑法先行,又涉及空白罪状时,前置法对于刑法的供给就出现捉襟见肘的问题。近年来风险控制成为热门议题,而我国对于内控义务的研究才刚刚起步。理论上,可以将单位过失中注意义务分为结果回避义务与结果预见义务。在特定领域、行业中,单位的这两种注意义务的内容和程度需要前置法及时进行补充。因此,立法者在对前置法进行修订时,不妨将其与刑事法的衔接纳入考量范围,在专门法中规定特定义务时,要强化义务的类型化与明确性。在转致条款方面,我国目前刑行衔接采取的是概括性、逐条规定的方式,不仅过于烦琐且规定过于简单,对各类主体的关照性不足,可以考

---

① 参见于冲:《附属刑法缺位下行政犯空白罪状的功能定位及其要件填补》,载《中国刑事法杂志》2021年第5期。

② 参见魏瀚申、丁友勤:《法定犯时代附属刑法立法模式之提倡》,载《福建警察学院学报》2021年第2期。

虑“明示附属刑法与独立性的散在型立法模式相结合的方式”[①]。具体而言,在专门立法中的法律责任等条款中,避免出现过多“依法”等词语,而是直接指向刑法中的具体罪名,将罪名与前置法规范直接对接,在该条中集中明示对接的条款。同时,对于义务进行类型化规定时,可以考虑在一些关键性条款中加入“注意义务”等表述,明示裁判者该义务在民事、行政责任判断中的核心地位,引导裁判者在考量刑事违法性时注意该义务的重要性。

2. 基于单位体量灵活认定注意义务以实现路径调整

学界对于过失犯罪中注意义务的判断已有丰硕的研究成果,形成了较为明确的判断路径。但是,基于单位过失犯罪的特殊样态,需要根据单位的规模、组织框架特征,对判断路径进行补充。

根据我国《刑法》第30条以及最高人民法院《关于审理单位犯罪案件具体应用法律有关问题的解释》第1条的规定,单位犯罪中的“单位”涵盖国有、集体所有的公司、企业、事业单位,以及各类依法设立的合资经营、合作经营企业和具有法人资格的独资、私营公司、企业、事业单位等,单位的类型、规模、组织框架千差万别。单位犯罪中,单位基于组织的发展目标而“接受单位成员的建议”,将个人意志转变为己方的意志,意志的内容本身也没有发生变化,改变的仅仅是意志的归属性。[②] 换言之,单位意志是由个人意志整合、转化而形成的独立意志,其中整合、转化的过程取决于单位的组织框架与内部自治体系。一人独资公司、上市公司等不同类型的公司,决策过程不尽相同,主要体现在决策权的集中程度以及公司对个人行为的管控能力之上。对于较小规模的公司而言,决策层的人数较少,决策的事项较多,大部分事务决策权集中在少数人手中,决策能够通过较少的环节到达个人。较为特别的就是一人独资公司,公司的事务由一人决策。对于规模较大的公司,如跨国公司,重大决策的产生不仅需要多个部门的协调、提议,而且

① 童德华、张珂:《〈传染病防治法〉中附属刑法规范的整合》,载《警学研究》2020年第4期。

② 参见席若:《单位犯意的形成形式辩正》,载《中国刑事法杂志》2016年第5期。

需要召开股东大会进行表决,一般事项的决策则通常由部门负责人进行。可见,大规模公司的决策权是较为分散的,最能直接代表公司整体意志的股东大会往往仅对方向性、统筹性的事项进行决策,具体的实施权以及决策权下放到了各部门。因此,根据公司的规模不同,对其注意能力的判断也需要进行区分。英国近年来在相关政府咨询报告中已经开始关注这一问题。

我们认为,对于决策权较为集中、管控能力较强的小规模公司,其注意能力是相对较强的,而大规模公司虽然对于其注意能力有同等的要求,但是应当根据其决策流程、管理制度进行具体判断。例如,公司召开股东大会通过决议,并下发到各部门,就可能存在不同的情形。情形一,股东并未全部到场,则可以通过到场股东等人员在日常管理中的职责,判断该决策能否体现单位整体意志。如果未到场股东对单位决策没有实质性影响,那么可以认为该决策有效,能够完整体现单位整体意志,该决策应当按照单位具有完整注意能力的情况,要求完整预见可能带来的风险并采取结果回避措施。情形二,单位作出决策的流程与内容都无争议,将决策下发到特定部门后,部门负责人根据该决策自由裁量,调整了实施计划,最终导致了危害结果。在此种情形下,就需要考量单位是否有义务且有能力注意到部门负责人的行为。如前文雀巢案中,行为人负责实施公司的特定活动,对于单位的日常管理规范做出了自己的理解,并最终导致侵犯个人信息的结果发生。在该案中,雀巢公司采取了相应的个人信息保护措施,行为人的行为虽然是为了实现公司利益,但是却属于偏离公司决策的行为,公司实际上没有注意到其会实施违规行为的可能性,因为根据公司的规章管理制度,有理由相信公司内部成员按照规章不会造成此种危害结果。再如,在项目外包的情形中,单位是否有能力注意第三方承包者可能存在特定风险,是判定其是否履行了注意义务的前提。

五、结　语

单位过失与监督过失存在高度重合,监督过失理论与过失犯理论是单位过失讨论的两个基石。由于单位犯罪与行为无价值的天然亲和,单位过失犯罪的讨论中应当选择新过失论的立场,并在此基础上对单位过失的三对因果关系以及以义务违反为核心的实行行为进行"深耕"。就三对因果关系而言,根据其到达、致害、本质的不同功能与定位,应分别采取危险的现实化说、条件说、客观归责理论进行判断。由于单位犯罪的义务犯特质,单位过失实行行为的判断,即注意义务违反的判断,实际上是对单位内控义务履行情况的审查。单位作为特殊主体,其人格与品格的构成由前置法进行规定,因此,单位注意义务的判断与前置法规定的单位责任与义务直接相关,前置法义务的完善与转致条款的优化,对于单位犯罪中行政不法与刑事不法边界的区分具有重要意义。

在市场经济蓬勃发展的情况下,我国以跨国企业为代表的组织体,其营商活动越发呈现出规模化、产业化、国际化特征,对于单位过失犯罪法治体系的完善,既要求加强对单位犯罪的预防,又要求保障正常的营商活动。把握好两者之间的平衡,是单位过失犯罪体系中的基本价值追求。

The Constitution of the Unit Negligence Crime

Yin Jianfeng & Hou Hanyue

[**内容摘要**]在我国单位犯罪的研究中,对单位过失的研究较为薄弱,对于此类犯罪存在诸多争议。在"集体—个人"的特殊样态下,需要借助客观义务的履行进行推定,但这并不意味着单位犯罪归责中应当摒弃主观部分,单位罪过中仍有区分故意与过失的必要。单位过失犯罪中存在三对因果关系,其中本质因果关系应当采取客观归责理论,区分归因与归责的不同阶段;致害因果关系作为条件因果关系,应当采取条件说进行判断;基于单位监督管理的风险管理本质,到达因果关系应当采取危险的现实化说。在判断是否违反注意义务时,应当基于新过失论,以结果回避义务为核心,兼顾结果预见义务,实现主客观归责的统一。鉴于单位犯罪中前置法义务具有刑事违法性与前置法违法性判断的双重作用,应当加强义务之间的衔接,完善转致路径。

[**关键词**]单位过失;监督过失;因果关系;注意义务

Abstract: The research on unit negligence in China's unit crime is relatively weak, and there are many controversies about this type of crime. In the special situation of "entity-individual", it is necessary to rely on the performance of objective obligations for presumption, but this does not mean that the subjective part should be abandoned in the attribution of unit crimes, and there is still a need to distinguish between intentional and negligent in unit crimes. There are three kinds of causality in unit negligence crimes, among which the essential causality should adopt the objective attribution theory to distinguish the different stages of attribution and Zurechnung; the causality of harm, as a conditional causality, should be judged using the condition theory; based on the essence of risk management through unit supervision and management, reaching a causality should adopt risk actualization theory. When judging whether the duty of care has been violated, it should be based on the new theory of negligence, with the avoidance of consequences as the core, taking into account the obligation of foreseeing consequences, and achieving the unity of subjective and objective attribution of responsibility. Given the dual role of pre legal obligations in determining criminal illegality and pre legal illegality in unit crimes, it is necessary to strengthen the connection between obligations and improve the transition path.

Keywords: unit crime; supervisory negligence; the theory of causality; the duty of care

对单位固有刑事责任的实务解读及成员归责理论重构

刘　思*

目　次

涉罪单位认罪认罚表征了单位向善的意愿，但有迹象表明，单位向善的意愿没能得到及时有效的刑法回应。究其原因，单位犯罪与其自然人成员①的责任深度绑定，单位刑事归责理论没能融入司法实务、完成应用转化。现阶段，厘清单位犯罪与成员责任的关系，不仅有利于提升认罪认罚从宽制度适用于单位犯罪案件的实质化水平，还可以为单位与成员分离式诉讼奠定理论基础。

---

* 北京师范大学刑事法律科学研究院博士生，北京市西城区人民检察院干警。

① 以下所称单位成员均指与涉罪单位存在隶属关系的自然人成员。

一、对单位与成员捆绑式诉讼现状的透视

法哲学的主体性原则与刑法中的责任主义立场要求每个人都只为自己的犯罪行为负责,每个人的认罪悔罪表现也只能表征其自身的人身危险性和再犯可能性,抵消对其自身的刑罚必要性。然而,单位犯罪中长期存在涉罪单位与其成员一体式诉讼、捆绑式量刑的现象:涉罪单位的罚金刑数额与同案自然人的自由刑刑期深度绑定,涉罪单位的认罪认罚情节未能发挥实效。

(一)涉罪单位的认罪认罚自愿性未能得到尊重与保障

在实务中,涉罪单位认罪认罚未必能体现单位的意志自愿性。首先,如果公司法定代表人或实际控制人同时作为该案犯罪嫌疑人、被告人的,其认罪认罚意愿一般适用于单位的认罪认罚意愿,但应当以单位名义单独出具认罪认罚意愿证明材料并签署认罪认罚具结书。该现象缘起于单位自首相关规定。① 在单位自首意志形成的过程中,个人人格已被湮灭于团体的合力之中,此时对外代表的是团体人格。② 自首与认罪认罚均包含认罪要素,既然主管人员的认罪要素可以用以评价单位的认罪态度,那么对于主管人员认罪后自愿接受处罚的案件,也可视为单位认罪认罚。

其次,涉罪单位在侦查阶段和审查逮捕期间未能实质性参与诉讼进程。单位犯罪的认定存在单位犯罪模式与单位追责模式两种思路,前者在认定单位犯罪的基础上追究自然人的责任,后者循自然人犯罪

---

① 2009年3月12日最高人民法院、最高人民检察院《关于办理职务犯罪案件认定自首、立功等量刑情节若干问题的意见》(法发〔2009〕13号)规定,对于单位直接负责的主管人员自动投案,如实交代单位犯罪事实的,应当认定为单位自首。

② 李翔:《单位自首正当性根据及其认定》,载《法学家》2010年第4期。

进路对单位追责。[1] 实践中，司法侦查多采单位追责模式，以自然人犯罪进行侦查，直到审查起诉阶段，单位才获得独立的诉讼地位。此前，司法机关难以考察单位的认罪认罚意愿，只能根据个人认罪认罚的意愿认定单位之认罪认罚，或者将个人认罪认罚的从宽后果及于单位。值得注意的是，在捕诉一体化背景下，问题可能更为突出。检察机关在提前介入、审查逮捕、审查起诉过程中，对案件的认识接续性逐步加深。循自然人犯罪路径的侦查思路导致检察人员在未曾听取涉罪单位意见的情况下，形成单位是否构成犯罪的内心确信，忽视了单位抗辩的声音。

（二）成员罪刑与单位罚金的对应关系使单位的从宽量刑情节失效

2020 年 12 月，最高人民检察院发布了第二十四批指导性案例，指出办理涉企业犯罪案件，应当依法适用认罪认罚从宽制度，标志着检察机关对单位主体适用认罪认罚从宽制度正当性的认可。但是，涉罪单位的认罪认罚情节未能发挥宽减单位罚金刑的法定后果。在 2020 年至 2021 年判决的 135 件虚开增值税专用发票案件中，被告单位的认罪认罚情节没能显著降低单位的罚金数额。统计样本中，被告单位自愿认罪认罚的案件 68 件，未认罪认罚的 67 件，以被告单位是否提出认罪认罚为分组变量，以罚金数额为因变量，进行曼·惠特尼 U 检验（Mann-Whitney U test），结果显示：罚金数额在被告单位是否提出认罪认罚的两个水平上没有显著差异，$U = 2215$，$p = 0.780$。与此同时，单位成员的认罪认罚情节发生了超越的量刑调节功能，间接作用于被告单位的刑罚结果，如有

① 关于单位犯罪模式和单位追责模式的理论分析，尽管组织体责任论支持者多选择单位犯罪模式，但黎宏教授主张，应首先考虑成立自然人犯罪，之后若查明单位成员行为背后存在单位的支配或者操纵，再考虑成立单位犯罪。参见黎宏：《组织体刑事责任论及其应用》，载《法学研究》2020 年第 2 期。

些案件因被告人自愿认罪认罚,对被告单位予以从轻处罚。[①]

出现上述现象的原因在于,实务中对单位的罚金刑与成员的自由刑拟制了对应关系,自然人的认罪认罚情节通过缩减自由刑刑期而作用于单位的罚金刑。例如,地方性规范将自然人刑期与单位罚金的对应关系成文化、系统化、规范化。《江苏省各中级人民法院刑事案件判刑量刑标准指导意见》第 42 条第 2 项规定了以自然人刑期为因变量的罚金数额计算规则,该意见第 47 条同时规定"单位犯罪,罚金额在自然人罚金数额的基础上增加 20%",在此规则下,单位罚金与自然人刑期增则同增、减则同减。由此类规则及于实践,不乏司法机关根据自然人的认罪认罚情节,对自然人及同案涉罪单位决定双从宽处理或双不起诉。反之,如果作为涉罪单位成员的自然人未认罪认罚,或存在从重、加重量刑情节,即使涉罪单位自愿认罪认罚,其罚金数额可能也不会相应减少,此即"原则性从宽"[②]现象的成因之一。

(三)对单位犯罪与成员责任深度绑定现象的追问

将个人的认罪认罚意愿视同单位的认罪认罚意愿,或将个人认罪认罚的从宽后果及于涉罪单位,这种自然人本位的做法是否合理?涉罪单位的罚金数额已与成员刑期相对应,是否还有必要另行认定单位主体认罪认罚等量刑情节?这一系列问题的本质在于单位犯罪与成员刑事责任是什么关系。如果对单位犯罪与成员责任应该一体评价,那么罪刑捆绑的做法无可厚非;但如果单位与个人作为平等的犯罪主体应当分别评价,那么认罪认罚从宽制度应当对单位主体独立适用,不受成员罪刑的干预。长期以来,单位犯罪与成员责任的关系都是单位犯罪的重要理论命题,若欲破除上述单位犯罪案件适用认罪认罚从宽制度的不合理之处,势必重新审视这一理论命题,回归问题的本源,坚持

① 参见(2020)湘 0624 刑初 152 号裁判文书"本院认为"部分。

② 彭新林:《认罪认罚从宽中量刑建议存在的问题及对策》,载《人民法院报》2020 年 5 月 21 日,第 6 版。

有罪有责者才需认罪认罚,认罪认罚者才能获得从宽。

二、现有单位犯罪与成员责任理论的应用转化困境

单位犯罪与成员责任已被深度绑定,在认罪认罚从宽制度的适用等司法实践中出现了诸多问题。在单位犯罪中,单位与自然人间确实存在某些内在的联系,这也是"单位犯罪、成员受刑"的做法免受罪责自负原则的质疑与拷问的原因。为了对单位与其成员分别追责、分离诉讼,以往研究探讨了单位犯罪与成员责任之间的内在联系,形成了责任分离的三种主要理论思路。

(一)认定单位犯罪与成员责任的三种理论思路

讨论单位犯罪与成员责任的思路可以分为三类:一是一元犯罪主体、两个责任主体理论,认为单位犯罪中只存在一个犯罪主体,单位成员只是因单位主体的犯罪而承担了刑事责任;二是二元犯罪主体、共同犯罪构成理论,主张单位与成员共同实施了犯罪行为,构成了一个犯罪,并共同为该犯罪负责;三是多元犯罪构成理论,在单位犯罪中增设特异性构成要件,使单位与成员分别构成犯罪,独立承担刑事责任。

1. 一元犯罪主体、两个责任主体理论

一元犯罪主体、两个责任主体理论认为,单位犯罪中只有一个犯罪主体实施了一个犯罪行为,但基于单位及其成员的特殊关系而出现了两个责任主体,如早期的连带刑事责任论、[①]德国代理刑事责任论。[②]一个主体的犯罪行为萌生两份刑事责任,其中必然有一个主体没犯罪却担责,这对责任主义构成了威胁。为此,黎宏教授将日本的组织体责任论与责任主义立场相调和,与我国自然人刑法理论相整合,对组织体

---

① 参见张文、刘凤祯、秦博勇:《法人犯罪若干问题再研究》,载《中国法学》1994 年第 1 期。

② 参见赵星:《单位犯罪中的个人责任理论初探》,载《政法论丛》2001 年第 2 期。

刑事责任论进行了发展。[①] 虽然该理论主张单位固有刑事责任,但却选择了自然人犯罪路径前置的单位追责模式,优先认定自然人犯罪,而后将个人的犯罪行为与组织体的罪过结合起来评价单位犯罪,作为对单位与个人双追责的理论依据。

2. 二元犯罪主体、共同犯罪构成理论

二元犯罪主体、共同犯罪构成理论是指单位犯罪中单位和单位成员这两个犯罪主体共同构成一个犯罪。该理论分支中,人格化社会系统责任论具有里程碑意义,[②]此外,单位犯罪的两重性论、[③]嵌套责任论[④]等都属于此类。近年来,"分离式诉讼"实践长足发展,理论研究也紧跟其后,提出了将组织体责任抽离于成员个体的二元分离模式,但该模式的理论模型与前述组织体责任论别无二致。[⑤] 同样以前述组织体责任论为基础,李本灿教授提出了新组织体责任论,将领导集体作为组织体的另一个自我,共同承担监督者保证人义务,而普通员工责任则与之相分离,承担共同正犯或个人过失责任。[⑥]

3. 多元犯罪构成理论

在相同犯罪构成下,无论是循单位行为认定自然人责任,还是循成员行为追究单位责任,均无法实现对单位与个人的分别追责。为了实现完全的罪责自负,一些理论主张在刑法中对单位犯罪增设特异化构成要件,不再以相同的刑法条文或犯罪构成评价单位和同案个人的行为,即多元犯罪构成理论。例如,周振杰教授引入西方企业刑事责任二元模式,将单位责任与个人责任在构成基础、认定逻辑以及诉讼程序上

---

① 参见黎宏:《组织体刑事责任论及其应用》,载《法学研究》2020年第2期。

② 参见何秉松:《人格化社会系统责任论——论法人刑事责任的理论基础》,载《中国法学》1992年第6期。

③ 参见张春:《双罚制的根据——法人犯罪的两重性》,载《法学》1990年第9期。

④ 参见陈忠林、席若:《单位犯罪的"嵌套责任论"》,载《现代法学》2017年第2期。

⑤ 参见张静雅:《二元分离模式下单位刑事责任之重构》,载《国家检察官学院学报》2022年第4期。

⑥ 参见李本灿:《单位刑事责任论的反思与重构》,载《环球法律评论》2020年第4期。

相分离,对单位的故意与过失不适用自然人刑事责任理论的规定,而另行设置。[①] 王志远教授的三元分离模式建基于法人责任相对独立理论,将单位、直接负责的主管人员、直接责任人员的责任两两剥离,各自独立评价、分别追责,三类主体均只对自己的犯罪行为负责,对单位设置以组织缺陷为事实依据的“归咎的刑事责任”,对直接负责的主管人员以法定罪名追究管理失职的归咎责任,对直接责任人员作为单位共犯按照自然人犯罪处罚。[②]

(二)对三种理论的回应

1. 对一元犯罪主体理论的回应:循自然人犯罪路径对单位追责已不合时宜

时至今日,《民法典》已赋予单位人格权,企业作为市场主体对社会经济高质量发展发挥着巨大作用,而单位的独立人格越活跃,其违法犯罪的风险也就越大。然而,由于作为单位成员的自然人藏在组织体的“面纱”之下,犯罪行为虽经自然人之手做出,却非出于个人动机,而是服从于组织体的设立目的,集体意志为自然人的犯罪行为提供了强大的心理支撑和合理化事由。以往针对自然人的犯罪预防手段,与走向现代化的企业治理体系相比略显落后,但当前的企业治理能力却还不足以对抗组织体内生犯罪因素,完成单位犯罪的自我监督、自我治理。因此,当务之急是提高单位的犯罪风险防控能力,而不是对自然人的犯罪预防。

同时,捆绑式量刑将使单位承担成员诉讼选择的法律后果。目前,单位犯罪已被用作自然人出罪或者减轻刑事责任的工具,如果不能将单位犯罪与成员责任分割开,则认罪认罚将无法为企业提供实质化的量刑

① 参见周振杰:《企业刑事责任二元模式研究》,载《环球法律评论》2015 年第 6 期。

② 参见王志远:《企业合规改革视野下单位犯罪主体分离论与归咎责任论之提倡》,载《比较法研究》2022 年第 5 期。

激励。长此以往,单位将失去配合司法的动力,对涉罪单位的查处和挽救将越发艰难。因此,将单位与个人合并评价,循自然人路径的单位追责模式对单位定罪并对成员追责,这违背了理论发展趋势,不能满足实务需求,由此历史的天平开始倾向二元犯罪主体理论和多元犯罪构成理论,单位刑事责任理论由"同一"走向"分离"。

2. 对二元犯罪主体理论的回应:对新组织体责任论的利弊分析

根据新组织体责任论的思路,单位与领导集体成员应当共同诉讼,而单位与普通员工应当诉讼分离。新组织体责任论将领导集体(直接负责的主管人员)责任视同单位责任,"另一个自我"的说法对涉罪单位刑事应诉程序的建立大有助益:一是主管人员责任与单位责任的一体性、依附性决定了利益的同向性,主管人员更有可能在刑事诉讼中忠诚于单位利益;二是回应了单位应诉的直接言词原则,同案涉诉的主管人员甚至可以代表单位应诉,为诉讼代表人的选任提供新思路;三是同案涉诉的法定代表人、实际控制人及其他高级管理人员代表单位诉讼,可以解决普通员工或外聘律师在单位话语权、执行力不足的问题,足以为司法机关采信。

然而,新组织体责任论的问题在于:首先,分离式诉讼以"放过企业,严惩责任人"的理念为引领,所欲严惩的责任人实指企业家,即组织、领导、决策单位犯罪的人员,继续将企业家与企业绑定追责,就很难在不触及企业家罪刑的同时,对企业从宽处理。其次,责任的一体化仍旧会使集体责任成为个人出罪或减轻罪责的工具,新组织体责任论继承了"同一视理论"的通病。最后,与领导人员相比,普通员工往往直接经手犯罪,其犯罪行为是比较容易认定的,而且普通员工处于单位利益的远端,单位很有可能为了保全自身和单位领导,而将罪责诿过于普通员工,对普通员工与单位分案处理,相当于帮助单位实现了割裂员工犯罪与单位责任的目的。

3. 对多元犯罪构成理论的回应:三元分离模式不足

三元分离模式主张单位、直接负责的主管人员、直接责任人员在责任上两两分离。然而,个人与单位绝对的分离"仅从法人本身出发寻求法人刑事责任",缺陷在于:一是忽视了法人与自然人客观上存在的内在联系，即使是宏观的法人文化或管理结构也需要借助法人成员的具体行为而逐渐形成；二是造成了仅对自然人追责的历史倒退，单位犯罪举证难、追诉难、执行难，在目前单位责任与自然人责任“同一视”的情况下，仍然存在对单位犯罪重视不足，以及为了对自然人追责而将单位责任工具化的情况，如果直接将单位责任与个人责任分离，单位追责的工具价值也将不存，恐怕单位犯罪将形同虚设；三是激进的三元分离模式对现行刑事立法与司法实践的冲击过大，与双不起诉等司法实践的现实需要仍有较大差距。

（三）依据犯罪主体类型实行诉讼分离的不妥之处

三元分离模式与新组织体责任论为了对单位与责任人员分别追诉，在单位犯罪行为之外另寻个人责任依据，得出了一些并不合理的结论。对于直接负责的主管人员，三元分离模式主张其承担“管理失职的归咎责任”而与单位犯罪分别处理，新组织体责任论主张其承担领导集体的“监督者保证人”责任而与单位犯罪一并处理。但是根据司法解释关于直接负责的主管人员的规定，①“主管人员”在单位实施的犯罪中起决定、批准、授意、纵容、指挥等作用，若仅以“管理失职”或者违反“监督者保证人”义务追责，显然并不合适。例如，虚开发票犯罪案件中，单位负责人既决定虚开，又亲自联系开票公司的，若将其责任限制在集体决策、监管过失或未履行作为义务的范围内，则其罪责在集体行为中被弱化，对其犯罪实行行为将无法评价。

① 参见最高人民法院《全国法院审理金融犯罪案件工作座谈会纪要》（法〔2001〕8号）第2条第1项关于单位犯罪问题的规定，单位犯罪直接负责的主管人员和其他直接责任人员的认定：直接负责的主管人员，是在单位实施的犯罪中起决定、批准、授意、纵容、指挥等作用的人员，一般是单位的主管负责人，包括法定代表人。其他直接责任人员，是在单位犯罪中具体实施犯罪并起较大作用的人员，既可以是单位的经营管理人员，也可以是单位的职工，包括聘任、雇佣的人员。应当注意的是，在单位犯罪中，对于受单位领导指派或奉命而参与实施了一定犯罪行为的人员，一般不宜作为直接责任人员追究刑事责任。

反之,对单位主管人员也不宜仅以实行行为追责。一方面,这将增加主管人员出罪的可能性。在实务中,单位主管人员往往不会直接经手犯罪,而是指示或者授意员工去实施犯罪行为,但该指使行为很难确证,即便听令行事的员工能够证明犯罪行为系领导指使,但同案犯口供的证明力有损,且很有可能是孤证。因此,很多涉罪单位的主管人员做"不知详情"抗辩,只承认其领导责任,否认其对单位犯罪具有主观明知。另一方面,将主管人员作为直接责任人员追责,将否认主管人员与单位的一体性,导致单位自首或认罪认罚等情节的效力不能及于主管人员,削弱了其代表单位认罪的内在动力,结果将是主管人员更有可能出于自身利益的考虑,放弃对单位从宽处理的机会,陷单位及真正的普通员工于不利境地。

尽管两种理论均主张对普通员工按照单位犯罪中的其他责任人员追责,与单位及其主管人员分案处理,但普通员工也可以在履职过程中形成单位事实上的营运规则和工作惯例,以约定俗成的方式形成单位固有的刑事责任基础。因此,重要的并不是对直接负责的主管人员或者直接责任人员的认定,而是单位作为犯罪主体实施了哪些犯罪行为,自然人作为单位成员又实施了哪些行为,进而分析这些行为分别应当承担什么样的责任。

三、一般性犯罪构成理论对单位固有刑事责任的解读

我国现行刑法是一部自然人刑法,自然人犯罪构成理论经过长期的司法实践,已经演变为一套完整、系统、全面、规范的法律思维模式。长期以来困扰单位犯罪模式归责思路的问题在于,如何跳出自然人行为和意志,直接用与单位相关的犯罪构成要件要素评价单位犯罪。无论是"新组织体责任论"还是"三元分离模式",无不在寻找直接对单位归责的理论依据,只有直接对单位归责,才能跳出单位与其成员必须同案处理的诉讼模式。可惜的是,关于"固有刑事责任""归咎的责任"

"企业犯罪亚文化"等特异性犯罪构成的理论探索太过先行,未能照顾司法实践的接受能力。为了解决实践疑难,应当在单位犯罪模式的指引下,将朴素认知与法律思维习惯相结合,以一般性犯罪构成理论对单位利益、单位名义、单位意志等要件要素进行整合,并贴合司法实践形成对特异性构成要素的实务解读。

(一)单位犯罪是组织体为实现设立目的而实施的单位固有犯罪行为

在司法实践中,以单位利益、单位名义、单位决策为构成要件要素,形成了认定单位犯罪的法律思维习惯,而其中蕴含的"谁获利,谁出面;谁决定,谁负责"理念,符合人们的朴素认知,应当予以坚持。下文尝试用符合该话语体系的语言来解释单位固有刑事责任的内涵,并从组织体成立目的的角度认识单位获利。

1. 单位固有犯罪行为的内容:决策行为与组织行为

犯罪行为是犯罪客观方面的重要内容。任何犯罪构成,可能没有犯罪目的、没有危害结果,但是一定有犯罪行为。犯罪行为也是单位犯罪被论及最多的话题之一。仅以同一视论认定单位行为必然导致责任主义立场的丧失,仅以组织体责任论认定则太过先行、不具有可行性,在此试图对同一视论与组织体责任论对单位行为的观点进行整合,并结合实践经验描述单位的犯罪行为。

单位犯罪行为可以分为两大类。一类是单位决策行为,即单位就其成员实施犯罪行为形成集体意志的决策过程。决策是思考的结果,而思维是人类专有的心理活动,单位具有人格、具有意志,却无法具有思维。因此,单位的决策行为不可避免地与成员的思维过程合二为一,成员为单位作出决策与单位自己的决策行为,两者紧密联系,据此,同一视论将单位与成员的相关决策行为及由其形成的意志相同。另一类是单位组织行为,单位因聚合自然人实施犯罪行为而承担组织行为责任。单位决策行为的对象是犯罪事项,而单位组织行为的对象是犯罪人员。单位组织行为包括如下内容:一是建章立制,形成组织运行规则和组织文化;二是提供职位,进行团队建设,将成员的是非观念湮没在集体价值目标中;三是发放薪资,报销费用,为成员生活及事实犯罪提供资助;四是提供名义,使成员以单位的外观对外活动,为成员行为提供"犯罪的不是我"的合理化事由。单位的组织行为具有鲜明的组织体责任,是对组织体责任论中单位固有犯罪行为的实践诠释。

从内容来看,单位组织行为是单位的内生致罪因素,属于单位固有的刑事责任内容,表现为"为实施犯罪行为的单位成员提供资助、名义、心理支持"。单位组织行为的确认将"归咎的责任""固有刑事责任""企业犯罪文化"等概念转化为可供刑法评价的犯罪行为,提高了组织体责任论的可行性。理论上,在一个由自然人组成的犯罪组织中,无论是做出犯罪决策的人,还是召集人员并提供资助的人,即使其没有直接实施犯罪,也应当对全部犯罪事实承担组织、领导的责任。单位作为犯罪主体时也应如此。

需要说明的是,单位的组织行为有时可能以先行行为的姿态出现,从而成为单位违反不作为义务或者承担过失责任的基础。对于单位具有犯罪倾向的规章制度、方针政策或者目标文化,在没有相应的犯罪行为及危害结果的情况下,不能仅因组织行为而追究单位的责任,这也是单位"固有责任"和"归咎的责任"说法的不周延之处。单位固有责任绝不是脱离犯罪行为或危害结果而凭空产生的。单位错误制定制度、目标、方针、政策,或选任存在犯罪倾向的成员,或者设置了不符合安全标准的运行规则,这实际上是一种先行行为。先行行为赋予单位预防犯罪的法定义务,而后才能因怠于作为追究其管理监督失职的责任。

2. 单位固有犯罪行为服务于组织体设立目的:单位利益要素

单位固有犯罪行为无论表现为决策行为还是组织行为,都是非常前端的,很少涉及直接产生犯罪危害结果的实行行为。哪些造成危害结果的行为能够归咎于单位,在很长一段时间内困扰着司法实践。为此，司法解释提示，违法所得归单位所有的犯罪行为，是单位犯罪。[①] 从实践角度，关于单位犯罪利益归属的证据相对易于调取，且言词证据与实物证据兼而有之，易于形成完整的证据链条。本质上，单位存续并实现设立目标就是单位所谋求的利益所在，如企业是以营利为目的的组织体，事业单位是以公益为目的的组织体。对于单位而言，"无利不起早"，单位不存在激情、常习等犯罪心理，所有的单位行为都服务于其设立目标，因而在消极意义上，单位没获利就不构成单位犯罪。同时，大多数单位犯罪是为了经济利益，经济利益是一种在经济活动参与人间此消彼长的利益，如果被害人遭受了经济损失，那么应当由取得对应利益的主体进行损害赔偿，认定获利者犯罪为追赃挽损奠定了责任基础。如果能认定单位从犯罪中取得了利益，就可以据此在犯罪危害后果与单位前端行为之间建立因果关系，进而认定单位犯罪。

这里可能有一个问题，过失犯罪中是否存在单位利益。过失犯罪中的单位利益在于，单位本应为预防危害结果发生支付成本而未支付。例如，污染环境罪中，企业没有设置环保设备，"节约"下来的设备购置款就是企业所谋的利益。因此，单位利益是一个在单位犯罪中普遍适用的客观构成要件要素，尤其是在单位名义要素不明确的情况下，利益要素显得尤为重要。单位名义可能是显性的，如合同诈骗罪、虚开增值税专用发票罪等，合同上就会昭示单位的身份；单位名义也可能是隐性的，如单位行贿罪，单位的存在即便在犯罪时都不宜宣之于口，案发后则更难以取证，因而根据行贿所谋之不正当利益归于单位还是归于自然人，是判断犯罪的危害结果与单位前端行为之间是否存在因果关系

---

① 参见最高人民法院、最高人民检察院、公安部《关于办理非法集资刑事案件若干问题的意见》(高检会〔2019〕2 号)第 2 条第 1 款规定单位实施非法集资犯罪活动，全部或者大部分违法所得归单位所有的，应当认定为单位犯罪。最高人民检察院《关于办理涉互联网金融犯罪案件有关问题座谈会纪要》(高检诉〔2017〕14 号)"三、依法认定单位犯罪及其责任人员"第 21 条规定，涉互联网金融犯罪所涉罪名中，刑法规定应当追究单位刑事责任的，对同时具备以下情形且具有独立法人资格的单位，可以以单位犯罪追究：(1)犯罪活动经单位决策实施；(2)单位的员工主要按照单位的决策实施具体犯罪活动；(3)违法所得归单位所有，经单位决策使用，收益亦归单位所有。

的重要事实依据。

(二)以成员思维的复制体认定单位犯罪的主观方面

自由意志是单位人格的基础,独立的犯罪意志既是单位刑事人格基础,也是单位犯罪构成要件。根据一般犯罪构成理论,单位犯罪主观方面包括认识要素和意志要素两个方面。由于思维具有自然人专属性,单位的明知及以明知为依据的决策均通过单位成员的思维加工完成,并由成员的大脑承载。因此,负有单位意志形成职责的人员,在个人产生犯罪意志的同时,因介入了单位决策行为而形成了一份与个人犯罪意志内容相同的单位犯罪意志,这一过程类似于意志的复制,一份意志属于个人,一份意志归于单位。单位与个人分别在自己的犯罪意志支配下实施犯罪行为,即单位与成员的犯罪主观方面的分离。

需要说明的是,单位犯罪意志的形成过程既包括单位决策机关、监督机关成员的有意识加工,也包括单位普通员工的无意识加工。意志的形成机制包括有意识加工和无意识加工两类。有意识加工有明确的目的,受意识的支配,只能由作为单位"大脑"的领导集体做出。单位决策机关根据单位议事规则形成的决定或者制度,表征单位形成了一份与决策机关成员意志内容相同的单位意志,即李本灿教授所称由领导集体视同而来的单位意志。① 决策机关的意志既可以体现在故意犯罪中,也可以体现在过失犯罪中,而监督机关的意志则主要见于过失犯罪。监督机关在对单位成员行为进行监督的过程中,出于疏忽大意或者过于自信的过失,没能发现或及时处理问题苗头,导致成员行为引发了危害结果。

除了单位决策机关或者监督机关,普通员工的业务行为可以介入

---

① 参见李本灿:《单位刑事责任论的反思与重构》,载《环球法律评论》2020年第4期。

单位的无意识加工过程,而"跃进"①为单位意志。如果普通员工实施了与业务有关的犯罪行为,且换作他人任职大概率也会实施相同的行为,那么该业务行为的本质是:在该职位上具有传承性的单位犯罪习惯,应当被规范地评价为单位意志。例如,单位前任会计、现任会计均虚开发票,说明单位具有虚开发票的行为习惯,这种习惯即单位无意识加工形成的犯罪意志。正如张静雅博士基于实务经验提出,除了高层"关键人员"的决策和默许,单位职员的履职行为也可能构成单位故意。②

四、成员责任的理论重构——责任分类剥离理论的提出

如果将成员责任视为一个不可分割的整体,那么无论是对单位与成员"同一视"还是相分离,均存在不合理之处。客观上讲,单位是人和财产的集合,单位不可能脱离成员凭空存在,因而必然存在成员责任与单位责任合一的情形。为了明确哪些情形应当分离、哪些情形可以合一,下文试图重构单位犯罪中的成员责任理论,肯定成员责任内容的复合性,并依据责任内容及其与单位犯罪行为的关系,予以分类处理。

(一)单位犯罪案件成员责任类型化构建

如果个人行为通过单位行为间接作用于犯罪对象、产生危害后果,那么两者紧密联系,可以一并处理,比如成员的单位意志形成行为影响了单位的犯罪决策行为,导致犯罪发生;成员的监督不作为或监督过失被单位犯罪性组织行为所吸收,放纵了单位犯罪。如果成员行为直接与犯罪的危害后果之间存在因果关系,那么与单位犯罪分别评价、分案

---

① 张静雅:《二元分离模式下单位刑事责任之重构》,载《国家检察官学院学报》2022年第4期。

② 同上。

处理,将更有利于诉讼的推进和恰当地追责,比如成员按照单位决策、出于个人意志,自己实施或指使他人实施犯罪行为。

1. 单位意志形成责任——介入单位决策行为而产生的责任

单位意志的形成责任在单位犯罪主观方面的认定部分已有所涉及,包括领导集体介入有意识加工和普通职员介入无意识加工两种形式。如果单位意志的形成人员并没有同时实施下达指令或者直接犯罪,那么其仅承担单位意志的形成责任。单位危险人格由单位成员做出的决定、制定的制度、实施的行为组成。但是刑法非因造就单位危险人格而追究成员的责任,而是基于单位危险人格的外在表现,即根据单位意志作用下的成员的作为或不作为及其危害结果来认定成员犯罪。事实上,成员的单位意志形成责任几乎不会单独存在,根据主客观相统一原则,只有当单位犯罪意志外化为成员行为时才具有可罚性,一般也只有在出现危害结果时才会走进司法视野。无论是经单位决策机关做出的有意识加工还是由普通员工完成的无意识加工,都需要在本人实施了犯罪或者指使他人实施犯罪后,才能予以评价。

2. 监督失职责任——介入单位组织行为而产生的责任

对于单位成员的监督失职责任,不仅尚未得到立法确认,实务争议也比较大。司法人员普遍反对以未能有效监管、预防其他成员犯罪为依据,追究单位监管机关成员刑事责任的做法。在理论上,以刑事手段为后盾敦促单位监督机关履责的观点有其合理之处。对于单位中纯粹的监督机关,如监事会(监事)或者法务部门,以监管不力对其追责无可厚非。对于不纯粹的监督机关,如人力资源部门和行政事务部门,其通过涉罪单位的组织行为对单位犯罪产生推动力,在其责任人员应当预见单位的犯罪风险而未预见、有能力制止而未制止的情况下,也可以追究其监督失职责任。对于单位决策机关成员,则可以将其决策行为、政策目标制定行为和企业文化的奠基行为作为先行行为和监管义务的依据,进而以未能有效监管来追究其不作为或者过失行为责任。综上,对于单位的负责人、实际控制人、高级行政管理人员,即便无法证明其对犯罪的主观明知,也可依据监督失职的过失或者不作为追究其刑事责任。

3. 单位意志传达责任——个人支配地位责任

单位意志由决策人员的大脑承载，或者直接支配决策人员自行实施犯罪行为，或者由决策人员向其他成员下发行为指令，由其他职员实施犯罪行为。决策人员按照单位意志的内容发号施令的行为，即单位意志的传达行为。传达行为对单位犯罪具有巨大的支配作用，而传达行为人对其他成员犯罪行为的支配力，就是传达行为的可罚性基础。犯罪单位中的部门负责人或中层领导是比较典型的传达行为人，其在不参与决策的情况下，指示普通员工实施犯罪行为，其所承担的行为责任即单位意志的传达责任。同时，对存在于普通员工业务行为中的单位意志，也可以通过经验交流的方式传达给其他员工。如果普通员工明知或应当明知现有业务规则或者行为惯例存在犯罪风险，仍然转达其他员工，则也应当承担意志传达责任。例如，老师傅将不规范的操作流程教给新入职员工，向其他员工传达了单位意志，支配其他员工行为作用于客观实在。当然，假设单位明知已形成犯罪惯例且没有禁止相关行为，则单位也需要为这种普通员工层面形成的行为习惯，负决策与组织行为责任。

4. 单位意志执行责任——个人故意或过失行为责任

单位意志的执行责任是指单位成员在单位意志范围内故意或者过失实施犯罪行为的责任，即刑法所规定的直接责任人员责任，包括按照单位意志实施犯罪的个人故意行为责任和单位有罪过的个人过失行为责任。

其一，个人故意行为责任。单位成员在业务活动中明知遵循单位决策会造成危害结果，仍然按照单位决策实施犯罪行为、造成危害结果，从而承担单位意志执行责任，这是单位犯罪中成员刑事责任的最基本形态。该形态又可以分为三种情形，一是单位决策人员做出决策后自行执行，直接实施犯罪行为；二是单位成员按照自发形成的从业习惯实施使单位受益的行为；三是单位成员经他人传达、接收单位意志后，执行单位决策或遵循业务习惯而实施的犯罪行为。在前两种情形中，单位意志形成责任主体与执行责任主体是合一的，且不存在单位意志传达责任主体，意志执行责任（直接责任人员责任）被意志形成责任

(主管人员责任)所吸收,从而在实践中仅认定为直接负责的主管人员;在第三种情形中,意志形成责任主体、传达责任主体与执行责任主体是分离的,单位意志执行责任主体即单纯的其他直接责任人员。

其二,个人过失行为责任。在单位过失犯罪中,单位成员基于疏忽大意或者过于自信的过失,在业务行为过程中造成了危害结果,也要因单位意志执行责任认定其构成犯罪。在单位犯罪中,危害后果应当是单位业务规则本身引起的,如单位制定的操作流程不符合安全标准,或者单位未设置或未落实必要的培训或者监管制度等,以此判断单位具有过失。换言之,即便单位犯罪的直接责任人员严守从业规则,也不能避免危害后果的发生,但是,单位成员作为从业者,按照其专业性可以推定其应当知道业务行为合理标准,却没有遵守该合理标准,因而应当承担与单位的过失共同正犯责任。如果有证据证明业务危害性已经超出其认知能力,则不能追究其刑事责任。

(二)成员责任分类剥离理论的特征

单位成员责任分类剥离理论通过对单位成员责任的类型化分析,对于单位意志的形成责任和对单位犯罪行为的监督失职责任,可以与单位犯罪一并处理;对于单位意志的传达责任、执行责任,则归属于个人,应当从单位犯罪中剥离。与新组织体责任论、三元分离模式理论相比,对单位固有犯罪行为条分缕析,对成员责任分类剥离,且对单位犯罪意志“复制”而非“同一视”的目的在于,将单位行为与成员行为、单位意志与成员意志视为彼此独立而又相互关联的犯罪构成要件。在程序上可分可合,在实体上罪责刑相适应。

1. 分层构建单位犯罪中成员责任体系,尊重单位意志的客观形成规律

单位犯罪中的部分个人行为因介入单位犯罪行为而兼具个人意志与集体意志特征。旧理论提出对单位成员另案处理、单独归责,但未分析个人行为及个人意志的可罚性基础。成员责任分类剥离理论分析了单位成员责任的不同内容,主张单位意志形成行为介入了单位决策行

为,单位监管不力行为介入了单位组织行为,因而可以与单位犯罪一并评价;而成员明知单位决策与组织的犯罪属性,仍然自己执行或支配他人执行单位犯罪意志,体现了成员自身对犯罪的认识与意志,具有独立于单位犯罪责任的可罚性,应当单独评价。

同时,将单位视为人的集合尤其是普通员工的集合,体现了人民群众是历史的创造者的马克思原理,尊重了客观规律。组织体责任论中存在以“犯罪文化”追究单位责任的倾向,这种先行的理念与现在的实践产生了激烈的碰撞。企业“犯罪文化”是无形的,相较而言,普通员工在履职中形成单位犯罪行为习惯的事实,更容易被认定。如果依据形成业务习惯追究个人的单位意志形成责任,同步认定单位的犯罪意志,则可解除以往只能以单位有意识决策、集体决策、负责人决策认定单位刑事责任的旧式思维,对自下而上的“犯罪文化”予以刑事评价。

2. 回应对单位与成员分案处理的实践需要,诉讼分离依据由单一式变为复合式

单位犯罪与个人责任并不必然一并处理,但如果分案处理,单位成员的被分离的行为必须符合犯罪构成且值得独立评价。旧理论依据犯罪主体类型对单位与自然人分离诉讼,将主管人员与单位一概同案处理或一概另案处理,忽视了成员行为的复杂性。将主管人员因参与单位决策的意志形成而与单位犯罪共同诉讼,维持了单位犯罪的完整性;如果其参与决策的同时实施了传达行为或执行行为,也可将传达或执行视为主行为,另案处理后对单纯的决策行为一并评价。

同时,与按照主体类型讨论成员责任相比,对于仅具有单位意志形成责任的成员,无论其是主管人员还是普通员工,都可以在单位犯罪中一并处理。将成员责任分类后,对企业决策人员或者企业监管人员与单位可以依据其决策责任与监督失职责任共同诉讼,也可以依据其传达责任或者个人行为责任与企业分案处理;对普通员工可以依据其单位意志形成责任与单位共同诉讼,也可以依据其个人行为责任与单位分案处理。而究竟是分案还是并案,则遵循诉讼便宜原则,由司法机关裁量决定。

3. 符合罪责刑相适应的原则,有利于解决司法认定疑难

在单位犯罪与成员责任深度捆绑的追责模式下,对普通成员追责易、对主管人员追责难;认定个人犯罪易,认定单位犯罪难;单位自愿认罪认罚易,企业家真诚认罪悔罪难。上述问题的解决,有赖于一个责任分离的恰当标准,在分离责任的基础上分案处理,实现对不同的犯罪主体单独定罪、分别追责;同时,在合一责任的范围内因单位认罪认罚而对企业家、单位负责人适度从宽处理,为个人配合司法活动的行为提供量刑激励。对单位成员责任的类型化处理,有利于上述目的的实现,对于在单位犯罪中负有单位意志形成责任、监督失职责任的个人,可以与单位一同评价,对成员在该责任范围内从宽处理;对个人所负其他责任则不受单位量刑情节的影响。

同时,在单位犯罪中,成员责任分类剥离理论可以在一定程度上解决司法实践的认定难题,这里试举一例:对参与企业决策的小股东应当如何追责,在实践中争议很大。在有些案件中,企业的小股东在集体决定犯罪时表示同意或未表示反对,但并没有直接经手或指使他人实施犯罪行为。实践中,有人主张对小股东应当以参与集体决策的主管人员追究刑事责任,反对意见则认为小股东的决策行为责任不一定重于普通员工直接实施犯罪的责任,甚至有人提出不宜将这种行为作为犯罪处理,除非这名股东具有一票否决权。事实上,小股东的决策权对单位犯罪确有推动作用,但其与单位犯罪的危害结果之间不具有直接的因果关系,而是介入单位决策行为发挥作用的。小股东的单位犯罪意志形成行为,在单位决策中起到次要作用,系从犯,应当比照大股东从轻、减轻处罚,甚至免除处罚,且小股东没有其他实行行为,因而其责任往往轻于积极实施犯罪行为的普通员工。因而,不能以个人在单位中的身份确定主从犯或者判断责任大小,而应当根据个人行为与单位犯罪行为是什么关系,对单位犯罪的危害后果发挥了什么作用,去评价成员责任,从而实现罪责刑相适应。

五、重构理论的具体适用——对单位犯罪案件定罪量刑的讨论

对单位固有犯罪行为的探讨与对成员责任分类剥离理论的构建,试图破解单位犯罪与成员责任深度绑定下的定罪量刑困局,解决以下实践问题:一是单位成员不能确证犯罪时如何对单位犯罪进行评价;二是成员不认罚时能否对自愿认罪认罚的涉罪单位从宽处理;三是如何利用认罪认罚从宽制度挽救涉罪单位及其成员。

(一)个人不认罪或不能确证犯罪不影响单位犯罪的成立

涉罪单位认罪认罚的自愿性瑕疵源于司法实务将单位成员的意志与单位意志混同。实践中,应当坚持主体性原则和责任主义立场,仅以与单位直接关联的犯罪事实对单位定罪量刑。法哲学的主体性原则否认犯罪嫌疑人或被告人的工具价值,反对因需要追究单位的责任,而将个人送上被告席的做法;反对因个人不具有从轻、减轻情节,而否认单位法定从宽情节的做法;也反对因单位积极的悔罪表现或履行社会责任,而对成员无原则地从轻、减轻处罚的做法。因而无论成员在单位中的身份及其责任形式如何,都应避免对单位与成员的责任捆绑,在必要的情况下,可以参照对共同犯罪人分案处理的做法,对个人与单位分案处理、分别追责。

例如,在单位负责人犯罪事实存疑的情况下,可以依据普通员工的业务行为认定单位犯罪意志,以单位对涉案员工的组织行为追究单位的固有刑事责任,进而循单位进路追究单位负责人没能有效制止员工犯罪的监督失职责任。以“扩大犯罪圈、惩治小微罪”的方式治理单位犯罪,以便消除单位负责人的侥幸心理。

(二)破除单位成员罪刑对单位认罪认罚从宽的限制

单位成员认罪认罚体现了个人的应诉态度,表征个人再犯预防必要性的降低。在个人于单位而言具有可替代性的情况下,其认罪认罚情节对单位的社会危害性、人身危险性和再犯可能性均无力评价。因此,单位成员自愿认罪认罚不代表应对单位从宽,反之,成员不认罪认罚也不能说明单位的司法配合程度低或认罪悔罪态度差。

单位成员不认罪认罚分为两种情形:一是个人不认罪,如果犯罪事实不清、证据不足,就不应对涉罪单位适用认罪认罚从宽制度。二是个人虽不认罚,但如实供述犯罪事实,表现出对诉讼的配合,那么量刑异议不应引发对个人的负面评价,不能抵消其他量刑情节的从宽作用,否则不免有违“不得强迫自证其罪原则”之嫌。同理,因个人不认罚而限制对涉案单位适用认罪认罚从宽制度,相当于以来自单位的社会压力逼迫个人接受刑事处罚,违反了认罪认罚的自愿性。因此,涉罪单位自愿认罪认罚,且犯罪事实清楚,证据确实、充分的,无论成员是否认罪认罚,不应影响对单位的从宽。为了实现这一点,应当对单位与成员分别定罪,有意识地切断单位罚金与成员刑期之间的对应关系,切实发挥认罪认罚情节对单位的量刑激励功能,不受个人罪刑的实体干扰和程序辖制,实现罪责自负。

对个人认罪认罚与单位量刑的讨论,还需要考虑个人于单位而言是否具有不可替代性。部分人员在企业生产经营中是可以被替代的,因其不认罪认罚而认为企业没有悔罪表现、具有再犯罪的危险,这种做法值得商榷。企业成员是单位犯罪组织行为的对象,消除成员的再犯危险是对单位科处刑罚的一个很重要的目的。个人不认罪认罚在程序上意味着其未放弃抗辩,不认可司法机关对其犯罪行为的定性和定量评价;在实体上意味着其对自身犯罪行为的社会危害性程度没有清晰的认知,那么从单位留用有犯罪性的成员的角度上看,企业仍然具有较大的再犯罪风险。如果不认罚的仅仅是普通员工,于企业而言具有可替代性,那么企业可以将其辞退、免职,进而消除企业的再犯风险。但如果公司的负责人、实际控制人不认罚,说明企业再犯风险仍然较大。

(三)单位认罪认罚时可以对其成员酌情从宽处理

“放过企业、严惩责任人”的理念与我国绝大多数企业的类型结构和涉企案件刑事诉讼规律并不完全适应。与西方企业以资本为核心不同,我国企业多以企业家为核心,坚持严惩企业家会打击企业认罪认罚的积极性,对于广大中小微企业而言犹是如此。允许单位实际控制人、负责人与单位共享从宽量刑激励,有利于其自觉服务于单位利益,支配单位意志做出最优应诉决策;有利于其善用对单位的支配能力,配合单位罚金刑的司法执行;有利于减少全案的诉讼对抗、降低上诉率,提高单位犯罪案件的诉讼效率,具有鲜明的诉讼服务目的。当然,上述程序法价值的基础是个人自愿认罪并配合司法工作,否则上述程序法价值无从实现,则个人不可基于单位从宽情节而得到量刑优待。

单位成员可以在其塑造单位危险人格的责任范围内,与单位就彼此的认罪认罚情节共享从宽法律后果。换言之,涉罪单位认罪认罚情节的从宽后果可以对成员在其单位意志形成责任、监督失职责任的范围内发挥效果。单位与成员的犯罪主观方面是复制与被复制的关系,且成员的意志形成责任、监督失职责任是单位决策行为、组织行为的介入因素,如果成员仅具有单位犯罪意志形成责任或者监督失职责任,而单位自愿认罪认罚、不需要接受刑事处罚的,那么成员责任也归于消灭,如单纯参与决策的小股东责任;如果成员的意志形成和监督失职责任被剥离后,还有其他形式的责任有刑事处罚的必要,则应继续追究个人的其他责任,但刑罚量上应当比照单位未认罪认罚的案件酌减。

这就不免有一个疑问,对作出犯罪决策的主管人员从宽,而对听令行事的成员不从宽,会不会造成罪责刑不相适应?从共犯理论上讲,直接责任人员在与单位的共同犯罪中起次要作用,比之负单位意志形成责任的主管人员罪责更轻。从犯作为犯罪情节,对刑罚的影响比认罪认罚等量刑情节更加基础、上位,即便主犯认罪认罚,也不应比从犯的刑罚更为轻缓。在司法实务中,应当保证对直接负责的主管人员根据单位认罪认罚得到从宽处理后,其罪责将不轻于同案从犯直接责任人员,从而确保罪责刑相适应。

The Practical Interpretation of the Inherent Criminal Responsibility of the Unit and the Reconstruction of the Theory of Unit Member Crime

Liu Si

[**内容摘要**]自然人成员罪刑限制了单位的认罪认罚从宽和实践,暴露出单位与成员捆绑式诉讼现状的问题。现有单位犯罪与成员责任在诉讼分离的大方向上是正确的,但实践接纳程度不高、应用转化不足。认定单位犯罪不应以成员责任为前提,而应按照一般性犯罪构成理论逻辑对单位固有刑事责任进行解读,单位固有犯罪行为包括决策行为和组织行为,单位犯罪意志则由成员思维决策复制而来。同时,对于成员参与的形成单位犯罪意志的行为和监督失职行为,可以与单位犯罪一并处理;对于单位意志的传达责任、执行责任,则归属于个人,应当从单位犯罪中剥离,并以此为基础回应以下三个问题:在不能确证成员犯罪时如何评价单位犯罪;在成员不认罪认罚时能否对单位认罪认罚从宽;如何利用认罪认罚从宽制度挽救涉罪单位及其成员。

[**关键词**]单位犯罪理论;分离式诉讼;认罪认罚从宽制度;单位固有刑事责任

Abstract: The punishment of natural person member's crime limits the leniency of the unit's guilty plea, exposing the current situation of the bundled litigation between the unit and the member. The existing unit crime and member responsibility are correct in the general direction of separation of litigation, but the acceptance degree of practice is not high, the application transformation is insufficient. The identification of unit crime should not be based on the responsibility of members, but on the interpretation of the inherent criminal responsibility of the unit according to the logic of general crime constitution theory. The inherent criminal behavior of the unit includes decision-making behavior and organizational behavior, and the will of the unit crime is copied from the thinking decision of members. At the same time, for the members participating in the formation of the unit will to commit crime and supervision dereliction of duty, can be dealt with together with the unit crime; the responsibility to convey and execute the will of the unit belongs to the individual and should be separated from the unit crime. On this basis, the following three questions should be answered: how to evaluate the unit crime when the member's crime cannot be confirmed; in the member does not admit guilt to accept punishment can be lenient to the unit; how to use the leniency system of guilty plea to save the unit involved in crime and its members.

Keywords: theory of unit crime; separation of litigation; legal system of leniency for confession and ready for punishment; inherent criminal responsibility of the unit

英国《反贿赂法 2010》视野下的"预防型"企业贿赂犯罪治理模式及其启示*

叶子涵**

目　　次

一、引　　言

2010 年 4 月,经英国国会批准通过后,英国在 2011 年 7 月 1 日正式颁布施行了《反贿赂法 2010》(Bribery Act 2010)。其立法目的在于有效打击贿赂犯罪,并在英国原有的反贿赂制定法以及针对贿赂犯罪的普通法体系的基础之上,结合联合国以及经济发展合作组织(OECD)(以下简称经合组织)等国际组织的反腐败国际义务要求,构

* 本文系最高人民检察院检察理论研究课题"代理人型贿赂犯罪治理研究"(GJ2023C14)的阶段性研究成果。

** 中共中央党校(国家行政学院)党的建设教研部讲师,法学博士。

建全新的、立体化的反贿赂法律体系。① 虽然英国《反贿赂法 2010》仅有短短的 6 个部分共计 20 个条款，但其创造性地设置了商业机构预防贿赂失职罪(failure of commercial organizations to prevent bribery)这一全新的罪名，标志着英国刑事司法上对于商业机构贿赂犯罪治理的“国家—企业合作预防刑事合规模式”的确立。在这种以“商业机构预防贿赂失职罪”的相关规定为核心的刑事合规模式下，英国的商业组织被赋予了必须履行预防贿赂犯罪的法定义务，除非其可以证明在组织内部已建立了“适当程序”防范贿赂行为，便能免除未能预防“关联人”行贿应当承担的刑事责任。这里所指的“适当程序”，即企业所建立的反贿赂内控机制。而为了评价商业组织的反贿赂内控机制是否充分，英国司法部颁布了《关于相关商事主体预防关联人贿赂所施行程序的指南》(以下简称《英国预防贿赂指南》)，提出了“适当程序”的六项基本原则，也因此成了英国刑事司法机关判断商业组织反贿赂内控机制有效性的标准。

由于长期受到“以刑治腐”这一理念的推动，我国司法实践中存在以“严刑峻法”为典型特征的“打击型”的企业贿赂犯罪治理模式，注重事后惩治而放松事前预防、注重打击受贿行为而轻纵行贿行为，因而难以从源头上遏制企业贿赂犯罪，也使我国在企业贿赂犯罪的治理方面面临难以增强治理效能的关键难题。鉴于此，为充分贯彻落实党中央“坚持受贿行贿一起查”这一重大战略决策部署，提高惩治企业贿赂犯罪的综合效能，实现对于企业贿赂犯罪的“标本兼治”，本文试从英国《反贿赂法 2010》出发，对英国的“预防型”企业贿赂犯罪治理模式及其启示意义进行探讨，希冀为我国坚定不移深化反腐败斗争，一体推进“不敢腐、不能腐、不想腐”开辟新的治理路径与思路。

---

① 参见陈禹衡、尹航：《预防商业机构贿赂失职罪的中国化进路——基于英国〈反贿赂法〉的分析》，载《廉政文化研究》2021 年第 5 期。

二、英国《反贿赂法 2010》立法下的“预防型”企业贿赂犯罪治理模式概述

英国《反贿赂法 2010》的最大亮点在于,其在博采众长,即在借鉴美国《反海外腐败法》以及国际反腐败公约的基础上,创设了充分体现企业贿赂犯罪治理的国家—企业合作预防模式导向的全新罪名“商业机构预防贿赂失职罪”。通过出台《英国预防贿赂指南》的方式,明确了商业组织反贿赂内控机制的有效性标准。以下将从该法案的立法背景出发,对以上两点进行详细论述。

(一)《反贿赂法 2010》的立法背景

在英国普通法中,关于贿赂犯罪的处罚规定自古早已有之。在制定法方面,为了阻止有害于经济和社会发展的贿赂和腐败活动,英国于 1889 年颁布了其第一部反腐败法《公共机构反腐败行为法》,并分别于 1906 年和 1916 年两次修订了《防治腐败法》。① 尽管如此,即使考虑到所有这些因素,在《反贿赂法 2010》出台前,它们仍然被认为是过时的、不明确的和缺乏范围的。② 而在英国贿赂犯罪治理的司法实践中,还存在执法困难的问题,比如认定商业组织构成贿赂罪的前提是检方需要证明公司的实际控制思想具有实施贿赂行为的犯罪意图或精神状态。而这也导致了在《反贿赂法 2010》中,英国抛弃了这种以个人责任为基础的企业刑事责任认定方式,转而选择了以企业组织管理责任为基础的组织责任。

此外,英国作为 1997 年经合组织《关于打击国际商业交易中行贿

① See Gottschalk, *Categories of Financial Crime*, JFC, Vol. 17, No. 4, p. 441 – 458 (2010).

② See Peter Yeoh, *The UK Bribery Act 2010: Contents and Implications*, JFC, Vol. 19, No. 1, p. 37 – 53(2012).

外国公职人员行为的公约》的缔约方，根据该公约的要求，有义务修正国内的反腐败立法。但英国在缔约后只是将其原有的1906年《防治腐败法》、1916年《反腐败法》和1889年《公共机构反腐败行为法》提交给经合组织的反腐败工作组审查，并声称遵守了该公约。① 但经合组织的反腐败工作组驳回了这一指控，并在正式报告中表示：总的来说，工作组对英国执行该公约的情况不满意，且感到失望和严重关切。工作组重申其于2003年、2005年和2007年的建议，即英国应尽早颁布新的贿赂犯罪立法。② 不仅如此，在处理自身最大的国防承包商BAE涉嫌10亿美元的贿赂案件中存在非法撤销指控的嫌疑，这导致了国际社会对英国治理商业贿赂犯罪的决心和能力存疑。例如，许多英国公司的竞争对手宣称，英国在起诉贿赂方面的记录相对较差；截至2009年年底，只有10例，而美国为168例，德国为117例，瑞士为30例。③ 在这种情况下，英国若想要挽回自己对于贿赂犯罪零容忍的形象，就需要证明自己的反腐败法律是行之有效的。因此，该案件的发生最终成了英国贿赂犯罪立法的转折点，促使英国加快了对贿赂犯罪的治理作出更全面的法律回应的步伐，并最终在2010年4月8日以《反贿赂法2010》的形式出现。《反贿赂法2010》成功取代了之前英国有关反贿赂的条文法和普通法规则，建立了一个覆盖其国内外的、较为完整的反贿赂法律框架，同时也确立了其贿赂犯罪治理的基本模式，因而被称为“史上最严厉”的反贿赂法。④

---

① See Xenakins, *The Dog(s) That Didn't Bark: Exploring Perceptions of Corruption in the UK*, *Research Project: Crime and Culture*, Discussion Paper Series No. 10, University of Konstanz, 2007.

② See OECD, *Phase* 2 *bis Report on the Application of the Convention on Combating Bribery of Foreign Public Officials in International Business Transactions and the 1997 Recommendation on Combating Bribery in International Business Transactions*, OECD Directorate for Financial and Enterprise Affairs, 2008.

③ See TI, *Bribery Act: Myth and Reality*, Transparency International, 2011.

④ See Richard Alexander, *The Bribery Act 2010: Time to Stand Firm*, JFC, Vol. 18:2, p. 37–53(2011).

(二)商业机构预防贿赂失职罪的核心内容

根据英国《反贿赂法2010》第7条对于商业机构预防贿赂失职罪的规定:

(1)该条中的任何相关的商业机构(C),如果与C有关联的任何人(A)意图达到以下目的而贿赂他人,成立商业机构预防贿赂失职罪——

(a)为了C获得或者保持商业业务;或者

(b)为了C在进行商业性业务时获得或者保持任何形式的好处。

(2)但是,C可以通过证明自己建立了以防止与C相关的人实施贿赂行为的适当程序为自己抗辩。①

从上述具体条文出发,《反贿赂法2010》第7条对于商业机构预防贿赂失职罪的规定包含以下核心内容:

1. 商业机构预防贿赂失职罪的设立充分体现了犯罪预防的理念

根据《反贿赂法2010》第7条的规定,商业机构预防贿赂失职罪的设立赋予了商业组织预防贿赂犯罪的普遍义务,从而提升了企业在经营管理活动中的道德标准和法定义务,促使企业发挥其自行纠错和预防犯罪的作用,充分发挥了企业在犯罪预防中的积极作用。将企业纳入了犯罪预防的主体行列之一,成了国家—企业合作犯罪预防理念贯彻得相当彻底的犯罪治理模式。正如起草该法的英国法律委员会所言:本罪实施的目的不在于处罚企业,而在于促使企业履行其预防犯罪的责任。② 商业企业由于将切身感受到容忍贿赂带给其的巨大损失,将使得其处于消除贿赂危害或风险的最佳地位。与其事后打击,不如选择一种合规的模式,要求其予以贯彻,将义务转移给企业自身。而为了让企业充分履行其预防犯罪的义务,《反贿赂法2010》运用了举证责任倒置的原理,这意味着一旦发生危害行为或者危害结果,刑事责任将

---

① See the Bribery Act 2010.

② See Monty Raphael QC, *Law and Practice*, Oxford University Press, 2016, p. 62.

不可避免,对企业而言,其将面临的刑事处罚成了悬在头顶的"大棒"。同时,在该条的第2款,还为企业提供了极具诱惑力的"胡萝卜",其将商业组织证明自己建立了防止贿赂行为的适当程序即制定并实施了企业的反贿赂内控计划、合理履行了犯罪预防义务作为商业组织正当的抗辩理由,为企业留下了脱罪通道。这种"胡萝卜加大棒"的治理方式,其实质上是一种刑事法上的诉讼激励机制,从而将企业从希望员工自觉遵守法律的被动旁观者,转变为积极倡导职业道德行为的主动预防者。①

作为英国《反贿赂法2010》出台后的暂缓起诉第一案,"重大欺诈办公室与标准银行案"(Serious Fraud Office v. Standard Bank Plc)是商业组织预防贿赂失职罪在实践中的典型案例。在本案中,标准银行因在预防坦桑尼亚斯坦比克银行有限公司等三家关联公司在业务行为中出于为标准银行获得或者保持业务或优势而实施贿赂行为方面失职,支付了600万美元的赔偿加上104.6万美元之利息、1680万美元的罚金、33万英镑的支出以及上缴其840万美元的利润,从而换得了英国重大欺诈办公室(以下简称SFO)的不起诉待遇。② 如此高额的罚金表明了英国政府在打击商业贿赂行为上的决心和力度,使企业慑于严苛的刑事制裁而自觉主动规范自身的商业活动行为,从而避免行贿行为的发生。同时,由于本罪设置的目的在于预防贿赂犯罪而不在于处罚贿赂犯罪,因而在标准银行根据《反贿赂法2010》第7条第2款的规定提出"适当程序"的抗辩理由后,SFO启动了严格的审查程序,并最终确定标准银行在该交易中的合规程序欠缺有效的反贿赂内控机制,不足以构成法定的抗辩事由。此外,在SFO与标准银行达成的不起诉协议书中,SFO要求标准银行的董事会必须承诺遵守《反贿赂法2010》及其他有效反腐立法之现有内部反贿赂与反腐败控制、政策与程序的独立审查并提交报告,这充分彰显了本罪的犯罪预防理念。

---

① See John D. Copeland, *The Tyson Story*: *Building an Effective Ethics and Compliance Program*, DRAKE J. AGRIC. L., Vol. 5, p. 333 (2000).

② See Serious Fraud Office v. Standard Bank Plc, [2016] Lloyd's Rep. F. C. 91.

2. 商业机构预防贿赂失职罪的认定以组织责任为原则

普通法管辖区长期以来一直承认公司的刑事责任,但从未被完全接受。英格兰和威尔士的刑事犯罪最早是通过普通法(从判决案件的意义上讲)发展起来的,但也有许多犯罪是法规的产物。在英国刑法中,刑法的一般原则也是普通法和成文法的混合体。根据普通法的判例精神,人们认为犯罪需要有犯罪意图的证明,但法规可以另有规定。例如,根据英国 1978 年《法律解释法》,除非另有规定,否则法规中的"人"一词应解释为包括公司。[①] 在《反贿赂法 2010》颁布以前,英国法院在认定企业的刑事责任时一般采用了替代责任原则与同一视原则。在适用替代责任原则认定企业刑事责任的情况下,出于传统观念,认为在企业与其从业人员的关系中,企业是主人,而其从业人员是仆人,仆人在业务活动中出现违法行为时,不论是否存在故意或过失,作为主人的企业必须无条件地为其承担责任,从而将企业中从业人员即自然人的违法行为归咎于企业自身,而不需要过错证明。英国法院在处理公司可能存在犯罪意图(或基于精神因素的过错)的观点时遇到了(或仍然存在)困难,但其最终被同一视原则的发明而克服。Viscount Haldane 法官在 HL Bolton (Engineering) Co. Ltd. v. TJ Graham & Sons Ltd. 案中对同一视原则进行了阐述:"一个公司有一个大脑和神经中枢来控制它的手持工具,并按照中心的指示行动。公司里的一些人只是仆人和代理人,他们只是公司的手持工具,不能说他们代表了公司的思想或意志。另一些人则是董事和经理,他们代表着公司的指导思想和意愿,并控制着公司的手持工具。"[②]简言之,在同一视原则的责任认定方式下,企业的高层管理人员类似于自然人的大脑和神经,其行为和责任就是企业的行为和责任。[③] 在本质上,同一视原则与替代责任原则相同,均是强调以个人刑事责任为基础的企业刑事责任认定方式,在

① See Current Interpretation Act 1978 c. 30.

② See HL Bolton (Engineering) Co. Ltd. v. TJ Graham & Sons Ltd., [1957] 1 QB.

③ See Mihailis E. Diamantis, *Corporate Criminal Minds*, Notre Dame Law Review, Vol. 91, p. 205 (2016).

英国具体的司法实践中，这两项基本原则在事实上均遭受了一些批判。[①] 例如，根据替代责任原则，企业会因为员工或者第三方代理人的违法行为而受到责任追究，从而容易造成对企业刑事追责的泛化。又如，根据同一视原则，将企业内部的高级管理人员的行为和意志视为企业的行为和意志，而对于拥有众多员工且公司治理结构极其复杂的大型集团性企业而言，若要确定哪些高级管理人员的意志等同于公司意志，时常会存在多方面的困难，从而导致若要实际追究这类企业的刑事责任，也会变得无从下手。

因此商业机构预防贿赂失职罪的设立，表明英国抛弃了以往的替代责任原则和同一视原则，转而选择了以企业自身的组织管理责任为基础的组织责任。组织责任阶段强调的是法人刑事责任认定不再以个人责任为媒介，而是转向以组织活动情况和内部文化作为判断法人刑事责任的基础。[②] 在组织责任原则的视角下，企业应该具有独立于普通个人的刑事责任能力，并有能力直接而非间接（替代性）承担刑事责任。对企业的处罚应回归至企业的日常经营管理组织活动本身，而不能借由企业成员的行为来替代。企业内部的个人行为或者其代理人的行为不是认定企业是否负有刑事责任的关键，而是通过判定企业的日常经营管理活动中是否存在致罪因素来决定。因此，从这个意义上说，组织责任原则的优势在于，其成了连接企业内控计划与法人刑事责任的纽带和桥梁，并能够最大限度地发挥企业自我预防犯罪的功能。

3. 商业机构预防贿赂失职罪将企业的风险内控机制及其有效实施确立为无罪抗辩事由

如上所述，《反贿赂法2010》在设置商业机构预防贿赂失职罪罪名的同时，也赋予了商业机构通过制定预防贿赂的“充分程序”来进行无罪抗辩的权利。所谓“充分程序”，可以理解为企业的风险内控机制，

① See Miriam H. Baer, Corporate Criminal Law Unbounded (January 27, 2021.)

② 参见周振杰：《比较法视野中的单位犯罪》，中国人民公安大学出版社2012年版，第81页。

是指“一个商业机构基于防范和监控腐败风险的需要,确保组织及其成员遵守法律要求和内部政策的管理体系”①。而所谓无罪抗辩,则是指“该商业组织承担了倒置的证明责任,如果能证明自己已经制定了旨在预防商业贿赂行为的充分程序,就可以推翻原有的责任推定,从而说服司法机关作出组织不承担该犯罪的裁决”。由此,从这个意义上说,英国通过该罪的设立,将企业内控机制的建立及有效实施确立为了刑法上的正当出罪事由,从而创设了一种刑法上的刑事责任激励机制。与美国《反海外腐败法》所创设的刑事责任激励机制所不同的是,英国的这种刑事责任激励机制,可以发挥更为明显的激励效果。在美国的法律制度下,公司的内控机制不会免除公司的《反海外腐败法》责任,无论这些计划有多充分,也无论执行得多有效,其只是检察机关决定是否给予其不起诉待遇的依据。② 而其最终是否能够获得不起诉的决定,在根本上取决于司法人员的自由裁量,充满了不确定性。而在英国的法律体系下,如果未能建立起行之有效的企业内控机制,则将面临切实的、灾难性的刑事法律风险,因而倒逼企业必须在日常的经营管理活动中切实履行合法经营义务,避免遭受刑罚的制裁。

(三)“适当程序”的六项基本原则

在《反贿赂法2010》颁布后,英国还出台了《英国预防贿赂指南》,对如何认定商业机构建立了适当程序作出了详细规定。根据《英国预防贿赂指南》的规定,其对企业实施的程序是否适当提出了六项基本原则,而这六大原则也成了英国司法机关衡量商业组织内控机制有效性的具体标准。

① 陈瑞华:《英国刑事合规的有效性标准》,载《人民检察》2022年第9期。

② See Jordan & Jon, *The Adequate Procedures Defense under the UK Bribery Act: A British Idea for the Foreign Corrupt Practices Act*, Stanford Journal of Law, Business & Finance, Vol. 17:1, p. 25-66(2011).

1. 比例原则①

比例原则(proportionate procedures)要求商业组织所制订的防止相关人员贿赂的程序应与其面临的贿赂风险、性质、规模以及商业组织活动的复杂性成正比,并且设置的程序需要清晰实用,能够被有效贯彻落实。因此,为了满足这一原则,《英国预防贿赂指南》建议企业在建立或改进内控机制时,需要以风险为基础,对企业内部进行整体上的风险评估,以便使其风控程序与所面临的腐败风险相适应。而该指南中使用的“程序”一词既包括防止贿赂政策,也包括实施这些政策的程序。商业组织所颁布的政策或者所实施的程序必须清楚地说明商业组织的反贿赂的立场,并表明它将如何保持,并有助于创建反贿赂文化。

2. 最高层承诺原则②

最高层承诺原则(top-level commitment)要求商业组织的高层管理,包括董事会、组织所有者或任何其他同等机构或个人致力于防止相关人员参与贿赂,在组织内部培养反贿赂文化,坚持对贿赂行为零容忍。这项原则设立的目的是鼓励高层管理人员参与防止行贿的程序以及参与任何与贿赂风险有关的关键决策,只要这适合组织的管理结构。预防贿赂的有效领导将采取适合并与组织规模、管理结构和环境相称的各种形式。在较小的组织中,《英国预防贿赂指南》要求高层管理人员亲自参与启动、制定和实施贿赂预防程序和贿赂关键决策。而在大型跨国组织中,该指南则期待董事会负责制定贿赂预防政策,委托管理层设计、操作和监控贿赂预防程序,并定期审查这些政策和程序。

3. 风险评估原则③

风险评估原则(risk assessment)要求商业组织需要定期地、有记录地评估其所面临的潜在外部和内部贿赂风险。《英国预防贿赂指南》认为,对组织面临的贿赂风险了解得越充分,其防止贿赂的努力就可能越有效。因而,《英国预防贿赂指南》建议商业组织采用与组织的规模

① See the Bribery Act 2010 Guidance, p. 21.

② See the Bribery Act 2010 Guidance, p. 23.

③ See the Bribery Act 2010 Guidance, p. 25.

和结构以及活动的性质、规模和位置相称的风险评估程序。《英国预防贿赂指南》概述了它认为与贿赂犯罪有关的五大类“常见”外部风险:国家风险、部门风险、交易风险、商机风险和商业伙伴关系风险。对外部贿赂风险的评估旨在帮助决定如何通过管理相关运营或业务关系的程序来减轻这些风险;但贿赂风险评估还应检查内部结构或程序本身可能增加风险水平的程度。常见的内部因素可能包括员工知识方面的缺陷、过度冒险的奖金文化、组织政策和程序缺乏明确性、缺乏明确的财务控制以及高层管理人员缺乏明确的反贿赂表态等。

4. 尽职调查原则①

尽职调查原则(due diligence)要求商业组织对为组织或代表组织提供或将要提供服务的人员采用适当的、基于风险的方法应用尽职调查程序,以降低已识别的贿赂风险。《英国预防贿赂指南》认为,作为公司良好治理的一个要素,尽职调查程序既是贿赂风险评估的一种形式,也是降低风险的一种手段。《英国预防贿赂指南》同时强调商业组织在某些特定情况下建立业务关系时需要“相当谨慎”,例如当地法律规定使用当地代理人开展业务以及组织参与合并或收购。

5. 沟通和培训原则②

沟通和培训原则(communication and training)要求商业组织通过与其面临的风险相称的内部和外部沟通(包括培训),确保其贿赂预防政策和程序在整个组织中得到贯彻和理解。内部沟通应传达“来自高层的指示”,但也可能侧重于组织的实施政策和程序以及对员工的影响。此类沟通包括特定领域的政策,例如决策、财务控制、招待和促销支出、疏通费、培训、慈善和政治捐赠以及对违反规则的处罚以及各级管理角色的明确表达。内部沟通的另一个重要方面是建立一种安全、保密和可访问的方式,供内部或外部各方提出对相关人员贿赂的担忧,提出改进贿赂预防程序和控制的建议以及征求意见。而培训应与风险相称,但无论风险程度如何,一些培训都可能有效地牢固建立反贿赂文

① See the Bribery Act 2010 Guidance, p. 27.

② See the Bribery Act 2010 Guidance, p. 29.

化。培训可以采取教育和提高认识的形式,以了解贿赂所构成的威胁,尤其是在组织运作的部门或领域,以及解决贿赂的各种方式。有效的培训是持续的,并定期监测和评估。培训的目标是确保参与培训的人员深刻理解相关政策和程序在实践中对他们意味着什么。

6. 监督审查原则①

监督审查原则(monitoring and review)要求商业组织监督和审查旨在防止相关人员贿赂的程序,并在必要时进行改进。商业组织面临的贿赂风险可能会随着时间的推移而变化,其活动的性质和规模也会发生变化,因此降低这些风险所需的程序也可能会发生变化。因此,商业组织需要考虑如何监控和评估其贿赂预防程序的有效性,并在必要时对其进行调整。《英国预防贿赂指南》建议商业组织可以考虑使用广泛的内部和外部审查机制。例如,为阻止、侦查和调查贿赂以及监控交易的道德质量而建立的内部财务控制机制,将有助于深入了解旨在防止贿赂的程序的有效性。而员工调查、问卷和培训反馈也可以提供有关有效性的重要信息来源以及反贿赂政策的持续改进的方法。组织可能希望考虑寻求某种形式的外部验证或保证反贿赂程序的有效性。此外,商业组织也可以申请符合由行业协会或多边机构认证的第三方机构来独立验证其反贿赂程序是否符合标准。

三、对我国"预防型"企业贿赂犯罪治理模式构建之启示

自英国《反贿赂法 2010》颁布实施以来,英国的"预防型"企业贿赂犯罪治理模式便成了世界各国学者讨论的焦点。美国学者对英国《反贿赂法 2010》与美国《反海外腐败法》做出了多个维度的比较,并认为其将企业风险内控机制的有效实施作为企业抗辩刑事责任的正当化事由的规定应该被《反海外腐败法》纳入其中,因为它将保护那些真正寻求按照《反海外腐败法》做正确事情的公司,使其免于因问题员工的违

① See the Bribery Act 2010 Guidance, p. 31.

规行为而被追究责任。① 对于我国而言,参考和借鉴英国《反贿赂法2010》的法治实践,对于我国贿赂犯罪治理理念的革新,更好地预防和控制企业贿赂犯罪,具有重要意义。当然,我们在借鉴其做法时,也要立足于我国现实国情,充分考虑我国法律传统及法律体系,理性选择、择善而从,从而构建起真正符合我国法律实际的贿赂犯罪治理模式。具体而言笔者认为,对其的借鉴可以从以下四个方面进行考量。

(一)确立国家—企业双向的合作预防企业贿赂犯罪模式

我国目前的国家单向的贿赂犯罪治理模式,表现为“事后追惩、外部规制”,即在平时单纯依靠国家力量对企业进行外部监督,而在企业发生犯罪后依赖刑罚对其进行追责。这样的治理模式,是对企业作为自身贿赂犯罪“最佳预防者”角色的忽视,使国家在治理企业贿赂犯罪中往往处于“孤立无援”的局面,不仅效率低下、捉襟见肘,并极易导致选择性执法现象的出现,且无助于从根本上改造企业的治理结构和经营理念,无助于消除企业中已存在的犯罪诱因。此外,这种单纯的以执法为重点的治理方式会带来巨大的成本:调查、起诉和惩罚都会耗费宝贵的时间和金钱,并且在采取执法行动时,犯罪造成的真正损害在实际上已经发生。从现实的治理状况来看,这样的单向治理模式,也并未取得良好的效果。例如,根据有学者的研究统计,单位犯罪占行贿犯罪的比例较高,在行贿犯罪中,单位成为最重要的参与主体。②

因此,借鉴英国的贿赂犯罪治理经验,构建国家—企业双向的合作预防模式,是走出我国目前单位贿赂犯罪治理困境的良策。根据英国

① See Jordan & Jon, *The Adequate Procedures Defense under the UK Bribery Act: A British Idea for the Foreign Corrupt Practices Act*, Stanford Journal of Law, Business & Finance, Vol. 17:1, p. 25 - 66(2011).

② 参见张燕龙:《预防失职责任在行贿犯罪治理中的应用》,载《中国刑事法杂志》2024 年第 4 期。

《反贿赂法2010》第7条的规定，商业机构预防贿赂失职罪的设立，将企业纳入了犯罪预防的主体行列之一，成了将国家—企业合作犯罪预防理念贯彻得相当彻底的犯罪治理制度。在合作预防模式下，预防企业贿赂犯罪不再是国家的专属义务，也同时赋予了企业履行预防犯罪的刑事义务。具体而言，首先，在对企业犯罪本质的认识上，合作预防模式不再将企业犯罪视为企业内部的自然人行为与刑法规范之间的冲突，而认为企业犯罪的成因来自企业未能履行"建立守法文化，预防贿赂犯罪"这一刑法义务的后果。① 其次，在对企业犯罪行为的违法性判断上，合作预防模式下对企业行为的违法性判断建立在企业本身的经营管理活动上，而并不依赖其内部的个人行为来判断。最后，从企业犯罪的刑事责任本质认识上来看，合作预防模式认为其既非道义责任也非规范责任，而是一种因其组织管理活动而产生的社会责任。② 总而言之，合作预防模式强调国家—企业的双向合作治理，与以往的"犯罪治理专属于国家事务"的陈旧治理理念不同，合作预防模式将企业纳入了犯罪治理主体之中，表现为以组织责任为基础、以企业的内控机制为核心，从而分散国家预防犯罪的责任、降低国家的执法成本，并有利于促进企业内部守法文化的形成。

合作预防模式最大的优势在于，其能促使国家与企业在犯罪治理的良性互动中实现国家与企业合作的共赢。从国家立场来说，确立企业在预防企业犯罪中的主体地位，充分发挥企业的自我预防犯罪动力，使得国家从复杂繁重的监管企业犯罪当中脱离出来，将具体预防任务的执行交由最具优势的法人承担，并在企业犯罪发生时可以从作为犯罪发生地的企业内部获取相关证据，这不仅将显著提升犯罪治理效益、缓解国家治理资源负担，还可以提升我国企业犯罪刑事治理的现代化与科学化。而从企业自身的角度来看，在企业内部建立并实施有效的风险内控机制，积极履行犯罪预防义务，能够优化其治理结构，在企业

① 周振杰：《惩治企业贿赂犯罪合作模式之提倡》，载《云南社会科学》2016年第4期。

② 鈴木幸毅、百田義治『企業社会責任の研究』（中央経済社，2008年）13頁。

内部形成依法经营的企业文化,从而提升企业的对外形象和声誉,吸引更多的客户和投资者,使企业获得更大的竞争优势,是对自身"软实力"的极大提升,能够增强企业在愈演愈烈的市场竞争中抵御颠覆性法律风险的能力,从而获得"行稳致远"的发展。

(二)借鉴以组织责任为核心的单位刑事责任理论

重塑我国目前的单位刑事责任理论,借鉴以组织责任为核心的单位刑事责任理论,是构建国家—企业合作预防贿赂犯罪治理模式的基础和保障。我国现有的单位刑事责任理论,"是以个人刑事责任为基础,以个人和单位的联系为媒介,通过评价单位内部特定自然人的行为和意志来追究单位刑事责任的一元模式"①。而这样的模式,不管是在单位犯罪的归责原则上还是在单位犯罪的处罚方式上,都难以提供"预防型"贿赂犯罪治理模式生长所需要的环境和土壤。关于我国目前的企业刑事责任的归责原则,我国刑法的通说认为,单位决策机构或者单位负责人以单位名义实施犯罪,违法所得归单位所有的,是单位犯罪。这意味着,"单位犯罪是以自然人存在犯罪行为和犯罪意图为前提的,几乎不承认单位的独立行为和独立意志"②。《刑事审判参考》刊登的指导性案例第305号的"法官解说"部分就明确指出,单位犯罪是在单位意志支配下实施的,单位意志由单位决策机构或者有权决策人员通过一定程序加以体现。③ 而在合作预防的语境下,企业进行风险内控的本意,就是通过建立一套规范的预防和控制自身内部违法犯罪行为的制度或者机制,以体现自身在经营管理活动中已尽"忠诚勤勉合规"之义务,从而为自己争取倘若在日后涉罪也能拥有正当抗辩之

---

① 周振杰:《单位贿赂犯罪预防模式研究》,中国政法大学出版社2020年版,第124页。

② 黎宏:《企业合规不起诉:误解及纠正》,载《中国法律评论》2021年第3期。

③ 参见《马汝方等贷款诈骗、违法发放贷款、挪用资金案——单位与自然人共同实施贷款诈骗行为的罪名适用》,载人民法院出版社编:《最高人民法院司法观点集成·刑事卷》,人民法院出版社2017年版,第119页。

权利。因此在我国这种以自然人的犯罪意图为前提的单位犯罪认定方式下,并不存在刑事责任减免的空间,从而使企业缺乏自我内控、自我预防的动力。此外,我国刑法在对于单位犯罪的处罚方式上,也存在自然人责任与法人责任的相互捆绑。我国的《刑法》第 31 条第 1 句确立了我国现行的以“双罚制”为基础的单位犯罪刑事处罚方式:“单位犯罪的,对单位判处罚金,并对其直接负责的主管人员和其他直接责任人员判处刑罚。”①这种以传统的自然人犯罪的追责方式来处理法人犯罪的治理方式,虽然因法人犯罪对其责任人员予以处罚,但法人组织依然存在,其组织内部的犯罪诱因也依然存在,故而即使对法人组织的责任人员予以严厉惩罚,也无助于减少企业犯罪的发生。此外,将法人刑事责任放置于个人责任基础之上,还会产生出人意料的刺激法人犯罪的恶劣后果:一旦发生违法事件,法人组织可以通过牺牲相关责任人员而转移犯罪风险,从而将法人责任转嫁成了自然人责任。于是,虽然法院最终将相关犯罪行为定性为“法人犯罪”,但真正承受惩罚的却是法人组织中的相关自然人,丝毫不能产生促使法人组织采取切实整改措施、防止再犯的组织改善功能,其结果只能是法人组织继续犯罪的恶性循环。②

与我国现有的单位刑事责任理论不同,组织责任理论在承认单位独立意志的基础上,能够在最大限度上实现促进法人自我预防犯罪的政策功能。如前所述,在英国《反贿赂法 2010》第 7 条关于商业机构预防贿赂失职罪的认定上,其运用的就是组织责任的认定标准。组织责任论的主要宗旨是:“从单位自身的固有要素即组织体的制度政策、精神文化等要素中寻找单位犯罪的处罚根据,以摆脱传统学说只能借助单位中的自然人的思想和行为来说明单位犯罪的片面性。”③因此,与我国一元模式的单位刑事责任理论不同的是,在以组织责任为基础的

① 参见高铭暄、马克昌主编:《刑法学》,北京大学出版社 2019 年版,第 99 页。

② 参见张远煌:《刑事合规是“共赢”理念在企业治理中的体现》,载《检察日报》2021 年 8 月 31 日,第 3 版。

③ 黎宏:《组织体刑事责任论及其应用》,载《法学研究》2020 年第 2 期。

二元模式下,其对法人犯罪的处理,是根据独立的标准与基础对个人刑事责任与法人刑事责任进行独立判断,呈现两个平行的过程:第一个是根据传统的刑法理论认定个人刑事责任的过程;第二个是根据法人文化、经营管理以及营业活动中的缺陷来认定法人刑事责任的过程。[①]二元模式实现了法人与个人刑事责任的剥离,将法人真正意义上确立为犯罪的主体,同时为法人的刑事责任规定了独立的判断依据,即法人的组织管理活动与法人内部的守法文化,而具体的实现路径就是将企业建立的内控机制作为法人刑事责任的判断基础要素。

因而,立足于我国的现实背景,采纳以组织责任为核心的单位刑事责任理论至少有以下几方面的现实意义。

首先,有助于认清现代企业的实体特征与经营逻辑,从而实现对企业贿赂犯罪的有效治理。20 世纪以来,人们越来越意识到,单位活动的影响力因单位的组织构造、规模、财力等因素而远超作为其构成人员的自然人的总和。换言之,“单位不只是自然人的集合体,而是兼具‘复杂性’特征的实体”[②]。因此,要想达到对于企业贿赂犯罪的有效预防与治理,就必须认识到再将法人描绘为“有财产能力的人造主体”、将单位责任还原为单位中各个自然人的责任的做法已经不合时宜,而必须承认法人所具有的独立意志以及其独立承担责任的能力。正如有学者所言,法人作为独立于其成员的主体存在,使法律可以在自然人主体之外仅规定法人的权利、义务,并通过法人的内部归责机制,使这种法人的权利义务最终转化为法人内部各组成人员的权利义务,从而实现法律的调控目的。[③]

其次,为企业提高自身贿赂风险预防能力提供了观念上的指引。对于我国大部分的民营企业而言,其并不具备现代化的公司治理结构,

① 参见周振杰:《单位贿赂犯罪预防模式研究》,中国政法大学出版社 2020 年版,第 124 页。

② 黎宏:《组织体刑事责任论及其应用》,载《法学研究》2020 年第 2 期。

③ 参见仲崇玉:《从他治到自治:论我国法人人格制度改革——从法人本质理论出发》,载《法学论坛》2011 年第 3 期。

企业内部往往是重生产经营而轻风险防控，这样长期的对于贿赂犯罪风险不设防的不良发展模式，导致了这些企业内部的守法文化淡漠以及违法犯罪行为的监管缺失，从而导致了相关犯罪行为的高发。组织责任理念在实际上隐藏着一套辩证性的逻辑：如果法人已履行预防义务，就不会出现违法犯罪行为；若出现了违法犯罪行为，则说明法人未能履行预防义务。而此处的法定义务，就是企业因自身的经营管理活动而被赋予的建立有效的风险内控机制，主动预防违法犯罪的义务。因而，组织责任通过对法人的经营管理结构等做出否定性评价的方式，有利于指示法人建立、实施内部犯罪预防和控制机制，从而达到抑制或消除其致罪因素的效果。

最后，为“预防型”贿赂犯罪治理模式的构建扫清了制度上的障碍。就我国现状而言，目前《刑法》第31条所规定的既处罚企业又处罚相关自然人的“双罚制”的处罚方式是推动贿赂犯罪治理革新的重大实体法障碍。在这样的处罚方式下，企业和相关自然人之间处于一种连带的捆绑关系，即在企业被定罪后，要么作为单位犯罪被“双罚”；要么作为个人犯罪，被“单罚”，而缺乏合理的减免刑事责任的情节，从而导致了企业缺乏自我控制风险、预防犯罪的动力。但在组织责任的视角下，自然人责任与单位责任得以分离，单位的独立意志得到承认，单位责任与自然人责任互相捆绑的现象便能得到有效解决。具体而言，若单位犯罪的主要原因是单位内部的决策程序和治理结构存在问题，则无须对单位中的自然人构成犯罪与否进行评价，单位即应作为独立的犯罪主体并承担相应的刑事责任；而对于单位犯罪中的涉罪自然人主体，则仍按照传统的自然人犯罪归责模式加以认定。涉罪的自然人主体只在其对单位犯罪起到决定性的推动作用或者参与实施犯罪行为的情况下，才承担刑事责任。[①] 如此一来，不但可以明确涉企业犯罪中刑事责任的承担主体，体现罪责刑相适应原则，而且可为我国“预防型”贿赂犯罪治理模式的构建提供铺垫。

① 参见刘艳红：《企业合规不起诉改革的刑法教义学根基》，载《中国刑事法杂志》2022年第1期。

(三)创设正向激励与负向激励结合的刑事责任激励机制

刑事责任激励机制的创设,是国家针对企业是否尽了勤勉预防贿赂犯罪义务的回应与评价,也是激发企业守法的核心手段。英国《反贿赂法2010》第7条当中规定的,商业组织可以通过证明自己建立了防止与其相关的人实施贿赂行为的适当程序为自己作无罪抗辩,就是刑事责任激励机制的具体体现。参照英国以及域外其他国家的治理经验,刑事责任的激励机制,应当包含正向激励与负向激励两个方面。

1.刑事责任的正向激励机制

刑事责任的正向激励机制是激发企业在自身内部建立起风险内控机制,主动预防和控制贿赂犯罪风险的核心措施,其核心内容是将企业的风险内控机制作为企业免除处罚或者减轻量刑的依据。具体而言,刑事责任的正向激励机制应该包括:事前的合规激励。企业若能证明企业在自身活动中对相关贿赂犯罪的防范已经有了"相当的注意",即建立起了有效的风险内控机制,尽到了刑法设定的积极义务,可以作为企业贿赂犯罪的正当化抗辩理由,阻却或者减轻单位的刑事责任。此外,尤其需要注意的是,减免刑事责任的激励只能适用于企业而不能涉及自然人。纵使在很多情况下,自然人与企业是不可分割的整体,但其本身并不能享有因企业风险内控机制的建立而带来的刑罚减免。原因在于,企业建立风险内控机制并不能减免涉案自然人的刑事责任,也不能预防具有独立自主意志的自然人再次从事贿赂犯罪。若自然人因企业而同样享有了刑法上的责任减免激励,则不仅会让人以为是对自然人犯罪的包庇与放纵、是自然人犯罪的避风港,更是背离了罪刑法定原则和罪责刑相适应原则的要求。

刑事责任负向激励机制的实现,可以通过提升我国《刑法》中原有单位罚金刑的幅度以及增设资格刑的方式进行。根据我国现行《刑法》中规定的以双罚制为基础的单位犯罪刑事处罚原则,若企业已构成犯罪,则应当在对企业处以罚金的同时对相关的责任人员处以相应的刑罚。但在司法实践中，常常会发生因罚金额度偏低导致刑罚的威慑效果受到消解，无法让企业产生因受到严厉的刑罚而产生自我改造的动力。参照美国的治理经验，在美国反海外腐败执法实践中，数亿乃至数十亿美元的高额罚单数见不鲜，而这样的“天价罚金”在事实上确实也取得了良好的企业贿赂犯罪治理效果。因此，若想充分发挥《刑法》所预期的对于企业贿赂犯罪的刑罚威慑与改造作用，就必须在我国《刑法》中提升对单位犯罪的罚金幅度。此外，与罚金刑相比，对企业判处资格刑的处罚，更能让涉罪企业遭受更大的损失和影响，从而让企业从真正意义上重视起对于贿赂犯罪风险的预防和控制。其实，在我国的行政处罚法中早已规定了对行政违法采取诸如限制从业等带有资格性的处罚种类。因此，我国立法机关完全可以借鉴《行政处罚法》的相关立法经验，在《刑法》中根据有关犯罪的特点来规定资格刑的内容，让企业感受到切肤之痛，从而达到倒逼其进行自我监管并勤勉内控的理想效果。

(四)明确有效的企业贿赂风险内控机制的基本要素

有效的企业贿赂风险内控机制的基本要素(以下简称基本要素)，是指应当通过立法明确的作为一个有效的企业贿赂风险内控机制所应该具备的基本事项和基本要求，是企业建立和实施有效风险内控机制的基本参考。基本要素能否达到预防与控制企业内部违法犯罪行为的预期效果，不仅关乎企业所建立的风险内控机制有效与否，而且也关乎企业在涉罪后能否因风险内控机制而获得在刑事诉讼中的奖励。因此，在立法中明确基本要素的内容，应作为实体法层面推进“预防型”贿赂犯罪治理模式构建的前提。由上所述，在英国《反贿赂法 2010》颁布实施后，英国官方还出台了《英国预防贿赂指南》，对如何认定商业机构建立了适当程序做出了详细规定。根据《英国预防贿赂指南》的规定，其对企业实施的程序是否适当提出了六项基本原则，而这六项基本原则也在事实上成了英国官方认定的企业贿赂风险内控机制应该具备的基本要素。但《英国预防贿赂指南》也同时说明，由于不同规模的不同公司需要解决不同类型的贿赂风险,因此没有真正"一刀切"地适用于每一家公司,从这个意义上说,针对不同类型或者规模的公司,其基本要素是不同的。因此,如何抽象出基本的或者最低限度的基本构成要素,对于正确把握风险内控机制的本质,进而在立法上科学设立基本要素,以及指导反腐败实践均具有重要意义。

参照《英国预防贿赂指南》的六项基本原则以及笔者对其他国家基本要素的总结与提炼,其应当包含基础性要素、关键性要素和实质性要素三个部分。以下将对这三个部分进行详细论述。

1. 基础性要素:合规基本制度

建立风控基本制度,是有效的企业贿赂犯罪风险内控机制的基础性要素。正如《美国组织量刑指南》中的规定,"组织应当建立预防和发现犯罪行为的标准和程序",[①]即企业应当建立起为识别犯罪风险和主动预防、发现、制止犯罪提供行动指引和具体依据的制度或者程序。具体而言,风控的基本制度应该包含以下几个层面。

(1)根据企业的规模和经营类型进行风险与评估。

为了确保风控机制的针对性和有效性,企业需要关注自身运营管理过程可能存在或者触犯的贿赂犯罪风险,以及因这些风险可能发生的法律后果,并制定完备、独立、有效且合比例的不同方案和投入不同的资源予以应对。

(2)得到最高管理层的批准、实施和支持。

实施风控基本制度必须要得到最高管理层的全力支持和参与,因为只有最高管理层对风控制度完全信守和支持,以身作则,才能确保该制度在组织内部各个层面得到贯彻和执行,进而在企业内部形成共同的守法意志。

(3)内部沟通与风控培训。

企业应该建立起有效的沟通机制,确保风控政策和程序有效传达到所有董事、高管、员工,以及代表公司行事的外部各方,例如代理商和

---

① See Nick Ciancio, *The Seven Pillars of an Effective Ethics and Compliance Program*, Compliance Today, 2007, p. 42.

商业伙伴。此外,还需要定期对所有董事、高管、员工和代表公司行事的外部各方进行风控培训,确保员工了解并遵守与其日常工作相关的法律法规,并促进员工对自我守法的理解与执行。

2. 关键性要素:风控运行机制

风控运行机制,是企业的风险内控计划能否得到有效实施的关键性要素。一份风险内控计划如果没有切实地得到运行和实施,就算其基本制度设计得再完美、再充分,也会沦为一纸空谈。例如,在世界上规模最大、产品多元化的医疗卫生保健品及消费者护理产品公司强生公司与美国司法部于2011年达成的一份延期起诉协议中,美国司法部表示,该公司已经制定了一项“有效”的预先存在的风险内控计划,但该计划“实施不足”。因此,强生公司的延期起诉协议表明,风险内控机制的充分实施与程序本身的充分性同等重要。[①] 因而,在风控的基本制度确立后,建立起保障其能够有效运行的机制,是企业的风险内控机制构建的关键环节。风控运行机制的组成应当从以下几个方面进行考虑。

(1)独立的风控监管部门。

在企业内部设立具有自主性和控制权,承担风控管理和监督职责的风控监管部门,是企业有效进行风控管理、依法治理的组织性保障。

(2)对违反风控政策的管理人员、员工和代理人进行处分。

对于违反风控政策、程序和法律法规的成员,应当根据其违规程度处以轻重不同的纪律处罚,包括训诫、降级、解除劳动合同等纪律处分,从而对其他员工起到一定的震慑作用。

(3)可靠的内部举报机制。

企业应当建立一个有效的举报制度,允许董事、高级管理人员、员工,以及关联人对违反犯罪预防义务的行为进行举报犯罪,而不必担心遭到报复。这种举报制度应该是一种安全、保密、明确的制度。

---

① See Dep't of Justice, Johnson & Johnson Deferred Prosecution Agreement, at 3, (2011), http://www. justice. gov/criminal/fraud/fcpa/cases/depuy-inc/04-08-11depuy-dpa. pdf.

(4)定期审查监督和更新风控计划。

风控计划并不是一成不变的,随着企业经营管理活动的进行,需要根据企业的发展状况及时进行调整。确保在贿赂风险发生时,能够迅速通过具体的行动步骤来降低或缓解已识别的风险,从而消除犯罪诱因。

3. 实质性要素:守法文化形成

判断一份风控计划是否有效的实质性标准,是企业内部是否已经形成了"只做合法业务""对贿赂零容忍"的守法文化。根据2005年巴塞尔银行监管委员会发布的《风控与银行内部风控部门》,"守法应成为银行文化的一部分,它并不只是专业风控人员的责任"。因此,从这个意义上说,守法文化的实质,是企业员工不再把自我守法当成国家或者公司赋予自己的责任或者义务,而是成为全体员工的道德共识以及共同的价值观与追求。守法文化作为风控计划有效性判断的实质性标准在于,企业内部良好的守法风气的形成,表明企业在日常的经营管理活动中所体现的价值观已经与法律法规所体现的价值观一致,从而起到抑制乃至消除员工的违法动机,进而在根本上防控企业的贿赂犯罪法律风险。

四、结　　语

党的二十届三中全会通过的《中共中央关于进一步全面深化改革推进中国式现代化的决定》指出,要推进反腐败国家立法,着力铲除腐败滋生的土壤和条件。英国《反贿赂法2010》的相关制度设计,为我国企业贿赂犯罪治理提供了值得借鉴的法治经验。因而,在刑事政策上以国家—企业合作预防的企业贿赂犯罪治理理念为指引,在刑事立法上以组织责任原则为核心重塑我国的单位刑事责任理论,以创设刑事诉讼上的刑事责任激励机制激发企业自我预防、自我守法的动力,以明确的企业风险内控机制基本要素为企业提供参照和指引,应成为我国"预防型"企业贿赂犯罪治理模式构建之方向。

From the Perspective of the UK Bribery Act 2010 Preventive Corporate Bribery Crime Governance Model and its Enlightenment

Ye Zihan

[**内容摘要**]英国于《反贿赂法2010》创设的预防商业机构贿赂失职罪,使得自我守法并预防贿赂犯罪成为了英国的公司企业必须遵守的刑事法义务,也使得风险内控机制的构建及其有效实施成为了企业无罪抗辩的重要事由,标志着英国刑事司法对于贿赂犯罪治理中以企业自身的组织管理为责任基础的国家—企业合作预防企业贿赂犯罪治理模式的确立。为了摆脱我国目前企业贿赂犯罪治理的困境,借鉴英国的贿赂犯罪治理经验,在刑事政策上以国家—企业合作预防的企业贿赂犯罪治理理念为指引,在刑事立法上以组织责任原则为核心重塑我国的单位刑事责任理论,以创设刑事诉讼上的刑事责任激励机制激发企业自我预防、自我守法的动力,以明确的企业风险内控机制基本要素为企业提供参照和指引,应成为我国“预防型”企业贿赂犯罪治理模式构建之方向。

[**关键词**]《反贿赂法2010》;企业刑事责任;合作预防;贿赂犯罪

Abstract: The United Kingdom created the crime of preventing bribery and dereliction of duty in commercial institutions in the Bribery Act 2010, which makes self-abiding and preventing bribery crimes a criminal law obligation that British companies and enterprises must abide by. It also makes the construction and effective implementation of a risk internal control mechanism an important reason for enterprises to plead innocence. It marks the establishment of a state-enterprise cooperation governance model to prevent corporate bribery crimes based on the enterprise's own organizational management in the UK's criminal justice governance of bribery crimes. In order to get rid of my country's current dilemma in corporate bribery crime governance, we draw on the British criminal compliance experience, use the corporate bribery crime governance concept of state-enterprise cooperation prevention as a guide in criminal policy, and reshape our country with the principle of organizational responsibility as the core in criminal legislation. The theory of unit criminal responsibility creates a criminal responsibility incentive mechanism in criminal litigation to stimulate enterprises to self-prevent and self-abide by the law. Providing reference and guidance for enterprises with clear basic elements of corporate risk internal control mechanisms should become the direction of building a "preventive" corporate bribery crime governance model in my country.

Keywords: The Bribery Act 2010; corporate criminal responsibility; corporate crime prevention; bribery crimes

〔中国刑法〕

预防刑法冲击了谦抑性原理吗?
——以预防性环境刑法规范为中心的分析

戴小强*

目 次

通常认为,谦抑性原理是刑事立法必须遵循的基本原理。[①] 刑法是最后的"手段法",唯在面对其他法律无法遏制的危害行为时,立法者将该行为规定为犯罪并处以刑罚才具有正当性。但是,为了适应现代社会的变迁,很多国家采取了积极的刑事立法策略予以应对。针对这种刑事立法的活性化现象,有论者评论道,"刑法谦抑性正在悄无声

---

* 西北政法大学刑事法学院讲师,法学博士。

① 参见莫洪宪等:《刑法谦抑主义论纲》,载《中国刑事法杂志》2004 年第 1 期;団藤重光『刑法綱要(総論)』(第 3 版)(創文社,1990 年)54 頁参照;小暮得雄『刑法入門』(有斐閣,1979 年)12 頁参照。

息中被搁浅”[①],立法上的谦抑主义必将遭受一定程度的消减。[②]

预防刑法表现为刑事处罚的早期化,不言而喻,在这种观点下,这种立法模式会被严重质疑。例如,有论者指出,当前刑法在经济、环境、医事等领域都普遍采用了抽象危险犯、法益保护早期化的立法模式,明显动摇了刑法谦抑性原理。[③] 另有论者认为,伴随风险社会而来的立法活性化,使得以往被当作“最后手段”来使用的刑罚,在近年的立法中几乎变成了“最初手段”,换言之,刑法谦抑性这一刑法学上的传统价值理念,已经被“刑罚积极主义”所替代。[④] 那么,如何理解谦抑性原理?预防刑法是否违背了谦抑性原理?就成为当下必须认真对待的问题。

一、刑法谦抑性原理的重新阐释

要以刑法谦抑性原理作为批判预防刑法的工具,首先必须清楚该原理的内容是什么。从学说发展史来看,刑法谦抑性原理的内容并非一成不变,很多学者赋予了其不同的内容。以下将先简要梳理和评述几种有代表性的学说,并在此基础上就该问题提出自己的见解。

(一)谦抑性原理内涵的流变

1.将最后手段性理解为谦抑性的主要内涵

一般认为,最早提出刑法谦抑性概念的是日本学者宫本英脩。宫本指出,刑法“不以一切违法行为为处罚的原因,仅限制种类与范围,所以专以适于科处的特殊的反规范的性情为征表的违法行为为处罚的

① 石聚航:《刑法谦抑性是如何被搁浅的?——基于定罪实践的反思性观察》,载《法制与社会发展》2014年第1期。

② 参见陈璐:《论刑法谦抑主义的消减》,载《法学杂志》2018年第9期。

③ 参见刘艳红:《“风险刑法”理论不能动摇刑法谦抑主义》,载《法商研究》2011年第4期。

④ 生田勝義『行為原理と刑事違法論』(信山社,2002年)34頁参照。

原因。谓予刑法之如斯态度名为刑法的谦抑主义”。[①] 据此理解，所谓刑法的谦抑性，乃是要求刑事立法应当保持在一个克制保守的范围之内，应杜绝将所有违法行为规定为犯罪。

后来的观点继承了宫本所主张的刑法应当保守克制的旨趣，不过在内容上对宫本的观点进行了扬弃。如果说宫本的观点只表现出了最后手段性的倾向，那么后来的观点则是直接明确地对最后手段性予以了强调。比如，我国台湾地区学者林钰雄教授指出，刑法应当固守最后的手段性，即认为刑法应当规制的是以其他较为轻微制裁手段还不足以抑制的社会损害行为。[②] 日本学者山口厚教授则将刑法谦抑性称为刑法的补充性，其内涵是“只有通过作为法律保护的其他保护手段尚且不足时，才应该动用刑罚”[③]。刑法的最后手段性和补充性虽然在概念上存在差异，但从山口的表述来看，补充性和最后手段性并无实质区别，均强调刑法是一种社会治理的兜底性手段。

最具影响力的是平野龙一教授的观点。平野教授吸收了原来的补充性原则，同时将不完整性（或称断片性）与宽容性也理解为谦抑性原理的内涵，[④]在此基础上，形成了目前几乎成为通说的“三性说”。所谓“补充性”，与山口厚教授所称的“补充性”一样，同样强调的是刑法的最后手段性；所谓“不完整性”，是指刑法并无必要将所有法益侵害行为都规定为犯罪，而只需将那些对值得保护的法益造成重大侵害的行为规定为犯罪就足够了；[⑤]所谓“宽容性”，是指对于实施犯罪的行为人而言，如果动用刑罚对实现刑法的目的来说并不是必需的，就应当立基

---

① 马克昌：《我国刑法也应以谦抑为原则》，载《云南大学学报（法学版）》2008 年第 5 期。

② 参见林钰雄：《新刑法总则》，中国人民大学出版社 2009 年版，第 9 页。

③ 参见［日］山口厚：《刑法总论》（第 2 版），付立庆译，中国人民大学出版社 2011 年版，第 5 页。

④ 参见刘淑珺：《日本刑法学中的谦抑主义之考察》，载陈兴良主编：《刑事法评论》第 22 卷，北京大学出版社 2008 年版，第 284 页。

⑤ 平野龍一『刑法総論Ⅰ』（有斐閣，1972 年）47 頁参照。

于宽容精神,不对行为人进行处罚。[①] 从表面上看,“三性说”溢出了最后手段性的内涵,但其实并非如此。首先,补充性实质上等同于最后手段性,只是换了个名称而已。其次,不完整性本身没有独立的内涵,不如说,不完整性只是最后手段性所表现出来的特征。因为刑法是否“完整”,还需要通过最后手段性来加以判断,倘若刑法坚守了最后手段性,对轻微侵害行为未予干涉,则表明其是不完整的。最后,“宽容性”也并未给谦抑性赋予任何批判标准,难以认为其本身是谦抑性的实体性要素。这是一种评价性要素,因为刑法是否宽容,归根到底取决于刑法是否恪守了最后手段性的品质。

归结而言,这个阶段的刑法谦抑性原理,是指刑法应将处罚对象限制于其他制裁手段无力抗制的危害行为。一言以蔽之,即刑法的最后手段性。

2. 将谦抑性原理视为法益保护理论和比例原则的“结合体”

陈兴良教授指出,只有同时满足以下条件,刑法的谦抑性原理才能得以保证:第一,危害行为必须具备相当严重程度的社会危害性;第二,作为危害行为的反应,刑罚应当具有不可避免性。对于第二个条件,其认为应当由以下三项子原则作进一步检验:(1)刑罚是否有效果;(2)刑罚是否可替代;(3)刑罚是否太昂贵(是否经济)。[②] 据此,谦抑性原理不再局限于对刑法的最后手段性考察,同时还要独立地考察行为的社会危害性,刑罚的实效性、不可替代性与经济性。

这一判断规则显然比最后手段性原则更为全面,然而问题在于,这种理解也使得谦抑性原理丧失了独立性,因为它几乎可以视为法益保护理论和比例原则的另一种表述。其一,该观点认为,谦抑性原理首先要求考察危害行为是否具备相当程度的社会危害性,这对应的是法益保护理论和比例原则中的必要性原则。法益保护理论和必要性原则要求刑法保护的是具有一定严重程度的社会危害性行为;对于没有社会危害性或者只具有较小危害性的行为,若可依靠其他社会治理手段来

---

① 川端博『刑法総論講義』(第2版)(成文堂,2006年)55頁参照。

② 参见陈兴良:《刑法哲学》(第5版),中国人民大学出版社2015年版,第8页。

控制，就没有必要规定为犯罪。其二，刑罚是否有效果，对应的是比例原则下的适当性原则，即要求将该行为规定为犯罪或者处以刑罚，能够有助于实现法益保护目的。其三，刑法是否可替代，对应的是必要性原则，即要求将该行为规定为犯罪或处以刑罚具有不可替代性。换言之，只有在其他弊端更小的手段不能实现法益保护目的的情况下，采取刑罚手段才可能是正当的。其四，刑罚是否太昂贵，则对应的是狭义的比例原则，即使将该行为规定为犯罪或者处以刑罚能够实现法益保护目的，同时也没有其他更优的手段来保护法益，但若这种活动造成的负面后果超过了可接受的范围，则依然是不正当的。可见，该观点提出的刑法谦抑性原理的四个判断规则，其实是法益保护理论和比例原则项下三个子原则的刑法表达，并没有任何超越这两个理论的内容。①

3. 对上述观点的评价

最为明显的是，要使谦抑性原理发挥立法指导或者说批判功能，那么作为前提，该原理就必须具备类似于罪刑法定原则那样明确的内容、实质的内涵。② 然而，从谦抑性原理提出以来的各种观点可以看出，谦抑性原理要么根本没有可供立法批判的明确实质的内涵，要么没有自己独立的实质内涵，在后种情况下，所谓的实质内涵只不过是援引其他理论的填充。

按照宫本的理解，谦抑性原理的核心旨趣在于要求刑法不处罚所有违法行为，而只能处罚特殊的违法行为。但是基于这种观点，一般违法行为与特殊违法行为的界限在哪里，却是一个无法回答的问题。一般和特殊始终只是相对而言，一般之上还有更一般，特殊之下还有更特殊，于是就可以说，谦抑之下还可以有更谦抑。与未遂犯和具体危险犯相比，既遂犯和实害犯显得更加特殊，那是否就应当认为，未遂犯和具

① 更直接指出谦抑性原理是法益保护理论和比例原则的结合体的观点，可参见李翔：《论微罪体系的构建——以醉酒驾驶型危险驾驶罪研究为切入点》，载《政治与法律》2022 年第 1 期。

② 参见简爱：《一个标签理论的现实化进路：刑法谦抑性的司法适用》，载《法制与社会发展》2017 年第 3 期。

体危险犯是一般违法行为,而只有既遂犯和实害犯才是特殊的违法行为,或者说,前种立法不符合谦抑性原理,后种立法才符合谦抑性原理呢?进言之,实害犯也有重大犯罪和轻微犯罪之分,是否就应当认为,唯有重大犯罪的实害犯立法才符合谦抑性?之所以会出现这种模棱两可的现象,关键是因为基于这种理解之下的谦抑性原理没有实体内涵。其只是依赖“一般”和“特殊”这一对辩证性的概念来划定刑事处罚的范围,但对于何为“一般”或“特殊”,该观点又没有提出进一步可供把握的判断规则,因此也就不可能为刑事立法提供有效的判断标准。

宫本之后的观点将谦抑性理解为最后的手段性,这是学界为填充谦抑性原理的实体内涵所作的有益尝试。这种观点给宫本的“特殊的反规范的性情为征表的违法行为”提供了相对明确的判断标准,简言之,刑罚只能定位于穷尽一切手段后,不得已才得采取的社会治理选项。其方法论的意义是,先对所有社会治理手段的有效性和后果进行审查,通过比较各种手段的利弊得失,最后决定刑罚手段是否具有可采性。这固然能够成为一项有效的评判规则,但问题是,最后手段性原则并不是为谦抑性原理专门创立的原则,而是从比例原则中“借过来”的原则。比例原则项下的必要性原则,要求在能够达成目的的前提下,公权力只得采取对关系人或公众造成最少损害的措施。① 这一原则适用在刑法中就是要求,假如其他更轻微的手段能够充分有效地保护法益或者对危害行为进行遏制,就不能采取刑罚手段,而只能采取其他损害更小的手段;这与所谓的最后手段性原则没有任何实质性的区别。②

这种借用在陈兴良教授的观点中得到了更为明显的体现。如果说最后手段性原则只是比例原则中的必要性原则的翻版,那么,陈兴良教授提出的谦抑性原理的判断规则,则完全是法益保护理论和比例原则的结合体,在这种理论中,没有任何超出法益保护理论和比例原则的内涵;对此前文已作说明,兹无须赘述。

---

① 参见[德]哈特穆特·毛雷尔:《行政法学总论》,高家伟译,法律出版社 2000 年版,第 238 页。

② 参见王俊:《积极刑法观的反思与批判》,载《法学》2022 年第 2 期。

因此可以认为，谦抑性原理自身并不是一个可以自足的理论，在其内部，从来没有发展出检验刑事立法和刑事司法正当性的独立判断标准，通过这一原则对谦抑性展开的判断，其实隐含的是通过法益保护理论和比例原则（尽管有的没有运用这些理论的全部内容）对刑事立法的判断。既然如此，就不能认为谦抑性原理是一项独立的刑事立法指导原则，更不能认为它能脱离其他的理论独立地承担立法批判功能。

（二）谦抑性原理的理论定位

事实上，学界通常认为，刑事立法的正当性可以通过法益保护理论和比例原则来审查，且这两个理论能够充分满足这种审查要求，而无须再辅之以其他理论。在审查过程中，法益保护理论和比例原则的功能相互补充。① 一方面，一般来说，法益保护理论的功能在于确定何种人的利益是值得法律保护的。然而，由于法益保护是所有法律所承担的任务，而不仅是刑法独自所承担的任务，因此，究竟何种法益该由刑法保护，以及特定法益侵犯达到何种程度时才该处以刑罚，法益保护理论却难以回答。换言之，法益保护理论并不能充分证明刑法规定的正当性，因为其仍是位于刑法学理论体系之外的外部考察。② 法益保护理论只能保证立法机关所欲实现的目的是正当的，但不能保证使用刑罚手段来实现这一目的是正当的，而手段正当也是刑事立法正当必不可少的条件。所以，法益保护理论若要有效实现其刑事立法的批判功能，就必须以手段正当性原则予以补充。另一方面，比例原则具体包括三个子原则：适当性原则、必要性原则与狭义的比例原则。该原则旨在审

① 有观点认为，法益保护理论完全包含了比例原则的内涵，因此无须比例原则，只依靠法益保护理论就可充分发挥立法批判功能。参见张明楷：《法益保护与比例原则》，载《中国社会科学》2017 年第 7 期。另有观点则指出，比例原则完全包括法益保护理论的内涵，因此无须法益保护理论，只依靠比例原则即可充分发挥立法批判功能。参见冀洋：《法益保护原则：立法批判功能的证伪》，载《政治与法律》2019 年第 10 期。但这并不是通说，笔者也不认同这两种观点。

② 参见刘孝敏：《法益的体系性位置与功能》，载《法学研究》2007 年第 1 期。

查权力机关的行为能否正当合理地实现既定的目的,从规范结构上看,其功能只能用以保证手段的正当性。[①] 但是,手段的正当性并不能确保目的的正当性,当权力机关追求的目的缺乏正当性时,即使用以实现目的的手段是正当的,从整体上评价,权力机关的行为仍不是正当的。所以,比例原则若要有效地实现审查功能,就必须以目的正当性原则进行补充。

如此,法益保护理论和比例原则正好可以实现功能的互补。通过"法益保护理论 + 比例原则"的审查模式,便可同时保证目的和手段的正当性。而所谓刑事立法具有正当性,无非是指(作为目的的)刑法所要保护的法益是适格法益,且通过(作为手段的)刑法来保护该法益是正当的,故这种审查完全可以通过"法益保护理论 + 比例原则"的审查模式来实现。

既然已经认可了上述审查模式的合理性和充分性,那么原则上,再额外地将谦抑性原理确立为刑事立法审查理论,就完全没有必要;除非存在如下情况:谦抑性原理本身也是一个具有独立内涵的理论,且透过该理论能够对刑事立法实现合理、充分的审查。倘若两种理论功能完全相同且处于平行关系,则很难说谁应当排斥谁而独占立法审查地位,在这种情形下,妥当的处理方式应该是允许两者共存,由两者共同对立法进行检验,以合力的形式确保审查的有效性。[②] 若果真如此,承认谦抑性原理具有独立的立法批判机能,似也理所当然。但如前所述,谦抑性原理的独立立法批判机能其实是某种幻象,因为其背后依然是法益保护理论和比例原则在起主导作用,两者不是平行关系,充其量是包含与被包含关系,故两者完全没有必要共存,更不可能以谦抑性原理替代法益保护理论和比例原则。由于谦抑性原理自身对立法正当性审查不具备真正的话语权,有话语权的是法益保护理论和比例原则,由此,当某项立法活动经过法益保护理论和比例原则的审查并被确认为正当

① 参见刘权:《目的正当性与比例原则的重构》,载《中国法学》2014 年第 4 期。

② 若考虑到谦抑性原理是刑法特有原则,而比例原则是由所有公法共享的一般原则,那么对立法审查而言,似乎谦抑性原理更应具优先性或主导性。

时,就不能再以该项立法违反谦抑性原理为由来否定其正当性,或者反过来说,在这种情形下,只能认为该项立法符合谦抑性原理(如果认为这个概念还需要保留);否则,就相当于否定了法益保护理论和比例原则作为立法审查标准的地位,而矛盾性地承认了谦抑性原理独立地作为立法审查标准的地位。

由此看来,如何合理界定谦抑性原理,在理论上便存在两种选择:(1)将其定位于一个描述性概念,即把谦抑性原理视为法益保护理论和比例原则的反射效果。这种理解下的谦抑性原理不具备任何实体内涵,而只是对立法效果的客观描述:假如某项立法完全符合法益保护理论和比例原则,则说明其符合谦抑性原理;反之,则说明其不符合谦抑性原理。这并不会导致刑法谦抑性特征会因附庸于正当性而变得名不副实,因为一项刑事立法若通过了比例原则(尤其是必要性原则)的审查,势必就满足了最后手段性,因此不必担心会出现立法具备正当性而不具备谦抑性的情况。(2)如果要将其定位于一个批判性概念,那么,这个概念就须借由法益保护理论和比例原则来填充。换言之,以谦抑性原理为立法批判工具,意味着要以法益保护理论与比例原则项下的三个子原则逐一对特定立法进行检验。当然,这不是像学界通常所做的那样赋予谦抑性原理独立的立法批判机能,而是将该原理确立为法益保护理论和比例原则的上位概念,因而恰是否定了它独立的立法批判机能。换句话说,两者虽然共存,但不是平行关系,而是同一关系,是对一个事物的两种不同称谓而已。

二、由谦抑性原理演绎出的对预防刑法的批评

这里的谦抑性原理显然是批判性概念,作为描述性概念的谦抑性,无法演绎出任何有效的批评。前已述及,作为批判性概念,必须将法益保护理论和比例原则作为谦抑性原理的内涵。从文献中看,论者以谦抑性理论的名义对预防刑法提出批评时,大部分也确实是通过回归到法益保护理论和比例原则来展开的。概括来说,这些批评不外乎包括四个方面:预防刑法不以适格法益为保护目的;预防刑法不具有实效

性;预防刑法具有可替代性;预防刑法不经济。显然,这些批评可以与法益保护理论和比例原则项下的三个子原则一一对应,以下对此作简要梳理。

(一)预防刑法规范违背法益保护理论

在我国,为数众多的预防刑法规范以集体法益为保护对象。集体法益因使法益概念走向精神化、抽象化和稀薄化而一度遭受过学界的质疑。然而,现在的通说显然已经改变了这种纯粹的批判立场,基本认为在“集体法益能够还原为个人法益”的限度下,应当认可刑法对集体法益的保护。[①] 基此,预防刑法保护的集体法益基本都是适格的法益,如公共交通安全、信息网络安全、社会管理秩序等,这些法益都可以还原为个人的生命、身体、财产安全,通过解释基本可以化解它们违背法益保护理论的质疑。不过,目前仍有一些集体法益面临的质疑没有消除,比如环境刑法所保护的生态法益。本文将主要以这一法益为分析对象。

众所周知,《刑法》第 338 条规定,构成污染环境罪(曾为重大环境污染事故罪)要求“造成重大环境污染事故,致使公私财产遭受重大损失或者人身伤亡的严重后果”。设置该罪名的目的在于防止污染环境行为对民众的人身、财产造成侵害,因此其保护的法益明显是公民的人身、财产安全。2011 年颁行的《刑法修正案(八)》对这一构成要件作出了重要修正,将上述结果性要件修改为了“严重污染环境”。这一修改引发了学界对该罪的保护法益的激烈争论。由于修改后构成该罪不再要求污染环境行为对公民的人身、财产造成现实的侵害,而只要求对环境本身造成污染,故有学者认为,这标志着我国环境犯罪保护的法益已经脱离了纯粹的人类中心主义法益观,转向了生态学的人类中心主

---

① 参见[德]Hassemer:《现代刑法的特征与危机》,陈俊伟译,载《月旦法学杂志》2012 年第 207 期;孙国祥:《集体法益的刑法保护及其边界》,载《法学研究》2018 年第 6 期。

义法益观，与人类生活相关的环境要素也成为刑法独立保护的对象。① 而以生态为中心，将环境法益保护的早期化和抽象化建立在生态环境法益观之上，是一种超越我国现实的论调。生态学的人类中心主义法益观下的环境犯罪“确实是为了保护环境、维持生态平衡，但这种保护并不优先于人类的生产生活”②。言下之意，生态学的人类中心主义法益至少目前在我国不能认可为适格法益，刑法对这种法益予以保护，违背了法益保护理论，这种超前保护与谦抑性原理的要求也不相符。

（二）预防刑法缺乏实证上的有效性

比例原则下的适当性原则，要求权力机关采取的手段对于实现既定的目的而言是有效的。不少观点批评预防刑法缺乏实证的有效性，实质是以预防刑法不符合适当性原则来否认其正当性。如有学者指出，当前的活跃的刑事立法已经从以预防为主导逻辑的实用主义向以安抚公众情绪的政策主义转向，实用性不再是刑事立法主要考量的因素，突出的表现就是，刑法中缺乏实用性的“空置化”“僵尸化”条款不断增多。③ 类似于这种观点，有学者指出，现在的刑事立法呈现出明显的象征性特征，象征性刑事立法是立法者在特定时空与社会背景下对于社会问题的情绪或者价值偏好，并无实证成效。在晚近设置的预防刑法中，恐怖主义犯罪、网络犯罪以及环境犯罪具有相当严重的象征性色彩，其中一个明显的表现是，这些罪名有的在司法实践中适用率极低，有的虽然有一定的适用率，但现实的治理效果依然欠佳。④ 还有学者指出，预防性立法策略与当下我国司法资源之间存在尖锐的矛盾，当预防性法网编织得过密时，司法机关就只能采取“抓大放小”的政策。

---

① 参见张明楷：《污染环境罪的争议问题》，载《法学评论》2018 年第 2 期。

② 刘艳红：《环境犯罪刑事治理早期化之反对》，载《政治与法律》2015 年第 7 期。

③ 参见魏昌东：《新刑法工具主义批判与矫正》，载《法学》2016 年第 2 期。

④ 参见刘艳红：《象征性立法对刑法功能的损害——二十年来中国刑事立法总评》，载《政治与法律》2017 年第 3 期。

由此,犯罪黑数就会显著增多,预防刑法也就成了无效的刑法。[1] 既然预防刑法无法实现预期的治理效果,就完全没有必要制定这类刑法规范,否则就会因违背适当性原则而背离刑法谦抑性主义。

(三)预防刑法具有可替代性

刑法应当是保护法益的最后手段。有论者认为,很多预防刑法规范可以用其他负面效果更小的手段替代。某项刑法规范是否可以被替代,论者主要从以下两方面来考察。

一方面,行为客观上是否具有相当程度严重的社会危害性。刑法必须以具有相当危害程度的行为作为规制对象;但由于预防刑法并非像传统刑法一样等到实害结果发生以后才予以介入,而是在危险出现之时就提前发动刑罚,因此有学者认为,刑法所规制的对象发生了质的改变,即以往刑法通常是以法益侵害行为为规制对象的范式,而现在逐渐转变为了以仅具有微弱危险行为为规制对象的范式。有学者指出,这种转变揭示了刑法角色的错位,导致大量原本应属行政不法的行为被过度犯罪化。[2] 正因如此,社会危害性程度就丧失了立法批判的标尺作用,刑事不法与行政不法陷入了没有界限的混沌状态之中。对此,我国有学者指出,"在我国传统刑法体系中违法相对性理论一直占据着主流,刑法与前置法或者说其他法律的区别泾渭分明,但是随着刑法修正案对刑法的不断修正,立法者的情绪化色彩越发明显,违法一元论的立法观念渐露端倪。"[3]质言之,刑事立法调整的对象与行政法日渐趋同,即将不具有严重社会危害性的行为纳入了规制范畴,谦抑性原理已经逐渐丧失了对刑事立法的克制作用。

---

① 参见姜涛:《中国刑法走向何处去:对积极刑法立法观的反思》,载《国家检察官学院学报》2021 年第 5 期。

② 参见石聚航:《刑法谦抑性是如何被搁浅的?——基于定罪实践的反思性观察》,载《法制与社会发展》2014 年第 1 期。

③ 孙万怀:《违法相对性理论的崩溃——对刑法前置化立法倾向的一种批评》,载《政治与法律》2016 年第 3 期。

另一方面，危害行为能否用其他社会治理手段来调整。这种观点认为，对于某些被犯罪化的行为，如果通过其他手段就可以实现有效治理，那么这些刑罚手段是可以替代的。比如，对治理醉酒驾驶而言，有学者就认为并无必要将醉酒驾驶行为作入罪处理，通过修改现有的行政法，并对醉酒驾驶等危险驾驶行为的严查工作予以制度化、日常化，同样可以取得预防、控制醉酒驾驶行为的良好效果。① 再如，众所周知，我国刑法规定的大部分环境犯罪具有行政从属性，于是有论者认为，行政法才是防治生态环境破坏的首选手段。在当下环境治理的法律体系中，虽然行政法内部的运行机制以及行政法与刑法的衔接存在一定问题，但这并不代表国家可以越过行政法而直接动用刑法对环境犯罪予以规制；在既有的行政法—刑法两级体系中，若试图将治理手段的重心向下游的刑法转移，从而在下游实现对环境问题的堵截式处理，不仅会破坏行政法—刑法两级体系设置，也会导致司法权不当干预行政权的问题。② 所以，从维护刑法谦抑性的角度看，解决问题的有效途径不是通过刑事立法对破坏环境行为予以惩罚，而应当是致力于完善环境行政法。

（四）预防刑法太过昂贵

评价刑事立法是否昂贵，涉及对刑法成本—收益的考量。不能否认，预防刑法本质上也是一种“恶”，某种行为入罪后对社会造成的伤害可能要大于对社会的保护。③ 例如，有学者指出，通过刑罚对网络谣

① 参见周详：《民生法治观下“危险驾驶”刑事立法的风险评估》，载《法学》2011年第2期。论者对行政法修改的建议包括以下方面：第一，提高醉酒驾驶、飙车等危险驾驶的罚款数额。第二，规定相关的剥夺资格的行政性处罚措施。第三，对危险驾驶者明文规定强制学习的内容；增加与醉酒驾驶者有关的其他责任人员的行政责任。另见姜涛：《立法事实论：为刑事立法科学化探索未来》，载《法制与社会发展》2018年第1期。

② 刘艳红：《环境犯罪刑事治理早期化之反对》，载《政治与法律》2015年第7期。

③ 参见王强军：《刑法干预前置化的理性反思》，载《中国法学》2021年第3期。

言提前进行规制,就可能出现这种得不偿失的结果。[①] 在这种情形下,为预防犯罪这一收益所付出的成本,将可能成为整个社会“不可承受之重”,可能是不划算的。

这里的成本包括三个方面:第一个方面是制度成本,具体包括立法成本,公检法以及监狱等国家机关为了打击犯罪、改造犯罪人所付出的执法成本。第二个方面是犯罪人为犯罪所付出的成本。[②] 这不仅表现在刑罚对人身自由、财产等重要利益的直接剥夺上(直接成本),还表现犯罪的“标签效应”导致的社会对犯罪人评价降低,以及犯罪前科的存在对犯罪人及其亲属所带来的严重不利影响上(间接成本)。第三个方面是社会付出的成本。随着预防刑法的增多,为数众多的人将被处以刑罚,刑事处罚将他们与社会隔绝,社会将无法(或在一定时期内,或永久)从这些人的劳动、服务和知识中获益,这是社会为预防刑法所支付的成本。当然,这部分成本与上述犯罪人付出的直接成本存在一定程度的重合。

总体上说,预防刑法的成本是非常昂贵的。如果考虑到其对犯罪的治理效果缺乏实效,在收益与成本之间难成比例,也就不难得出预防刑法违背谦抑性原理的结论。

三、对批评观点的回应:以预防性环境刑法规范为中心

不可否认,上文提到的批评观点都有一定道理,不过需要指出的是,有些观点显得太过于抽象,因此难以经得起推敲。为了避免这种过于抽象宏观的对话,下文主要以预防性环境刑法规范(尤其是污染环境罪)为例,[③]对上述观点进行有针对性的回应。由于预防性环境刑法

---

① 姜涛:《网络谣言的刑法治理:从宪法的视角》,载《中国法学》2021 年第 3 期。

② 犯罪人的利益也属于社会利益的一部分,因此从整个社会的角度看,犯罪人利益的丧失,也是社会利益的损害。

③ 之所以在环境刑法前置“预防性”这一定语,是因为有的环境刑法规范不属于预防刑法规范。

属于典型的预防刑法类型，且相对来说遭受的质疑也较为严厉，因此对预防性环境刑法的分析具备一定代表性，分析方法与结论也基本具备普遍有效性。

（一）预防刑法不违背法益保护理论

前文已说明，当下仍有部分预防刑法规范面临着违背法益保护理论的质疑。限于篇幅，本文不可能对所有规范都进行分析，因此仅选择质疑声比较尖锐的生态法益进行分析。在2011年《刑法修正案（八）》出台之前，我国《刑法》第338条规定的重大环境污染事故罪显然是以纯粹人类中心主义法益观为指导设置的。但是，这种观点只将生态环境视为保障人类（是已经存在的人，不包括后代的人）需求的手段，而没有看到环境与人类共存的整体性和环境本身所具备的一定独立性，①这在当下社会已经变得不合时宜。换句话说，在当下的社会背景下，环境刑法确立生态学的人类中心主义法益观，未必不具有正当性。

首先，站在比较的视野，我们可以先考察德国的环境刑事立法。《德国刑法典》第324条关于污染水域的犯罪规定："未经许可污染水域或对其品质作不利的改变的，处5年以下自由刑或罚金。"这一规定没有将对公民的人身、财产侵害设置为构成要件，而是将水（域）作为了独立的保护对象。德国多数学说和实务上的见解认为，任何有害于水域水质的污染行为都是本罪的不法行为，至于行为是否对人之生命、健康造成侵害或危险，则不是解释构成要件和确认行为应受处罚性的条件。② 可见，德国的环境犯罪也表现出鲜明的生态学的人类中心主

① 应当看到，在人类社会生态系统中，"自然要素与社会因素相互依存、相互作用，人类与自然之间形成共生共荣的复杂关系。只有人类活动与自然生态系统彼此适应、运行协调，人类社会生态系统才能实现稳定、持续地良性循环"。参见吕忠梅：《习近平法治思想的生态文明法治理论》，载《中国法学》2021年第1期。"相互""彼此"等词汇，表明了自然生态系统的相对独立性。

② Vgl. Norouzi Ali B./Rettenmaier Felix, in Holger Matt/Joachim Renzikowski, StGB, 2013, Vor § 324 Rn. 1.

义法益观倾向。既然环境质量优于我国的德国都对环境要素进行独立的保护,那么在环境问题上面临更大危机的我国,似乎就更有理由也更应当对环境要素进行独立的保护。

当然,这种质疑观点是合理的,即对环境采取何种程度的保护,很大程度上依赖于一国的经济发展水平。"一国(地区)刑法在环境犯罪上采取的法益观,难以脱离特定时期的生产力发展水平,落后或超前的生产关系都会因与生产力不匹配而成为扬弃对象,这正是环境刑法的独特属性之一。"[①]从整体上看,我国与德国经济发展程度和质量确实存在一定的差距,然而,我们也不应过度地夸大这种差距,更不能动辄将其作为放松生态保护的"挡箭牌"。在改革开放以来的几十年里,我国生产力的高速发展是有目共睹的,早在 2010 年,我国的经济总量就超过日本而跃升成为世界第二大经济体。与之相应,我国的经济发展模式也已进入转型阶段,过去粗放型发展模式正在有规划地向集约型发展模式转变。在这一背景下,中央也适时地提出了"要金山银山,更要绿水青山"的新时代发展理念和方略,明确提出了要加强生态环境的保护。这一政策上的转变是以生产力为基础的,彰显了国家对生态环境前所未有的重视。这表明,生态学上的人类中心主义法益观不仅与我国当下的环境政策相契合,也与我国当下的生产力水平相适应,故环境刑法强调对生态法益的保护,具有现实的正当性。

其次,生态学的人类中心法益观与通常理解下的法益概念相符合。法益概念的核心要素是"人的生活利益",而从本质上说,生态学上的人类中心主义法益观也是以对人类利益的保护为最终的落脚点。这是因为,这种法益观虽然认可水、空气、植物、动物等环境要素作为独立的生态学的法益,但其同样认为,只有当环境作为人的基本的生活基础而发挥机能时,才值得刑法保护。[②] 在这一理解下,环境虽然不再是充当刑法在保护生命、身体、健康、财产等法益时的中间媒介,而是将其本身定位于一种独立的保护法益,但是这种独立性是相对的,其并没有完全

---

① 刘艳红:《环境犯罪刑事治理早期化之反对》,载《政治与法律》2015 年第 7 期。

② 张明楷:《污染环境罪的争议问题》,载《法学评论》2018 年第 2 期。

摆脱对人的依附，在其背后，仍是以“人的生活利益”作为支撑。

最后，生态学的人类中心法益观能在我国宪法中找到依据。现在通行的观点认为，法益的渊源来自一国宪法所确立的价值秩序。比如，罗克辛教授指出：“对刑事立法者预先规定的唯一限制，存在于宪法的原则之中。”①我国学者也认为：“只有当刑罚法规所保护的是可以从宪法导出的法益时，该罪刑规范才可能是正当的。”②换言之，如果某种价值或利益是被宪法所保护的，就可能成为适格的法益。我国《宪法》第9条第2款规定：“国家保障自然资源的合理利用，保护珍贵的动物和植物。禁止任何组织或者个人用任何手段侵占或者破坏自然资源。”第26条第1款规定：“国家保护和改善生活环境和生态环境，防治污染和其他公害。”这两款规定将自然资源和生态环境确立为了宪法所保护的价值和利益，于是根据“宪法价值秩序说”，自然资源和生态环境自然就可以被认定为适格的法益，刑法保护这两种利益，并不违背法益保护理论。

刑法理论必须与时俱进才能适应时代的发展，法益保护理论自然也是如此。对适格法益的认定不仅依赖于概念和逻辑，在刑法的实践性意义上说，更应充分关照现实。在生产力发展程度较低的社会，确立生态学的人类中心主义法益观或许是不合适的，但在生产力水平较高、人们对生态环境质量提出较高要求的社会，生态学的人类中心主义法益观就具备了现实的合理性，难以认为违背谦抑性原理。

（二）预防刑法具有实效性

规范实效性的判准在于规范是否能够发挥犯罪预防效果，如果预防刑法规范能够发挥良好的积极一般预防效果，就应当肯定其具有实

① ［德］克劳斯·罗克辛：《德国刑法学总论》（第1卷），王世洲译，法律出版社2005年版，第15页。

② 张明楷：《论实质的法益概念——对法益概念的立法批判机能的肯定》，载《法学家》2021年第1期。

效性。确实,这一点无法通过逻辑和实证加以证明,但是通过社会心理学,却也不难说明这一问题。积极的一般预防旨在唤起民众对法的认同感和信赖感,[①]于是问题就变成,预防刑法规范是否有助于唤起民众的这种认同感和信赖感?

生活常识告诉我们,社会中的有序交往依赖于有效的沟通,因为有效的沟通可以增进双方的认同感和信赖感。[②] 同理,民众要对法规范产生认同感和信赖感,也必须建立在双方沟通的有效性之上。其中最关键之处在于,法必须是一部沟通法。而要实现这一点,至少需要满足两个条件:一是作为沟通一方的法必须以可理解的方式向民众告知;二是要对"为何应当采取和遵守某一规范"提供充足的理由,以使民众对法规范接受和信服,从而在内心形成对法的忠诚意识。[③] 概言之,需要从形式和实质两个层面来确保法的可沟通性和可接受性。

预防刑法满足了这两个条件。其一,为了保证立法的民主性和科学性,立法前相关部门会向社会广泛地征求意见,并且尽量将意见合理地体现在立法当中。这一程序充分表现了立法对民众的尊重,也能够增强民众对立法的认同。其二,刑法规范的出台通常要经过"三审"程序,时间一般在半年以上。在审议过程中,立法部门会及时向社会公布草案并且继续向公众征求意见。这既保证了对民众的充分告知,也体现了对民意的充分尊重。其三,立法通过后,立法部门会对立法的背景、目的等相关问题作详细说明,这也有利于加深民众对立法的理解。其四,预防刑法通过规定具有明确性、类型性的构成要件,从而确保规范的可理解性。其五,预防刑法重在保护社会安全,本身就是对民众要求的及时回应。这种立法彰显了立法为民的精神,因此,在感情上容易得到民众的支持和认同。环境犯罪、恐怖主义犯罪、网络犯罪等无不都

---

① 参见黎宏:《预防刑法观的问题及其克服》,载《南大法学》2020年第4期。

② 对此可以参见费孝通对乡土中国的描述,参见费孝通:《乡土中国》,人民出版社2015年版,第7页。

③ 黄河:《犯罪现实与刑罚的社会控制——基于刑罚目的论的反思》,载《中外法学》2021年第3期。

是如此。其六,预防刑法一般配置的是较为轻缓的法定刑,由此传递的信号是,国家并不是试图通过刑法来加强对犯罪的惩罚,而仅是为了通过法规范来给民众提供善意的行为上的指引,从而保障民众间井然有序的交往。这不仅能够消除民众对重刑和国家权威主义的顾虑,还能让民众体会到刑法的人道主义关怀。在这些程序和实体的保障下,刑法与民众的沟通能够得到明显的加强,从而促进民众规范意识的形成。所以,即便认为预防刑法与积极的一般预防之间不存在必然的因果关系,通过上述社会心理学上的分析,也不能否认存在正相关关系,这也就表明预防刑法具有实效性。

至于上述质疑者的观点,其实是不难反驳的。质疑者认为预防刑法缺乏实效性的根据在于这些规范在实践中的适用率很低。按照他们的意思,罪名在实践中适用率高,就说明罪名具有实效性;反之则不具有实效性。这其实是对实效性的误读。用美国学者博登海默的话说:"实效问题涉及的乃是法律规范适用于的那些人是否真正遵守这些规范的问题。"①一个刑法规范具有实效性,不是表现为民众经常违反规范而导致规范被频繁适用,相反恰是表现为规范能与民众形成良好的沟通,民众基于对规范的认同和敬畏而不去实施犯罪。鉴于此,一个罪名在实践中适用率低,正好说明这个规范具有良好的实效性,而不是缺乏实效性。再者,一个罪名是否有效,不能简单地通过该罪名是否在眼前环境下具有较高适用率来判断。具有安定性的刑法并不只是要适用于眼前,也要适用于未来,而未来总是复杂多变的。罪名的有效性更多取决于其是否能够适应复杂多变的社会生活,以及是否能够应对社会可能出现的情况,即在社会出现特定的情势时(这种情势完全可能出现),该罪是否能够发挥有效的功能。

综上所述,认为预防刑法没有实效的理由是站不住脚的。从社会心理学上分析,预防刑法具有实效性的结论更容易令人接受,因此,不能简单地认为其不符合谦抑性原理。

---

① [美]E. 博登海默:《法理学:法律哲学与法律方法》,邓正来译,中国政法大学出版社 2017 年版,第 350 页。

(三)预防刑法具有不可替代性

如前所述,认为预防刑法违背了刑罚的不可替代性的观点指出,预防刑法规制的很多行为是不具有严重社会危害性的行为,也是可由行政法调整的行为,但是,笔者认为这一观点并不准确。

1.社会危害性的认识维度

不可否认,刑法只能将具有相当程度的社会危害性行为规定为犯罪,但不能认为,预防刑法的规制对象没有严重的社会危害性。其中关键的问题在于,如何理解行为的社会危害性。

社会危害性是一个需要进行价值判断的概念,一个行为是否达到了刑法所要求的社会危害性,既不存在一个一目了然的标准,也不存在一个超越时空的永恒标准。质疑者为了说明当下很多预防刑法规范规制的行为只具有较小的社会危害性,经常采用的论证方法是,这些行为原来只是行政不法行为,而行政不法行为显然不具有刑法所要求的相当程度的社会危害性,因此就不能规定为犯罪。但是,这种说明方法有时是值得怀疑的。

一方面,社会危害性的判断受立法者主观局限的影响。立法虽然是一项由权力机关主导的科学理性的活动,但立法者也有自身的能动性、其认识也是有局限的。[①] 其一,任何人的认识能力都会受到环境、文化、意识形态等因素的制约,因为这种局限性,立法者完全有可能对特定行为的社会危害性形成误判。误判可有多种表现形式。确如论者所言,立法者有可能将轻的社会危害性误判为重的社会危害性,但反过来,也完全有可能将重的社会危害性误判为轻的社会危害性。在后种情况下,立法者将原本规定在行政法中的行为调整至刑法之中,就只能说是纠正了原来立法上的失误,而不是制造了立法上的错误。其二,某

---

① 有学者指出,主体性能对犯罪化产生较大影响,即犯罪化过程会受到来自各种定义者自身价值取向、主观偏好、特殊利益、认知局限等主体性因素的影响。参见白建军:《犯罪圈与刑法修正的结构控制》,载《中国法学》2017年第5期。

个行为有多大的社会危害性，有时依赖于立法者的能动性定义。对于两种相同性质的行为，立法者可能基于政治、政策或意识形态等因素的考量，人为地对行为的社会危害性进行区别性定义，对国有资产和民营企业资产进行区别保护就属于这种情形。类似地，某种行为开始被规定为行政违法行为而不是刑事违法行为，也完全可能是基于政治、政策或意识形态上的考量，而不是因为行为本身的社会危害性较小。① 在此情形下，立法者将这类行为升格为犯罪，就不是突破社会危害性原理，而是重新确立社会危害性原理的指导地位。

另一方面，社会危害性的判断受社会现实的制约。如果不以社会为媒介，刑法则无法在任何意义上触及本体论层面。② 社会危害性是一个历史的范畴，其会联动着社会条件的变化而发生变化。③ 它不是行为的固有属性，④甚至可以说，有些行为的社会危害性是政治国家基于自身需要建构出来的，比如法定犯就是如此。正因为社会的不断变迁决定了行为危害性会产生相应的变动，所以行为是否具有社会危害性，必须将该行为放置在具体的、特定的时代背景下进行考察。在这种动态的法律观下，从积极的意义上说，社会的发展会使原本不被认为是利益的东西而被确认为利益，也会使原本轻微的利益而被认为是重要的利益。⑤ 在这种场合，特定行为的社会危害性就存在一个由无到有、由小到大的演变历程。从消极的意义上说，社会的发展也会使原本的

① 有学者指出，当刑法规范因政治抉择、意识形态等因素而扭曲社会生活的本质时，就会导致刑法规范偏离立法事实，参见姜涛：《法益衡量中的事实还原运用：刑法解释的视角》，载《法律科学（西北政法大学学报）》2021 年第 2 期。这一论断也适用于对社会危害性的判断。

② Vgl. Bleckmann, Strafrechtsdogmatik-wissenschaftstheoretisch, soziologisch, historisch: das Beispiel des strafrechtli-chen Vorsatzes, Diss. Freiburg i. Br. 2002, S. 130.

③ 参见高铭暄、马克昌主编：《刑法学》（第 9 版），北京大学出版社 2019 年版，第 43 页。

④ 参见冯亚东：《理性主义与刑法模式：犯罪概念研究》，中国政法大学出版社 2019 年版，第 13 页。

⑤ 参见张明楷：《增设新罪的观念——对积极刑法观的支持》，载《现代法学》2020 年第 5 期。

利益退变为“非利益”,或者原本重要的利益降格为不重要的利益。在这种情况下,特定行为的社会危害性就存在一个由有到无、由大到小的演变历程。之所以会发生这种变化,固然不是因为行为固有的自然属性发生了变化,而是社会现实(如犯罪率、社会制度、物质条件等)的改变,进而导致人们的观念、心理发生了改变。认为原来由行政法调整的行为就无法具有刑事违法性的观点,可能陷入一种静态的机械主义思维。

2. 预防刑法不可由行政法代替

在谦抑性原理的旗帜下,很多预防刑法规范被认为可以由行政法代替,但这种认识并不是客观的。以下再以环境刑法为例展开分析,并不失方法上的一般性。

首先,需要说明的是,在生态环境领域,我国并不是“刑法先行”,而是沿着“行政法先行,刑法殿后”的步骤发展。我国的环境刑法最早可追溯到1982年8月23日第五届全国人大常委会第二十四次会议通过的《海洋环境保护法》。[①] 但是,不能由此认为,我国从1982年开始就已经动用刑法保护生态环境。这是因为,从1982年我国在《海洋环境保护法》中首次规定与环境有关的刑法条款,到2011年《刑法修正案(八)》对1997年《刑法》第338条规定的重大环境污染事故罪修订之前,都要求污染环境行为造成重大环境事故才能构成犯罪。在这一阶段,我国环境刑法并不旨在保护生态环境本身,而是旨在保护通过环境污染手段所侵害的不特定多数人的生命、身体、健康和财产法益。换言之,保护环境只是手段,而不是目的。实际上,我国真正将生态环境作为刑法保护法益的标志是2011年出台的《刑法修正案(八)》。该修正案第46条将《刑法》第338条原本规定的“造成重大环境污染事故,致使公私财产遭受重大损失或者人身伤亡的严重后果”直接修改为“严重污染环境”,从而使一些只对环境本身造成污染但不会侵害公共

---

① 1982年《海洋环境保护法》第44条规定:“凡违反本法污染损害海洋环境,造成公私财产重大损失或者致人伤亡的,对直接责任人员可以由司法机关依法追究刑事责任。”

安全的污染行为纳入处罚范围。但是很显然,在2011年之前我国已经出台了为数众多的以生态保护为目的的环境行政法。鉴于此,就不能说我国直接越过了行政法,而直接动用刑法保护生态环境。

其次,仅仅通过行政法来保护生态环境是不够的,刑法正是在行政法力有不逮的情况下才出手保护生态环境,这完全符合刑法谦抑性要求。我国一直注重通过行政法加强对环境问题的治理,但进入新世纪,严重污染事件频繁地发生,环境行政法治理能力不足的问题被明显地暴露出来。正是在这一形势下,2011年《刑法修正案(八)》才对《刑法》原来规定的重大环境污染事故罪进行修订。此后,国家并未停止对环境行政法的完善和补充,而且尤其值得注意的是,2014年修订的《环境保护法》第63条对环境污染行为甚至明确规定了行政拘留,使原本仅作为治安性的且饱受诟病的"行政拘留"扩张到了"环保拘留"。① 这多少折射出了行政法的无奈:国家为了强化环境行政法的效力,可以说几乎穷尽了所有可以选择的手段,甚至不惜打起了法治的"擦边球"。但效果却未必理想,否则《刑法修正案(十一)》就没有必要再对污染环境罪进行修订。反言之,立法者之所以通过《刑法修正案(十一)》继续对污染环境罪进行扩张,完全是因为既有的环境行政法不能充分保护生态环境。因而,正如我国学者指出:现代社会风险与矛盾的加剧使一般部门法的管理效果大打折扣,在我国整体行政管理水平有待提高的当下,为了维护社会的安全秩序,将这类行为提升为刑法的规制对象是不得已之举。② 这也反映,单纯依靠行政法难以完成这一任务,环境治理问题的解决必须求之于刑法这一法律力量。

更为激进的观点或许会指出,当前的行政法体系之所以不能实现良好的生态环境保护效果,并不是因为行政法没有能力完成这一任务,

---

① 参见李晓明:《"行政拘留"的扩张与行政刑法的转向》,载《法学评论》2017年第3期;时延安:《犯罪化与惩罚体系的完善》,载《中国社会科学》2018年第10期;何荣功:《我国轻罪立法的体系思考》,载《中外法学》2018年第5期;陈瑞华:《司法权的性质——以刑事司法为范例的分析》,载《法学研究》2000年第5期;等等。

② 参见陈璐:《论刑法谦抑主义的消减》,载《法学杂志》2018年第9期。

而恰是因为我国的行政法制定得还不够多或者还不够完善。[①] 所以,目前治理我国环境问题的理性选择仍然不是制定刑法,而是继续不断完善环境行政法,进一步构建更为完备有效的行政法律体系。具体而言,当前法律工作的着眼点应当是进一步“细化部门法之间的分工和协作,打破既存的‘分工有余,细化不足’的尴尬局面,从‘速’解决统一的法律体系下实现不同法律规范之间对同一或类似问题规范标准的一致化”。[②] 但是,第一,我国环境行政法其实已经对相关部门的职能进行了比较细致的规定。比如,2017年施行的《海洋环境保护法》第5条对国务院环境保护行政主管部门、国家海洋行政主管部门、国家海事行政主管部门等有关部门的职能分工和协作事项作了明确确定;2020年施行的《森林法》也明确规定了各级政府的职能;等等。近年来,我国环境行政法修改频繁,各部门法的分工在尽可能地完善,但环境问题却未得到实质性改善。这似乎已经说明,生态环境问题绝不是简单地依靠细化各行政法之间的分工与合作就可以解决。20世纪80年代到21世纪前10年,我国部门法之间的分工必然是越来越明确、越来越细化,但环境质量并没有随之好转。尽管其中的原因是多元的,但可以肯定的是,仅依靠细化行政法内部的分工协作的效力是值得怀疑的。

第二,细化不同部门法的分工和协作,最终的目的是及时、高效地发现和处置环境问题。但是,仅凭处罚的及时性就能对污染环境行为予以有效遏制吗?这是值得怀疑的。因为及时处罚同样可能出现威慑不足的情况。现实中,罚款是处罚企业环境污染行为的主要措施。可即便这种处罚很及时,也可能会存在威慑不足的问题。比如,2017年修正的《水污染防治法》第85条对各种污染行为规定了最高100万元的罚款。可是,有的企业通过污染获得的收益很容易超过100万元(尤其是某些污染较大的大型企业),即便及时地给予顶格的100万元罚

---

① 参见邵博文:《晚近我国刑事立法趋向评析——以〈刑法修正案(九)〉展开》,载《法制与社会发展》2016年第5期;王俊:《积极刑法观的反思与批判》,载《法学》2022年第2期。

② 刘艳红:《环境犯罪刑事治理早期化之反对》,载《政治与法律》2015年第7期。

款，企业仍然还有很大利润空间（更何况实践中大部分时候不会给予顶格处罚），在这种情况下，相对低额的成本很难对企业形成足够的威慑，仍然难以阻止企业为了追求高额利润而实施污染环境行为。概言之，仅仅通过处罚的及时性，恐怕不能对环境问题作出有效应对。在及时性之外，还应当提升处罚的严厉性，基于这种考虑，加强环境犯罪的刑事立法就是有必要的。

当然，加强威慑的方法并不是单一的，理论上说，提升处罚的严厉性，完全可以在行政法的框架下进行，而不需要诉诸刑法。行政机关既可以在处理环境污染案件时适用更严厉的处罚，比如可以责令污染严重的企业停业、关闭，而不仅仅是进行罚款；也可以规定更严厉的处罚，比如规定更高数额的罚款，总之，就是不必径直将污染行为规定为犯罪。但是，其一，在如今各地都极度重视经济发展的阶段，频繁责令企业停业、关闭并不现实。被责令停业、关闭的企业只能是那些屡教不改且造成严重污染的企业，它们往往运营已久，已经获得可观的收益。这就可能会给其他企业留下这样不当的印象："只有在赚了很多钱的情况下，才会责令停业、关闭。"如此恐怕无法威慑其他企业不实施相同的行为。其二，通过立法提高罚金数额恐怕也不能从根本上解决问题。因为处罚的数额过高，有不少企业会出现"资产不足"的情况，[①]这会导致处罚难以执行，从而降低威慑效应。其三，通过环保拘留来加重处罚力度，也不是行之有效的办法。一方面，如前所述，将行政拘留引入环保领域本身就存在正当性的质疑，若要进一步提高其适用率和严厉程度，在理论上明显缺乏妥当性；另一方面，行政拘留的威慑效力也有限度，对其功能也不能抱有过高期待。尽管我们在抽象意义上难以衡量人身自由的价值，不过在法经济学上，却可以通过行为人在被拘留的时间里可能获得的收益来估算其为拘留付出的成本。[②] 假设被拘留的人

---

① 有关资产不足的讨论，参见戴昕：《威慑补充与"赔偿减刑"》，载《中国社会科学》2010 年第 3 期。

② 这种经济学的分析方法可参见［美］罗纳德·德沃金：《法律帝国》，许杨勇译，上海三联书店 2016 年版，第 240 页。

在企业工作的日工资为500元,那么,即使被顶格拘留15天,其付出的成本也只不过是7500元。相对于污染行为获得的巨大收益而言,这一成本明显威慑不足。其四,既然可以由行政法通过规定更重的惩罚来提升严厉性,那么,为什么就不可以由刑法将这些行为规定为犯罪?有学者指出,环保拘留具备"准刑事性质",在环境行政法中设置环保拘留,意味着行政法向行政刑法转向。[①] 可令人难以理解的是,学者既然能够接受在环境行政法中增设"准刑事性质"的处罚措施,为什么就不能接受将这些措施交由刑法来规定?行政处罚由行政机关独立决定并执行,缺乏司法审查和制约机制,被处罚者的辩护权利和救济措施都得不到保障。[②] 而刑法是司法法,有更完善的程序和制度保障行为人的权利,所以,刑法显然比行政法更适合规定如此严厉的处罚。

(四)预防刑法没有违背经济性原则

功利主义哲学的代表人物边沁曾指出:"立法者应以公共利益为目标,最大范围的功利应成为他一切思考的基础。"[③]刑法谦抑性原则也内含了这种思考,它要求刑事立法创造的收益大于成本,才具备正当性。预防刑法在经济性的名目下几乎成为众矢之的,但是,笔者同样不认同这种批评。总体上说,批评观点存在两个关键问题:一是没有具体考察预防刑法将会付出何种成本;二是只谈成本不谈收益,就好像预防刑法只有成本而没有任何收益一样。其实,如果细致地比较成本与收益,就会发现预防刑法完全符合经济性原则。

根据法律成本效益理论,法律的成本是指法律系统运作的全部费用,具体包括在立法、司法、执法、守法各法治环节中,当事人为实现权

① 参见李晓明:《"行政拘留"的扩张与行政刑法的转向》,载《法学评论》2017年第3期。

② 参见周光权:《积极刑法立法观在中国的确立》,载《法学研究》2016年第4期。

③ [英]吉米·边沁:《立法原理》,李贵方等译,中国人民公安大学2004年版,第1页。

利、履行义务和承担责任所耗费的人力、物力、财力和时间资源。① 为了方便说明，以下继续以污染环境罪为例展开分析。实践中，为污染环境罪的制定和施行所要付出的成本大致包括：(1)刑事立法成本，即立法部门在立法前对环境污染现实进行调研，以及对我国当前环境治理效果作出评估的成本。(2)刑事司法和执法成本，即对污染环境罪案件进行侦查、起诉、审判和执行的成本。(3)守法成本，即社会主体(包括自然人和单位)因遵守污染环境罪规范所必须承担的收益的降低后果。制定污染环境罪获得的收益包括：(1)良好的环境，以及由此带来的身体和心理状况的改善。(2)环境治理削减的成本，环境质量得到改善后，便可节省原本用以治理环境污染的费用。(3)因行政立法减少而产生的收益，如果没有环境刑事立法，则势必要制定更多行政法来应对环境问题。(4)因行政执法减少而获得的收益。刑法的预防效应会减少污染环境行为的发生，行政资源由此便可得到节约。

在明列所有成本项和收益项的基础上，我们大致可以衡量环境刑事立法之得失。

第一，刑事立法成本未必高于行政立法成本，相反可能低于行政立法成本。行政法包括行政法律和行政法规，在此即使不考虑行政法规的立法成本，几乎也能得出相同的结论。我国《立法法》第 7 条第 2 款和第 3 款规定，“全国人民代表大会制定和修改刑事、民事、国家机构的和其他的基本法律”，“全国人民代表大会常务委员会制定和修改除应当由全国人民代表大会制定的法律以外的其他法律；在全国人民代表大会闭会期间，对全国人民代表大会制定的法律进行部分补充和修改，但是不得同该法律的基本原则相抵触”。据此，行政法律当由全国人大常委会制定；刑法作为我国的基本法律，当由全国人大制定和修改；唯在全国人大闭会期间，才由全国人大常委会补充和修改。截至目前，我国出台的十二部刑法修正案，全部是由全国人大常委会制定、通过。可见，行政法律的制定和修改与刑法的修改通常适用的是相同的立法

① 参见冯玉军：《法经济学范式研究及其理论阐释》，载《法制与社会发展》2004 年第 1 期。

程序,如果制定或修改的规范数量相当,则大致可以认为两者的立法成本没有太大出入。但事实是,行政法律制定和修正的频率要远快于刑法,修正的幅度也远大于刑法。21世纪以来,我国只通过《刑法修正案(四)》、《刑法修正案(八)》和《刑法修正案(十一)》对《刑法》分则第六章“破坏环境资源保护罪”一节进行过3次修正,①修正幅度最大的(《刑法修正案(十一)》)也仅涉及4个环境犯罪罪名,而这期间制定和修改的与环境有关的行政法律却超过了35部,而且有的法律还经过了多次修订。② 总体来看,行政法律的立法成本显然不会小于刑法的立法成本。当然,值得考虑的意见是,即使制定了环境刑法,也不意味着我国会放缓行政立法的脚步。但是,前已说明,预防刑法能够发挥良好的积极一般预防效果。尽管目前缺乏实证数据支撑,但至少在理论上可以推论的是,在环境刑法制定后,我国的环境问题会得到一定程度的改善。如此,尽管环境行政立法仍有一定必要性,但在环境问题获得了一定的缓和的情况下,立法者就没有必要像原来一样频繁地制定或修订法律以应对新的环境形势。也就是说,环境刑法的制定或修改,可以更大比例地减少环境行政法的制定和修改。故从立法成本上说,前者要显著地小于后者。

第二,刑事司法的成本,也不会大于行政执法的成本。刑法扩大对污染环境行为的处罚范围,会导致环境犯罪增多,固然会增加刑事司法成本;但另一方面,刑法的威慑效会在整体上降低环境污染行为的发生率,环境污染行政案件势必会随之减少,因此会降低行政执法成本。就这两者而言,究竟孰轻孰重确实难以判断。且值得注意的是,污染环境罪是法定犯,具有行政从属性,实践中通常是先由行政机关介入调查,若发现污染环境行为的不法程度溢出了行政不法程度,才会移交给刑事司法机关。换言之,司法机关对环境犯罪的调查取证非常依赖于具有专门知识和技术的行政机关,司法机关通常将行政机关的认定结论

① 三次修正的罪名中,有的不属于预防刑法规范。

② 参见中华人民共和国生态环境部官方网站,http://www.mee.gov.cn/ywgz/fgbz/fl/,2021年7月10日访问。

作为认定犯罪的证据。因此，将污染环境行为规定为犯罪所增加的司法成本主要是审判成本。而这一成本相对较小，因为环境犯罪认定的关键在于对危害结果的评估和因果关系的认定，这是最耗费资源的环节；但这一环节已经被行政机关完成了，检察机关和审判机关所要做的事情只剩下适用法律而已。更何况，考虑到在环境刑事立法的预防作用下，污染环境行为会普遍减少，这必然会显著降低行政执法成本。综合这两者考虑，可以得出刑事司法成本很可能低于行政执法成本的结论。

第三，污染环境行为犯罪化主要增加的是执行成本和犯罪人为犯罪所付出的直接成本和间接成本，具体包括监狱改造犯罪人所付出的成本和犯罪人为承担刑事责任所付出的自由、财产和为附随后果所付出的各种代价。[①] 相较而言，对污染环境行为所处的行政处罚的执行成本可以说微乎其微。以企业为例，行政处罚的执行成本相较于刑事处罚而言几乎可以忽略不计；即使对企业主管人员和直接责任人员处以顶格的15日治安拘留，也与监狱为判处实刑的罪犯所付出的改造成本不可同日而语。此外，犯罪人所承担的直接成本和间接成本也要明显高于仅受行政处罚的行政相对人。可即便如此，刑法的这一成本差额完全可利用其他方面的优势进行填补。这一优势即刑法对环境的保护效果要远胜于行政法，而环境质量的改善将促进所有民众（包括后代）的身体和心理健康，这一效果也不是行政法所能比的。另外，刑法对濒危珍稀物种的保护，可以使这些物种免受灭绝的危险。这对人类的审美、科学研究来说，价值是无法估量的。环境刑事立法有效维护了这些利益，这明显可以弥补其与行政执法比较下的成本差额。

第四，在守法成本上，民众和企业遵守刑法设置的环境保护规范，一定程度上会抑制经济的发展；而行政法没有刑法这般严厉，对经济发展的抑制作用必然也会低于刑法。但由此并不能认为行政法的规制更利于经济的发展；这是一种极为片面的观点。因为由于行政法的预防

---

① 这里只对成本作客观分析，至于成本（如为附随后果付出的代价）是否合理，则不在本文讨论的范围内。

作用较弱,事实上会容忍公众对环境造成更大的破坏,而环境破坏则需要长期投入大量资金去修复,比如荒漠化、水土流失,国家在这些环境问题上投入的资金是难以估算的。因此从长远看,环境修复的成本未必小于经济发展的收益。

通过上述比较,可以认为,环境刑法所创造的收益要明显高于其所付出的成本,因此环境刑法完全符合刑法谦抑性所要求的经济性原则。依照这一方法,基本也可论证其他领域的预防刑法规范符合这一原则。

四、余论:预防刑法与相对合理的谦抑性原理

作为一个描述性概念,谦抑性是刑法正当性的反射效果,因此,预防刑法应当以谦抑性为追求。有理由相信,刑法存在一种理想状态,在这种状态下,刑法多一分谦抑嫌多,少一分谦抑嫌少,没有任何状态比它更恰如其分。我们姑且把这种形态的谦抑性称为绝对合理的谦抑性。对于稍微偏离这种理想状态的谦抑性(但整体上仍保留了谦抑性旨趣),我们姑且称为相对合理的谦抑性。

事实表明,绝对合理的谦抑性在经验世界中是不可能出现的。刑事立法应当不断积极地靠近绝对合理的谦抑性,这一点是毋庸置疑的,但由于人的局限和客观环境的限制是不可避免的,绝对合理的谦抑性便成为不可能达到的状态。因此,对于刑事立法而言,我们只可能追求和实现相对合理的谦抑性。上文所有的论证,也只有立足于相对合理的谦抑性原理,才能够成立。

道理不难理解,但在以往的理论探讨中,有些观点似乎就忽视了这一点,有意无意地用绝对合理的谦抑性来要求预防刑事立法。例如,认为污染环境犯罪可以由行政法替代,并因此断言说污染环境罪立法违背谦抑性原理,就表现出这种迹象。认为完善行政法便可以使环境问题在进入刑法视野之前就能得到有效处理的观点,实际预设了两个前提条件:一是行政机关掌握的信息几乎是完全的;二是行政机关克服障碍的能力几乎是无限的。但是,这两个条件至少目前来说是无法实现的。一方面,很多时候,行政机关无法摆脱因技术条件的局限、组织结

构不完善、各种资源的短缺等因素导致的信息不完全性。面对隐蔽性很强的排污行为，执法机关在人手短缺、技术不足的情况下，且不要说能在事前准确有效地预测、预防违法排污行为，就是在排污行为发生后，及时发现排污行为都不是易事。另一方面，我们也无法否认，部分地方政府不合理的经济发展理念、行政效率低下、各部门间权力的博弈、经费不足和分配不合理等，对行政机关的执法能力形成的严重制约。论者认为依靠行政法就能很好地解决环境问题隐含的前提是，行政机关能够合理解决上述制约因素；但这显然不是事实。可见，这种论调其实是把行政法和刑法的关系放在一种超现实的理想状态中来考察，表现出一种典型的绝对合理的谦抑性思维。

当然，绝对合理的谦抑性论者也可能不会否定上述问题的存在，却仍然有可能执着地认为，通过不断地完善行政法、提高行政机关的效率，这些问题"终究"会得到解决。由此，绝对合理的谦抑性便呈现出极端主义的倾向。这种观点在经验上永远无法证伪，因为"终究"不是一个明确的时间点，只要论者期待的结果没有出现，便可以无限往后推移。退一步说，即使这是对的，必然也是非常棘手的（否则怎么会有这么多国家为环境问题大伤脑筋！），且必须谨慎考虑这种途径所要付出的代价。而对环境保护来说，时间也是一种稀缺资源，社会不可能等到穷尽所有行政法方案并发现无效之后，才来寻求刑法的帮助。因此，当经过频繁地制定和修改行政法后，环境质量并未得到有效的改善，则基本可以认为，行政法的边际效益已经走向殆尽，其所发挥的作用在短时间内恐怕难以有质的提升。这时也就应该抛弃绝对合理的谦抑性这一"乌托邦式"的幻想，转而追求相对合理的刑法谦抑性。另外，期待行政效率能有显著提升，也太过理想主义。不能奢求这些行政上的完善举措能够从根本上改变环境质量。

于此所要表达的核心观点是，预防刑法只能实现相对合理的谦抑性。明白这一点，就不能动辄以违反谦抑性为由来反对预防刑法。或许，制定预防刑法规范可能不是绝对意义上的不可替代的选项，也可能不是最有效、最经济的选项，但是，由于我们不是处在康德所谓的理念世界而是处在感性世界中，这便决定了我们始终无法认识到绝对、纯粹的真理,决定了我们的认识在特定的环境中只能达到一种不完备的高度。其实,站在实践理性的立场,就我们的认识能力而言,如果预防刑法实现了基本令人满意的相对合理的谦抑性主义,那么它就不应当在谦抑性原理的名义下再受质疑。①

Does Preventive Criminal Law Impact on the Principle of Modesty?

—The Analysis on Preventive Environmental Criminal Law

Dai Xiaoqiang

[**内容摘要**]谦抑性原理本身并不具有独立的立法批判机能,对该原理有必要重新理解和定位:一是可以将其视为描述性概念;二是可将其视为批判性概念。就后者而言,其批判力不是源于其本身,而是源于对其进行填充的法益保护理论和比例原则。预防刑法能够通过法益保护理论和比例原则的审查,因为它所保护的是适格法益、具备有效性、不可替代性和经济性,因此并不违背谦抑性原理。作为描述性概念,谦抑性原理可分为绝对合理的谦抑性和相对合理的谦抑性。预防刑法只可能实现相对合理的谦抑性,而不可能实现绝对合理的谦抑性,这就要求我们对预防刑法的批评不能过于严苛,而要保留一定的宽容。

[**关键词**]预防刑法;谦抑性原理;法益保护理论;比例原则

Abstract: The principle of modesty does not have an independent legislative criticism function, and it is necessary to re-understand and position this principle: firstly, it can be regarded as a descriptive concept; Secondly, it can be regarded as a critical concept. As for the latter, its critical power does not stem from itself, but from the theory of legal interest protection and the principle of proportionality that fills it in. Preventive criminal law can be reviewed through the theory of legal

① 这种追求相对合理主义的看法,可参见[美]理查德 · 波斯纳:《法官如何思考》,苏力译,北京大学出版社 2009 年版,第 220 页。

interest protection and the principle of proportionality, as it protects appropriate legal interests, has effectiveness, cannot be replaced, and is economical, therefore it does not violate the principle of humility. As a descriptive concept, the principle of modesty can be divided into absolute reasonable modesty and relatively reasonable modesty. Preventive criminal law can only achieve relatively reasonable modesty, but cannot achieve absolute reasonable modesty. This requires us to not be too harsh in our criticism of preventive criminal law, but to retain a certain degree of tolerance.

Keywords: preventive criminal law; modesty principle; legal interest protection theory; proportionality principle

正当防卫正当化根据的厘清
——二元论的批判性重申

刘颖恺*

目　　次

我国正当防卫教义学呈现出愈发精细化趋势，“正当化事由的一般根据”“正当防卫的正当化根据”“正当防卫的成立条件”三条研究脉络轮廓逐渐清晰。以往学界倾向于将上述问题二、问题三混为一谈，或把焦点集中在问题三之上，着重探讨正当防卫的成立要件，而缺乏对问题二的厘清。以至于有法理学者指出，刑法学者更关心正当防卫的构造或限度，而法理学者更关心正当防卫的本质或正当性。[①] 近来，有学

---

* 北京大学法学院博士研究生。

① 参见蔡宏伟：《正当防卫理论中的国家和个人》，载《法制与社会发展》2017 年第 6 期。

者明确指出上述问题二、问题三在本质上截然不同;[①]也有学者从防卫过当的角度切入,认为两者分别是判断防卫过当的“立场”与“标准”。[②] 然而关于“正当防卫的正当化根据”亦即形式上符合构成要件的防卫行为究竟何以正当化,学界至今并未达成共识。本文不揣冒昧,试图围绕该问题展开探讨。

一、正当化一般根据:从“一元论争”到“多元发散”

(一)正当化一般根据的“一元论争”及其调和

正当化事由的一般根据与违法性的本质可谓是一体两面的关系。自实质违法性的论争引入我国以来,多有讨论在法益衡量说、目的说和社会相当性说之间寻找单一的正当化根据,呈现出“一元论争”的局面。

其中,结果无价值论采取法益衡量说,从法益阙如或优越利益角度来说明违法阻却的根据。行为无价值论的目的说认为,为达到国家承认的人类共同生活之目的的手段便具有正当性。但其强调达成共同生活之目的的正当性而忽视了个人权利的保护,权威主义色彩浓厚。社会相当性说认为在历史形成的社会伦理秩序框架内被允许的行为是相当的,然而该说同时面临体系性定位的不明确性与判断标准的模糊性。当前的行为无价值论则将违法性的实质定位为伦理道德规范之外的行为规范的违反。而在容许规范存在的场合,便不具备行为规范的违反,因此问题转换为容许规范的存在根据之上,认为正当化的一般原理便在于“共同体关系上的行为容许性”[③]。然而,正当防卫、紧急避险、被

---

① 参见陈兴良:《正当防卫教义学的评析与展开》,载《中国刑事法杂志》2021 年第 2 期。

② 参见梁根林:《防卫过当不法判断的立场、标准与逻辑》,载《法学》2019 年第 2 期。

③ 高橋則夫『刑法総論』(第 4 版)(成文堂,2018 年)262 - 264 頁参照。

害人承诺等具体正当化事由在存在论上构造不同,一元论在解释不同具体正当化事由时往往捉襟见肘。例如,在我国刑法中紧急避险需要"不得已"而实施,但正当防卫并无此要求;避险过当要求造成"不应有的损害",防卫过当则要求"重大损害"。这为正当防卫原则上不需要紧急避险中的"法益均衡""补充性"要件提供了依据,但是一元论却难以对这种本质差异做出合理的说明。

单一正当化根据在解释机能上的有限性促进了其内涵的扩张,"一元论争"呈现出向"二元调和"发展的趋势。以法益衡量说为例,尽管在静态情况下抽象的法益比较可以实现,但当法益(尤其是同种法益)存在冲突,抽象的法益比较便难以成为违法阻却的一般原理。因此,法益衡量论者也会认为需要同时考虑"事态的紧迫性、行为的必要性"来进行辅助性的判断,究其判断标准则仍需结合"社会的一般观念"。[①] 然而若在法益衡量之外仍然考虑"行为的必要性""社会的一般观念"等因素,便会与社会相当性说失去明显的界限:正如社会相当性说认为,规范并非禁止一切法益侵害,而只是禁止超出社会相当限度的法益侵害,或者说不被允许的法益侵害。[②] 实际上,社会相当性说的立论基础便是旨在克服目的说和法益衡量说的片面性。其并非完全排斥法益衡量说和目的说,而是将两者纳入社会相当性的判断基准之中,三种学说的对立其实并非如同字面上那样尖锐。[③]

(二)正当化一般根据的"多元发散"现象及其合理性

"二元调和"进一步发展,则意味着"多元发散"现象出现。正当化事由的一般根据不再局限于过去的以存在论为基础的固有观点堆叠相加,而是从前实定法的规范论角度加以重新建构。如Jakobs将正当化

① 参见张明楷:《刑法学》(第5版),法律出版社2016年版,第195、221页。

② Vgl. Eberhard Schmidhäuser, Einführung in das Strafrecht, 2. Aufl., 1984, S. 164.

③ 川端博『刑法総論講義』(第3版)(成文堂,2013年)308頁参照。

根据归结为自我答责原则、被侵害人自己的利益决定原则以及团结原则。[①] Wilenman 认为正当防卫和防御性紧急避险分别属于强答责性的反应性(reaktiv)举措和弱答责性的分配性(distributiv)举措。[②] 近年来,我国有学者主张在正当防卫中引入归责理论,或将有限的社会团结义务作为攻击型紧急避险之根据,难言不是受到了上述观点的影响。

尽管学者们为探寻单一的正当化根据展开了不懈努力,但是迄今为止对于正当化事由的富有成果的体系化仍未完成。[③] 一方面,虽然我们尊重"深刻的片面",力图实现体系完善与逻辑自洽,但是法律现象首先是一种生活现象,规范构造始终是生活基础上的构造,它源于一种"具体的生活关系"。[④] 而防卫、避险、承诺等行为在存在论上的构造差异,同样需要反映在规范上。另一方面,同一正当化事由可能并存于多个部门法规范中。这意味着在论证单一正当化根据之合理性时,还需要面临诸多不同部门法教义学上的诘问:各个法领域内的规范目的不同,相应地,也会导致法的效果存在多样性,违法性在不同法领域内呈现出相对性。学界在探讨刑法正当化事由之根据时援引宪法基本权利或民法原则加以论证,以期实现法秩序之协调的原因皆归于此,这充分说明了证成单一正当化根据的难度。

正当化的一般根据与正当防卫的根据是一般与特殊的关系,但两者并非完全对应:理论上正当化的个别原理应当服从于基本原理,然而在现实中各个不同正当化事由则在具体情况下动态、有机地发挥作用。[⑤] 正当防卫的根据和其成立条件则是抽象和具体的关系:即使行为在形式上符合正当防卫的成立要件,但在实质上不具备正当化的根

---

① Vgl. Günther Jakobs, Strafrecht Allgemeiner Teil, 2. Aufl., 1991, S. 350/Rn. 3.

② Vgl. Claus Roxin/Luís Greco, Strafrecht Allgemeiner Teil, 5. Aufl., Bd. 1, 2020, S. 732f/Rn. 44a.

③ Vgl. Claus Roxin/Luís Greco, Strafrecht Allgemeiner Teil, 5. Aufl., Bd. 1, 2020, S. 730/Rn. 38.

④ 参见[德]亚图·考夫曼:《类推与"事物本质":兼论类型理论》,吴从周译,学林文化事业有限公司 1999 年版,第 41 页。

⑤ 曽根威彦『刑法原論』(成文堂,2016 年)183 頁参照。

据,则亦有可能否定正当防卫的成立。因此,在正当防卫的正当化根据及其成立要件之关系上,应当认为前者是后者的基础,明确前者则会对于后者的解释有所裨益。① 而以“正当防卫的成立条件中无须考虑某一正当化根据”来否定该根据之合理性的论证,其实在逻辑上存在缺陷,因为正当化根据应该先于正当化的成立条件加以确认。

(三)正当化一般根据作为正当防卫的正当化根据?

德国学界传统观点认为正当防卫与其他正当化事由存在本质区别,强调其特殊性与独立性,因此关于其根据的讨论集中在个人保护与法确证之间。基于“侵害人处于法秩序的外部”“正绝不向不正让步”等观念,优越利益原则缺乏作用的余地;直至20世纪20年代,考虑到侵害法益与所保护的法益之间均衡性的思想才具有了重要地位,并逐步由具体的、现实的、形式的“法益衡量”发展为抽象的、观念的、实质的“利益衡量”亦即“对于法秩序而言优越的利益”②。在此意义上,采取法益衡量说及其发展而来的利益衡量说,其实意味着将正当化的一般根据作为正当防卫的根据。

日本也有学者认为,个人保护和法确证均难以说明正当防卫的正当化根据,因此主张回归违法阻却的基本原理,采取法益衡量说。③ 还有学者主张将目的说或社会相当性说作为正当防卫的正当化根据。如福田平认为,正当防卫之所以阻却违法是因为其处于社会伦理秩序的范围内(在社会上是相当的);④大塚仁认为,正当防卫是针对不法侵害的法益保全行为,是与社会生活中的目的相符合的行为;⑤伊东研祐指

---

①　橋爪隆「正当防衛論」川端博ほか编『理論刑法学の探究①』(成文堂,2008年)94頁参照。

②　曽根威彦「正当防衛における適法化原理－違法阻却論研究・その二－」早稲田法学会誌23号(1973年)262頁以下参照。

③　日高義博『刑法総論』(成文堂,2015年)229－230頁参照。

④　福田平『新版刑法総論』(増補版)(有斐閣,1982年)114頁参照。

⑤　大塚仁『刑法概説(総論)』(第4版)(有斐閣,2008年)380頁参照。

出,个人保全的侧面原本就属于社会伦理秩序的内部,法确证的侧面为构成社会伦理秩序的规范的妥当性,两者均可在社会相当性的框架之内得到说明。①

但是,如果说目的说中的目的是"国家的目的"或"法秩序的目的",那么其本质上是一种超个人主义视角;如果说是"行为人自身的目的",那么行为是否正当将完全脱逸于客观标准。而将社会相当性作为正当化的根据,只是说明了正当防卫是合法的这一"结论",而难以说明其"理由"。② 此外,社会相当性的判断本身存在模糊性,什么是作为防卫行为来说"相当"的行为,最终将取决于法官的直觉;社会相当性的内容也过于抽象、概括,无法成为具体的判断基准。

我国也有学者认为,正当防卫是具有社会相当性,能够为民众的一般道德观念所容许的行为。③ 这揭示了正当防卫的一般属性,如果将社会相当性作为正当化的一般根据,则会认为具体违法阻却事由的正当防卫也是具有社会相当性的行为。但有观点主张直接将社会相当性作为正当防卫的正当化根据。④ 这是以正当化的一般根据来回答正当防卫的个别根据问题,倘若继续追问下去,则仍需回答为什么正当防卫在社会秩序中被允许。社会相当性作为正当化的一般原理,其内涵需要加以细化。如果一言以蔽之,将所有正当化的情形都以具有社会相当性为由进行解释,是以较为抽象的概念来解释较为具体的概念,使得问题更加抽象化。还有观点将社会相当性作为正当防卫是否成立的判断依据。⑤ 这是从构成要件的解释原理角度来理解社会相当性。尽管社会相当性概念存在体系性的争议,究竟属于构成要件阻却事由还是违法性阻却事由尚无定论,但以"社会相当"来解释合法的"防卫行

---

① 伊東研祐『刑法総論』(新世社,2008 年)155 頁参照。

② 松原芳博『刑法総論』(第 2 版)(日本評論社,2017 年)148 頁参照。

③ 陈璇:《刑法中社会相当性理论研究》,法律出版社 2010 年版,第 284 页。

④ 参见魏汉涛:《正本清源:正当防卫权利之本的应然回归》,载《暨南学报(哲学社会科学版)》2021 年第 8 期。

⑤ 参见高维俭、梅文娟:《防卫行为之社会相当性判断》,载《国家检察官学院学报》2013 年第 6 期。

为",只是意味着对某一构成要件的解释需要符合社会一般观念,这是一种解释要求而非一种解释结论。

二、优越利益原则:方法论而非价值观

(一)优越利益原则不同于实质违法性或个人主义、超个人主义的争议

日本学界多数观点将优越利益原则作为正当防卫的正当化根据。该说认为,将该构成要件的行为所产生的对社会有害的"侵害法益 A"与该行为同时保护的对社会有益的"保全法益 B"相比较,如果"B - A≥0",那么从社会功利主义的视角来看该行为被正当化。[①] 但不同于抽象的法益衡量,该说是在具体情况下考虑各法益主体的要保护性程度而进行的综合性的"利益"衡量。[②]

尽管当前德国学界关于正当防卫根据的讨论集中在一元论与二元论之间,但利益衡量作为一种思维方式并未被排除。例如"自卫权相对于其他正当化事由的锋利性,是通过一个前提性的利益衡量(Interessenausgleich)确认的"。[③] 又如"正当防卫是一种遵循优越的利益(überwiegenden Interesse)原则并且赋予行为人一个真正干预权的正当化事由"。[④] 还有观点认为"在正当防卫的原则中权衡性的利益比较(abwägende Interessenausgleich)占据主导地位,而法确证仅居于次要位置"。[⑤]

受上述观点影响,我国有学者认为正当防卫的根据只能是优越的

---

① 西田典之(橋爪隆補訂)『刑法総論』(第 3 版)(弘文堂,2019 年)141 頁参照。

② 井田良『講義刑法学 · 総論』(第 2 版)(有斐閣,2018 年)276 頁参照。

③ Volker Erb, in MüKoStGB, 4. Aufl., 2020, § 32, Rn. 2.

④ Walter Perron/Jörg Eisele, in Schönke/Schröder/Perron/Eisele StGB, 30. Aufl., 2019, § 32, Rn. 1.

⑤ Carsten Momsen/Laura Iva Savić, in von Heintschel-Heinegg BeckOK StGB, 51. Ed. 1. 11. 2021, § 32, Rn. 1.

利益保护，并反对个人权利保护和法确证原理。① 也有学者反对将法益衡量说或优越利益原则作为正当化的根据，认为一元论和二元论都是对行为不法的探讨，与忽视行为不法评价的法益衡量说相比，两者其实处于同一阵营。② 还有学者同时承认正当防卫之权利行使和秩序维护的性质，但却支持"利益衡量 + 法确证原则"的观点，并未排除利益衡量在正当防卫根据中的地位。③ 从上述中外学者的论争中，可以发现：

（1）无论是在实质违法性的争议中持结果无价值论还是二元的行为无价值论，均有可能接受优越利益原则，这说明优越利益原则本身并不等同于实质违法性。只是一元的行为无价值论或者强调行为无价值的观点倾向于排斥"法确证利益"而主张"法确证原理"、"法秩序的防卫"或"法的自己保全"等表述。④ 如认为"法确证利益"带有法益侵害说的色彩，但是从防卫行为使得"法本身的实效性"获得确认这一点来看，属于着眼于行为规范的观点，因此纯粹的结果无价值论无法为"法确证利益"提供合理依据。⑤

（2）无论是在正当防卫根据上持一元论还是二元论，均有可能采取优越利益原则，这说明优越利益原则本身并不体现个人主义或超个人主义的价值立场。

首先，主张优越利益原则的学者并不一定否定正当防卫的个人权利保护性质。要么明确认可正当防卫的权利本质；⑥要么承认"为何防

① 参见张明楷：《正当防卫的原理及其运用——对二元论的批判性考察》，载《环球法律评论》2018 年第 2 期。

② 参见劳东燕：《正当防卫的异化与刑法系统的功能》，载《法学家》2018 年第 5 期。

③ 参见周光权：《刑法总论》（第 4 版），中国人民大学出版社 2021 年版，第 201 页。

④ 団藤重光『刑法綱要総論』（第 3 版）（創文社，1990 年）234 頁参照。

⑤ 佐久間修『刑法総論』（成文堂，2009 年）204 頁参照。

⑥ 西田典之（橋爪隆補訂）『刑法総論』（第 3 版）（弘文堂，2019 年）162 頁以下参照。

卫人的法益需要优先保护,这一点需要积极地加以明确";[1]要么指出"在进行利益衡量时,必须时刻铭记被侵害人的利益具有质的优越性,防卫人处于本质的优越地位"。[2] 可见,即使是支持优越利益原则的学者,也可能承认个人权利保护是优越利益的判断前提,优越利益原则和个人权利保护并非互斥。

其次,在支持二元论的学者中也有采取"法确证利益"的说法。例如,有观点认为,当防卫人一侧的自己保全的利益和法确证的利益获得承认时,作为贯彻优越利益原则的结果,防卫行为被正当化;[3]也有观点认为,通过承认正当权利人的私人反击,公示了正当权利不可侵犯性;进而对于(具有归责性的)侵害人(本人以及将来的)发挥抑制侵害的效果,有利于法秩序的安定,后者则被称为法确证的利益。[4] 可见,优越利益原则与法确证原则也并非互斥。

(3)无论是行为无价值论者还是结果无价值论者,均可能采取个人主义 · 超个人主义二元论,这说明违法性上的二元论并非与超个人主义或个人主义的立场挂钩。如有行为无价值论者认为,不能否定正当防卫基于自我保全本能的个人主义侧面,但更应该强调其维护超越个人的法秩序的赋权属性。[5] 也有结果无价值论者指出,尽管优越利益原则与结果无价值论存在亲和性,但是承认多元的正当化原理并将法确证作为独立的正当化根据之一,并不意味着采取行为无价值论。[6]

综上所述,"行为无价值论、结果无价值论之争""个人权利保护、法秩序维护之争""是否采取优越利益原理之争"是三个不同层次的问题,在结论上并不挂钩。

---

① 曽根威彦『刑法原論』(成文堂,2016 年)186 頁参照。
② 张明楷:《刑法学》(第 6 版),法律出版社 2021 年版,第 280 页。
③ 曽根威彦『刑法原論』(成文堂,2016 年)187 頁参照。
④ 井田良『講義刑法学 · 総論』(第 2 版)(有斐閣,2018 年)294 頁参照。
⑤ 高橋則夫『刑法総論』(第 4 版)(成文堂,2018 年)274 頁参照。
⑥ 山中敬一『刑法総論』(第 3 版)(成文堂,2015 年)483 頁参照。

(二)优越利益原则是解决利益冲突情况下的方法论

本文认为,个人权利保护和法秩序维护体现的是两种不同价值观,而优越利益原则是解决利益冲突情况下的一种方法论,两者维度不同、内容不同、判断先后也不同。

1.“利益欠缺”和“优越利益”是从法益衡量说关于违法性本质的论断出发衍生出的两种判断规则。一方面,这是为了克服抽象法益衡量的局限性:在个人法益的比较中融入了社会或国家法益的情况下,法益衡量将面临困难;[①]另一方面,法益侵害的判断不再限于结果本身或者作为结果的危险性,而是包含了行为的方法或样态。[②] 相应地,法益衡量也不再局限于静态的“结果衡量”,而是呈现出动态特征。法益衡量说的扩张,是法益作为价值概念的进一步规范化:法益的价值属性意味着其对于主体的有用性,法益的规范属性则意味着其与法秩序的关联,是法秩序所承认的价值;法益的内涵也不再限于个人法益,而是融入了集体法益或者秩序本身的内容。

在利益欠缺原理内部,有观点主张不法侵害人利益本身的欠缺,具有代表性的是 Mayer 主张的权利丧失说、Heinsius 主张的关爱丧失说与平野龙一主张的利益阙如说。也有观点主张欠缺的不是利益本身,而是对不法侵害人之规范保护的免除,诸如 Hoyer 与堀内捷三等学者主张的社会契约模式、Hruschka 的规则遵守义务免除说、Renzikowski 的合作关系修复说等。[③] 还有观点强调不法侵害人之规范保护的免除是“相对于被侵害人”而言的,是在与“被侵害人的关系上”法益价值的减少。[④]

---

① 中山研一『新版口述刑法総論』(補訂 2 版)(成文堂,2007 年)128 頁参照。

② 嘉門優『法益論 - 刑法における意義と役割 - 』(成文堂,2019 年)55 頁以下参照。

③ 橋爪隆『正当防衛論の基礎』(有斐閣,2007 年)18 - 23 頁参照。

④ 林幹人『刑法総論』(第 2 版)(東京大学出版会,2008 年)187 頁参照。

而在优越利益原理内部,可以划分为"(被侵害人)保全利益的增加"与"(不法侵害人)侵害利益的减少"两个方向。[①] 为了与"利益本身的丧失"的利益阙如说相区别,也有学者明确采用"优越的要保护性"作为正当化的一般根据或正当防卫的正当化根据。[②]

在"保全利益的增加"方向上,如果认为个人主义视角有其局限性,自然而然地会从个人视角之外的超个人视角寻找根据,并将法秩序的维护作为优越利益的论据之一,"法确证利益"由此而来。但也有观点试图将讨论维持在个人视角之内,认为被侵害人拥有"滞留在现场的权利",因此无须退避;且"滞留在现场的利益"是可以与生命、身体法益相比拟的重要的利益,在加算这种利益的情况下,被侵害人的利益优位于侵害人的利益。[③]

而在"侵害利益的减少"方向上,优越利益原则与上文中"利益阙如"本质上并不矛盾。侵害人法益要保护性的丧失,反过来说就是防卫人的利益更为优越。[④] 通过转换考察的视角,也有观点认为除个人权利保护的必要性外,只有认为侵害人的"可归责性"导致其法益的要保护性减弱甚至被否定,才能使侵害生命的防卫行为正当化。[⑤] 强调不法侵害人的"可归责性",可以说是从个人主义视角内部的侵害人视角出发的思路。

2. 总体而言,"从内容上看,利益衡量意图达成的目标,是通过比较各种具体情形令双方的利益状况在总体上达到平衡"。[⑥] 优越利益原则将对于法益侵害的容许性判断而言所有有利的与不利的客观外部情况均纳入考虑之中,通过综合考量法益的一般价值顺位、法益所面临的危险程度、所保护法益与所侵害法益的量与范围、法益侵害的必要性

---

① 三上幸隆「正当防衛」曾根威彦 = 松原芳博編『重点課題刑法総論』(成文堂,2008年)78-79頁参照。

② 関哲夫『講義刑法総論』(第2版)(成文堂,2018年)143-145、177頁参照。

③ 橋爪隆『正当防衛論の基礎』(有斐閣,2007年)118、347頁参照。

④ 西田典之(橋爪隆補訂)『刑法総論』(第3版)(弘文堂,2019年)164頁参照。

⑤ 井田良『講義刑法学・総論』(第2版)(有斐閣,2018年)293-294頁参照。

⑥ 徐成:《防卫限度判断中的利益衡量》,载《法学研究》2019年第3期。

程度、行为的方法或样态所具有的法益侵害的一般危险性程度,进行优越利益的判断。[①] 可见,如果不进行各种要素的比较,就无法判断何种利益更为优越。这说明,优越利益并非一种结论,而是在存在不同冲突价值的情况下做出价值选择的一种判断方法。优越利益原则并非先预设了"要保护性"的优先地位,而是提供了用于判断"要保护性"优先地位的各种要素;而个人权利保护或法秩序维护则是一种预设的价值前提,意味着"个人权利应该优先保护"或"法秩序应该优先保护",两者显然是不同维度的问题。优越利益的方法论既可以和个人视角的价值观相结合,也可以与超个人视角的价值观相结合,这也是学界在正当化根据上出现"个人权利保护 + 法确证利益""利益衡量 + 法确证原理"等观点的原因。

3. 优越利益原则是法益衡量说的发展与扩充,原本的法益衡量说只注重法益的大小而非法益主体的规范地位,只要防卫人法益和不法侵害人法益的质量相等,那么两者的要保护性便相同。但优越利益原则强调法益的保护必要性之差别,其实正是从个人权利保护或法秩序维护的角度而言,认为某一方利益更为优先,或认为某一方的利益降低了保护必要性。然而,法益究竟是在何种程度上阙如,防卫人利益又究竟在何种程度上优越?法益衡量论者认为,侵害人法益保护必要性的丧失是在正当防卫"必要限度"范围之内,此时侵害人的法益评价为"零"。[②] 然而这其实是将防卫限度作为优越利益的判断边界,通过"要保护的"利益和所侵害的利益的比较,判断哪一利益更为优越:如果防卫人的利益更为优越则并未超过防卫限度,如果侵害人利益更为优越则意味着超过了防卫限度,这便意味着,优越利益与防卫限度判断存在同质性。"无论哪一种观点都不过是形式性说明,为什么欠缺法益性、为什么能够承认优越利益,对这些问题需要进行更加实质性的说明"。[③] 倘若进一步追问下去,则仍然会走向个人主义视角或超个人主

---

① 内藤謙『刑法講義総論(中)』(有斐閣,1986 年)314 頁参照。

② 日高義博『刑法総論』(成文堂,2015 年)230 頁参照。

③ 佐伯仁志『刑法総論の考え方・楽しみ方』(有斐閣,2013 年)117 頁参照。

义视角两方面的探讨。

(三)优越利益原则仍是防卫限度的判断基准之一

防卫限度的判断基准回答正当防卫“在什么条件下正当”;而正当化根据回答正当防卫“为什么正当”。本文认为,即使不能将优越利益原则作为正当防卫的正当化根据,但该原则仍然是防卫限度的判断基准之一。亦即,不能仅凭正当防卫的法理根据就排除防卫限度判断中利益衡量的应用。[①] 正当防卫中的“无须严格的法益衡量”并不意味着“无须利益衡量”。只是防卫必要性是防卫过当的决定性标准,而利益衡量只能是辅助性的判断,只具有二次性的地位。[②]

保留利益衡量的限度判断方法,和在正当防卫根据上坚持二元论并不矛盾。二元论者反对将利益衡量“普遍地”适用至正当防卫之中,但并不排除其“例外性”的适用;[③]或者反对将利益衡量等同于法益衡量,而非反对利益衡量的方法论本身。[④] 相反,如果立足于正当防卫“锋利性”的原教旨,采取极端一元论,则可能完全摒弃利益衡量。如有观点认为,防卫根据侵害的危险性及其强度所决定,而并非根据被侵害利益的价值。[⑤] 或认为,根据案件情况,当对攻击的行为不能以其他方式进行防卫时,即使是最微不足道的法益也可以通过杀死攻击者的方法来加以保护。[⑥] 这种观点虽然在逻辑上具有一致性,但在结论上

---

① 参见陈兴良:《正当防卫教义学的评析与展开》,载《中国刑事法杂志》2021年第2期。

② 参见周光权:《正当防卫的司法异化与纠偏思路》,载《法学评论》2017年第5期。

③ 参见[德]克劳斯·罗克辛:《刑事政策与刑法体系》(第2版),蔡桂生译,中国人民大学出版社2011年版,第40页。

④ 参见劳东燕:《利益衡量原理的教义学检讨》,载《中外法学》2016年第2期。

⑤ Vgl. Reinhart Maurach/Heinz Zipf, Strafrecht Allgemeiner Teil, 8. Aufl., 1992, S. 353/Rn. 1.

⑥ 参见[德]弗兰茨·冯·李斯特著、[德]埃贝哈德·施密特修订:《德国刑法教科书》,徐久生译,法律出版社2000年版,第226页。

却将会难以接受,因此原则上不进行法益衡量,但在法益严重失衡时应进行“离谱”控制的观点更具优势。[①] 当前德国通说在防卫限度的判断上亦未完全摒弃利益衡量,在“需要性”要件或称“社会伦理限制”中仍然有利益衡量的考虑,体现为对“微财杀人”的否定。而在我国,实务中防卫限度的判断需要在普遍考察防卫行为和不法侵害的对比关系的情况下,完全放弃利益衡量的观点也缺乏现实可能性。

部分学者认为,优越利益说的合理性体现在“能够对冲突法益以及法益的要保护性相关的客观情况的价值判断过程进行分析、验证”。[②] 或主张为防卫限度提供一个尽量客观的判断方法,而法益衡量说具有客观性和明确性,是正当化行为正当性的有力论证。[③] 但是一方面,承认法益衡量的“客观性”“可操作性”只能说明利益衡量作为防卫限度的判断方法具有一定合理性,这与是否将其作为正当化根据的问题不容混淆。将优越利益原则作为正当防卫的正当化根据,仍然存在由果溯因、循环论证的嫌疑。按照优越利益原则的逻辑,如果不综合考虑各种要素,则无法得出何种利益更为优越的结论。因此,优越利益原则并非预设的价值前提,而是一种判断结论。另一方面,法益衡量的“客观性”与否,与其能否作为防卫限度的判断根据也并不挂钩。因为防卫限度判断是事实判断与规范判断的结合,判断要件中原本便兼具客观和主观的要素。英美刑法更是强调主观要素在防卫限度判断中的作用,将“合理地相信对于使用武力的必要性”作为防卫限度的判断根据。[④] 毋宁说防卫限度并不只取决于狭义的法益衡量,还需要同时满足包含行为的必要性、相当性在内的其他基准,狭义的合比例性只是限度判断的要素之一。片面重视狭义合比例性而忽视了防卫限度判断的其他要件是正当防卫制度在当前面临的症结之一,但是否定法益衡量

① 参见熊琦:《正当防卫中法益衡量问题的客观归责之解》,载《环球法律评论》2019 年第 3 期。

② 内藤謙『刑法講義総論(中)』(有斐閣,1986 年)316 – 317 頁参照。

③ 参见赵金伟:《防卫行为相当性的重新解构》,载《甘肃政法学院学报》2018 年第 1 期。

④ 参见郭自力:《英美刑法中的正当防卫》,载《法治研究》2015 年第 2 期。

的“唯一性”不意味着就此摒弃利益衡量在防卫限度判断中的作用。

三、个人主义一元论:逻辑一致与水土不服

(一)个人主义一元论的逻辑一致性

个人主义的正当防卫根据有其深厚的法哲学、政治哲学基础。康德指出,“任何一个行动,如果它,或者按照其准则每一个人的任性的自由,都能够与其他人根据一个普遍法则的自由共存,就是正当的……(一个不当地袭击我的生命的人)对这样的人,我可以通过剥夺他的生命而先发制人,节制的劝告甚至不属于法权,而只属于伦理学”①。据此,如果将个人权利的实现作为超个人目的的实现,或者认为个人权利保护只是法秩序维护的反射效果、附随效果,则存在将人物化为实现国家目的或政治需要之工具的嫌疑,有违“只有人才是自然万物的最终目的”。

在社会契约论者中,罗尔斯认为在“作为公平的正义”语境下,社会契约论所设想的自然状态所对应的是平等的原初状态,在该状态下所有的权利义务关系均是理性自利人在无知之幕下决定的。② 而具体到刑法语境下,无知之幕下的理性人在订立契约、让渡自身权利建立国家时便保留了在紧急情况下仍然可以自己防卫的权利。原本有权使用暴力的个人,期待国家能够切实履行宪法赋予的、为了共同利益而行使的垄断暴力,却因为现实不法侵害而导致期待落空。因此,个人重新获得了放弃了其任务的国家所拥有的不合法的垄断暴力,将其福祉重新掌握在自己的手中。③

---

① ［德］康德:《道德形而上学》,张荣、李秋零译,载李秋零主编:《康德著作全集》(第 6 卷),中国人民大学出版社 2007 年版,第 238、243 页。

② 参见［美］约翰·罗尔斯:《正义论》,何怀宏、何包钢、廖申白译,中国社会科学出版社 1988 年版,第 9 页以下。

③ Vgl. Andreas Hoyer, in SK-StGB, Bd. 1, 9. Aufl., 2017, § 32, S. 1000/Rn. 6.

还有学者从一般法哲学中人格体之间的关联性展开探讨,将不法侵害理解为一种引发消除危险作为义务的先行行为,认为正当防卫的正当化根据在于"对于其他人格体的尊重预期"(Respektierungserwartung):刑法的主要任务在于使公民能够基于自己的洞察而生活,因此公民首先要能够信赖其他人格体会尊重自己权利领域的不可侵犯性。这种"尊重预期"表现为不得干涉其他人格体权利范围的"禁止命令",以及防止"可归责的"行为所产生的、对于其他人格体之危险的"中和命令"(Neutralisierungsgebote)。当危险的肇因者不履行这一义务时,遭受危险者自己可以采取必要的防卫措施,侵害人的"中和命令"便在这种场合下转化为"忍受义务"(Duldungspflicht)。①

基于上述思考,个人主义一元论认为,对于不法侵害的防卫只是为了捍卫个人的利益。不法侵害导致个别行为规范之控制力的危险化,由于行为规范是为了保护特定法益,最终社会权的侧面需要收敛于法益保护,排除社会权的侧面所具有的"正的确证"之功能或者仅将其作为二次性的功能。②

根据个人权利保护中的权利性质,可以划分为自然权利说与法定权利说。实际上,两者并非对立,即使从来源来说防卫权是一种与生俱来的自然权利,但在各国刑法普遍承认正当防卫的当下,其作为一种法定权利无可厚非。这种区分只是指出了防卫权发展中的两种不同阶段,侧重于描述正当防卫的自然法属性与实定法属性,并不排除可以同时承认正当防卫既有自然权的性质又有法定的紧急权的性质。正如Pawlik指出,康德和黑格尔在正当防卫合法性根据上存在共性。从康德的权利概念与强制权能之间的分析性关联出发,正当防卫的根据在于人格间相互承认的权利关系;而黑格尔则从权利的现实性和不法的虚无性中得出了正当防卫的根据,其进一步通过道德体系中的福祉这

① Vgl. Michael Pawlik, Das Unrecht des Bürgers, 2012, S. 174, 180ff, 237.

② 高橋則夫「正当防衛の規範論的構造」高橋則夫ほか编『日高義博先生古稀祝賀論文集(上巻)』(成文堂,2018 年)199 頁参照。

一范畴,在伦理国家中扬弃了抽象法权的概念。[①]

近年来我国也有学者立足于个人主义的主观权利说,认为极端强势的反击型紧急权是公民消极自由和主观权利的固有内容。[②] 这一命题"完全是从公民个人,而不是从超个人之社会集体的角度出发的"。[③]而所谓"法无须向不法屈服",实质上就是指权利人无须向对其权利地位发起挑战者屈服。[④] 换言之,正当防卫的正当化根据在于公民不受侵犯的自由,由此引申出抗拒侵害的权利。甚至支持二元论的学者也会承认,常用于论证法秩序维护说的"法无须向不法让步"观点其实是对德国学者Berner"权利无须向不法让步"之观点的误解,该原理原本是用于论证个人权利视角的论据。[⑤]

本文认为,无论是作为自然权利还是法定权利,承认正当防卫之权利属性的观点,具有逻辑一致性。况且,"以当前我国不法侵害日益猖獗的现状来看,需要担忧的恐怕不是对防卫权的滥用,而是对正当防卫限定过严而带来的后遗症"。[⑥] 即使不采取纯粹的一元论,也可以借鉴一元论的合理内涵,在二元论中强调个人权利保护的合理之处。

(二)个人主义内部的不法侵害人视角

传统个人主义从防卫人视角出发展开论述,而随着客观归责理论与被害人教义学带来的视角转换,近来也有观点以不法侵害人的"可

---

① 参见[德]米夏埃尔·帕夫利克:《康德和黑格尔的正当防卫理论》,赵雪爽译,载江溯主编:《刑事法评论》(第41卷),北京大学出版社2017年版,第124页。

② 参见陈璇:《紧急权:体系建构、竞合适用与层级划分》,载《中外法学》2021年第1期。

③ 陈璇:《正当防卫 理念、学说与制度适用》,中国检察出版社2020年版,第12页。

④ 参见陈璇:《正当防卫、维稳优先与结果导向——以"于欢故意伤害案"为契机展开的法理思考》,载《法律科学(西北政法大学学报)》2018年第3期。

⑤ 参见王钢:《正当防卫的正当性依据及其限度》,载《中外法学》2018年第6期。

⑥ 劳东燕:《防卫过当的认定与结果 无价值论的不足》,载《中外法学》2015年第5期。

归责性”来说明正当防卫的正当化根据。正如“如果被害人忽略自身利益,那么对被害人行为的阻止通过刑法拒绝对其予以保护的方法最容易达到”①。被害人教义学将被害人的值得保护性和需要保护性作为确定行为值得处罚性和需要处罚性的基础。而在正当防卫语境下,侵害人其实是防卫行为的“被害人”,因此其要保护性会影响防卫行为的应罚性与需罚性。

1.“可归责性”与正当防卫的根据

“归责”是将某一结果视为某一行为之产物或行为人之“作品”的判断,然而正当防卫中的“归责”讨论不同于狭义的客观归责理论,而是借鉴了其中的方法论。如 Kindhäuser 认为,为了能够评价为不法侵害,侵害人需要具备答责性,即对于侵害人存在归责的可能性;正当防卫不仅涉及权利与不法的冲突问题,还涉及管辖(Zuständigkeit)的分配问题。② Kretschmer 也指出,客观归责与正当化事由在答责领域的分配上存在共性。“每个侵害都设置了(被害人)抵抗的风险,这种抵抗是各个侵害所具备的典型的且相当的风险,通常来说侵害人认识到了这些风险并且自我答责。如果这些风险实现,换言之侵害人因此受损时,属于一个作为被害人的侵害人所意识到且接受的风险实现。侵害人将为侵害行为及其(属于正当防卫范围内的)结果负责”③。

我国也有学者从个人主义视角出发引入归责的方法论进行探讨,认为正当防卫的本质并不在于防卫人利益的升高,而在于法益保护和侵害人法益的值得保护性的下降。④ 一方面是因为侵害人在本可避免的情况下自陷险境,另一方面则是因为侵害人违反了不得侵犯他人权

---

① [德]伯恩特·许乃曼:《刑事制度中之被害人角色研究》,王秀梅、杜澎译,载《中国刑事法杂志》2001 年第 2 期。

② Vgl. Urs Kindhäuser, Zur Genese der Formel „das Recht braucht dem Unrecht nicht zu weichen“, in Georg Freund et al. (Hrsg.), Festschrift für Wolfgang Frisch, 2013, S. 506ff.

③ Joachim Kretschmer, Die Rechtfertigungsgründe als Topos der objektiven Zurechnung, NStZ 117(2012), S. 177ff.

④ 参见陈璇:《侵害人视角下的正当防卫论》,载《法学研究》2015 年第 3 期。

利的义务①。类似的“法益悬置说”认为正当防卫的根据在于行为人违反了不得侵犯他人之义务,其法益在必要限度内被悬置。② 二元论者中也有观点认为“侵害人既然胆敢实施针对他人的侵害行为,规范当然就可以反过来要求其承受防卫结果,此时,显然必须承认存在一种被害人自我答责的‘自危’,攻击者法益的要保护性由此明显下降或被否定”。③

然而在优越利益论者中,则有观点反对在正当防卫中探讨侵害人的可归责性:强调侵害人的答责性将会意味着防卫前提由“不法侵害”限缩为“不法且有责的侵害”,从而与现行法产生矛盾,甚至可能倒向主观违法性论;④即使侵害人对于反击存在预期,通常也没有忍受的意思;虽然正当防卫中的不法侵害并不要求是有责的,但是在侵害人没有故意或者责任能力的场合,认定其自愿同意或者自陷风险则存在困难⑤。

本文认为,归根结底,将“归责”理解为对不法侵害人之有责性的要求,是基于将故意、过失理解为纯粹责任要素的古典主义立场,然而当前一般认为两者在不法构造上便存在差别,故意的不法程度显然高于过失;此外,归责(Zurechnung)判断与罪责(Schuld)判断也不容混淆,归责判断在不法阶层中仍然存在一席之地。暂且不论是否将“行为人的特别认知”这一认识因素作为客观归责的基准,意志因素显然并非客观归责的内容而是涉及主观归责的层面。因此在正当防卫中侵害人是否存在对于防卫行为的“忍受意思”属于主观归责的内容,原则

---

① 参见陈璇:《正当防卫 理念、学说与制度适用》,中国检察出版社2020年版,第25页以下。

② 参见魏超:《法确证利益说之否定与法益悬置说之提倡——正当防卫正当化依据的重新划定》,载《比较法研究》2018年第3期。

③ 周光权:《正当防卫的司法异化与纠偏思路》,载《法学评论》2017年第5期。

④ 橋爪隆『正当防衛論の基礎』(有斐閣,2007年)118頁参照;山口厚『刑法総論』(第3版)(有斐閣,2016年)117頁参照;関哲夫『講義刑法総論』(第2版)(成文堂,2018年)178頁参照。

⑤ 松原芳博『刑法総論』(第2版)(日本評論社,2017年)148頁参照。

上不会影响其客观可归责性。上述部分观点仍然存在的关键问题是，没有明确区分“归责”的思维方式在正当防卫根据和正当防卫限度中的讨论。

2. “可归责性”与防卫限度的划定

本文并不主张笼统地接受不法侵害人“可归责性”的结论。正当防卫中的归责讨论并非“危险创设与实现”的同义反复而是方法论的借鉴，需要考察能否认定不法侵害人自我答责及其规范后果。只要存在不法侵害便一律肯定不法侵害人的归责，或认为不法侵害人的可归责性将一律排除其法益保护，均带有结果责任的残余或者敌人刑法的倾向。不法侵害人“可归责性”的认定需要有所节制：一是对归责本身的限制，即在何种程度上才能认可对于不法侵害人的归责；二是对归责的规范效果的限制，即不法侵害人的归责在何种程度上能够证立防卫行为的正当性。

(1)不法侵害人“可归责性”的成立条件

归责的出发点是具体的构成要件行为，在正当防卫构造中存在侵害行为以及防卫行为两个具体行为，由此衍生出两种思路。

思路一将侵害行为作为归责起点，即在存在防卫行为这一介入因素的情况下，防卫结果是否仍然属于侵害行为创设危险的实现。不法侵害与侵害人自己的损害之间具有条件关系；若以不法侵害诱发防卫行为的经验通常性作为归责基准，从经验法则来看一般人乃至防卫人均可能预见不法侵害引发的反击，因此侵害创设了一个典型性的对于侵害人自己的危险；然而这一危险却是由防卫人所实现的，不法侵害引发“对侵害人自己的损害”并非一种应激式的条件反射或者自然意义上的危险实现，而是由防卫人具有刑法意义且符合构成要件的行为所导致的，因此危险关联就此中断。

思路二则以防卫行为作为归责起点，即在存在不法侵害人因素的情况下，防卫结果是否仍然能够归责于防卫行为。这是因为，讨论不法侵害人的“可归责性”，归根结底是为了认定不法侵害人的行为能否成为排除或减轻防卫人对防卫结果之归责的依据。对此存在两种观点：

一种观点将正当防卫理解为防卫人对不法侵害人之自己危险化的

参与。如 Kretschmer 认为,作为正犯的侵害人同时也是防卫行为的被害人,尽管存在防卫人的必要的共同犯罪事实支配,但是侵害人仍然将事件掌握在其手中,这符合行为支配的标准;如果侵害人停止了自己的行为,那么自己危险化也随之结束。①

另一种观点则认为"防卫行为的被害人对事态发展所具有的支配力,远未达到能使损害结果专属于自己答责范围所需要的程度。一方面,给被害人的法益制造出具体和现实侵害危险的并非被害人的不法侵害,而是防卫人的反击行为,故被害人对自己所受到的法益损害欠缺直接支配;另一方面,虽然不法侵害会使防卫人陷入紧急状态之中,但这并不足以剥夺防卫人的行动选择能力,从而使其沦为被害人实现自设风险的工具"。② 概言之,防卫人是造成不法侵害人之损害的正犯,不法侵害人对于自己所遭受的损害既非直接正犯又非间接正犯。

那么,究竟是谁掌握了正当防卫中的危险状况?本文认为,不能混淆不法侵害所创设的危险与防卫行为所创设的危险。不法侵害的危险由侵害人所创设,但是这一危险在针对不法侵害人自身的方向上并未被实现:不法侵害人遭受的损害仍是防卫行为创设危险的实现,防卫人亲手实施了构成要件行为并造成防卫结果,因此"处于构成要件事实的核心",正当防卫归根到底是防卫人不法判断的一部分,防卫行为只能从基于不法侵害人合意的他者危险化角度加以理解。

既然如此,则需要进一步探讨他者危险化在何种程度上与自己危险化具有同等的规范意义,认定结果的发生处于构成要件的效力范围之外,进而阻却危险化者的归责。通常认为,他者危险化与自己危险化的等价性需要符合以下三个条件:首先,损害应当是相应风险而非其他过错(Fehler)的实现,从最初开始对于其他过错的同意就与自我答责无关;其次,从陷入危险者的视角来看,他者危险化必须与自己危险化等而视之,陷入危险者必须是有归责能力的,且不能是被强迫的,他必

---

① Vgl. Joachim Kretschmer, Die Rechtfertigungsgründe als Topos der objektiven Zurechnung, NStZ 117(2012), S. 180.

② 陈璇:《正当防卫 理念、学说与制度适用》,中国检察出版社 2020 年版,第 23 页。

须是出于自由的自我决定接受那一风险(同等级别的答责性);最后,他必须认识到相应大小的风险(风险认知)。只有满足了上述条件,才能认为陷入危险者继受了那一风险。[①] 据此,在正当防卫中,当不法侵害人的损害是防卫行为之危险的直接实现,不法侵害人具有相应责任能力,且其对于防卫行为的危险的大小、程度存在相应认识时,才可以肯定不法侵害人接受了防卫行为相应的危险;如果防卫行为是以超越不法侵害人认识的手段或程度实施的,则不能认为不法侵害人对其自身损害结果存在“可归责性”。

(2)不法侵害人“可归责性”的规范效果

正当防卫的规范效果是排除防卫行为的违法性,但是导入不法侵害人“可归责性”的判断是否意味着防卫行为一律合法化?Kretschmer指出,“侵害人无须接受其侵害以及防卫行为所导致的一切结果,这取决于刑事答责领域的分割和分配……侵害人必须受到为了抵御侵害而言适宜的(geeignet)防卫行为的归责。哪种手段能够保证有效地立即制止侵害并且终局性地消除危险,取决于侵害的强度、侵害人的危险性以及可以利用的防卫手段。侵害人也不能期待防卫人接受一个不充分的防卫的风险。所有这些都对应于防卫行为的必要性(Erforderlichkeit)的要求”“即使侵害人有意地且自我答责地独自设置了防卫权限度内的防卫行为,(防卫权)同样受到禁止权利滥用原则的限制,在需要性(Gebotenheit)的案例群中可以找到这一限制”“如果防卫人超过了最大可能性的保护限度,则其具有答责性。答责的分配也可以达到被侵害人被迫接受权利丧失的程度。这就是防卫结果与受威胁的损害显著不相称的情况(如射杀偷水果的小偷)。在这种称作‘琐事侵害’的显著的、难以忍受的不合比例情况下,被侵害人必须承担规范上的答责,因为他必须接受法确证利益缺失所导致的权利丧失”。[②]

---

① Vgl. Claus Roxin/Luís Greco, Strafrecht Allgemeiner Teil, 5. Aufl., Bd. 1, 2020, S. 515/Rn. 124.

② Joachim Kretschmer, Die Rechtfertigungsgründe als Topos der objektiven Zurechnung, NStZ 117(2012), S. 178f.

根据以上论述,“可归责性”的程度与归责的方向取决于防卫行为是否符合“必要性”“需要性”等限度条件,归责其实与防卫限度相挂钩。此外,上述观点认为不法侵害人的归责能够自然而然排除防卫人的归责,但却排除了共同归责的情形:既然防卫人对于结果发生具有正犯意义上的贡献,那么仅将结果归责于侵害人或防卫人的“单层归责路径”便存在问题,采取归责于侵害人但不排除同时归责于防卫人的“双层归责路径”更为适宜。[①] 换言之,无论防卫行为是否处于防卫限度内,防卫人均对防卫结果具有可归责性;如果防卫行为处于防卫限度内,则不法侵害人同时对于损害结果具备可归责性。

本文认为,从客观归责的本质维度来看,其与防卫限度的“需要性”“社会伦理限制”均属于从法的视角出发的规范判断。在正当防卫中导入归责的解释思路,对于解释具体情况下的防卫限度具有方法论意义。但如果认为“可归责性”就是“不法侵害”的平行解释,则会面临重复评价的问题:一方面,“不法侵害”可以作为防卫的起因;另一方面,“可归责性”又意味着防卫人的防卫限度的扩张,那么防卫权便无故扩张了。据此,可归责性的判断材料,应当根据“不法侵害”之外的事实加以确定。

例如,在“于欢防卫过当案”中作为正当防卫起因要件的不法侵害是非法拘禁行为,而强制侮辱情节则是不法侵害人“可归责性”的判断材料。仅凭不法侵害人的“可归责性”,并不能证立防卫行为一律正当,而是意味着此时防卫限度有所放宽。本文将其理解为“社会伦理限制”的反对面,可谓“社会伦理宽宥”。基于“双向归责”路径,不法侵害人的归责并不能排除被防卫人对防卫结果的归责,需要同时考虑防卫人一侧的可归责性。不法侵害人的可归责性将放宽防卫限度,而防卫人的可归责性则会收紧防卫限度。

可见,正当防卫中的“可归责性”并非用于论证正当化根据,而是涉及正当防卫限度的探讨。“不法侵害人的可归责性”“法益悬置”与

---

① 参见熊琦:《正当防卫中法益衡量问题的客观归责之解》,载《环球法律评论》2019年第3期。

"保护必要性的降低"异曲同工,并没有脱离优越利益的思维方式。因为如果贯彻个人主义的主观权利说,则会着眼于防卫人权利本身的正当性,认为保护被侵害人的主观权利才是侵害人法益悬置的根本理由。① 在二元论者中也有观点认为"只有在承认防卫行为具有正当性的前提下,才能认为不法侵害人在实施侵害行为时就必须承受防卫行为对其法益所造成的风险,从而肯定应当由不法侵害人对防卫行为及其结果负责。此时如果再以不法侵害人需对防卫行为及其结果自负其责为由肯定防卫行为的正当性,就属于循环论证"。② 如果将"可归责性"理解为"率先违法",则只不过是"不正对正"关系的另一种说法而已。③ 这均说明,"可归责性"其实影响的是防卫行为的限度,而难以独立成为正当防卫的根据。

综上所述,对正当防卫中"归责"的探讨体现出与优越利益原则中"不法侵害人保护必要性是否降低"的类似思考,本质上是对防卫限度进行限缩或扩张的解释思路,而非正当化根据的问题。

(三)对个人主义一元论的批判并非对个人保护本身的批判

个人主义认为正当防卫的本质是个人权利的实现,而除了根本立场对立的超个人主义一元论外,很少会有观点否定正当防卫的权利行使性质。当前,持优越利益原则或二元论的学者对于个人主义一元论的批判并非着眼于个人保护原则本身,而是认为单一视角有其缺陷之处。

例如,有学者认为个人保全原理意味着个人可以采取各种必要的防卫措施,可能会导致为了实现个人权利保护而不需要再考虑防卫限

① 参见薛智仁:《阻却不法之紧急避难:法理基础、适用范围与利益权衡标准》,载《台大法学论丛》2019 年第 3 期。

② 王钢:《正当防卫的正当性依据及其限度》,载《中外法学》2018 年第 6 期。

③ 高橋則夫『刑法総論』(第 4 版)(成文堂,2018 年)273 頁参照。

度,不可能会再存在防卫过当现象;个人保全原理难以与我国实定法相协调,尤其是难以解释为了个人以外利益之防卫的正当性。[①] 德国学者也指出,一元论一方面难以解释缺乏退避义务,另一方面也难以解释侵害"按照紧急避险之标准则可以获得优先权的侵害人重要法益"之防卫行为的允许性;此外,贯彻个人主义将会意味着可以采取一切必要手段进行防卫。[②] 如果细究,会发现其实上述观点并非对于个人保护原则本身的批判。借由二元论对一元论的补充,上述问题可以得到妥善解决,问题转化为如何处理二元论内部个人主义与超个人主义两个侧面的关系之上。

1. 有观点认为,如果重视"本能""正当法秩序的维持"而扩大防卫权,则有可能会导致"可以为了防卫财产而杀人";这种观点不符合国民规范意识,不法侵害人的利益并未被法所完全否定。[③] 据此认为个人主义一元论难以解释防卫合理限度。但是在区分根据与限度两个问题的情况下,上述观点批判的其实是不受限制的个人权利保护所导致的防卫权滥用,亦即将个人保护等同于正当防卫的限度,而非批判正当防卫的权利行使属性。实际上,个人权利保护侧面本身存在抽象维度的内在限制与外在限制,以及具体维度的防卫限度要件限制。

个人保护的内在限制可以从比例原则与禁止权利滥用中寻找根据。如 Roxin 认为无论是个人权利保护还是法确证,均需要受到比例原则的限制,并将这三者均作为社会管理的原则。[④] Hoyer 亦将正当化事由理解为独立的容许规范,并通过合比例性原则来解决其与禁止规范之间的冲突。[⑤] 我国也有学者指出,个人权利的行使也需要遵循宪

---

① 参见张明楷:《正当防卫的原理及其运用——对二元论的批判性考察》,载《环球法律评论》2018年第2期。

② Vgl. Volker Erb, in MüKoStGB, 4. Aufl., 2020, § 32, Rn. 18.

③ 前田雅英『刑法総論講義』(第7版)(東京大学出版会,2019年)253頁参照。

④ 参见[德]克劳斯·罗克辛:《刑事政策与刑法体系》(第2版),蔡桂生译,中国人民大学出版社2011年版,第34页。

⑤ Vgl. Claus Roxin/Luís Greco, Strafrecht Allgemeiner Teil, 5. Aufl., Bd. 1, 2020, S. 733/Rn. 44b.

法上的比例原则,不得实施极端防卫的理由在于防卫权应该向生命权让步。[①] 或许会有观点认为,比例原则是在公法领域限制公权力的原则,将其套用于个人权利的限制存在问题。但是,就算不使用比例原则的术语,个人权利的行使仍然受到内部限制,其根源在于一般法理论上的禁止权利滥用原则。

个人保护原则的外在限制则是引入超个人视角,承认正当防卫的法确证功能。在面临轻微的侵害以及诸如对儿童、精神病人等无责任能力人实施的侵害时,法秩序及其效力无须通过防卫行为获得确证或其必要性大大降低,防卫权的行使便需要控制。优越利益论者也不得不承认,这种情况下一方面个人保全的利益轻微,另一方面法秩序也不需要通过(侵害人)支付与保全法益如此显著不均衡的代价来获得确证,因此法确证的利益也减少。[②]

个人保护原则还受到防卫限度要件的具体限制。现代社会中各人的生活领域相互交错,要想不侵犯他人生活领域存在困难。如果认为针对侵害可以采取一切防卫手段,则反而可能会对社会生活造成阻碍。这也是正当防卫不仅需要满足"必要性",还需要符合"适当性"(angemessen)的原因。[③] 而作为防卫限度要件的"需要性"(Gebotenheit),便是指其在规范框架内被认为具有"适当性",或者说反应的"规范适当性"(normative Angemessenheit)。[④] 与作为事实判断的"必要性"相对应的规范判断要件"需要性"正是一种开放的体系,其内涵处于不断变动之中。批判观点认为,"禁止权利滥用原则,合理性原则、适当性原则、社会答责的考虑,都是没有意义的空泛的公式"。[⑤] 上述批判尖锐地揭示了规范判断存在的模糊性特征。即便如此,事

① 参见魏超:《防卫权向生命权让步——不得实施极端防卫之理据》,载《环球法律评论》2021年第4期。

② 内藤謙『刑法講義総論(中)』(有斐閣,1986年)330頁参照。

③ 平野龍一『刑法 総論Ⅱ』(有斐閣,1975年)229頁参照。

④ Vgl. Urs Kindhäuser/Till Zimmermann, Strafrecht Allgemeiner Teil, 9. Aufl., 2020, S. 162/Rn. 38.

⑤ Fritjof Haft, Strafrecht Allgemeiner Teil, 2. Aufl., 1984, S. 74f.

实—规范判断二分的方法论需要得到维持:问题并不在于是否要对防卫限度进行规范判断,而在于如何对防卫限度的规范判断进行类型化,使其具有明确性和可操作性。

2. 还有观点认为,一元论难以说明为国家或第三人利益实施防卫行为的正当性。多数国家刑法规定了为第三人实施的"紧急救助型"防卫的合法性,我国刑法更将国家或公共利益作为正当防卫的保护对象,在这种情况下,一元论就和我国实定法产生冲突。为了捍卫个人主义,有观点认为,在这种情况下防卫人是接受了被侵害人的"委任",或者是为了被侵害人而实施的事务管理。[①] 换言之,在这种情况下只是防卫人与被侵害人之间的权利转移,正当防卫由此与被害人承诺、推定的承诺等超法规的正当化事由产生了竞合,但仍然能够在个人视角内部解决。但是,紧急救助与被害人承诺存在本质区别。前者是规范性质差异的利益冲突的集中体现,而后者并不存在利益冲突,而涉及自我决定权与法律家长主义之间的协调;在体系定位上,紧急救助是公认的违法阻却事由,以行为符合构成要件为前提,而越来越多观点认为被害人承诺构成要件阻却事由,可以用利益阙如原理解释,亦即原本便不存在需要保护的法益。

本文认为,针对一元论难以回答紧急救助之根据的批判是切中要害的。由于《德国刑法典》《日本刑法典》并未明确规定为了国家或公共利益之防卫的正当性,《德国刑法典》规定防卫行为是为了避免对"自己"和"第三人"的侵害而实施,故将"为了自己或他人"的防卫解释为"为了国家或公共利益"的防卫,属于一种扩大解释甚至可能是类推。但是在我国刑法语境下,引入超个人主义视角仍然有其必要性,下文将对二元论立场进一步展开论述。

---

① 齊藤誠二『正当防衛権の根拠と展開』(多賀出版,1991年)317頁参照。

四、个人主义·超个人主义二元论的展开

(一)超个人主义视角及其问题之所在

当前德国学界占据通说地位的学说仍然是二元论。与超个人主义一元论不同的是,二元论并非反对个人权利保护,而是认为法秩序维护有其独立价值。或认为两者体现了正当防卫的不同侧面:从自然权的侧面来看是个人的自己保全,从紧急权的侧面来则看是法的自我保全。是否承认超个人主义视角有其独立意义,是二元论与个人主义一元论之间争议点之所在。

超个人主义视角意味着从公民与法秩序的关系而非公民内部关系出发探讨正当防卫的正当性。代表性观点认为,刑法正当防卫之规定的主要功能是阻止违法者针对法秩序取得的胜利,基于这种理由,防卫人如有必要将被允许无须合比例性地捍卫法秩序的经验效力(empirische Geltung)并使法秩序的维护得以实现,而个人的法益保护完全只是为了社会利益而量身定做的防卫权的反射效果。①

然而,"法确证利益"(Rechtsbewährungsinteresse)则鲜明地将"法确证"作为利益衡量中的一个要素。对此,超个人主义论者认为,法秩序的维持不能被纳入法益衡量之中,为了说明作为实定法制度的正当防卫而借助前国家阶段的自然权利的观点也不合适,侵害人的利益为何失去了法的保护需要实定法依据,正当防卫的正当化根据应当定位为实定法秩序的确证。② 个人主义论者认为,在把法秩序理解为"为了保护个人法益的客观生活秩序"的场合,个人法益保护便成了法秩序维护的前提,因此"通过正当防卫的行使值得法秩序的现实性得以确

---

① Vgl. Volker Erb, in MüKoStGB, 4. Aufl., 2020, § 32, Rn. 13.

② 松宫孝明『刑法総論講義』(第5版補訂版)(成文堂,2018年)137頁参照;佐久間修『刑法総論』(成文堂,2009年)205頁参照。

证的客观利益”与“个人的法益保护”便不处于同一维度。[①] 即使是二元论者也会认为,将法确证原理作为利益衡量的要素之一,是对正当防卫本质的误解。[②] 试图将超个人主义视角下的“利益”与个人主义视角下的“利益”加算,在逻辑上存在问题。本文认为,在正当化根据上采取一元论或二元论,与是否采取优越利益的方法论并不冲突,在此意义上“法确证利益”有其合理性;但是利益衡量原则只适合用于对防卫限度的判断,将“法确证利益”作为正当化根据仍然混淆了限度判断和根据判断两个问题。就算认为法秩序的维护是一种“利益”,其与个人权利保护的“利益”或防卫行为所保护的“法益”在本质上也存在差别,不宜将两者相提并论。

在个人主义视角的基础上引入超个人主义视角,从其作用而言,一方面,可以解释防卫人不具有退避义务;另一方面,可以说明对于防卫行为狭义合比例性的放弃。此外,该观点也能为“为了国家、集体、他人的利益的防卫”“无责、责任减轻的不法侵害情况下防卫权的限制”提供较合理的根据。[③] 但是,这种问题性思考上的妥善性是建立在体系性思考的缺陷上的,二元论难以将其所同时承认的两个部分统摄起来。[④] 而综观德国与日本学界的讨论,为这两种“异质”原则之间的关系进行正面说明的探讨仍然不够深入。实际上,在以法确证原理为中心对正当防卫基本原理进行的探讨中存在三个核心的问题:正当防卫和刑罚的类似性;对正当防卫中均衡性(比例性)的考虑;侵害行为的答责性或者责任的必要性。[⑤] 为了证立将法确证原则作为正当化根据

① Vgl. Joachim Renzikowski, Notstand und Notwehr, 1994, S. 81f.; 明照博章『正当防衛論の構造』(成文堂,2013年)11頁参照。

② 山中敬一『刑法総論』(第3版)(成文堂,2015年)483頁参照。

③ 参见劳东燕:《防卫过当的认定与结果无价值论的不足》,载《中外法学》2015年第5期。

④ Vgl. Michael Pawlik, Die Notwehr nach Kant und Hegel, ZStW 114 (2002), S. 261f.

⑤ 飯島暢「正当防衛と法・権利の確証」井田良ほか编『川端博先生古稀記念論文集(上巻)』(成文堂,2014年)83-84頁参照。

的必要性,有必要对上述三个问题进行明确的说明。下文将在对二元论面临的批判进行回应基础上对于本文立场进行阐明。

(二)二元论对个人主义视角的维护与修正

1. 对法确证原则的批判与回应

(1)有观点认为,法确证一方面扩张另一方面又缩小防卫权,内容空泛。[①] 或认为,强调法秩序之维护将导致正当防卫是否成立取决于国家的判断,存在肆意判断的可能。[②] 但是,正当防卫成立与否不仅需要考察抽象的正当化根据,还需要考察具体的正当防卫要件。而且,如果说法确证原理体现了全体主义的观点,那么刑法、刑罚制度、司法机关也是全体主义的。[③] 换言之,一切刑法制度都在一定程度上体现了国家的意志,认为法确证原理会使正当防卫存在肆意判断的可能,只是一种空泛的指责。正如"个人保护原理决定防卫的必要性,而法确证原理决定防卫的需要性"。[④] 个人保护和法确证原理完全可以发挥不同功能,从而为正当防卫的成立创设积极和消极的要件。有观点认为必要性和需要性的划分本身并不明确,从立法史上来看两者具有同样含义;[⑤]或认为虽然《德国刑法典》明文规定了"必要性""需要性"两个要件,但在我国这种划分并无依据。然而,无论是否采取"必要性""需要性"的表述,在防卫限度上区分事实判断和规范判断的二分法也并不会受到影响。我国《刑法》规定了"明显超过必要限度造成重大损害"的防卫限度要件,相关司法解释对其认定采取了"综合判断"的思

---

① 参见张明楷:《正当防卫的原理及其运用——对二元论的批判性考察》,载《环球法律评论》2018 年第 2 期。

② 津田重憲『正当防衛と緊急救助の基本問題』(成文堂,2012 年)183 頁参照。

③ 山中敬一『刑法総論』(第 3 版)(成文堂,2015 年)482 頁参照。

④ 欧阳本祺:《论法确证原则的合理性及其功能》,载《环球法律评论》2019 年第 4 期。

⑤ Vgl. Hans-Heinrich Jescheck/Thomas Weigend, Lehrbuch des Strafrechts Allgemeiner Teil,5. Aufl. ,1996,S. 345.

路,但为了避免“综合判断”沦为“感觉判断”,这一要件同样应当划分为事实维度与规范维度的不同侧面,由此对防卫限度进行更为精细化的认定。

(2)有观点认为,事后追究不法侵害人的法律责任便确证了法秩序,因此并无必要在之前确证法秩序。[①] 但是,承认事后追究犯罪确证了法秩序和同时承认正当防卫确证了法秩序并不矛盾:即使法网恢恢、疏而不漏,我们也不会因为能够在事后追究犯罪行为的刑事责任而否定针对现实不法侵害实施防卫行为,否则这将导致正当防卫制度的完全虚化。正当防卫是个人权利行使带来的法秩序确证,追究犯罪则是公权力行使的法秩序确证,后者相比于前者的“确证意义”更为显著突出,但无法完全取代前者。实际上在成功的正当防卫案例中,不法侵害人既受到了防卫行为的挫败,又将被追究(很可能是未遂的)刑事责任,通过正当防卫使得法秩序获得确证以及通过事后追究犯罪使得法秩序获得确证并不冲突。

(3)有观点认为,法秩序维护说隐藏着将防卫对象的范围扩大到无辜第三人的危险。“当针对不法侵害人的正当防卫同时给无辜第三人的法益造成了损害时,我们就可以说,既然防卫行为实现了唯物法秩序的崇高价值,那么即使它在实施的过程中又伤及无辜也在所不惜,故正当防卫所具有的正当化效果能够自然而然地扩展至第三人遭受的法益损害之上”。[②] 但是,即使是针对不法侵害人本人的防卫也仍然具有正当性,针对无辜第三人的“防卫”在对象要件上无法满足,本质上是一种过失的不法侵害,被侵害人对此仍然可以正当防卫,只是相较于针对不法程度更重的故意不法侵害需要有所节制。即使是个人主义论者也会认为,此时对于法秩序规范效力的侵害程度存在差异。[③] 换言之,此时无辜第三人无须忍受这种结果的发生,并不至于得出为了公共利

① 参见张明楷:《正当防卫的原理及其运用——对二元论的批判性考察》,载《环球法律评论》2018 年第 2 期。

② 陈璇:《正当防卫 理念、学说与制度适用》,中国检察出版社 2020 年版,第 20 页。

③ 飯島暢『自由の普遍的保障と哲学的刑法理論』(成文堂,2016 年)170 頁参照。

益可以肆意牺牲第三人的结论。

2. 中国语境下的二元论及其展开

(1)二元论在实定法上有其合理依据。Kühl 指出,正当化的根据必须在实定法上表达出来。[①] 换言之,实定法对正当防卫根据的设定具有基础性的作用。而我国《刑法》《民法典》《宪法》的规定为二元论提供了实定法基础:我国《刑法》明文规定了为国家利益、集体利益、他人利益的防卫可能。《民法典》规定"因正当防卫造成损害的,不承担民事责任",同时规定了禁止权利滥用的原则,亦即"民事主体行使权利时,应当履行法律规定的和当事人约定的义务""民事主体不得滥用民事权利损害国家利益、社会公共利益或者他人合法权益"。《宪法》规定公共财产神圣不可侵犯,公民的合法的私有财产不受侵犯,对公民的人身自由、人格尊严、住宅等权利的保护;同时也规定公民在享有合法权利的同时必须履行法定义务,在行使自身合法自由权利时不得损害国家或他人的合法自由权利。这均说明,忽视正当防卫构造及其根据中的国家和社会因素于法无据。《德国刑法典》《日本刑法典》仅规定了防卫行为的保护对象为"自己或他人的权利",或许为采取个人主义一元论提供了根据;但在我国实定法基础上,认为防卫行为只限于为了个人利益而行使,并不妥当。

(2)二元论在规范论上有其合理依据。正当防卫中的"二维三角关系"体现了国家权力和公民权利之间的张力、公民权利与公民权利之间的张力。正当防卫是个人与国家之间的权限分配问题,是个人向国家请求的抵抗侵害的权利,正当防卫权的宪法根据是国家的基本权保护义务论。[②] 国家保护义务论立足于侵害人 A、被侵害人 B、国家的三角关系之上,认为国家具有保护被侵害人 B 之人权的义务,为了履行该义务而规制 A 的行为,这一保护义务产生于国家垄断暴力的

① Vgl. Kristian Kühl, Strafrecht Allgemeiner Teil, 8. Aufl., 2017, S. 132/Rn. 6.

② 高橋則夫「正当防衛の規範論的構造」高橋則夫ほか编『日高義博先生古稀祝賀論文集(上巻)』(成文堂,2018 年)199 - 203 頁参照。

结果。[①] 这种权利植根于宪法,并由民法、刑法加以细化确认和保护:这意味着,当防卫主体是公民时,这种基本权利拥有对抗国家权力的“防御权”,即维护个人免受国家恣意干涉的空间。[②] 在合理行使防卫权的情况下,不受国家干涉,也不应受到刑法追究。具体到刑法规范之中,正当防卫属于容许规范,而容许规范本质上是赋权规范。与一般的容许规范不同的是,正当防卫属于赋予“排他性许可”的容许规范,在权利行为与放任行为的分类上,亦属于可以使第三人负担忍受义务的权利行为。[③] 然而,容许规范亦存在其限度,超出该限度便意味着义务违反。这种限度,内在实质是防卫人与侵害人合法权利的边界划定,外化表现为防卫权行使的合理限度。

(3)二元论在司法政策上有其合理依据。在正当化根据上采取二元论并不意味着防卫权的行使失去边界或者完全服务于国家的政治需要,而是通过二元论内部两原则的动态调整,从而实现个人权利保护与秩序维护的张弛有度。由于防卫权使得私人暴力合法化,其行使程度取决于“国家—公民”关系的政治概念,其“政治基本观念”迹象鲜明。[④] 而通过限制私人暴力行使权能,可以从社会政策的角度妥善地解决个人之间的争端。[⑤] 与极端一元论相比,二元论的优势在于能够扬长避短,发挥两原则的积极作用,为在防卫限度等具体要件上做出符合现实与社会需要的解释提供基础,从而实现刑法功能主义的要求。

通过比较性的考察可以发现:日本的正当防卫权行使严格于我国。立法上,《日本刑法典》对正当防卫存在“急迫性”“不得已”的限制;在

---

① 高橋則夫「正当防衛の規範論的構造」高橋則夫ほか编『日高義博先生古稀祝賀論文集(上巻)』(成文堂,2018 年)204 – 205 頁参照。

② 参见张翔:《基本权利的规范建构》(增订版),法律出版社 2017 年版,第 113 页。

③ 高橋則夫「正当防衛の規範論的構造」高橋則夫ほか编『日高義博先生古稀祝賀論文集(上巻)』(成文堂,2018 年)198 頁参照。

④ Vgl. Günther Jakobs, Strafrecht Allgemeiner Teil, 2. Aufl., 1991, S. 380/Rn. 1.

⑤ 吉田敏雄『刑法理論の基礎』(第 3 版)(成文堂,2013 年)166 頁参照。

传统司法判例中甚至有将正当防卫作为责任阻却事由的倾向；[①]从社会背景来看，日本已经经历了“正当防卫权的社会化”。德国的正当防卫权行使则宽松于我国，这源于其强烈的自由主义传统，“必要性”曾经一度成为防卫限度的唯一要件。以此为背景，社会伦理限制应运而生，可谓是“正当防卫权的再社会化”。这种事实判断基础上的规范判断虽然受到了诸多批判，但是为了防止个人主义的泛滥，对防卫权的限制仍然有其必要性。对于法秩序的侵害的预防或回复机能，如果过度委任给私人，则蕴含着对秩序有害的危险。[②]

相反，我国则是正在进行“正当防卫权的个体化过程”。从我国正当防卫立法修正沿革与司法观念的转变来看，明显体现出承认正当防卫权利属性、扩张正当防卫权的趋势：1950 年立法草案曾将“国家政权、国家财产”作为防卫行为的保护对象。[③] 在随后的立法修订过程中，保护对象中的“国家政权、国家财产”的文本在形式上被删去，但是实质上则以“公共利益”的表述存在，[④]并一直延续至今。1997 年《刑法》再度明文将“国家、公共利益”作为防卫行为的保护对象。相较于 1979 年《刑法》，1997 年《刑法》修正的目的便是“保护被害人利益，鼓励公民见义勇为，敢于与犯罪作斗争，制止犯罪”。[⑤] 充分说明了立法对于正当防卫扩张认定的支持、鼓励态度。此外，从司法解释以及指导性案例体现的司法观念变化来看，可以预想我国正当防卫制度将朝着“鼓励正当防卫，保护见义勇为者的合法权益，弘扬社会正气”[⑥]方向发

① 平川宗信「正当防衛論」芝原邦爾ほか編『刑法理論の現代的展開　総論Ⅰ』(日本評論社，1988 年)125 頁参照。

② 団藤重光『刑法綱要総論』(第 3 版)(創文社，1990 年)232 頁参照。

③ 参见《中华人民共和国刑法大纲草案》，中央人民政府法制委员会 1950 年 7 月 25 日文件。

④ 参见《中华人民共和国刑法指导原则草案(初稿)》，中央人民政府法制委员会 1954 年 9 月 30 日文件。

⑤ 王爱立主编：《中华人民共和国刑法条文说明、立法理由及相关规定》，北京大学出版社 2021 年版，第 52 页。

⑥ 徐隽：《全面筑牢司法解释的价值基础》，载《人民日报》2018 年 9 月 19 日，第 11 版。

展。据此,兼顾个人权利保护和法秩序维护的二元论在我国立法与司法上有其合理依据。

(4)二元论原本就在我国存在坚实的理论根基。在我国传统讨论中认为正当防卫是法律赋予公民的一项权利。[①] 或认为其实质上是受到国家保护、支持和鼓励的私力救济行为,是为了保护合法权利而派生的辅助性权利,缺乏社会危害性。[②] 还有观点认为,“为了有效保护合法权益免受不法侵害,必须赋予公民正当防卫权;为了维护社会主义法制,又必须对正当防卫加以限制”。[③] 上述讨论一方面揭示了正当防卫作为法定权利的本质特征;另一方面则强调防卫行为的国家鼓励或限制性质,体现出二元论的倾向。只是,在传统学说中还强调正当防卫的“道德义务属性”[④]以及其对潜在犯罪分子的威慑作用,[⑤]可谓一种强国家主义立场的二元论。当前也有学者指出,应当将“倒置的二元论”作为我国正当防卫制度的根据。[⑥] 近来具有代表性的观点认为,个人权利保护和法秩序维护分别反映了正当化防卫的“个别公正”和“一般公正”。[⑦] 两者分别是正当防卫的“基本原则”和“补充原则”。[⑧] 或者

---

① 参见高铭暄、马克昌主编:《刑法学》(第4版),北京大学出版社、高等教育出版社2010年版,第138页。

② 参见贾宇主编:《刑法学》(上册·总论),高等教育出版社2019年版,第193～194页。

③ 高铭暄主编:《刑法学原理》(第2卷),中国人民大学出版社1993年版,第198页。

④ 高铭暄主编:《刑法学原理》(第2卷),中国人民大学出版社1993年版,第198页。

⑤ 参见高铭暄、马克昌主编:《刑法学》(第4版),北京大学出版社、高等教育出版社2010年版,第139页。

⑥ 参见高铭暄、王红:《我国正当防卫制度理论根据的自主选择》,载《学习与实践》2020年第5期。

⑦ 参见陈兴良:《正当防卫教义学的评析与展开》,载《中国刑事法杂志》2021年第2期。

⑧ 参见欧阳本祺:《论法确证原则的合理性及其功能》,载《环球法律评论》2019年第4期。

在承认二元论缺陷的基础上，主张“整体二元论”而非“对立二元论”。①

本文认为，问题的关键并非承认超个人主义的视角，而是在何种程度上承认超个人视角对于个人视角的限制或扩张。过去的二元论强调不法侵害人“可归责性”“法益悬置”“要保护性的下降”等观点来对锋利自卫权进行内在限制，然而上述观点均是由个人权利保护的侧面而衍生的，难以摆脱个人主义论者的攻讦。对于防卫权的限制仍然需要从超个人视角尤其是“法和平的维护”（Wahrung des Rechtsfriedens）加以解读。② 这样即使是从个人主义立场出发，但也可能得出二元论的结论。如 Greco 强调正当防卫作为一种主观权利的性质，任何对其的限制都是“为了公共福祉的特别牺牲”，国家必须说明其牺牲理由并给予补偿；据此，正当防卫的立论基础是个人主义，它的界限则是超个人主义。③ 就我国而言，当前应该从强国家主义的二元论转换为侧重个人保护的二元论。二元论固然源于德国刑法学的学说，但是借鉴二元论并不等同于加强对防卫权的限制。换言之，就算不借鉴域外理论对防卫权进行限缩，仍然可以借鉴域外理论对防卫权进行扩张，这与承认中国的正当防卫是“鼓励民众与犯罪斗争的秩序维护权”的观点④并不矛盾。

（三）法秩序的效力维护与预防效果之辨析

二元论面临的核心批判是法秩序维护内容的不明确性。强调个人保护的观点认为法秩序并无独立价值或其价值依附于个人权利：法确

① 参见王钢：《正当防卫的正当性依据及其限度》，载《中外法学》2018 年第 6 期。

② Vgl. Claus Roxin/Luís Greco, Strafrecht Allgemeiner Teil, 5. Aufl., Bd. 1, 2020, S. 771/Rn. 3i.

③ 参见［德］Luís Greco：《正当防卫与比例原则》，钟宏彬译，载《月旦法学杂志》2019 年第 291 期。

④ 参见高艳东：《用德日刑法理论限缩正当防卫是“南橘北枳”》，载《检察日报》2019 年 10 月 19 日，第 3 版。

证只是个人保护的“反射效果”或“规范性效果”;[①]“法秩序的维护并无绝对超越公民个人法益的独立价值”。[②] 本文认为,相对于个人保护而言,法秩序的维护确实具有“异质性”:因为个人和法秩序是要素和系统的关系,系统的变化牵一发而动全身,捍卫法秩序在社会功效上相对于个人法益而言显得格外“巨大”,因此将法确证“利益”与个人保护的“利益”简单加算在逻辑上存在问题。但是,即使法确证不能作为同质的“利益”,也不能否定法秩序本身存在其价值。与主观权利相对的法秩序由客观存在的社会生活准则构成,即使并未被个人所认识,其存在也不能被否定。

由于法确证所指向的对象是规范接收者,法的确证意味着法秩序的存在获得了公民的认可与承认,公民的规范意识也随之加强,这便要求不法侵害人至少能够理解规范的含义。如有观点指出:法的确证,是指法的妥当性之认证功能。详言之,于正当防卫之情况,足以使侵害行为人认识到防卫者之正当防卫是“法”所认可的、是合于“正义”的,使其认证法的存在,而回复受动摇之法。[③] 这种观点将法确证与侵害人的规范意识相挂钩,认为法确证是侵害人对于“法”“正义”的重新认识,因此侵害人至少应该在实施侵害时便存在违法性认识。相反,如果侵害人并未表现出对规范本身或其效力的抵触、蔑视,则可能不存在法确证的必要或其必要性减弱。在这种特殊情况下对于防卫权进行的限制也为我国司法实务所支持。如司法解释中“成年人对于未成年人正在实施的针对其他未成年人的不法侵害,应当劝阻、制止;劝阻、制止无效的,可以实行防卫”。[④] 这便为针对未成年不法侵害人的防卫措施施加了“劝阻、制止”的限制。坚持客观违法性论的学者可能会认为这与实定法以及通说观点不符,亦即如果不法侵害人是不能理解规范意义

---

① 日高義博『刑法総論』(成文堂,2015 年)229 頁参照;浅田和茂『刑法総論』(第 2 版)(成文堂,2019 年)223 頁参照。

② 陈璇:《正当防卫 理念、学说与制度适用》,中国检察出版社 2020 年版,第 15 页。

③ 陈子平:《刑法总论》(第 4 版),台北,元照出版有限公司 2017 年版,第 254 页。

④ 参见最高人民法院、最高人民检察院、公安部:《关于依法适用正当防卫制度的指导意见》,法发〔2020〕31 号。

的人,便没有法确证的利益,会认为对无责任能力人不能成立防卫。[①]但是,只要客观上实施了不法侵害便对法秩序产生了客观的消极影响(客观的规范违反),通常这种影响不以侵害人的意志为转移;但若在此基础上侵害人表现出对于法秩序的敌对意识,则进一步增加了规范违反的程度(主观的规范违反),从而间接影响防卫权的行使限度。

1. 作为法秩序效力侵害之反制作用的法秩序维护

(1)德国通说认为法秩序维护的内容在于对法秩序之"经验效力"或"经验妥当性"(empirische Geltung)的维护。[②] Schmidhäuser 指出,法秩序的经验有效性指的是,被社会本身所实际(faktisch)承认的、在社会中持续有效的共同体生活的法律基础,其根据法共同体成员的意识内容以及其所认可的对于共同生活有法律价值的参与所产生。如果侵害人作为一个人格体明确地、有意地且未经许可地,针对另一人格体的可能的防御准备(Abwehrbereitschaft),否定了其在这种价值中自己的参与性(Teilhaftigkeit),那么法秩序的经验效力就以一种法共同体难以接受的方式受到了质疑。按此观点,作为防卫前提的不法侵害不仅要求在规范上的违法性,除此之外其还必须是一个对于法秩序经验效力的侵害,而儿童、精神病人、重度醉酒者的行为从一开始便不包括在内。[③] 据此,正当防卫前提中侵害的违法性必须从两个方面看待,首先是不被允许的举止这一概念上的规范违反性,其次是必须是一个对于法秩序经验效力的侵害。[④]

本文认为,可将法秩序"经验效力"理解为法共同体成员价值判断中的"经验通常性":按照经验法则,其他法共同体成员通常会遵守法秩序施加的禁止规范,而不法侵害则以规范违反的形式对这种经验认识产生了冲击;相应地,"经验效力"的维护则意味着以否定不法侵害的方式证明了法秩序仍然是一种"常态",而不法侵害只是

---

① 西田典之著(橋爪隆補訂)『刑法総論』(第3版)(弘文堂,2019年)165頁参照。

② Vgl. Volker Erb, in MüKoStGB, 4. Aufl., 2020, § 32, Rn. 13.

③ Vgl. Eberhard Schmidhäuser, Strafrecht Allgemeiner Teil, 1982, S. 146/Rn. 51.

④ Vgl. Eberhard Schmidhäuser, Strafrecht Allgemeiner Teil, 1982, S. 150ff/Rn. 62.

一种“偶然”。

(2)然而 Schmidhäuser 同时还论及了法秩序的“现实效力”(aktuelle Geltung)。其指出,法秩序的“现实效力”本身具有其优先地位。只有能够被评价为直接针对一个“共同参与并且给社会生活带来和平的力量(Kraft)”的侵害,才属于(《德国刑法典》第 32 条的)不法侵害。儿童的举止并非一律视为不法侵害,因为其并不一定侵犯了法秩序的效力。① 从结论上来看,采取“现实效力”与“经验效力”的表述并无太大区别。实际上,法秩序防卫的目的正是通过“对于不法侵害进行防卫,强化了侵害人所侵犯的行为规范的经验上的妥当性,进而维持了法在事实上的控制能力”这样的方式实现的。② 这说明“经验效力”和“现实效力”并不矛盾。

类似观点认为正当防卫捍卫的是法秩序的“实际效力”(faktische Geltung)。如 Otto 指出,防卫人不仅捍卫了其个人法益,而且总是捍卫了法秩序的“实际效力”。③ 或认为,法确证的内容在于“法的俨然性”之确证。亦即,法是俨然不可侵犯的,如果法的不可侵犯性受到了损害,则“法的自我保全”意味着法秩序通过将防卫行为正当化来积极地表明“法的俨然性”。④ 我国也有学者将 Schmidhäuser 主张的“现实效力”(aktuelle Geltung)译为“实际效力”。⑤ 但是从语义上来看,两者仍然存在细微差别:“现实效力”是“现实的经验效力”,强调效力存续的“时间性”与“即时性”;“实际效力”则强调效力作用的“真实性”“具体性”,亦即在不法侵害实施时点的实定法条文中的具体规范效力“确实存在”。

---

① Vgl. Eberhard Schmidhäuser, Einführung in das Strafrecht, 2. Aufl., 1984, S. 186.

② アルミン・エングレンダー(Armin Engländer)(増田豊訳)「正当防衛を法秩序の防衛として捉えることは可能か」法律論叢 86 巻 1 号(2013 年)308 – 309 頁参照。

③ Vgl. Harro Otto, Grundkurs Strafrecht Allgemeine Strafrechtslehre, 4. Aufl., 1992, S. 112f.

④ 明照博章『正当防衛論の構造』(成文堂,2013 年)12 頁参照。

⑤ 参见徐万龙:《正当防卫中法确证原则之批判》,载《环球法律评论》2021 年第 1 期。

本文认为,法秩序的"经验效力""现实效力""实际效力"等论述侧重点不同,但是并不矛盾:不法侵害一方面,对法共同体成员的经验认知产生了冲击:法共同体成员确信法秩序的有效性,因此法秩序通常会被共同体成员所遵守和维护,但个别的不法侵害却导致了"经验效力"在现实中的例外;另一方面,不法侵害人在事实上也与刑法规范对于行为人施加的禁止或命令的行为指令相抵触,法规范所蕴含的内容并未在其行为中得到贯彻,因此可以说对法规范在针对不法侵害人该次行为之关系上的"实际效力"也造成了损害,并未成功发挥通过预先设立行为规范指引行为实施的功能。

(3)还有观点认为法秩序维护的内容在于对法秩序的"规范效力""规范妥当性"(normative Geltung)的维护。如伊东研祐认为,法确证正是为了确保构成社会(伦理)秩序的规范的妥当性。[①] Bitzilekis 指出,法秩序是指值得保护的法益在法律上形成的秩序状态,对法秩序的破坏指的是法益被违法地侵害,换言之,法主体的行为违反了命令或禁止规范的场合。[②] 而进一步地,不法侵害不仅在当时违反了相关的规范,而且还违反了那一规范所从属的整体规范体系,换言之违反了整体法秩序,对规范的妥当性产生了威胁。[③] 对此,反对法确证原则的学者指出,"现实世界中的不法侵害,根本不可能对法秩序或法规范的规范效力产生影响,相对应地,法的规范效力也无需正当防卫来维护"。[④]

根据凯尔森的论述,应当区分规范的"效力"(efficacy)与"实效"(validity),前者意味能够假定其对于所调整的人具有约束力,后者则意味着人们实际上就像根据法律规范规定的那样而行为,即使在法律规则缺乏实效的情况下仍然是有效力的。[⑤] 由于法秩序的"规范效力"

① 伊東研祐『刑法総論』(新世社,2008 年)155 頁参照。

② Vgl. Nikolaos Bitzilekis, Die neue Tendenz zur Einschränkung des Notwehrrecht, 1984, S. 56, 61.

③ Vgl. Armin Engländer, Grund und Grenzen der Nothilfe, 2008, S. 10.

④ 徐万龙:《正当防卫中法确证原则之批判》,载《环球法律评论》2021 年第 1 期。

⑤ 参见[奥]凯尔森:《法与国家的一般理论》,沈宗灵译,中国大百科全书出版社 1996 年版,第 31 ~ 32、42 页。

通常被理解为整体法秩序的效力,更接近于前者,而“现实效力”“实际效力”则更接近于后者。即使违法者的行为抵触了规范,也不意味着具有普遍适用性的规范体系本身的失效。但是不法侵害至少使得法秩序在局部的、具体的事件中失去了其行为规范层面的规制力,亦即“相对于违法者该次行为的关系上”的失效。正当防卫则以一种“带有制裁效力的”容许规范形式验证了规制不法侵害的行为规范(乃至整体法秩序)仍然具有其有效性。这种形式上的制裁效力的发挥是手段,实质上恢复国民对规范效力的信赖以及向不法侵害人再度宣示规范的存在才是法秩序维护的目的所在。有观点认为法确证原则“不当地将容许规范的内容和效力加以分离,将后者作为正当防卫的独立基础,无视容许规范效力是容许规范内容获得证立后的反射效果,导致未经说理而任意预设结论”。[①] 这种观点将法确证作为“容许规范效力”本身的维护。但是容许规范在其内容中便包含对于其他行为规范效力的肯定,因此法确证并非对容许规范本身的维护,而是通过容许规范的适用对于其他行为规范效力的维护。

综上所述,作为不法侵害之反制力的法秩序维护,应当理解为通过具体行为规范效力(经验效力、现实效力、实际效力)的效力维护,从而间接实现了整体法秩序的效力(规范效力)维护。通过容许规范的设立与容许行为的实施,使不法侵害对具体行为规范的单次效力侵害获得反制,规范在法共同体意识中的经验通常性、规范效力存续的时间性乃至规范效力作用的真实性得到重新捍卫。

2. 作为特殊预防或一般预防效果的法秩序维护

认为正当防卫的正当性来源于对于否定法秩序之不法侵害的再度否定,带有黑格尔学说的等价报应色彩。而与上述体现报应刑色彩的观点相对,也有学者主张用预防效果的发挥作为法秩序维护的内容。Jakobs 在刑罚论中将刑罚的任务定位为积极的一般预防。[②] Roxin 则

---

① 周漾沂:《正当防卫之法理基础与成立界限:以法权原则为论述起点》,载《台大法学论丛》2019 年第 3 期。

② Vgl. Günther Jakobs, Strafrecht Allgemeiner Teil, 2. Aufl., 1991, S. 13/Rn. 14.

明确将正当防卫根据中的法秩序维护与一般预防相关联，认为其能够有效地遏制一般人实施不法行为。①

然而，本文认为将预防效果的发挥作为法秩序维护的内容仍然混淆了正当化的根据和正当化的效果。正当防卫所发挥的预防效果可划分为针对不法侵害人本人的特殊预防以及针对第三人的一般预防，但是两者均无法作为正当防卫的正当化根据。虽然有观点认为，法秩序的经验有效性和一般预防性其实互为表里关系，无本质区别，②但是"经验效力"和"现实效力""实际效力"分别是既已形成的法共同体经验认识中的规范效力和实定法所蕴含的行为规范的效力，而法秩序维护的预防效果则是一种尚未获得的潜在影响，不宜将实然层面的正当化根据和应然层面的预防效果相混同。

(1)能否将防卫行为产生的对于侵害人自身的特殊预防效果作为正当防卫的正当化根据？换言之，能否认为正当防卫通过威慑不法侵害人，使其本人不敢再次实施不法侵害，进而赋予防卫行为正当性？实际上正当防卫的特殊预防效果本身存疑：通常不法侵害人在实施侵害之前便对遭受反击存在预见可能性，然而不法侵害的形成恰好说明了侵害人并未因为刑罚的威慑效果而停止侵害，这一现实情况本身便对刑罚的特殊预防效果产生了疑问，而威慑效果较刑罚更为轻缓的正当防卫亦复如是。③ 此外，特殊预防也难以说明在极端情况下杀死不法侵害人的正当性：因为在诸多情况下不需要杀死侵害人便可以制止犯罪并阻止侵害人再次犯罪；而终局性地杀死不法侵害人也意味着不法侵害人再也无法对于规范进一步做出反应，因此"提高了侵害人在将来遵守规范的盖然性"也无从谈起。

(2)能否将防卫行为产生的对侵害人以外第三人的一般预防效果

---

① Vgl. Claus Roxin/Luís Greco, Strafrecht Allgemeiner Teil, 5. Aufl., Bd. 1, 2020, S. 767/Rn. 2.

② 参见欧阳本祺：《论法确证原则的合理性及其功能》，载《环球法律评论》2019年第4期。

③ 山本和輝『正当防衛の基礎理論』(成文堂，2019年)43頁参照。

作为正当防卫的正当化根据？消极的一般预防论强调刑罚对于潜在犯罪人的威慑作用；而积极的一般预防论主张通过指导公众的行为，确立公众对于规范的认同、尊重，进而预防犯罪。正如“刑罚之于守法公民，则主要表现为鼓励，这是一种肯定的功能，其结果在于强化公民的守法意识”。[①] 本文认为，将对第三人的一般预防效果作为法秩序维护的效果之一是妥当的，然而这并非法秩序维护的本质。通过对于不法侵害人实施正当防卫，彰显了“正（权利）无须向不法让步”的理念，确实能够使得一般公众的规范意识得到增强，但是这种效果并非防卫行为正当化的理由所在，而正是个人主义论者所批判的“反射效果”。此外，将一般预防效果作为正当防卫的正当化根据还需要妥善解决刑罚与正当防卫的共性和差异。虽然防卫人对侵害人实施正当防卫和国家对犯罪人实施刑罚处罚并不冲突，但是两者在实现主体、实现时间、实现方式等事实层面仍然存在差别。就算认为一般预防作为刑罚的目的有其合理性，也不能当然地将其作为正当防卫的正当化根据。换言之，正当防卫与刑罚两者在效果上的一致性，并不能说明两者在正当性上的一致性。

(四)个人保护与法秩序维护的关系：重叠、择一与消涨？

二元论仍需阐明的关键问题是个人保护和法秩序维护的侧面究竟是什么关系、两者分别具有何种地位。在此问题上，衍生出对“二原则并存说”“二原则扬弃说”乃至“重叠关系”“择一关系”“动态相互作用关系”的探讨。

1.“二原则并存说”“二原则扬弃说”

(1)“二原则扬弃说”希望从根本对立的两个侧面中得出共通的原理。其中，强调法秩序保护优先性的观点认为，自我防卫是通过自己法益的保护而保护了法秩序，而紧急救助是为了通过他人法益的保护而

---

① 陈兴良:《规范刑法学》(第 4 版)，中国人民大学出版社 2017 年版，第 303～304 页。

保护了法秩序。进一步地，在刑法将为了自己和他人实施的防卫规定在同一条文内的基础上，两者的共通之处就在于对于国家、社会亦即法秩序的保护。① 但是正如我国学者指出的，上述观点可能会倒向超个人主义一元论的侧面。②

强调个人保护优先性的观点则认为，通常情况下个人法益与社会法益是相并列的两种不同法益，而二元论则并非将个人法益与法秩序相并列，而是将法秩序隐身于个人法益之后，正当防卫在保护个人法益的同时还具有维护法秩序的功能。③ 或者一方面认为“法确证的利益”属于客观的（外部的）利益，另一方面又认为其属于“可以还原为个人法益保护”的利益。④ 也有观点在主张一元论的同时又认为正当防卫中的“法确证”并不仅仅意味着法秩序规范效力的维持，而是同时包含具体的自由领域的维持，在此意义上可谓是“法・权利的确证”，社会权的侧面和个人权的侧面不可分地结合。⑤ 但是，细究上述观点，实际上是将法秩序维护作为个人权利保护的附随效果。如果非要在二元论的两种异质侧面中寻找根源，最终将会倒向其中一方，或者认为其中某一侧面是另一侧面的思考前提，因此“二元论扬弃说”无法贯彻。

（2）“二原则并存说”认为正当防卫在实现了自我保全的同时也表明了法秩序属于不可动摇的存在。但若只是简单地将两方面相加，或者将二原则的并存作为一个结论，则会同时面临针对个人主义或超个人主义侧面的独自的批判。因此，需要加以细化，在此基础上探讨两者所占比重如何。

“等价论”认为，二元论内部两个不同侧面占据同等权重，如奥地利刑法学界主流观点将权利保护和法确证作为两个“等价的”正当防

---

① 津田重憲『正当防衛と緊急救助の基本問題』（成文堂，2012 年）183 頁参照。

② 参见徐万龙：《正当防卫中法确证原则之批判》，载《环球法律评论》2021 年第 1 期。

③ 参见陈兴良：《正当防卫教义学的评析与展开》，载《中国刑事法杂志》2021 年第 2 期。

④ 内藤謙『刑法講義総論（中）』（有斐閣，1986 年）329－330 頁参照。

⑤ 飯島暢『自由の普遍的保障と哲学的刑法理論』（成文堂，2016 年）169 頁参照。

卫根据,认为防卫人并非仅仅防卫了其个人的利益,还同样捍卫了整体法秩序。① 还有学者指出,对保护公共法益的行为规范的违反,以及对保护个人法益的行为规范的违反,对于法秩序的经验妥当性的动摇程度基本相同。②

"差别论"则认为二元论内部两个不同侧面并非等量齐观,而是参差不齐。Eser 指出,个人利益的保护与法确证并不一定要以同样的程度存在,因为在具体事例中,随着自己保全的利益和法确证的利益中任意一方的降低,即使不意味着防卫权的欠缺,也可能导致对防卫权的限制,这种讨论使正当防卫的根据和正当防卫的各个要件产生了关联。③ Kaspar 则主张"不对称的"二元论,认为自卫权的核心在于个人权利保护,而法秩序维护则起到了调节其界限的作用。④

如果认为任何正当防卫情形中个人主义侧面与超个人主义侧面所占的权重均相同,将无法解释捍卫个人权益行为和捍卫国家权益行为在存在论上的区别:我国刑法承认纯粹为了公共利益而实施的防卫行为,而与纯粹为了个人利益的防卫行为相比,两者在权益保护和秩序维护效果上显著不同,据此"差别论"相对更为合理。

2. "重叠关系""择一关系""动态相互作用关系"

以"二原则并存说"为基础,探讨两者在逻辑顺位上孰者为先,则会涉及对"重叠关系""择一关系""动态相互作用关系"的探讨。

(1)"重叠关系"认为防卫行为在保护个人权利的同时保护了法秩序。有观点指出,在任何通过正当防卫的正当化中,个人保护与法确证

---

① Vgl. Helmut Fuchs, Österreichisches Strafrecht Allgemeiner Teil I, 7. Aufl., 2008, S. 150/Rn. 9.

② アルミン・エングレンダー(Armin Engländer)(増田豊訳)「正当防衛を法秩序の防衛として捉えることは可能か」法律論叢 86 巻 1 号(2013 年)310 頁参照。

③ アルビン・エーザー(Albin Eser)(西原春夫監修)『違法性と正当化－原則と事例－』(成文堂,1993 年)20 頁参照。

④ Vgl. Johannes Kaspar, Die Strafbarkeit der aufgedrängten Nothilfe, JuS 2014, S. 772.

必须同时发生效力。[①] 这意味着只有在自我保全和法确证两方面都被认可时正当防卫才能成立,而只要两个侧面中一方欠缺,则不能认定正当防卫。该说面临的问题是,如果个人权利没有同时受到侵犯,则不允许为了捍卫国家、集体利益而进行防卫。这将使二元论相对于一元论的优势之一丧失:在退避方式能够更好地保障个人法益的场合下,如果基于个人法益保护的观点则并无必要实施防卫行为,但是二元论则仍然允许实施防卫行为。[②] 此外,我国刑法中的"国家利益""公共利益""本人的人身、财产和其他权利""他人的人身、财产和其他权利"等法益明显处于并列而非从属关系,因此该说在我国不具有实定法基础。

(2)"择一关系"则认为只要防卫行为保护了个人权利或者保护了法秩序之一,即可以正当化。换言之,认为个人主义侧面和超个人主义侧面均可以独立证成正当防卫的正当性。如 Herzog 认为,防卫权在"两方面的利益或者至少诸利益之一遭受显著侵害的场合"得到承认。[③] 但是,择一关系在逻辑上会导致二元论的崩塌:如果个人主义侧面或超个人主义侧面均能独立作为正当防卫的正当化根据,那便没有二元论的存在空间;如果承认得出同样结论的两种异质侧面能够并存,则不可避免地会出现二律背反的现象。

(3)上述"重叠关系""择一关系"均是静态地看待二原则的内部关系,然而"动态相互作用关系说"认为,只要个人保全与法确证原理共同作用的"合计值"达到认定正当防卫所必要的程度即可,那一合计值如何计算、其内部比例并不重要。例如,假设"合计值"达到 100 为正当防卫的行使条件,那么无论个人保全和法确证是"50:50""40:60"还是"1:99"均无妨,即其中任何一方均未单独达到正当防卫成立所必要的

---

① Vgl. Claus Roxin/Luís Greco, Strafrecht Allgemeiner Teil, 5. Aufl., Bd. 1, 2020, S. 768/Rn. 3.

② アルミン・エングレンダー(Armin Engländer)(増田豊訳)「正当防衛を法秩序の防衛として捉えることは可能か」法律論叢 86 巻 1 号(2013 年)309-310 頁参照。

③ Vgl. Felix Herzog, in NK-StGB, 3. Aufl., 2010, § 32, Rn. 100.

程度。①

本文认为,二元论在功能上的灵活之处便在于,个人保护和法秩序维护的两个侧面所占比重并非固定,而是呈现出动态的特征。可以根据社会的不同需要加以调整,进而在防卫限度判断中得出合理的结论。随着社会现实情况的变化与社会现实的需要,二元论内部的个人保护侧面和秩序维护侧面处于动态调整的关系之中,因此关于二元论内部并不存在固定"配比关系"的论述有其合理之处。从我国当前的现实需要来看,需要担忧的并非对个人权利保护的扩张,而是对个人权利保护的不足。在此意义上,我国当前正当防卫制度的根据宜采取的并非"强国家主义"的二元论,而是侧重于个人权利保护的二元论。

五、余　论

由于我国刑法明文规定了可以为公共利益实施防卫行为,而在我国语境下国家利益和公共(集体)利益仍然存在区别,这便为探寻个人、国家以外层面的正当性根据提供了可能性。近来有学者试图从个人保护和法确证原则之外另辟蹊径,借鉴"法权"思想来论证正当防卫的正当化根据。但是,如果"法权"指的是法定权利,则仍然是个人权利保护的体现,常被个人主义论者援引的康德哲学中也有"法权"的论述。如果"法权"指的是法秩序,那么就和法秩序维护说并无二致。倘若不能赋予"法权"独特的含义,那么这种讨论便没有跳出个人主义和超个人主义的框架。对此有观点指出法权并非过渡至法律状态下经过实定法而创设出来,而是已经存在于无国家、无实证法的自然状态……这种法权与霍布斯理论中的"无法权的自然状态/有法权的法律状态"的互斥关系不同。正当防卫原本是先天的自然权利,但这种自然权利

① Vgl. Rafael van Rienen, Die „sozialethischen" Einschränkungen des Notwehrrechts: die Grenzen privater Rechtsverteidigung und das staatliche Gewaltmonopol, 2009, S. 140.

不会因为进入法律状态而消失不见,而是被包含在法律状态之中。[①]类似的"多元阶段说"从个人层面、社会层面与法秩序层面分别寻找正当防卫的正当化根据,主张个人层面上的正当化根据在于人类的自我保全本能,社会层面上则是目的的适当性、法秩序层面上则是法的确证性。[②] 然而个人主义或超个人主义之外的视角能够保持其独立性吗?自然状态之下形成的人际关系能够被评价为一种法律关系吗?实际上,若无界定行为正当与否的规范,行为的正当性便缺乏评价的基准。正如"个人行为之正当与否,并不在于他的动机如何,不在于行为的结果如何,也不在于行为本身,而在于这种行为是否遵循规则,正是这个规则为人的行为划定了一个界限"[③]。

有学者认为我国正当防卫制度面临的症结并不在于法教义学的建构不足,而在于司法的异化。[④] 本文不否认正当防卫制度适用中出现了异化现象,但并不认为正当防卫教义学的建构已经足够成熟。如在防卫限度的讨论上止于"基本相适应说""必需说""折中说"的争论,而不细致区分"事前判断—事后判断"的判断视角或"事实判断—规范判断"的判断层次。本文开头指出了正当防卫探讨中的三条主要脉络,其中正当化一般根据和正当防卫根据是一般与特殊的关系,正当防卫之根据和正当防卫的成立条件则位于抽象和具体的不同维度。前一问题的解答是后一问题的基础,后一问题的解答在一定程度上折射出前一问题的立场。有关正当防卫根据的探讨,无法当然得出防卫限度判断的具体方法。对此问题,有待进一步探讨。

---

① 参见周漾沂:《正当防卫之法理基础与成立界限:以法权原则为论述起点》,载《台大法学论丛》2019 年第 3 期。

② 関哲夫『講義刑法総論』(第 2 版)(成文堂,2018 年)179 頁参照。

③ 高全喜:《法律秩序与自由正义》,北京大学出版社 2003 年版,第 56 页。

④ 参见劳东燕:《正当防卫的异化与刑法系统的功能》,载《法学家》2018 年第 5 期。

On the Foundation of Self-defense

—A Critical Clarification of Dualism

Liu Yingkai

[**内容摘要**]正当化事由的一般根据与正当防卫的正当化根据是一般和特殊的关系,但正当防卫的正当化根据和正当防卫的成立条件是抽象与具体的不同问题。在正当化事由一般根据上呈现的"多元发散"现象为正当防卫根据上的多元论奠定了基础。优越利益原则并非正当化根据,而是解决利益冲突情况下的方法论,只应作为防卫限度要件的判断基准之一。个人主义一元论具有逻辑一致性,但与我国实定法存在冲突,不法侵害人的"可归责性"只能作为有限放宽防卫限度的解释原理。我国正当防卫制度根据在于结合个人权利保护与法秩序维护的二元论,然而应当实现从侧重秩序维护向侧重权利保护的内部转变。法秩序维护说的核心在于行为规范的实效确证,而非整体法秩序的效力维护或预防效果的发挥。通过二元论内部两侧面的动态调整,可以为正当防卫要件的设定提供合理的解释结论。

[**关键词**]正当防卫根据;优越利益;个人权利保护;客观归责;法秩序维护

Abstract:The foundation of justification, foundation of self-defense, and elements of self-defense are different questions. Dualism on the foundation of self-defense is determined by pluralism on the foundation of justification. The principle of superior interests is not a foundation, but a methodology for resolving conflicts of interest and one of the criteria of judging self-defense extent. Individualism on foundation of self-defense has its logical consistency, but conflicts with Chinese criminal law. The "attributability" of the attacker could only explain the extent of self-defense, but not a justification. The foundation of self-defense in Chinese criminal law is dualism which combines personal-rights-protection and legal-order-maintenance. However, an internal transformation from focusing on legal-order-maintenance to personal-rights-protection should be accepted. The maintenance of legal-order is to confirm the actual effect of behavior norms, rather than maintenance of the overall legal-order or prevention effect. A reasonable explanation conclusion for setting self-defense elements can be provided by adjusting two factors of dualism.

Keywords: foundation of self-defense; superior interests; personal-rights-protection; objective imputation; legal-order-maintenance

我国刑罚体系的缺漏与完善*

刘　强**　邱帅萍***

目　　次

一、问题提出

“自党的十一届三中全会提出‘加强社会主义法制建设’以来，我国的惩罚体系不断完善，为建立良好的社会秩序提供了基本保障。”①《刑法》自 1979 年首次颁行以来，历经 1997 年的整体修订，及此后相继出台的 12 部刑法修正案的局部修订，罪刑规范数量与日俱增，进而为国家借助刑罚防范和治理法益侵犯行为，提供了有力的规范支撑。与

* 本文系国家社科基金项目“基于统一法秩序的预防性惩罚机制构建研究”（项目编号 21CFX070）阶段成果。

** 安徽财经大学法学院讲师。

*** 湖南科技大学法学与公共管理学院院长，教授，硕士生导师。

① 时延安：《犯罪化与惩罚体系的完善》，载《中国社会科学》2018 年第 10 期。

罪名数量的适时调整相对的,是关于刑罚种类的规定,除条文序号变动之外,内容始终如一。考察刑法之外的其他部门法,可以发现其法律责任条款的设置都在因时而变。例如,1986 年《民法通则》确立了十类基本的民事责任承担方式,虽然 2009 年的法律修订并未涉及该项内容,但 2017 年出台的《民法总则》,不仅新增"继续履行"的责任承担方式,还正式将"惩罚性赔偿"引入民事责任范畴。此后,2020 年发布的《民法典》维持这一修订。行政法领域同样优化了行政处罚的种类。1996 年制定的《行政处罚法》,以"列举 + 概括"的方式确立了行政处罚种类"6 + X"的格局,虽然 2021 年法律修订将其调整为"5 + X"的格局,但却新增了"通报批评""降低资质等级""限制开展生产经营活动"等多项惩罚措施。诚然,作为犯罪行为结果的刑罚,具体表现为对犯罪人特定资格、财产、自由等权益的限制或者剥夺,甚至是对生命的剥夺,其突出的严厉性特征,难免让人敬而远之。但对于刑罚体系结构优化的回避,却让刑罚在社会情势变化所带来的挑战面前暴露短板,概言之,"不仅仅在立法中存在惩罚结构漏洞,而且在法律实施过程中存在惩罚运用漏洞"①。"为了惩罚犯罪,保护人民",作为手段的刑罚理应顺时而变、优化调整,如何实现刑罚体系的优化就成为需要解决的理论命题。

二、刑罚体系的缺漏检视

"现代刑法之所以处罚特定行为,乃因该行为和人类和平共同生活的规则互不相容。"②科学技术的颠覆性发展,为经济社会的快速发展注入强劲动力,并拓展人类共同生活的领域,信息网络技术发展促成"双层社会"的形成便是一例。在此背景下,必然需要扩容维系人类和平共同生活的规则,以延展至新的人类共同生活领域。于是便有《生物安全法》《数据安全法》等新法的陆续出台。截至第十四届全国人大

---

① 李牧:《法律惩罚结构中的冷热机制及其运用》,载《江海学刊》2017 年第 2 期。

② 林钰雄:《新刑法总则》,中国人民大学出版社 2009 年版,第 7 页。

常委会第九次会议闭幕,我国现行有效法律已达 302 件。[①] 然而,古今中外的法治实践已经充分证明“徒法不足以自行”。作为维护人类和平共同生活规则之手段的刑罚,也毋庸置疑地需要向新的领域伸出“触角”。例如,《刑法修正案(七)》关于非法获取计算机信息系统数据、非法控制计算机信息系统罪的增设;又如,《刑法修正案(十一)》关于非法采集人类遗传资源、走私人类遗传资源材料罪的增设;等等。刑罚规模的扩张有目共睹,在平均每两年一个修正案出台的修订速率下,现行刑法罪名数量已经达到 483 个。[②] 日渐严密的刑事法网,在为人类社会和平共同生活规则的维护,提供愈加坚实的制度性保障的同时,却也暴露出刑罚体系自身的缺陷和漏洞。

(一)刑罚配置存有疏漏

1979 年颁行的《刑法》第 28 条至第 30 条,明确规定的刑罚种类包括管制、拘役、有期徒刑、无期徒刑、死刑和罚金、剥夺政治权利、没收财产、驱逐出境。由此形成囊括主刑与附加刑的“5 + 4”刑罚体系,并沿用至今。尽管“法律不是嘲讽的对象”,但就当下社会治理的实践而言,既有的刑罚配置确有疏漏。

一是附加刑驱逐出境的适用规则缺失。在经济全球化背景下国际人口流动日益频繁,据统计,2022 年全国出入境人员达到 1. 157 亿人次,其中外国人出入境 447. 3 万人次[③]。尽管受新冠疫情全球传播的影响,与 2019 年 9767. 5 万外国人出入境不可同日而语,但每年数以百万计的外国人出入境,在彰显我国高水平对外开放格局的同时,也不可

① 《现行有效法律目录(302 件)》,载全国人大网,http://www. npc. gov. cn/npc/c2/c30834/202404/t20240428_436889. html,最后访问时间:2024 年 5 月 30 日。

② 参见王志祥、融昊:《我国犯罪圈扩张的趋势及其合理控制——以醉驾的刑法治理为切入点的思考》,载《苏州大学学报(哲学社会科学版)》2022 年第 1 期。

③ 参见《国家移民管理局发布 2022 年移民管理工作主要数据》,载国家移民局官网 2023 年 1 月 17 日,https://www. nia. gov. cn/n741440/n741567/c1562025/content. html,最后访问时间:2023 年 3 月 30 日。

避免地埋下了在华外国人犯罪的隐患。刑罚体系中专门适用于外国人的驱逐出境,作为应对外国人犯罪的"中流砥柱",理所当然地被"寄予厚望"。然而,令人遗憾的是,《刑法》第35条"仅说明对于犯罪之外国人可适用驱逐出境,但对于驱逐出境的时间长度却未说明"①。在驱逐出境之外的另三类附加刑之间,存在类似于继续犯与状态犯之间的区别,具体而言,罚金、没收财产类似于状态犯,至罚金或者财产收缴完毕,刑罚即告终了;剥夺政治权利则类似于继续犯,只有宣告的期限届满,刑罚才算执行完毕。正因如此,《刑法》第55条、第57条第2款规定了剥夺政治权利期限的上下限。驱逐出境的核心,在于"剥夺犯罪外国人在中国居留或停留的资格"②。从刑罚的效果而言(犯罪人丧失居留或停留在中国的资格),驱逐出境有别于罚金和没收财产,而应与剥夺政治权利类似。如果驱逐出境的刑罚执行终了于犯罪外国人出境之时,那么该外国人旋即可以再次入境(假设满足相应条件),如此一来,刑罚执行如同儿戏,刑罚威严将荡然无存。事实上,驱逐出境并不仅限于刑罚范畴,同样存在于行政处罚领域。《治安管理处罚法》第10条第2款规定,对违反该法的外国人可以附加适用限期出境或者驱逐出境;《反间谍法》同样规定国家安全部门可以将违反该法的外国人驱逐出境,并明确规定"自被驱逐出境之日起十年内不准入境"。既然作为行政处罚措施的驱逐出境,都要求处罚效果保持相当期限,那么作为更为严厉的刑罚措施的驱逐出境,其刑罚效果就不可能仅限于犯罪外国人出境的具体时刻。"虽然根据刑法规定,驱逐出境可以独立适用,但由于没有具体的适用标准,司法实践中鲜见对犯罪的外国人独立适用驱逐出境。"③由此一来,附加刑驱逐出境自是难以在外国人犯罪治理实践中"施展拳脚"。

二是规制单位犯罪的刑罚种类单一。随着社会主义市场经济繁荣

---

① 杜少尉:《我国刑事驱逐出境完善研究——以国家安全为视角》,载《法学杂志》2020年第8期。

② 贾佳:《驱逐出境刑的现状及完善》,载《人民论坛》2014年第26期。

③ 田刚:《我国驱逐出境制度的冲突与调适》,载《人民检察》2016年第17期。

发展,作为拟制刑事责任主体的单位,越发成为社会治理的重要内容,第四次全国经济普查统计,到 2018 年年末全国已有法人 2178.9 万个。[①] 数量巨大的法人单位,凭借其市场主体资格掌握着庞大的社会资源,使滥用其市场主体资格实施单位犯罪的情势越发严峻。尽管《刑法》第 31 条明确以判处罚金的形式追究单位刑事责任,但是"罚金刑在我国刑罚体系中属于附加刑,对单位仅适用单处罚金,未规定其他刑罚或者相关的保安处分措施,这与单位犯罪行为的复杂性和后果的严重性极不相符"[②]。不可否认,刑法以自然人为一般犯罪主体进行制度构建,单位作为拟制主体,仅在刑法有明确规定的情形下承担刑事责任,而且客观上单位也不可能实施诸如强奸、抢劫等严重犯罪。所以刑法并未对单位犯罪配置徒刑、死刑等以限制或者剥夺人身自由、生命权为内容的刑罚措施,但这并非意味着单位犯罪的危害性程度就一定低于自然人犯罪。例如,在帮助恐怖活动罪中,单位向恐怖组织资助 1000 万元,个人向恐怖组织资助 1 万元,毫无疑问单位对恐怖活动提供的"帮助"作用更加突出,基于罪责刑相适应的原则要求,理应承担更重的刑事责任。然而,《刑法》第 120 条之一规定,对自然人最高可以判处 5 年以上无期徒刑,并处罚金或者没收财产,对单位却仅能判处罚金。缺乏针对单位犯罪的多元刑罚措施,制约了既有刑罚体系回应单位犯罪的能力,"不仅是缺乏对犯罪单位的对称性惩罚,更重要的是难以起到预防效用"[③]。

---

① 参见《第四次全国经济普查公报(第七号)》,载国家统计局官网 2019 年 11 月 20 日,http://www.stats.gov.cn/sj/zxfb/202302/t20230203_1900530.html,最后访问时间:2023 年 5 月 5 日。

② 王志远、邹玉祥:《刑事合规视域下单位犯罪刑事治理的检视与完善》,载《甘肃社会科学》2020 年第 5 期。

③ 向准、乌画:《我国财产刑扩张下的资格刑发展》,载《华侨大学学报(哲学社会科学版)》2016 年第 1 期。

(二)刑罚与其他法律责任衔接不协调

刑罚之于社会治理不可或缺的关键性地位毋庸置疑,但刑罚对于犯罪的痛苦性,以及附随刑罚而来的诸多副作用,要求刑罚遵守最后手段性原则。刑法与前置法衔接协调的命题由此提出。然而,实然与应然之间未能实现统一,刑罚与其他法律责任之间的衔接未能实现完全协调。

一是行政拘留与管制刑的严厉性倒置。刑法之所以能承担保障法律规范有效实施的责任,与刑罚在法秩序中独一无二的严厉性密切相关。尽管黑格尔否定费尔巴哈的心理强制说,认为"如果以威吓为刑罚的根据,就好像对狗举起杖来,这不是对人的尊严和自由予以应有的重视,而是像狗一样对待他"。[①] 但预防作为刑罚重要的目的内容已是不争的事实。借助严厉性的刑罚预防犯罪,以保护维系人类和平共同生活之规则的有效运行,即是刑法保障法律规范有效实施的实现路径。当然,刑罚并非越严厉越好。刑罚必须与犯罪相对称,贝卡利亚也曾指出,针对越轨行为由轻到重构成的阶梯,"需要有一个相应的、由最强到最弱的刑罚阶梯"。[②] 正因如此,既有的刑罚体系存在主刑与附加刑的分野,以及具体刑罚种类由轻到重的阶梯架构。其实,行为与不利法律后果之间的相称性要求,并不局限于刑罚,而是整个法秩序所需遵循的公理。事实上,刑罚与行政处罚以及民事责任之间,在严厉性程度上基本呈现出由重到轻的分布样态。但是在微观视野下,作为行政处罚范畴的行政拘留,与刑罚措施之一的管制刑之间,却存在严厉性倒置的缺陷。一方面,《行政处罚法》与《刑法》之间是前置法与保障法的关系,以及行政拘留与管制刑对人身自由施加影响的共同性,要求行政拘留与管制刑在法秩序内衔接协调;另一方面,根据《行政处罚法》第35

---

① [德]黑格尔:《法哲学原理》,范扬、张企泰译,商务印书馆2017年版,第118页。

② [意]贝卡利亚:《论犯罪与刑罚》,黄风译,中国法制出版社2002年版,第76~77页。

条关于行政拘留与拘役、有期徒刑折抵的规定,以及《刑法》第 41 条、第 44 条、第 47 条关于判决执行前先行羁押时间折抵比例的规定,可知行政拘留对人身自由的影响程度明显强于管制刑。“这种‘违法行为’的最高处罚和‘犯罪行为’的最低处罚之间明显出现偏差,无法衔接,造成事实上的司法不公现象。”①

二是罚金刑与惩罚性赔偿的衔接规则不明。“民法是调整平等主体之间人身关系和财产关系的私法,损害赔偿作为民事责任的一种,只能以私权的救济和补偿为己任,断不可涵括具有公法性质的惩罚性责任形式。”②然而,公法和私法二元划分的严格界限,因为惩罚性赔偿制度的发展,开始变得模糊。“我国属于大陆法系,一直以来在民事赔偿领域奉行的是填补原则”。③ 但是自从 1993 年出台的《消费者权益保护法》引入惩罚性赔偿制度以来,该项制度已经在我国民事法领域落地生根,《民法典》第 1185 条、第 1207 条、第 1232 条等关于惩罚性赔偿制度的具体规定即是明证。“迥异于传统的损害赔偿制度,惩罚性赔偿的目的或功能不是为了补偿受害人所受损失,而是为了惩罚不法行为人并威慑其他可能实施类似不法行为的人”。④ 可以说,惩罚性赔偿是以私法责任承担的形式实现部分公法的责任效果,是名副其实的“惩罚性”赔偿。既然惩罚性赔偿兼具公法和私法的双重属性,“表现为一方面具有刑法的、犯罪的和公共的属性,另一方面则具有民法的、民事的和私人的属性”。⑤ 那么,在对财产权益施加影响的法律效果上,惩罚性赔偿就与罚金刑之间具有同质性。如此一来,“处于法律理

① 张智辉、洪流:《论让人身自由罚回归刑事司法体系》,载《湘潭大学学报(哲学社会科学版)》2018 年第 4 期。

② 李昌凤:《〈民法典〉时代惩罚性赔偿制度的理论重构与功能实现》,载《河南社会科学》2022 年第 1 期。

③ 李友根:《惩罚性赔偿制度的中国模式研究》,载《法制与社会发展》2015 年第 6 期。

④ 朱广新:《惩罚性赔偿制度的演进与适用》,载《中国社会科学》2014 年第 3 期。

⑤ 王承堂:《论惩罚性赔偿与罚金的司法适用关系》,载《法学》2021 年第 9 期。

性、公平的考虑”,[①]在惩罚性赔偿与罚金刑同时适用的场合,就不能不遵循“一事不再罚”“禁止双重危险”等原则的要求。正是为防止国家惩罚权的滥用,并有效保障个人合法权益,才有《行政处罚法》第35条第2款的明确规定,以契合一事不再罚原则的要求。《刑法》第36条虽然涉及民事赔偿责任,但仅限于确立民事赔偿责任之于罚金刑的优先地位,而根本未有对惩罚性赔偿与罚金刑衔接适用的明确规定。

三、刑罚体系完善的逻辑基础

刑罚体系的缺漏,既在于刑罚本身的配置欠完善,也在于与其他法律责任的衔接失序,进而注定刑罚体系的结构优化,不能只计较“一城一地得失”,还须通盘考量,以确保法律规范体系衔接协调、有序运行。作为公理性原则的法秩序统一性原理,在刑罚体系的结构优化之中,自然而然被委以理论指引的重任。

(一)统一性是法秩序的内在逻辑

由宪法、民法、行政法、刑法等法律部门有机整合而成的逻辑结构体系,应当保持统一性,也即“宪法、民法、刑法、经济法等多个法律部门组成的法秩序内部不能存在相互冲突和矛盾”。[②] 法秩序内在逻辑的统一性,体现在如下两个方面。

一是法秩序的纵向统一。首先,法秩序具有唯一的最高依循。《宪法》序言载明,宪法是国家的根本大法,具有最高的法律效力。[③] 宪法确立国体、政体、公民基本权利与义务等根本性的内容,民法、刑法等部门法均是“根据宪法,制定本法”,在其所调整的具体法律关系范畴

① 金懿、叶小舟:《禁止重复评价原则语境下行政处罚与刑事处罚的衔接》,载《中国检察官》2014年第7期。

② 于改之:《法域冲突的排除:立场、规则与适用》,载《中国法学》2018年第4期。

③ 王世涛:《宪法最高法律效力规范分析》,载《比较法研究》2022年第2期。

中,践行宪法的规范要求。同时,《宪法》第5条第3款明确规定,“一切法律、行政法规和地方性法规都不得同宪法相抵触”。因之,《宪法》为法秩序提供了唯一的最高依循。其次,法秩序呈现金字塔般的阶层结构体系。宪法作为母法,拥有至高的法律地位,自然处于“塔尖”的位置;作为子法的其他法律规范,则依据其效力层级,依次居于不同阶层。概言之,法律的地位仅次于宪法,又高于行政法规、地方性法规、规章;行政法规则居于地方性法规、规章之上;地方性法规较之于本级政府和下级政府规章又更高。为确保“法秩序统一之下的法律,是一个层级高低、处罚力度和内容均有不同但互相配合的有序体系”①,《立法法》还通过第107条,确立了“下位法不得违反上位法”的基本准则。

二是法秩序的横向统一。作为重要的社会治理手段,法律不仅肩负着规范指引社会行为的角色作用,还发挥着定分止争的社会功能。理论上,不同部门法规范,在各自管领的法律关系范畴中,各司其职。但现实情况纷繁复杂,不同性质法律关系的交织具有常态性,具体部门法规范并非孤立适用。不同部门法规范之间能够衔接协调,便成为影响社会治理效果的关键性因素。在不同法律规范之间存在上位法与下位法关系时,基于前述下位法不得违反上位法的准则,直接适用上位法即可。但是,在同等效力层级的法律规范之间,并不存在孰先孰后的适用规则,这就要求具体部门法规范必须在“横向”上,与其他法律规范保持“统一”。换言之,不同部门法所调整社会关系,以及调整社会关系所采用的手段等方面均有不同,但是任一部门法规范对于特定行为的肯定或者否定性评价,必须得到法秩序的一致认同。只有法秩序内全部法律规范百喙如一,才能为法律主体提供可预测的行为规范指引,并确保实现定分止争。特别是,考虑到我国现行有效法律的数量已逾300件,如此规模庞大的法律规范之间如果“各行其是”,社会主体将无所适从。总之,法秩序必须保持统一秩序,并确保“当具体适用某些法

① 王勇:《法秩序统一视野下行政法对刑法适用的制约》,载《中国刑事法杂志》2022年第1期。

律的某些条文时,同时也是在适用法律全体”①。

(二)法秩序统一属于目的论范畴

学界早已达成基本共识,即“法秩序统一性原理具有不可动摇的性质,所有部门法的执行都应当贯彻该原则”。② 但这并不影响学者们对法秩序统一性原理内涵的不同理解,例如,有学者从逻辑、体系、目的三个不同层面理解法秩序统一性原理;③另有观点则基于存在论和目的论的理论分歧来阐明法秩序统一性原理。④ 究其原因,是理论构想与社会现实之间存在不可避免的“落差”。在应然层面,宪法统领之下的全部法律规范,在统一法秩序中“分工明确,权责清晰,各司其职”。但从实然角度而言,“由于现实中并不存在由一个全能视角的抽象立法者来通盘考虑所有法律规范的协调性,不同法域的规范极有可能产生冲突”。⑤ 一则,具体法律规范之间界限的模糊性。经济社会的繁荣发展,孕育错综复杂的社会关系,以社会关系界分为基础的法律部门划分,必然受制于盘根错节的社会关系而藕断丝连,如此就难免“混淆了不同法律关系的性质,造成立法和司法混乱”⑥。二则,即便能够决然划清法律规范之间的界限,也不可能杜绝法律规范之间的矛盾和冲突。例如,民法和刑法对“基于不法原因给付”的态度就存在明显区别,因为民法与刑法目的追求的差异性——“民法以保护平等主体的合法财

---

① [日]京腾哲久:《法秩序的统一性与违法判断的相对性》,王释锋译,甄贞校,载《苏州大学学报(法学版)》2020 年第 1 期。

② 周光权:《法秩序统一性原理的实践展开》,载《法治社会》2021 年第 4 期。

③ 参见王昭武:《法秩序统一性视野下违法判断的相对性》,载《中外法学》2015 年第 1 期;于改之:《法域冲突的排除:立场、规则与适用》,载《中国法学》2018 年第 4 期。

④ 参见陈少青:《法秩序的统一性与违法判断的相对性》,载《法学家》2016 年第 3 期。

⑤ 陈文涛:《犯罪认定中的法秩序统一性原理:内涵澄清与规则构建》,载《华东政法大学学报》2022 年第 2 期。

⑥ 刘诚:《部门法理论批判》,载《河北法学》2003 年第 3 期。

产权为归依,基于不法原因的占有民法上难以进行保护,而刑法以保护法益为目的,认定是否成立犯罪要考虑有无法益侵害存在"①。

在"民刑交叉""行刑交叉"等不同性质法律规范,交叉、竞合适用常态化的趋势背景下,法律规范之间的矛盾和冲突被进一步放大。而对法秩序统一性内涵阐释的莫衷一是,即是对法律规范体系中既存缺漏、矛盾、冲突等现象"容忍度"的差异性反映。存在论意义上的法秩序统一,忽视部门法调整对象、方法差异性的客观实际情况,全然否定法律规范体系中任何矛盾,注定只能是一种理想化的追求。务实的选择应当是,兼顾法律部门之间客观存在的差异性特征,并基于法律规范之间在目的层面的统一性,调和规范之间的矛盾。"法无非是实现社会目的的一种手段这一法所具有的目的论特性,自耶林格以来受到广泛的认可,在刑法理论中,自李斯特以来也同样受到广泛的认可。"②即便具体法律规范所欲实现目的存在差异,例如,民法以平等主体之间的法律关系为调整对象,刑法则是"为了惩罚犯罪,保护人民",也不能否认在宪法统领下,法秩序在目的上的一致性。

(三)预防目的提供刑罚体系完善的契机

"因应社会的多样性发展,作为维系社会秩序、解决纷争、保障人权的法律制度,在不同的法领域亦随之走向多元化、细致化。"③承载着法律规范目的,并保障法律规范有效实施的,包括刑罚在内的法律(责任)制裁措施,也相应发展。前述民事责任承担形式的丰富,以及行政处罚措施种类的扩充便是如此。当然,强制责任主体承担相应法律责任,或者是对特定对象施加制裁措施,其本身所带来的"痛苦性",并不

---

① 陈兴良、周光权:《刑法学的现代展开》,中国人民大学出版社2006年版,第639页。

② 郑泽善:《法秩序的统一性与违法的相对性》,载《甘肃政法学院学报》2011年第4期。

③ 姜涛:《法秩序一致性与合宪性解释的实体性论证》,载《环球法律评论》2015年第2期。

是目的所在。“目的是隐藏在行为背后并支配行为的观念形态,它是行为人实施行为所追求的结果,是行为时所预期的并通过行为的实施所要达到的结果,而不是行为本身。”①在基于调整对象、调整方法的差异性而划分的法律部门之间,无论是目的追求,还是实现目的的手段,当然存在差异性。服务于具体法律部门目的追求的法律责任或者制裁措施,自然而然表现出目的的多元性。且不说刑罚与行政处罚的目的追求,必然因为《刑法》与《行政处罚法》的差异而不同,即便是处在设置和适用不同阶段的刑罚,都在具体目的追求上不尽相同。具体而言,因为立法阶段刑罚设置指向潜在的一般犯罪人,而刑罚裁量和执行是针对具体的被惩罚人而言,所以“在刑事立法上,侧重一般预防;在量刑与刑罚执行上,侧重特殊预防”。②

尽管如此,惩罚性赔偿、行政处罚、刑罚等法律后果所承载的多元目的,仍然能够基于预防目的而实现统一。“法律的基本目的是为公民提供行为规范、给予行为指引,该目的能够整合全体法秩序,实现法秩序的统一。”③法律责任或者制裁措施的作用,即在于表明法秩序对于违法行为的否定性评价,并通过“明码标价”具体违法、犯罪行为的法律后果,引导行为主体基于“价值衡量”而实施适法行为。无论是民事法律领域的民事责任承担,还是行政法范畴的行政处罚,抑或刑罚,本质都是以其不利法律后果,促使行为主体不愿、不能、不敢实施违反法律规范的行为。由此可以确证,即便刑罚、行政处罚、惩罚性赔偿的设置和适用各有其特殊性,但是在预防违法犯罪的目的追求上具有一致性。“根本不可能存在这样的情况,即立法者经特定行为规定为犯罪,却并未因而表现出预防此类(犯罪)行为的意愿与目的。”④因之,鉴于刑罚与惩罚性赔偿、行政处罚等法律(责任)制裁措施,在预防法律规范违反目的上的一致性,法秩序统一性原理,能够为刑罚体系的结构优化提供坚实的理论基础。

---

① 彭辅顺:《刑法目的的若干思考》,载《法学论坛》2009 年第 1 期。

② 张明楷:《刑法学》,法律出版社 2016 年版,第 517 页。

③ 陈少青:《法秩序的统一性与违法判断的相对性》,载《法学家》2016 年第 3 期。

④ 张明楷:《刑法学》,法律出版社 2016 年版,第 510 页。

四、刑罚体系完善的具体展开

“受社会转型时期政治经济文化的深刻变革之影响,刑法日益积极地参与社会治理”①,效果几何则在相当程度上取决于刑罚的保障。因之,优化刑罚体系结构,势在必行。强化犯罪预防,则是刑罚体系完善的目的指引。

(一)齐备刑罚体系配置

刑罚预防犯罪的效果,受诸多因素影响,尤其受刑罚配置的齐备程度影响,所以增益刑罚体系犯罪预防效果,首要在于补足现有刑罚体系配置上的缺漏。

1.补足驱逐出境刑罚适用规则

“驱逐出境属于资格刑,它是对外国人在中国居留资格的剥夺。”②这一刑罚措施的效果,既不在于“驱逐”,也不在于“出境”,而是在于对外国人在中国居留资格的“剥夺”。因为刑法并未规定驱逐出境刑罚适用的时间长度,则理论上驱逐出境刑罚适用的效果,要么是永久剥夺外国人居留中国资格,要么是外国人“出境”即告行刑完毕。显然这两种结论均不具有合理性。一方面,刑罚的设置和适用必须遵循罪责刑相适应的基本原则,不区分犯罪行为的危害程度,而一概永久剥夺犯罪的外国人在中国居留的资格,是与罪责刑相适应基本原则的要求背道而驰。而且,在国际人才交流日益频繁、国际人才竞争越发突出背景下,对驱逐出境的外国人不论罪行轻重一律永久禁止入境,也有损我国对外国优质人才的吸引力。另一方面,既然驱逐出境刑罚效果指向外国人在中国居留的资格,那么将外国人“驱逐出境”就不

① 刘艳红:《我国刑法的再法典化:模式选择与方案改革》,载《法制与社会发展》2023年第3期。

② 陈兴良:《规范刑法学》(第3版),中国人民大学出版社2013年版,第342页。

可能是刑罚执行的完毕,而应当是对外国人在中国居留资格剥夺的开端。如果驱逐出境刑罚以外国人"出境"为终结,则该外国人旋即可以再次申请入境、获得在中国居留的资格,那么驱逐出境刑罚的意义就荡然无存。

"当被剥夺的资格同时也是某种犯罪的潜在条件时,犯罪人在被剥夺该种资格时,似乎更宜起到预防犯罪人再犯的作用。"[①]在华外国人犯罪,当然以居留中国为潜在前提。如果对犯罪人特定资格的剥夺,并不能产生作为刑罚本质的"痛苦性",则不可能寄希望于该刑罚的配置和适用将产生一般预防或者特殊预防效果。换言之,对外国人居留中国资格的剥夺,不能以外国人"出境"为行刑终了,而必须持续相当一段时间,以确保驱逐出境附加刑的适用能够以"痛苦性"回应犯罪的外国人,进而实现犯罪预防的效果。除此之外,明确判处驱逐出境刑罚的犯罪人禁止入境的时间长度,还需要与前置法之间保持协调,以确保刑罚与行政处罚之间保持"轻重有序"的阶层结构体系。至少,在外国人在华实施间谍类犯罪场合,对犯罪人判处驱逐出境附加刑的同时,禁止该外国人再次入境的时间,不能短于10年。

2. 增设单位犯罪刑罚措施

完善单位犯罪的刑罚应对措施,应增设以单位市场主体资格为调整对象的刑罚措施。随着市场经济的繁荣,市场主体数量与日俱增,单位犯罪的数量必定呈现增长趋势,仅以罚金刑作为单位犯罪的刑罚后果,显然不能完全满足预防犯罪的需求,更何况实践中因为"'判而不缴'的现象使罚金刑判决基本上成为一纸空文"。[②]既然单位犯罪本质上是单位滥用其市场主体资格的结果,那么对于单位犯罪最有效的预防,当然是直接指向其市场主体资格的刑罚措施。而且,《行政处罚法》已经规定了以市场主体资格为调整对象的惩罚措施,作为后置法

① 韩宝庆:《资格刑预防再犯功能的审视——基于从业禁止入刑立法考量为视角的展开》,载《东北师范大学学报(哲学社会科学版)》2021年第5期。

② 马琳娜、张明新:《基于刑法修正案罚金刑适用的实证分析》,载《南京社会科学》2020年第2期。

的刑法要保障前置法的实施,就不能缺乏以限制或者剥夺市场主体资格为内容的刑罚,否则刑罚的保障作用无从谈起,也不符合刑罚比行政处罚更为严厉的应然要求。有论者为保障单位罚金刑的执行,主张增设资格刑以反制不积极缴纳罚金的单位,并提出该资格刑并不要求比行政处罚中的资格罚更为严厉。① 对此,笔者持反对态度。增设单位犯罪资格刑,不应是作为罚金刑执行的保障手段,而应作为单位犯罪的刑罚后果。作为刑罚措施的资格刑,理所应当在严厉程度上胜于行政处罚,既然在行政处罚中存在"限制开展生产经营活动"等限制市场主体资格的处罚措施,那么在刑罚体系中甚至可以增设更为严厉的以消灭市场主体资格为内容的资格罚。总之,单位犯罪刑罚应对措施,应当补足以限制或者剥夺单位市场主体资格为内容的刑罚措施,如"降低企业资质""限制企业经营""强令企业关闭"等。

(二)增进刑罚与其他法律责任的衔接

刑罚预防犯罪的效果,不仅受制于刑罚配置的完备程度,还与刑罚与其他法律责任之间的衔接协调与否息息相关。刑法不可能对所有行为进行规制,而必须与其他法律规范分工协作,所以增益刑罚体系预防犯罪的效果,必然对刑法与其他法律责任之间的衔接协调提出更高要求。

1. 消解管制刑以协调行政处罚与刑罚的衔接

对行政拘留与刑罚之间衔接协调性的缺陷,学界几乎一致性地归咎于行政拘留本身。因为,"在人权保障的国际视野中,国家对公民人身自由的剥夺和限制应当由司法权进行决断"。② 行政拘留以剥夺人身自由为内容,由公安机关依照行政程序而适用,无论是对被惩罚者个

① 参见郑祖星:《论单位犯罪的处罚模式——以"单位刑事责任双层论"为视角》,载《华中科技大学学报(社会科学版)》2018 年第 6 期。

② 马讯:《非治安性拘留的理性扩张与法律规制——兼论人身自由罚的法治转轨》,载《行政法学研究》2019 年第 5 期。

人利益还是对司法公正而言都是一种现实威胁。故而学者主张,“那些行政处罚中人身自由罚的措施也就理所当然地要归位其原有的刑事性质,把本属于‘刑事性质’(或‘准刑事性质’)的人身自由罚规制逐步纳入正当化程序,并最终将其‘司法化’”[①]。以行政拘留司法化应对行政拘留与刑罚的衔接问题可谓“釜底抽薪”,但是这或许并非最佳选择。首先,行政程序与司法程序之间的差异性,不代表行政程序无法保障个体合法权益和处罚结果的公正。退一步而言,即便是行政程序周密程度不足,导致行政拘留适用存在风险,那也可以通过行政程序的优化予以应对。其次,行政拘留司法化忽略了行政管理的现实需求。尽管在风险社会背景下,刑法积极主义彰显,但是在社会治理中刑法毕竟居于后置性地位,特别是随着改革开放持续性地深入推进,作为前置法的行政法规的立法、适用必然呈现扩大化趋势,而要保障行政法规的有效实施,强有力的行政处罚措施必不可少。最后,行政拘留司法化必然放大短期自由刑的不利影响。即便可以通过短期自由刑易科罚金、短期自由刑易科社区服务等配套手段相对减缓[②],但是其所带来的犯罪标签效应、大量犯罪前科记录等不利后果终究难以避免。

管制刑为我国所独创,其对于刑罚轻缓化的表征意义毋庸置疑,但是基于该罪适用的客观情况,以及法律惩罚体系法秩序统一性的要求,在法律惩罚体系中消解管制刑,或可助益于行政处罚与刑罚的衔接协调。首先,在法律惩罚体系中消解管制刑,有助于保证行政处罚与刑罚之间“轻重有序”的阶梯式逻辑结构。在法律惩罚体系视域下,“管制为我国最轻的主刑,刑罚的严厉程度介于拘役和单处附加刑之间”,[③]行政拘留作为最严厉的行政处罚措施,其严厉程度或许较之于单处附加刑不遑多让,但是与主刑相比理应更为轻缓。但是以限制人身自由

① 李晓明:《“行政拘留”的扩张与行政刑法的转向》,载《法学评论》2017 年第 3 期。

② 参见刘仁文:《我国行政拘留纳入刑法体系构想》,载《法制与社会发展》2021 年第 5 期。

③ 王云霞、宣喆:《管制刑制度的改造构想》,载《湖南大学学报(社会科学版)》2021 年第 4 期。

为内容的管制刑,较之于以剥夺人身自由为内容的行政拘留而言,在严厉程度上反而是更为轻缓。其次,消解管制刑无损于犯罪治理。“根据现行刑法规定,大约有 28% 的罪名都可以适用管制刑。”①但是管制刑在司法实践中的适用率与其主刑地位并不相称。例如,2021 年全国生效刑事判决涉及 1,715,922 人,其中适用管制刑人数为 3139 人,占比甚至不足 0.2% 。② 刑罚适用率的高低,取决于犯罪数量的多寡,管制刑如此低的适用率,证明相应的犯罪数量之少,故而在刑罚体系中消解管制刑,并不会对犯罪治理产生结构性影响。至于消解管制刑的具体路径,或许可以将之转型为社区矫正,也或许有其他路径选择,在此限于篇幅则不具体展开。

2. 明确惩罚性赔偿与罚金之间的折抵

在惩罚性赔偿、罚金、罚款竞合适用场景下,规避惩罚结果畸轻畸重的关键,在于惩罚性赔偿与罚金、罚款之间能否折抵。对此,学界存在否定论与肯定论的分歧,否定论的观点立足于三者之间性质的区别上,肯定论的观点则落脚于惩罚性赔偿的“公法性”特征上。③ 归根结底,惩罚性赔偿与罚金、罚款能否折抵的分歧,源于惩罚性赔偿本身的特殊性。尽管学界对惩罚性赔偿的功能和特征存在认知分歧,但是“回归惩罚性赔偿制度在我国法治体系中的地位及其目标定位,惩罚和威慑当是其基本功能”④,而“惩罚与威慑通常被视为行政和刑事责任的主要功能”⑤。故此,惩罚性赔偿的“公法性”特征确凿无疑,那么

---

① 王牧、陈丽娜:《中国社会化行刑措施的体系性完善》,载《社会科学战线》2020 年第 9 期。

② 参见《2021 年全国法院司法统计公报》,载最高人民法院网,http://gongbao.court.gov.cn/Details/a6c42e26948d3545aea5419fa2beaa.html,最后访问时间:2023 年 3 月 30 日。

③ 参见邱帅萍:《论罚金与惩罚性赔偿的折抵》,载《湖南科技大学学报(社会科学版)》2021 年第 1 期。

④ 李昌凤:《〈民法典〉时代惩罚性赔偿制度的理论重构与功能实现》,载《河南社会科学》2022 年第 1 期。

⑤ 李艳芳、张舒:《生态环境损害惩罚性赔偿研究》,载《中国人民大学学报》2022 年第 2 期。

对惩罚性赔偿与罚金、罚款之间能否折抵的问题，就应当做出肯定性回答。

尽管惩罚性赔偿的“惩罚”之名名副其实，但是惩罚性赔偿毕竟属于民事责任承担形式之一，属于“赔偿”措施的范畴。即便《行政处罚法》第53条、最高人民法院《关于适用〈中华人民共和国刑事诉讼法〉的解释》(2021年)第523条等关于罚金与罚款的折抵规定，能够为惩罚性赔偿与罚金、罚款的折抵提供参考，但是惩罚性赔偿折抵的特殊性不可忽视。具体而言，惩罚性赔偿与罚金、罚款折抵，以惩罚性赔偿金由私法性质的惩罚性债权转化为公法性质的惩罚性债权为前提，即惩罚性赔偿金因为客观原因归于国库时，惩罚性赔偿的数额应当在罚金、罚款中折抵扣除；反之，在惩罚性赔偿金完全归属于被侵权的个人所有时，其数额不应在罚金、罚款中折抵扣除①。

五、结　　语

社会情势的深刻变革，促使作为后置性保障法的刑法，越来越多地参与社会治理。作为刑法保障手段的刑罚体系，也在这一过程中逐步暴露出短板和缺陷，一方面是刑罚种类、措施配置的缺漏，另一方面是刑罚与其他法律责任之间衔接失序。刑法的再法典化，为刑罚体系结构优化，提供了契机。因为刑罚体系的完善，不仅在于刑罚种类配置的齐备，还在于不同法律规范之间的衔接协调，所以需要遵循法秩序统一性原理的理论指引。即便不同性质法律责任与刑罚之间，在微观目的上存在差异性，但在预防违法犯罪这一目的上并无二致。因此，强化犯罪预防的目的，为刑罚体系结构优化提供统一的方向指引。诚然，刑罚体系的完善只有进行时而没有完成时，补足驱逐出境刑罚适用规则，增设单位犯罪的刑罚种类，消解管制刑以协调行政拘留与刑罚衔接，明确惩罚性赔偿与罚金、罚款的折抵，绝非刑罚体系完善的全部内容，但是预防目的的统一性，能够为刑罚体系完善提供持续的理论指引。

---

① 广州市中级人民法院民事判决书，(2017)粤01民初386号。

Shortcomings and Improvements in the Criminal Penalty System

Liu Qiang & Qiu Shuaiping

[**内容摘要**]随着刑法参与社会治理的程度渐深,刑罚体系的结构和运行漏洞也逐渐显露。完善刑罚体系的正当性毋庸置疑,成为问题的是,刑罚体系的完善不仅涉及刑罚种类的配置,还关联着刑罚与其他法律责任的衔接协调。作为公理的法秩序统一性原理,基于预防目的的统一,能够为刑罚体系完善提供逻辑基础。基于此,一方面,要明确驱逐出境刑罚的适用规则,丰富单位犯罪的规制措施,以齐备刑罚配置;另一方面,可以消解管制以协调行政拘留与拘役刑之间的衔接,同时还需明确惩罚性赔偿与罚金之间的折抵规则。

[**关键词**]法秩序统一;驱逐出境;单位犯罪;管制刑;罚金刑

Abstract:With the deepening of criminal law's participation in social governance, the structure and operating loopholes of the penal system are gradually revealed. There is no doubt about the legitimacy of improving the penalty system, but the problem is that the perfection of the penalty system not only involves the disposition of penalty types, but also relates to the connection and coordination of penalty and other legal responsibilities. As the principle of the unity of legal order, based on the unity of the purpose of prevention, it can provide a logical basis for the perfection of the penal system. Based on this, on the one hand, it is necessary to clarify the applicable rules of deportation penalty, enrich the regulatory measures of unit crime, so as to complete the penalty allocation. On the other hand, it is necessary to dissolve the control to coordinate the connection between administrative detention and criminal detention. At the same time, it is necessary to clarify the deduction rules between punitive compensation and fine.

Keywords: unity of legal order; expulsion from the country; unit crime; public surveillance penalty; fine

网络黑灰产活动犯罪化研究*

韩 冰**

目 次

一、引 言

党的二十大明确提出加快网络强国、数字中国建设,健全网络综合治理体系,强化网络安全保障体系建设。2023 年 3 月中国互联网络信息中心(CNNIC)发布第 51 次《中国互联网络发展状况统计报告》,该

---

* 本文系国家社科基金重大项目“网络时代的社会治理与刑法体系的理论创新”(项目批准号:20&ZD199)阶段性研究成果、苏州市法学会“网络黑灰产活动犯罪化研究”项目成果、苏州城市学院国家社科预研项目“网络金融犯罪刑事规制研究”阶段性成果。

** 华东政法大学企业廉洁合规研究中心研究员,苏州城市学院副教授,法学博士,美国加州州立大学访问学者。

报告显示我国网民规模达10.67亿人,互联网普及率达75.6%。[①] 当前我国处于数字经济高度发达的时代,同时也是新型网络黑灰产活动犯罪的高发期,以拒绝服务攻击(DDoS)、窃取公民个人信息、网页篡改、网络钓鱼、恶意程序、恶意移动应用程序(App)、黑SEO、暗网、虚假注册、网络水军、买卖虚假流量、虚假互联网宣传等为代表的网络黑灰产活动涵括了诸多利用网络技术谋求经济利益的异化行为与争议行为。从发展态势来看,其发展规模呈巨量化、行为样态呈新异化、运作方式呈复杂化,呈现长期存续的迹象,严重侵害网络空间秩序和安全。随着犯罪产业分工不断精细化,网络黑灰产犯罪已经由原始传播木马病毒、电话诈骗演变为更为先进的拖库、撞库、精准诈骗,最终形成了一种以围绕某一犯罪为目的合力提供帮助犯罪活动的产业链,形成黑灰交织助力网络诈骗、网络赌博等犯罪纵深发展,网络黑灰产活动以犯罪集群式存在其社会危害性往往更大,严重损害了市场经济秩序和社会管理秩序。从国际视野来看,因为网络技术的长期领先地位,欧美发达国家对网络犯罪的研究相当深入。虽然国外并没有网络黑灰产这一概念,但是国外的网络犯罪研究中包含了黑灰产犯罪活动,同时国外相关研究往往侧重于侦查方面,比如侵犯计算机信息系统罪等。根据欧盟网络信息安全局(ENISA)发布的《2022年网络威胁场域报告》,目前主要的网络犯罪类型主要有:恶意软件、基于网站的攻击手段、网站应用攻击、钓鱼、拒绝服务器、垃圾邮件、僵尸网络、数据泄露、内部威胁、物理性操纵、信息泄露、盗用身份、加密劫持、勒索软件和网络间谍等。未来即将面临的是物联网和人联网的发展,国外不同的国家采用了不同的立法模式,美国采用单行刑法和附属刑法并立的立法模式,大陆法系中德国采用了刑法修正案的形式对计算机及网络犯罪进行规制,而日本单行刑法和刑法典修正案并用。国外不同国家的立法模式给我们国家在治理网络犯罪时带来启示,刑法是网络社会良性治理的重要保障,

---

① 参见《光明日报》第51次《中国互联网络发展状况统计报告》发布,载https://epaper.gmw.cn/gmrb/html/2023-03/03/nw.D110000gmrb_20230303_4-04.htm,最后访问时间:2024年5月25日。

对遏制网络黑灰产犯罪发挥了关键作用,尽管刑法一直在立法与司法中及时做出回应,适时调整自身的罪名设置,但由于该犯罪演变形式迅猛,刑法立法难以及时跟进导致司法机关在处理该类犯罪时遇到不少难题。在治理网络黑灰产的过程中,由于相关法律规范的缺失、监管与打击力度偏弱、取证难等诸多问题存在,网络黑灰产犯罪化问题研究迫在眉睫,如果我国刑法暂时不能从立法层面对立法条文及立法模式进行改动,那也需要从刑法解释的角度对条文进行适度扩张和限缩,以及时回应新时代犯罪治理的需要。新时代网络犯罪所保护的法益将转向重点关注网络信息系统与数据的可信赖性,网络犯罪的刑法理念也应在整体法秩序基础上转向规制主义刑法新理念。在总体国家安全观的指导下,以刑法手段遏制其发展具有必要性和紧迫性。本文通过研究网络黑产活动催生的违法犯罪及其刑法规制问题,以探索黑灰产业的治理路径。

二、网络黑灰产活动产业概念及特征

(一)网络黑灰产活动的界定

网络黑灰产活动并非刑法规范意义上的概念,我们国家法律并没有对网络黑灰产的概念进行明确界定,刘宪权在《网络黑灰产上游犯罪的刑法规制》中将网络黑灰产界定为网络违法犯罪活动和互联网技术结合的相关产业。[①] 皮勇教授认为:“网络黑灰产是非法牟利型网络违法犯罪,其具有一定独立性、常业性的特征。”[②]喻海松将黑产和灰产区分开来,认为黑产是网络违法犯罪活动,灰产是为黑产提供辅助,黑

---

① 参见刘宪权:《网络黑灰产上游犯罪的刑法规制》,载《国家检察官学院学报》2021年第1期。

② 皮勇:《网络黑灰产刑法规制实证研究》,载《国家检察官学院学报》2021年第1期。

灰产是网络犯罪分工化的产物,并进化为网络犯罪生态体系。① 网络黑灰产业是互联网技术发展、网络犯罪升级和法治发展不断博弈的一个产物。网络黑灰产黑色产业和灰色产业,其中黑色产业更容易界定。就是指明确违反国家法律的网络违法、网络犯罪行为,国家互联网应急中心将传统黑产攻击界定为三种:分别是钓鱼攻击、信息泄露和勒索软件,其分支包括窃取个人信息、支付欺诈等。灰色产业立法并没有明确该行为的性质,其行为是指游走在合法与非法灰色地带边缘的行为,主要表现为黑色产业的辅助性行为,并不直接地实施犯罪,通常是为"黑产"提供技术支持,由于当前法律滞后等原因,该类行为并未被明确认定为违法犯罪,新型网络黑灰产活动链条涉及诸多新型犯罪,对网络黑灰产业犯罪化的认定需要明确是采用解释论还是立法论。网络黑灰产业的产生从根本上是为了追逐更大的经济利益,网络黑灰产业具体可以分为上、中、下游三个阶段。各个群体的行为人分工十分明确,各司其职,上游的黑灰产业通常为行为群体提供物料和技术支持,主要聚集在信息、流量和数据这三个要素上,根据所衍生的相关平台,制作攻击网络非法获取各类信息的病毒、木马软件,以及利用这些平台、软件非法获取个人信息、贩卖这类信息。下游黑灰产业则是对中上游的利用这些信息直接实施诈骗、洗钱、赌博等传统违法犯罪活动,最终出现将赃款"洗白"的群集性行为,这一系列过程,就是一个完整的网络黑灰产业的全过程。在一个成熟的犯罪链条中有资金提供者、信息提供者、宣传推广人、日常运营人,还有专门的技术人员等。网络黑灰产犯罪单凭扩张刑法解释来应对并非长久之计,对网络黑灰产犯罪的治理应立足刑事一体化思维,不仅着眼于刑事规制,更要重视其在犯罪学视域的研究,这也是刑事一体化思维的充分体现,网络黑灰产犯罪作为犯罪学和刑法学共同关注的研究对象具有一般犯罪学、刑法学上犯罪的共同特征。

因此,笔者认为,新型网络黑灰产犯罪不同于传统犯罪,在结合现

① 参见喻海松:《网络犯罪黑灰产业链的样态与规制》,载《国家检察官学院学报》2021 年第 1 期。

有刑法规范的前提下,针对互联网派生性的侵害新型法益的行为,需要从立法的角度增设相应的新罪,比如账号类、数据类、信用身份等新型法益保护。其他利用互联网技术、搭建非法平台实施的违法犯罪行为,可以通过司法解释适度扩张或限缩解释,采取刑法解释学的立场进行规制。综上,可以将网络黑灰产业定义为,借助互联网技术或者搭建非法平台,通过给网络违法犯罪活动提供事前技术支持(提供病毒、木马软件)、信息收集、提供工具等预备行为和帮助行为,并利用软件获取信息,从而实施盗窃、诈骗等违法犯罪活动,并在事后提供赃款变现等资金结算工具的分工细化娴熟的产业链条行为。

(二)网络黑灰产犯罪的特征

网络黑产与灰产相互交缠,与新业态新技术伴生,迅速发展并形成了规模十分庞大的黑灰产业链,同时由于犯罪行为往往借助高科技信息技术的滥用,其作案手段、行为特征、危害后果等与传统犯罪有明显的区别。利用区块链、元宇宙、虚拟货币等为噱头的各种新型概念和方式进行的经济犯罪不断涌现,使用各种 App 违规收集公民个人信息、银行账户,使用撞库、爬虫等技术发送钓鱼网站进行电信网络诈骗等犯罪高发。如何准确把握网络黑灰产犯罪的基本特征对进一步治理网络黑灰产中新型犯罪行为提供明确性的指引。

1. 犯罪形式分层次、链条化、分工精细,隐蔽性强。网络黑产犯罪以牟利为目的,犯罪组织层级关系明确,网络黑灰产上、中、下链条分工精细、明确。从近些年来破获的多起网络黑产犯罪案件中可以发现,网络黑色产业链已经基本形成了较为稳固的金字塔结构犯罪形式,自上而下人员数量逐渐增多,技术含量逐步降低,产业分工非常明确。上游属于资源层,主要是掌握计算机技术和网络核心资源的人员,负责提供专业的网络技术、黑客工具、非法流量、互联网接入、服务器托管、网络存储、通信传输等技术支撑和服务。中游属于服务层,主要是具体实施犯罪的人员,从事计算机开发等工作,由大量直接面向受害人实施作案的犯罪团伙构成,该层的犯罪嫌疑人一方面购买技术服务,另一方面寻求洗钱销赃的渠道。下游属于变现层,由大量专门从事洗钱、销赃业务的犯罪团伙组成,该层嫌疑人精通各种资金的流转方式、变现渠道和洗钱方法,各层人员分工明确。以电信网络诈骗犯罪为例,其上中下游犯罪链条逐步形成收买、非法提供信用卡信息,伪造身份证件,帮助信息网络犯罪活动,掩饰隐瞒犯罪所得等关联犯罪,再加上网络空间本身的层次性、虚拟性、隐蔽性特征,网络空间一般分为"表层网络、深层网络、暗网",这类犯罪中一部分黑灰产向更加隐蔽的暗网延伸,将违法交易通过网络进行加密处理。由于暗网中数据泄露和不法交易突出,加上传输过程匿名,侦查难度大,犯罪黑数高,使打击难度进一步加大。

2. 从业人员年轻化、团体化、多元化、专业化。在网络与现实的深度融合中,随着电子商务、娱乐平台、资讯平台的涌现,网络犯罪的实施变得更为容易、便捷,网络犯罪门槛不断降低,加之超高的收益,致使大量法律意识薄弱、社会经验不足的人步入犯罪"陷阱"。中国互联网协会统计"从业者超200万人,平均年龄23岁,市场规模高达1100亿元。"网络犯罪主体中有80%的人年龄在18~30周岁。[①] 犯罪主体低龄化,有些犯罪主体甚至是未成年人。网络黑灰产犯罪上游犯罪分子智商水平较高,不仅熟悉计算机网络的相关操作技术,同时还清楚网络系统中存在的漏洞,这些人员往往都具备高超的计算机信息分析和应用能力,专业化能力极强,基本都能独立制作诈骗网站、扣费软件、后台修改程序等作案工具,如非法用户通过黑客技术冒充合法用户入侵,采用计算机技术进行技术攻击、通过"陷阱门"入侵等。下游犯罪分子趋向低年龄、低学历、低收入等"三低"人群发展,诈骗手段不断翻新。一些在校学生、社会务工人员都深陷其中,很多团伙犯罪呈现熟人化团队,如以血缘、朋友、同学等关系结成。在网络黑灰产业链条上各犯罪主体既各自独立又相互依存,犯罪的主体也更为多元化,网络犯罪不仅可以由自然人构成,在《刑法修正案(九)》增设单位犯罪条款后,也可以由单位实施。大量的以网络平台为主体的犯罪增多,生成式AI技术

① 参见澎湃新闻网:关于《2022年网络黑灰产研究报告》发布,载https://www.thepaper.cn/newsDetail_forward_22342943,最后访问时间:2024年4月28日。

使人工智能未来也可能成为犯罪主体。

3. 犯罪产业结构集团化、国际化。随着国家对黑灰产业的打击力度逐步增大,网络黑色产业经营方式从本土转向国际,以常见的网络黑色产业链中的卡商供货来源为例,已从最早的找熟人办卡逐渐发展成为出国劳务输出公司代办和哄骗或利诱外国人办卡发展。利用新的信息网络和技术进行的高智能、高科技和跨越国(边)境犯罪在不断增加,一些境内外犯罪分子通过将黑钱进行跨国转移来掩盖其非法面目,在网络黑灰产犯罪中经常会通过“第四方支付”等更隐蔽的方式洗钱并模糊赃款金额,逃避侦查,面对网络犯罪的国际侦查协作仍然存在难题。从全球数字金融的发展情况来看,大部分国家积极推动金融科技和数字货币发展。受新型货币竞争等因素影响,美、欧、日等中央银行加速国际货币的数字化,截至2022年6月初,全球共有10,020种私人数字货币在线交易,总市值达2.713万亿美元。从世界各国来看,美国在2022年针对数字货币发布行政命令,尤其在2022年加密市场事件频发,由此暴露出加密货币市场风险可能会影响传统金融市场,影响金融稳定,美国CFTC(商品期货交易委员会)、OCC(货币监理署)等部门加快建立市场监管制度。由于生成式AI技术的诞生,2023年欧盟计划修改《人工智能法案》,2023年美国国家标准与技术研究院(NIST)公布《人工智能风险管理框架》。而我国有关反洗钱的立法还不够健全,与有关的国际公约和一些控制洗钱国家的立法相比打击力度略显不够。此外,国际社会对网络安全日益关注,许多国家制定了关于网络空间的国家安全战略。2014年美国启动《网络安全框架》,同年,德、法两国研讨建立欧洲独立互联网,从战略上强化数据安全。随着黑灰产业从业人员分工进一步精细,网络的无国界化,也在一定程度上加大了黑灰产业的跨国特征,导致打击难度加大。中国刑法既要坚持本土化发展,也要借鉴国外立法的成功经验,积极推动国际社会相关立法协调一致。①

---

① 参见皮勇:《论中国网络空间犯罪立法的本土化与国际化》,载《比较法研究》2020年第1期。

三、网络黑灰产活动产业链犯罪认定困境

网络黑灰产活动的行为模式因外部环境的变化导致司法机关在处理不同类型的黑灰产活动时存在刑事定性困难、罪名适用不当情形。面临法律适用上的障碍,在处理这类案件时,同样的行为,司法机关之间会出现"同案不同判"的现象。立足当下,网络黑灰产业链迅速滋生蔓延,犯罪类型迭代更新,严重侵害网络安全和秩序,侵犯公民合法权益,传统刑法已逐渐显露规制乏力之势。我们有必要对网络黑灰产活动进行类型化分析,揭示其所存在的黑灰利益链条认定中的困境,以便及时调整刑事规制和司法适用基本立场,通过解释论或立法论探寻其应对路径,对刑法规制黑灰产活动犯罪时存在的难题予以明确。

(一)利用平台"跑分型"提供资金结算的黑灰产

网络黑灰产业链中上游源头行为的开展与进行离不开互联网平台的助力,作为第四方支付的(非法支付结算平台)跑分平台借助区块链技术和数字货币市场发展迅猛,犯罪行为人利用跑分平台专门发布利用参与者收款二维码替别人代收款,采用"数字货币投资致富""日赚数千"等话术诱骗参与人参与数字货币跑分洗钱活动,并承诺给予佣金奖励。产业链下游的"洗钱"产业是整个产业链形成闭环的重要条件,洗钱团队通过跑分平台刷单、对冲商户套现、雇佣车手取现等方式进行洗钱。跑分平台链中各环节人员用以互相联络的通讯群组与隐蔽论坛在网络黑灰产开展非法支付结算中起到重要作用,利用跑分平台进行数字货币洗钱,尤其是利用USDT(泰达币)洗钱危害最为严重。以租码跑分为例,租码即出租(微信、支付宝等平台的)收款码,即黑产团伙利用普通用户收款码进行洗钱的行为。"跑分"即非法网络平台利用高额收益为诱饵,诱导用户充值保证金获取相应积分,支付一定报酬,账户积分被相应扣减的一系列流程。在整个流程中上游黑灰产利用跑分平台隐蔽身份,资金分流,故意规避现行法律规定,往往因跨境

犯罪打击难度大。下游跑分者不限场景,支付简单并快速获取高额佣金报酬,看似“稳赚不赔”,实则面临个人信息泄露、保证金难以追回,甚至跑分者因为缺乏对区块链和数字货币的认知而成为帮凶有可能面临刑事处罚的危险。

在刑法规制上,现行刑法规定为跑分类洗钱行为的认定提供了一定的法律依据,通过《刑法修正案(九)》新增的非法利用信息网络罪可以规制专门设立用于实施违法犯罪活动的通讯群组、隐蔽论坛、网站等行为,但在具体案件的认定中不仅证据审查难度大,而且仍然存在行为性质认定的困境。截至 2023 年 6 月 1 日,在中国裁判文书网上以“跑分平台”为关键词进行检索,共检索出 357 篇刑事裁判文书。[①] 通过梳理相关的裁判文书发现目前各地法院对跑分平台行为的定性各有不同,存在同案不同判,此罪与彼罪界限不清等问题,目前司法实务中对于跑分行为的定性主要涉及以下罪名。

一是帮助信息网络犯罪活动罪。《刑法修正案(九)》在我国《刑法》第 287 条之二增设了“帮信罪”,规定“明知他人利用信息网络实施犯罪,为其犯罪提供互联网接入、服务器托管、网络存储、通讯传输等技术支持,或提供广告推广、支付结算等帮助,情节严重的”,构成该罪。[②] 想要成立此罪需要符合三个方面要件:明知他人利用网络实施犯罪;为行为人提供帮助;罪量上要求情节严重。在司法实践中,帮助信息网络犯罪活动罪定罪比例明显扩大,最高人民检察院公布 2022 年上半年起诉帮信犯罪 6.4 万人。[③] 大量的网络犯罪将帮信罪作为其兜底罪名加以扩张适用,对此多数学者认为对帮信罪兜底罪名的适用限制的立场与司法实务中司法适用现状形成鲜明对比。张明楷认为我国《刑法》第 287 条之二所规定的帮助信息网络犯罪活动罪,并不是帮助犯的正

① 参见澎湃新闻网:关于《2022 年网络黑灰产研究报告》发布,载 https://www.thepaper.cn/newsDetail_forward_22342943,最后访问时间:2024 年 4 月 28 日。

② 参见郑旭江、刘仁文:《非法第四方支付的刑法规制》,载《社会科学研究》2021 年第 2 期。

③ 参见澎湃新闻网:关于《2022 年网络黑灰产研究报告》发布,载 https://www.thepaper.cn/newsDetail_forward_22342943,最后访问时间:2024 年 4 月 28 日。

犯化,只是帮助犯的量刑规则。[①] 刘艳红认为帮助行为正犯化带来的问题是,刑法作为国家施加于个人的强制手段,应在何种范围内以何种力度处罚个人。[②] 立法机关明确表明设置本罪的初衷就是因为按照刑法共同犯罪规定认定存在困难,因此对各种网络犯罪帮助行为作出的专门规定。那么既然是兜底罪名,就理应被限制适用,而非一味扩张适用。刑法解释扩张化趋势使不同罪名间发生大量交叉,更容易模糊此罪与彼罪的界限。同一案件中并非只有单一行为模式,也可能是多种模式并存。法院在办案时对"一行为"或"数行为"以及是否存在竞合、牵连关系判断困难。[③]

在提供非法资金通道的相关行为中,非法经营罪和帮助信息网络犯罪活动罪界限的模糊性影响着司法的适用,行为人既有利用第四方支付平台为上游犯罪提供帮助非法资金通道的帮助行为,也有符合非法经营罪构成要件的资金结算行为,对于提供该平台的行为人在何种情况以非法经营罪定罪处刑,还是以帮助信息网络犯罪活动罪定性关系到中立帮助行为的认定标准问题。因此在法院的判决中出现同案不同判的情形,例如,在杨某程、郭某林帮助信息网络犯罪活动罪案中,被告人郭某林提供第四方支付通道,通过在电商平台"交易猫"建立虚假交易订单方式,为博彩网站提供支付结算帮助,从中非法牟利。法院认定其构成帮助信息网络犯罪活动罪。[④] 而在李某军、崔某非法经营罪一案中,李某军开设的第四方支付,对接赌博平台做代收资金业务,并从中抽取一定比例的手续费。法院却认定被告人构成非法经营罪。[⑤] 由此可见,刑法兜底条款的过度适用以及认定标准的不统一严重影响

① 参见张明楷:《论帮助信息网络犯罪活动罪》,载《政治与法律》2016 年第 2 期。

② 参见刘艳红:《网络犯罪帮助行为正犯化之批判》,载《法商研究》2016 年第 3 期。

③ 参见上海市第一中级人民法院课题组:《网络支付结算型帮助行为的刑法规制——兼论帮助信息网络犯罪活动罪的理解与适用》,载《中国应用法学》2022 年第 1 期。

④ 四川省绵阳市涪城区人民法院刑事判决书,(2020)川刑初字第 322 号。

⑤ 浙江省杭州市西湖区人民法院刑事判决书,(2020)浙刑初字第 216 号。

刑法适用的统一性。

帮助信息网络犯罪活动罪在主观上对“明知”的理解以及情节严重的认定存在模糊。2022 年 3 月 22 日《关于“断卡”行动中有关法律适用问题的会议纪要》(以下简称《“断卡”纪要二》)第 4 条中对 2019 年“两高”《关于办理非法从事资金支付结算业务、非法买卖外汇刑事案件适用法律若干问题的解释》中的“支付结算”进行了专业法律定义和限制,即行为人出租、出售的信用卡被用于接收电信网络诈骗资金,但行为人未实施代为转账、套现、取现等行为,或者未实施为配合他人转账、套现、取现而提供刷脸等验证服务的,不宜认定为上述司法解释第 12 条第 2 项规定的“支付结算”。对行为要件中的“明知”也进行一定的明确限制,在《“断卡”纪要二》中明确行为人即使出售自己的银行卡,也不能直接认定行为人主观上具有“明知”。要有客观证据予以证明行为人对被帮助对象利用信息网络实施犯罪有相对具体的认知,而仅仅出售银行卡本身只能算是一个违法行为。上述解释颁布后,审判机关在判决书里对“情节严重”的论证有所改观,但理解上仍有偏差存在不同意见。

二是非法经营罪。非法经营罪是指违反国家规定,从事非法经营行为,扰乱市场秩序,情节严重的行为。2017 年 1 月,中国人民银行发布的《关于开展违规“聚合支付”服务清理整治工作的通知》明确规定,第四方支付不得以任何形式经手特约商户结算资金,从事或变相从事资金结算、协议签订、资质审核等核心业务。① 2019 年 2 月最高人民法院、最高人民检察院出台的《关于办理非法从事资金支付结算业务、非法买卖外汇刑事案件适用法律若干问题的解释》规定了非法从事资金结算行为的四种情形:①虚构支付结算;②“公转私”以及“套现”;③支票套现;④兜底情形。前 3 种构罪情形较为明确,其中最具争议的是第 4 种情形在司法实践中的滥用,通过查阅检察院在提起公诉时出具的公诉书以及法院作出判决时的判决书,发现上述法律文书在表述上,并

---

① 参见郑旭江、刘仁文:《非法第四方支付的刑法规制》,载《社会科学研究》2021 年第 2 期。

不会明确指出行为人的行为构成非法经营罪客观要件的具体情形,而是笼统地概括为诸如“非法从事资金支付结算业务,情节严重,构成非法经营罪”等表述。那么针对跑分平台如何认定其“未经国家有关主管部门批准,非法从事资金支付结算业务”成为司法实务难点之一。在司法实践中不同法院对跑分行为司法解释的理解不同在认定中存在争议,如跑分者是构成帮助信息网络犯罪活动罪还是掩饰隐瞒犯罪所得、犯罪所得收益罪,对于搭建第四方支付平台的服务商是构成非法经营罪还是帮助信息网络犯罪活动罪等。

三是洗钱犯罪。洗钱行为本身涉及多种犯罪。在司法实践中,对网络洗钱行为的认定存在“同样的洗钱行为,不同的判决结果”这一问题。而这一问题的出现在很大程度上与我国洗钱犯罪体系混乱、相关法条过于碎片化有一定关联。[①] 帮助信息网络犯罪活动罪不存在与洗钱罪竞合的问题,但掩饰、隐瞒犯罪所得罪因无相关明确的规定,在无法准确认定被害人的损失总额以及确定上游犯罪罪名的情形下,在司法实务中办案人员难以精准判断“情节严重”的适用以及其与洗钱罪竞合时的认定。同时 2021 年《刑法修正案(十一)》明确规定,自洗钱行为可以被独立认定为洗钱犯罪,但是第三方参与洗钱犯罪的性质和责任如何认定,尤其是“明知”及“不明知且履行合规义务”的第三方的责任归属还缺乏明确的依据。

(二)利用流量造假等推广非法链接的流量黑灰产

2021 年互联网广告异常流量占比为 10.1%,移动效果广告平均异常点击率达到 77.5%,相比 2020 年的 56.7% 提升 20.8 个百分点。[②] 自 2020 年 3 月 1 日起实施的《网络信息内容生态治理规定》第 24 条规

---

① 参见崔思博:《网络洗钱犯罪及其治理》,中国社会科学院 2020 年硕士学位论文,第 11 页。

② 参见澎湃新闻网:关于《2022 年网络黑灰产研究报告》发布,载 https://www.thepaper.cn/newsDetail_forward_22342943,最后访问时间:2024 年 4 月 28 日。

定:“网络信息内容服务使用者和网络信息内容生产者、网络信息内容服务平台不得通过人工方式或者技术手段实施流量造假、流量劫持以及虚假注册账号、非法交易账号、操纵用户账号等行为,破坏网络生态秩序。”该条明确表明了我国对流量造假的抵制态度。在流量黑灰产活动中,流量造假、网络水军、刷分控评等是常见手段。随着产业的升级,各个电商平台又兴起了恶意注册账号黑灰产业链,并实现了从人工注册到智能注册的升级。网络黑灰产活动已经逐渐发展至舆论影响商家生存的地步。如不加以刑法规制,最终必将损害互联网用户的权益,破坏正常的经济秩序。由于网络空间的复杂性,各种新型黑灰产网络活动层出不穷,对于恶意注册、流量劫持等行为如何以刑法进行规制给理论和实务界提出了难题。

通常网络黑灰产主要包括信息类和流量类两种,流量类黑灰产活动主要围绕利用流量造假行为展开,流量类黑灰产犯罪主要通过恶意注册、虚假注册、网络水军、恶意点击、DDoS 攻击、暗网等非法制造虚假流量并出售以供他人实施不正当竞争或犯罪等违法犯罪活动,其侵犯法益为网络市场经济管理秩序。有学者以危害对象为标准将流量造假分为群控刷量类、虚假广告类、虚假交易牟利类、盗用 CDN 类。网络黑灰产犯罪的精细分工,首先,虚假流量制造、销售端,主要涉及的相关罪名有非法获取计算机信息系统数据、非法控制计算机信息系统罪,破坏计算机信息系统罪。行为人通过制作传播计算机病毒侵入他人电脑,操控他人电脑程序和软件账号,为他人提供技术服务,以制造虚假流量,在制造虚假流量过程中,犯罪人首先需要搜集入侵对象的个人信息,犯罪人可将获取的其他个人信息通过互联网出售,从而侵犯公民个人信息。其次,虚假流量购买、使用端,为销售产品而刷点击量、转发量、关注人数等行为扰乱正常的市场经营秩序,情节严重可构成非法经营罪。若利用虚假的流量使得消费者陷入错误认识,其基于错误认识而做出错误判断购买产品或进行投资,也有可能涉及诈骗罪。

目前大部分的行为主要适用民法、消费者权益保护法、网络安全法、反不正当竞争法等规范对虚假流量进行规制。在刑事制裁中由于对数据犯罪法益的理解、对流量造假行为认定的差异、罪名适用不统一等问题存在刑事规制的适用困境。以周某某等人“网络水军”非法经营案为例,在未办理互联网信息服务增值电信业务经营许可证的情况下,通过接受相关QQ、微信群、外地“水军”委托等方式,猎取需删发帖的目标客户,不对信息真实性进行核实,通过自建的“91头条网”或勾结境内外“国际法政网”“中华法治网”等网站的编辑,有偿提供删发帖服务,炒作热点事件,编造虚假信息恶意炒作诽谤党政机关和企事业单位。从该案例中可以看到司法认定中存在的困境:一是利用流量造假型黑灰产活动在证据调取及运用时存在困难。IP指向的服务器机房几乎全部在境外。因果关系证据链很难保留。二是攻击行为和被攻击事件因果关系有时候难以证明。犯罪嫌疑人不是直接对被害人发送请求进行流量攻击,而是利用UDP协议服务器对请求的回复进行攻击。三是人机同一性证实困境。网络空间的虚拟身份在各类技术黑灰产案件中一直是难题。

(三)通过“撞库”“拖库”“爬虫”非法获取数据谋利的数据黑灰产

“撞库”指的是黑客通过收集已泄露的用户信息,利用账户使用者相同的注册习惯,如相同的用户名和密码,尝试批量登录其他网站,从而非法获取可登录用户信息的行为。“拖库”是指非法侵入并下载网络服务应用的数据库,从而获取网络账号信息。如谢某等人撞库(托库、洗库)案。[①] 2018年9月,被告人谢某、林某预谋窃取公民个人信息售卖获取利益。被告人林某、谢某利用软件通过技术手段非法侵入京东商城“WIS旗舰店”等商户的账户维护后台,窃取公民交易类个人信息予以售卖并获利。谢某等被法院以侵犯公民个人信息罪追究刑事责任。通过黑客入侵或批量“撞库”,将从数据服务商处非法爬虫的数据出售给中间商,再由中间商进行数据清洗和验证后出售给他人;还有通过研发“爬虫”软件,并与企业内部人员合作,从后台非法抓取企业商

① 北京市大兴区人民法院刑事判决书,(2019)京0115刑初570号。

业秘密、客户个人信息等用于谋利的行为,网络爬虫一方面具有技术的中立性,另一方面也对数据所有权、数据管理、数据搜集权、隐私保护以及其他数据保护提出了挑战。其严重侵犯企业知识产权,破坏了市场秩序。此外,网络技术黑灰产还在短视频直播、虚拟货币等多种新兴网络领域活跃,多样态发展。因此,如何勘破网络黑灰产业的技术外衣,以及如何对新型网络黑灰产活动在司法实务中的困境进行准确的刑法规制均需进一步研究。

四、我国黑灰产活动入罪标准

我国现行刑法关于网络犯罪的部分罪名设置较为陈旧,相关司法解释的制定往往发生在黑灰产泛滥之前,对相关定罪量刑标准的设置可能未考虑到适用于黑灰产的情况,目前对于可能构成犯罪的流量造假行为并没有规定类型化的单独罪名。有学者提出可以对数据犯罪行为进行类型化评价,①也有学者提出增设“利用信息网络妨害业务罪”,将在现代信息社会利用信息网络妨害业务的危害行为进行定性,即对利用互联网刷单炒信,在系统外对他人的计算机信息系统实施物理性干扰,以及有权进入他人计算机信息系统后对关键数据进行操作的行为,应以利用信息网络妨害业务罪定罪处罚。② 笔者认为因网络犯罪黑灰产行为类型日益复杂化,当前无法对其总结归类评价,应依据以下原则在当前刑法框架内进行规制。

第一,技术规范应优先于法律规范。现代社会随着人类科技高度发展,社会风险化、信息全球化、AI 人工智能化成为新时代的共同特征。进入数智时代人机互融、算法主导,刑法面临传统社会向数字智能时代的转型期,现代的刑罚观早已不再单纯地追求报应刑和目的刑抑

---

① 参见刘艳红:《人工智能时代网络游戏外挂的刑法规制》,载《华东政法大学学报》2022 年第 1 期。

② 参见周光权:《刑法软性解释的限制与增设妨害业务罪》,载《中外法学》2019 年第 4 期。

或二者的并和主义,数字智能时代体现得更多的是法律对技术规则、算法等行为的提前规制。优先使用技术规范应对流量造假,能够及时发现并规避流量过于集中的现象。同时,应加快技术规范制定,提升网络平台的流量运营安全保障功能,细化网络平台惩治流量造假的规范种类,从平台管理的前置手段上直接扼杀流量造假的苗头。笔者认为,数字时代新型网络犯罪需要确立的原则是"法律先于技术,法律融入技术、法律规制技术",在法律算法预嵌和自动运行过程中先用技术确保法律规则和基本原则,核心点在于刑法功能及理念的新转向以及刑事制裁体系多元化。对于数字智能时代转型带来的刑法立法犯罪化加速,就目前学界而言,大部分学者秉持"重解释论,轻立法论"的思想,从过度刑法化、情绪立法以及新工具主义等角度批判当前刑事立法趋势。也有少数学者从时代发展、社会结构巨变、刑事政策等方面主张确立积极或功能主义的刑法立法观。

第二,入罪时准确把握网络安全与刑法谦抑性的关系。如何准确把握网络安全保护、风险防控与刑法谦抑、罪刑法定之间的关系,将决定涉网络犯罪刑事立法的发展方向。我国刑事立法以定性定量的犯罪规定来限制和缩小犯罪圈是由历史文化、公众心理等多重因素促成的,犯罪圈的限缩有利有弊。一方面,罪量因素使得犯罪在立法阶段充分体现了刑法谦抑性的本质属性,并促使违法犯罪二元制裁模式的形成;而另一方面,"罪量"因素所造成的违法犯罪缺乏客观判断标准、规定不明确等等,给司法适用带来诸多混乱。在网络黑灰产行业,刑法难以实现全面评价和惩治。因为刑法谦抑性强调,运用行政、民事等手段即可处理的,就没有必要以刑法手段规制。而现代刑事立法中刑法谦抑与扩张似乎成为对立,学界也多有批判的声音,每一次刑法修正案的入罪化问题,都有学者以违背刑法谦抑进行批评,但行为不入罪并非其他行政处罚就不存在,也不意味着就是对人权最大的保障。恰恰相反,刑法的谦抑性原则追求的是刑法对人权更为周延的保障。笔者认为,谦抑原则的核心在于刑罚发动的是否适当、有效。由于流量造假这一产业中上下游呈现规模化、匿名化等特点,其他部门法在对其进行惩处时出现了治理乏力的状况,因此迫切需要诉诸刑法这一最后保护手段。

日本、欧洲其他国家提倡刑法谦抑的入罪化限制，是因为在这些国家没有罪量的因素划定犯罪圈而导致犯罪圈过于庞大，因而有必要对犯罪圈进行一定的限制，而我国恰恰相反，刑事立法的犯罪化并未背离刑法谦抑精神。实质上谦抑性的内涵已经随时代变迁发生巨大改变，中国刑法从外延式扩张向内涵式提升，刑法的谦抑性原则并不因为刑法的介入导致刑事不法超出刑法的领域而丧失原有的价值，如果谦抑性一味地被理解为限缩，也就是对刑法谦抑性最大的误解，刑法的谦抑性体现在“谦”而不是“抑”。但反过来，刑罚是最严厉的惩治手段，如果刑法介入太多，触角伸得太长就会导致刑法活性化的泛滥。犯罪化与刑法谦抑性之间没有根本性矛盾，恰恰相反，具有内在目的的统一。应当在穷尽民法、行政法前置法规制基础上对网络黑灰产进行适度扩张解释和立法完善。①

第三，入罪时要严格遵照犯罪的构成要件予以评价。要判断流量造假是否造成了法所不允许的风险；侵害的法益是否在刑法保护的范围之内；尤其是在以破坏生产经营罪、非法经营罪等罪名规制网络黑灰产活动的时候，必须保证其与传统形态的犯罪具有等价性，才不会逾越罪刑法定的界限。利用互联网提供发布明知是虚假的信息等服务，扰乱正常的市场秩序的，属于非法经营行为“情节严重”的情形。在目前我国涉网络相关配套法律法规相对不完善的立法背景下，在法律及相关司法解释尚未对新型网络黑灰产犯罪“情节严重”进行明确阐释之前，为了避免因兜底性条款造成的司法适用扩张的情形出现，应谨慎适用。对于没有侵害流量运营安全、仅造成短期流量运营异常、因介入防控举措而避免风险不当扩大等情形，刑法应秉持审慎打击态度。②

---

① 参见张明楷：《法益保护与比例原则》，载《中国社会科学》2017年第7期。

② 参见李谦：《流量造假的刑法治理》，载《检察日报》2020年12月21日，第3版。

五、网络黑灰产业的刑事规制路径

(一)更新理念,规制主义刑法之提倡

规制主义理念的形成先后经历刑法报应、预防至并和主义的历程。数字智能时代的到来让传统刑法遭遇到了其功能上的边界限制。刑法机能主义的证成离不开社会现实所需,新时代中国正处于社会转型时期,由于经济发展、社会多元化,社会结构急速变化,行政不法行为入罪化、行政犯逐增,导致刑事立法呈扩张化趋势,刑法与治安处罚法、其他行政法规等的大量交叉,导致新型犯罪种类和形态多样化。但反观行政违法犯罪并没有体现报应刑存在复仇的本能,也就更谈不上并和主义刑罚观的适用。尤其是人类社会发展到人工智能时代,诸多新型法益的不断涌现,法益本身也在进行着自我答责。例如,人工智能新型规则的设定需要、人机伦理等,刑法需要及时将严重违反此类新型规则的行为规制加强。

自 20 世纪 90 年代以来,随着犯罪立法活性化,日本也在进行刑法的规制改革,刑法规制风险化的历史时期,犯罪呈现的刑法入罪基本准则和评判标准,以原有的法益侵害为立论基础,但已经无法有效实现刑法其功能。规制主义刑法是对新时代网络金融犯罪刑法机能观的调整以及金融刑法规制理念的重塑,数智时代网络犯罪将由“惩罚与威慑”型治罪转向“规制与塑造”型治理。刑法从事后的制裁转向事前对技术等规则的法律规制。

从刑法角度来看,规制主要是从立法层面来讲的,刑法与行政法的交叉领域犯罪具有双重违法性与双重法律责任,是刑法与行政法之间的协调,也是一种行为规范,当某种违反行政法规的行为严重到不足以被行政法单独评价时,需要采取刑事处罚的方法来规范。我国的体制从建立之初就带有极强的政府管控色彩,一贯以来的“重政府管控、轻行业自律”弊端导致我国金融犯罪在刑事立法与司法衔接上不均衡、现有的立法与司法模式难以适应新型多样的金融市场交易。在我国金

融犯罪领域应引入规制主义理念,对我国新型金融犯罪刑法观从规制主义立场进行重塑,从而实现金融刑法从“制裁到治理乃至自治型的转变”。本文认为,刑法应当面对当下社会现实,将刑法的行为规制机能提升至独立核心地位,规制主义理念的内涵主要体现在两个层面,一是通过刑法对行为人行为的规制与引导,对公民个人而言,有利于培养公民尊法、守法意识养成,对企业而言有利于构建以企业自律为主,以行政处罚与民事追责为辅,以多样化的刑事制裁为补充的新型规制理论。二是法律应先于技术进行规制,在研发阶段至运行阶段的全过程从设计环节、算法规则、数据治理以及知识产权等方面提前从法律层面进行有效审查与规制,明确犯罪主体、责任范围及程度,以及探索多样化的制裁体系等。在当前的司法实践中,涉及虚拟货币洗钱案件发案量不断增加,但因对虚拟货币及其交易行为的法律性质存在不同认识,在司法办案过程中出现法律适用、侦查取证、资产处置等方面的问题。尤其是涉及网络金融犯罪的刑法与行政法衔接不畅等问题凸显。对于利用互联网金融平台实施的非法集资行为,往往会因违反《证券法》《公司法》等法律法规的规定而构成非法吸收公众存款罪或擅自发行股票罪,一旦行为违法就可能直接转化为犯罪,而不存在任何缓冲的空间。具体来讲,刑法的规制主义主要包含以下内容:(1)规制是司法裁判规范与行为规范的统一;(2)规制包括了对刑事性的行政违法犯罪行为的刑事制裁;(3)规制的目的在于协调刑法与行政法的衔接;(4)规制的领域包括经济领域、社会领域等一切刑法与行政法的交叉领域;(5)规制的重点是具有社会危害性、应受刑罚处罚的刑事违法犯罪行为;(6)规制与社会发展密切结合,具有历史阶段性;(7)规制是人权保障机能与社会保护机能的协调统一;(8)规制是法秩序统一原理在刑行交叉违法性判断中的体现。

(二)完善立法,解决黑灰产源头治理困境

近年来,为了促进互联网健康发展,我国出台了多部法律、法规、司法解释,如《网络安全法》《数据安全法》《个人信息保护法》,还有刑法

修正案,最高人民法院、最高人民检察院关于电信诈骗、帮助信息网络犯罪活动罪的司法解释等,这些法律法规等涉及网络治理的各个方面,包括规定了网络运营者的义务、个人信息保护的范围、侵犯计算机信息系统数据安全的刑法规制等内容,为治理网络问题提供了法律依据,但仍有不少问题,如立法主体多、立法分散、专业性不强,针对网络黑灰产的治理不够明确,导致相关法律规定在治理黑灰产时的依据不足。针对现行法律的不足,建议从以下几个方面进行完善。

一是完善网络时代刑法与前置法的衔接。网络黑灰产活动既有"黑"的部分,亦有"灰"的部分,既有涉嫌犯罪的行为,亦有尚未达到犯罪标准属于行政违法的行为。一方面,在立法层面我国前置法立法存在主体层级较低、立法协同性差、衔接不畅等问题,综观相关的行政立法,国务院制定的行政法规仅占很小的比例,其他绝大多数为国务院各部门制定的规章。我国大量空白罪状的立法方式导致立法协同化不足,罪刑设定不合理、行政法和刑法缺少系统性联系、行政违法与刑事违法的认定标准不统一、行政处罚与刑事处罚的衔接关系不畅通等。在立法和修法过程中整体性意识欠佳,刑事法规范缺少体系性、协调性。行业立法与委托立法相冲突。以新《证券法》颁布为例,前置法提高了罚款数额,而刑法中罚金不变,导致"刑行"失衡。另一方面,在司法层面,严厉的立法政策与低效的司法现状之间的矛盾日益突出,行政权与司法权启动规则不明确、行政认定与刑事认定标准不一致,监督机关监督的力度和效果不佳、证据认定标准和移送协调程序有缺漏。具体而言,首先,立法应进一步完善网络实名制,加大对虚假注册、恶意注册等行为的治理。其次,立法应进一步明确网络黑灰产的基本概念及认定界限,明确规定技术中立行为的认定,以便区分行政违法行为和网络犯罪行为、技术中立行为,立法需要进一步加强与技术的合作合理规定网络运营者的注意义务和刑事责任分配。最后,立法应当考虑融入规制主义刑法理念,不能立法限制网络技术的发展。

二是将规制主义的整体法秩序思想融入立法。在整体法秩序思想的引导下协调数智时代刑法内在结构与外在运行的关系,"规制刑法"是一种全新的刑法范畴与理念,它立足于刑法与行政法的衔接领域,建构刑法与行政法的体系化思考以及两法之间的有效衔接。同时也是违法犯罪防控“体系化建构”的重要前提与理论建构基础,更是未来解决刑法功能向“规制化”转变的实际需要与试验场。“规制刑法”理念不仅解决了刑法自身争论百年的“功能化”话题,也即报应说、预防说抑或“并合说”的持续争吵,而且跨越了刑法、行政法、刑事政策与社会法的更广领域以及研究视角。这是因为在该领域但凡有犯罪、处罚、制裁等都需要“统一规制”甚至“体系化建构”,故在“规制刑法”理念下就会超越传统刑法成为一种新的刑法学阐释或刑法理论证成。规制刑法理念在坚持社会保护与人权保障的同时,为预防更多严重实害结果的发生,在刑法与行政法的衔接空白处,将社会普遍认同的、能够造成社会危害的行为,作为被禁止的行为直接规定在刑法规制的范围内,以发挥刑法对行为的规范指引作用,从根源上减少危害行为的发生。规制刑法理念在坚持适度入罪化时,要求从法秩序统一原理出发,严格遵循入罪时刑法谦抑的必要性、适度性与比例原则,以避免过度刑法化,禁止突破刑法规制理念的边界。

三是构建多样化的刑事制裁体系。刑事制裁体系应当迎合情势变更与刑事政策变化需求。① 网络时代如何应对犯罪圈的扩张带来的轻微罪案件剧增进而带来的司法负荷,以及“犯罪标签”对行为人的影响,使得刑法与行政法在衔接立法、司法适用的合理有效,就是要完善我国的刑事制裁体系。我国当前刑罚单一、僵化、相对封闭结构的刑事制裁体系,已经远远无法适应轻罪、行政犯罪、危险犯等大量新型需要规制的社会领域范畴犯罪,我国刑事制裁的结构调整势在必行,网络犯罪中的财产和传统刑法财产有所不同,应增设适用于新型网络犯罪财产的新刑种,此外增设类似网络空间禁制令、网络资格型等其他非刑罚措施。随着刑罚理念的变化,刑事制裁也应呈现多元化模式,在数字智能化时代背景下,传统以生命刑、自由刑为主导的刑罚结构形态已逐渐难以适应网络空间规制犯罪的复杂形势与变化态势,现行刑法明确规

① 参见彭文华:《我国刑法制裁体系的反思与完善》,载《中国法学》2022 年第 2 期。

定了训诫、责令具结悔过等几种非刑罚措施,但这些非刑罚措施适用方式的局限性注定其难以发挥规制犯罪的理想效果。我国目前的立法也逐渐开始倾向多元化刑事制裁的模式,《刑法修正案(九)》增加第 37 条之一,确立职业禁止制度。应在网络犯罪分层理论的基础上调整与增设与其配套的多元化非刑罚制裁方式,比如完善职业禁止和资格的剥夺,我国也应当在轻微犯罪刑事制裁体系中引入社区服务刑作为一种制裁手段,这样就能充分发挥社区服务刑的优越功能,使我国轻微犯罪刑事制裁体系更加严密完善。

同时,在网络犯罪分层理论下,构建相应的前科消灭制度。在犯罪分层的基础上构建前科消灭制度,应当扩大前科消灭的适用范围,将前科消灭制度适用于所有人,并对现行法律法规中不仅仅是刑法,包括行政法、民法中设置的前科加以清理和整合,完善其与刑法的衔接和配套,以确保整体法秩序的统一。除特殊情况外,废除绝大部分非刑事制裁记录(刑事拘留、留置、逮捕记录、治安违法记录等)而不仅仅是犯罪封存记录。再者,需要不断地完善犯罪记录封存制度,只允许特定部门的专门人员出于办案需要或其他正当事由并经过正当程序才可以查询。对于未成年要更加严格甚至彻底删除,可以采用法院在审判时给予一定的考验期,在考验期内符合前科消灭的通过法官进行审查来决定是否取消。通过相关法律的完善,不断增强个人信息权的保护,严格限制国家工作人员、社会上的媒体等对个人隐私的泄露,并赋予消灭前科的人在遭受歧视时顺畅有效的救济渠道。

(三)有效甄别,明确技术中立的刑事追究边界

网络黑灰产的发展离不开互联网技术的支撑。网络技术中立帮助行为,是指为他人实施犯罪提供网络连接、信息传递、资源共享、平台交易等网络服务的行为。[①] 比如 AI 换脸、变声技术,又如专门用于窃取

① 参见马骏:《网络中立帮助行为探究——兼谈对刑法第 287 条之二第 1 款的理解》,载《时代法学》2018 年第 4 期。

个人信息的流氓软件、接码平台等。新型网络黑灰产活动中大量技术的应用,使得技术中立问题再次成为影响行为定性的因素。第四方支付平台提供者就提供技术本身而言是中立的科技行为。我国《刑法修正案(九)》增设《刑法》第287条之一、之二的规定,增设了非法利用信息网络罪、帮助信息网络犯罪活动罪,二者对该类技术作为犯罪处理已有明确的规定,对于一些技术行为其本身并非为了犯罪活动,但客观上又为网络犯罪提供了技术支持和帮助,如果无法证实技术支持者主观上与下游犯罪有意思联络或者故意放纵的情形,那么是否对其追究责任仍处于法律模糊地带,且这类行为属于典型的网络黑灰产的灰色地带。在互联网背景下,网络技术中立不同于传统的帮助行为,对网络技术中立帮助行为的主观认定存在困难。对此,实务部门的做法是只要技术提供者有认识到实施不法侵害的可能即符合犯罪故意。目前我国《刑法》规定拒不履行信息网络安全管理义务罪、帮助信息网络犯罪活动罪可以在一定程度上弥补对中立技术放纵犯罪行为规制的不足。笔者认为,应在准确把握上下游的黑灰产活动类型基础上正确理解和把握新设网络犯罪的立法价值和政策导向,通过司法解释适度扩张或限缩解释,不断完善前置法,明晰刑法适用的统一标准。应重视刑事一体化思维在协调数智时代刑法内在结构与外在运行的关系,在立法层面准确把握网络犯罪的刑法规制与完善多样化刑事制裁体系,在司法层面贯彻能动司法检察理论并有效发挥检察机关的法律监督功效,不断推进数智时代行刑双向衔接机制,在社会治理层面进行数据合规管理体系建设,在国际化层面对涉外法治主动谋求国际刑事合作。从规制主义新理念出发,提出合理有效的网络黑灰产刑行衔接一体化的刑事规制路径。

六、结　语

面对日益严重的网络失信,无规则与违法犯罪现象,人工智能技术发展伴随的刑法问题与潜在风险,刑事司法不得不积极应对。刑法立法进入明显活跃期,刑法调整的范围向行政法、民法调整范围扩张,而自21世纪以来,行政法律的修订始终走在前列,但想要通过行政规制达到社会治理效果明显呈现"乏力"现象。刑法在当下法治社会应当承担何种重任、实现何种目的,如何能够准确把握新型网络犯罪中刑法与行政法交叉衔接的限度,对于未来在刑事立法实践中制定出契合当下中国最具现实意义的刑法而言具有重要作用。当今时代刑法法典化抑或再法典化已经到来,[①]大数据、人工智能等新一代数字技术驱动实体经济的数字化转型,犯罪由传统犯罪日趋数字化、智能化,生成式AI技术由此引发的新型犯罪,无论是犯罪规模、犯罪手段,还是危害结果都与传统网络犯罪不可同日而语,也给对该类犯罪的规范和治理带来了全新的挑战。网络时代刑法与前置法的衔接优化主要在于立法主体层级较低,立法内容协同不足等因素。对于社会转型带来的刑法立法犯罪化加速,就目前学界而言,大部分学者秉持"重解释论,轻立法论"思想,从过度刑法化、情绪立法以及新工具主义等角度批判当前刑事立法趋势。也有少数学者从时代发展、社会结构巨变、刑事政策等方面主张确立积极或功能主义的刑法立法观。在社会转型时期,中国刑法应走向何处备受关注也值得思考,对于我国以积极刑法观立法回应转型社会现实问题,是刑法学者必须面对的现实问题。数字化、智能化给人类社会带来的新规则、新制度以及各种新型行为模式往往牵涉巨大的经济利益以及公民安全问题,值得国家动用刑法进行规制。

---

① 如我国著名刑法学者张明楷教授认为,根据法典的基本特征,我国1979年通过的与1997年修订的《刑法》均为刑法典,我国刑法已经法典化。不能采取理想主义法典观,不应继续采取统一刑法典立法模式;统一刑法典立法模式表面上没有肢解刑法典,但实际上肢解了诸多刑法规范(有关行政犯的刑法规范的内容部分存在于刑法典中、部分散在于其他法律中)。参见张明楷:《刑法修正案与刑法法典化》,载《政法论坛》2021年第4期。周光权教授也认为未来极有必要以法典编纂的理念和要求为标尺,通过对现行刑法的"大修"来打造升级版的刑法典。参见周光权:《法典化时代的刑法典修订》,载《中国法学》2021年第5期。

Research on the Criminalization of Network Black Ash Production Activities

Han Bing

[**内容摘要**]随着云计算、大数据、人工智能、区块链等网络技术迭代发展,大量的网络犯罪也层出不穷,网络犯罪分工日渐精细化,形成了上、中、下游相互协作的黑灰产业链。作为网络空间的新产物,其手段的多样性和技术的复杂性成为刑事治理的难题之一。对网络黑灰产业链的刑事规制应正确理解,把握新型网络犯罪的立法价值和政策导向,积极调整网络黑灰产活动的犯罪化立场,引入"规制主义"刑法新理念,规制主义刑法是对新时代网络犯罪刑法机能观的调整以及对传统刑法理念的重塑。刑法从事后的制裁转向事前的预防性规制,并通过司法解释适度扩张或限缩解释不断完善前置法,对新型网络黑灰产活动犯罪进行体系性、扩张性立法,明晰刑法适用的统一标准、建立层次化的制裁体系和多元化的制裁手段等,从而提出合理有效的网络黑灰产违法犯罪刑行衔接一体化的刑事规制路径。

[**关键词**]网络黑灰产;犯罪化;规制主义

Abstract: With the iterative development of network technologies such as cloud computing, big data, artificial intelligence, blockchain, etc., a large number of cyber crimes are also emerging in an endless stream, and the division of labor of cyber crimes is becoming more and more refined, forming a black and gray industry chain of upstream, middle and downstream cooperation. As a new product of cyberspace, the diversity of its means and the complexity of technology have become one of the problems of criminal governance. The criminal regulation of the network black and gray industry chain should be correctly understood, grasp the legislative value and policy orientation of the new network crime, actively adjust the criminalization position of the network black and gray production activities, and introduce the new concept of "regulation" criminal law. The regulative criminal law is the adjustment of the functional view of the criminal law of cybercrime in the new era and the reshaping of the traditional criminal law concept. The sanctions after the criminal law is engaged in turn to the preventive regulation in advance, and the pre-law is constantly improved through the moderate expansion or limited interpretation of the judicial interpretation. Systematic and expansive legislation on the crime of new cyber black and gray production activities, clarify the unified standards for the application of criminal law, establish a hierarchical sanctions system and diversified sanctions, etc., so as to propose a reasonable and effective criminal regulation path for the integration of cyber black and gray production crimes.

Keywords: Internet black ash production; criminalization; doctrine of regulation

〔外国刑法〕

对刑法中悲惨困境的批判性评论*

[德]贝恩德·许乃曼** 著 林嘉琪*** 张喆锐**** 译

目 次

寻找关于悲惨困境刑法应对的终极解决方案,从一开始就不是本文的初衷。这个讨论错综复杂且已持续了一个多世纪,自医生安乐死案*****、

* 本文受教育部"国家建设高水平大学公派研究生项目"资助。本文的德文版(Kritische Anmerkungen zum tragischen Dilemma im Strafrecht)原刊于德国学术期刊 GA(Goltdammer's Archiv für Strafrecht)2020 年,第 1 ~13 页。翻译及中文版发表已获作者授权。

** 德国慕尼黑大学法学院教授,研究方向为刑法学和法哲学。

*** 广东深圳人,东南大学和慕尼黑大学联合培养博士研究生,研究方向为刑事法学。

**** 福建福州人,东南大学和弗莱堡大学联合培养博士研究生,研究方向为刑事法学。

***** 医生安乐死案,是指在希特勒时期,一些医生拒绝参与杀害自己医院的精神病患者,但如果他们不这样做,希特勒的手下会代替他们并杀死所有病患。——译者注

绑匪案*和恐怖分子案**、替代登山者案***发生以来,讨论的烈度逐渐加强。相反,本文试图指出,如今最受欢迎的观点,如营救酷刑(Rettungsfolter)的绝对禁止和建立超法规的责任阻却事由,均受到了严重的怀疑。相对而言,这是一个违法性的问题。《德国刑法典》第 34 条****作为通则,仅能用于解决违法性的问题。尽管无法通过此条款推演出明确结论,但我们可以通过构建案例组使其逐步具体化,并根据不同解决方案对案例组进行分类。

一、定义:卡纳阿德斯之板案及营救酷刑并非真正的悲惨困境

1. 我认为具有以下三个特点的情况可被视为悲惨困境:两个人或两个群体之间的利益存在冲突,除了牺牲其中一方外别无选择;双方均不对此困境承担法律责任;必须由第三方局外人来决定哪一方应被牺牲。若针对这些决定存在法的标准,则这些标准至少应在刑法中找到,而刑法以法益保护为首要任务(仅极少数讨论者否认此观点)。① 据虽有争议但明显主流的观点可知,这些标准应从对生命的绝对保护和酷刑的绝对禁止原则中得出。具体而言,关于这个问题的学术讨论多种多样且彼此有所区别。试图在一篇简短的论文中详细描述这些观点将是傲

* 绑匪案,是指在营救过程中,绑架者在酷刑的压力下被迫透露了他所绑架的处于严重生命危险的儿童的藏身之处。——译者注

** 恐怖分子案,是指恐怖分子劫持飞机并冲向一座高楼,在高楼的居民面临灾难时,空军飞行员将飞机击落。——译者注

*** 登山者案,是指登山者们通过一根绳索相连,当其中一人摔下山崖时,其他人无法将他救起,因此登山者割断绳索,以免所有人一起跌下山崖。——译者注

**** 《德国刑法典》第 34 条规定,“为避免自己或他人生命、身体、自由、名誉、财产或其他法益遭受现时的、无法以其他方法避免的危险者,所为之行为非属违法,但是在衡量相冲突的利益时,亦即所涉及之法益及其危害法益的危险程度,以所保全的利益明显优越于所侵害的利益,且该行为以避免危险的适当方法为限”。——译者注

① 在此,我们不需要再详细论述或证明。关于这一问题,请参阅我最近的论文:ZJS 2016,375,377 ff. 概述参见 in FS Neumann,2017,S. 701,704ff。

慢的。[①] 因此,我更倾向于关注通说的内在争议或不被接受的结论,并在反复讨论的“疑难案件”上检验刑法的核心概念——违法与责任的适用性。这些案件一直被反复讨论,有的已经讨论了几千年,有的几十年,有的十几年。

2. 我之所以在定义中关注第三方的困境,是因为刑法只能为第三方的行为提供标准。早在200多年前,康德(Immanuel Kant)就已经证明那些处于生命危险中的当事人不能从刑法中得到激励:“如果某人在危险的情境下非自愿地面对死亡的危险,而对其以死亡相威胁,这会是一部愚蠢的法律。”[②]众所周知,康德指的是两位海难遭遇者的案例,该案例最早是由希腊哲学家卡纳阿德斯(Karneades)所提出的:两位海难遭遇者为一个漂过的木板争斗,以免于溺水,然而,这个木板只能支撑其中一人。[③]这里只有存在局外第三人的情况下才会出现与刑法有关的悲惨困境,例如,第三人最初坐在木板上,但作为一个优秀的游泳者并不需要它,现在他不得不决定将木板交给两个半淹死的、不会游泳者中的一个。

3. (1)某人为了救一个被非法攻击者的生命,在迫不得已的情况下向攻击者开枪,这种情况出于不同的原因,因此不属于我定义的范围。因为在这种情况下,通过正当防卫和紧急救助(Nothilfe)的规定,

① 例如,埃泽尔(Eser)和伦瑙(Rönnau)表示:“关于营救酷刑问题的观点是多种多样的,因此难以详尽。”(FS Hassemer,2010,S. 713,714 或者见 in LK,13. Aufl. 2019,Rn 255 vor § § 32 ff.)伦瑙列举的文献在狭窄的篇幅里超过一页半,这表明将德国刑法教义学谴责为“圣杯守护者”(Gralshüterschaft)*(Vogel JZ 2012,29)或“冻结的犯罪理论”(Hörnle, in Tiedemann/Sieber/Satzger/Burchard/Brodowski [Hrsg.], Die Verfassung moderner Strafrechtspflege-Erinnerung an Joachim Vogel,2016,S. 294)是站不住脚的。[作者在此借用中世纪诗歌里的词语,“圣杯守护者”是指被选为守护圣杯的贞洁骑士和少女成员。在此,作者比喻有学者批判德国刑法教义学过于强调“出口”而缺乏“进口”,过于“德国化”“地方化”,远离了国际和欧洲的现实,故这些学者称德国刑法教义学为“圣杯守护者”。——译者注]

② 这句话可以在康德1793年的小文章“ber den Gemeinspruch: Das mag in der Theorie richtig sein,taugt aber nicht für die Praxi”中找到,位于第二章“Vom Verhältnis der Theorie zur Praxis im Staatsrecht(Gegen Hobbes)”,在“Folgerung”部分的第3个脚注。

③ 进一步参见 Küper Immanuel Kant und das Brett des Karneades,1999。

法律作出了一个明确的决定,即实施违法行为的进攻者对此承担全部责任,因此在必要时他必须接受自身的死亡,这既不是一个困境,同时他的命运也不是悲惨的。然而,根据通说,唯一有希望的防御手段是所谓的营救酷刑,如在营救酷刑的帮助下,绑架者被迫透露他所绑架的正在面临严重生命危险、悬而未决的儿童的下落,那么(正当防卫和紧急救助)就不应该被适用。[①] 即使纯粹的酷刑威胁也应当被禁止和惩罚,因为不仅是施以酷刑本身,酷刑的威胁就已经损害了当事人的尊严,这是绝不正当的,因为《德国基本法》第 1 条* 保障了人的尊严的不可侵犯性高于生命的最高价值。[②] 根据欧洲人权法院的判例,《欧洲人权公约》第 3 条**对酷刑和非人道行为的禁止也应该产生同样的结论。在盖夫根(Gäfgen)案[③]***中,绑匪案不仅使德国司法机关[④]疲于应对,也

---

① 详细论证参见 LK, 13. Aufl. 2019, Rn 255 vor § § 32 ff. ; MüKo/Erb, 3. Aufl. 2017, § 32 Fn 16,批评观点参见 Fn 17; Roxin/Greco, Strafrecht AT I, 5. Aufl. 2020(im Erscheinen), § 15/107 b。

* 《德国基本法》第 1 条规定,"(1)人的尊严不可侵犯。尊重和保护人的尊严是一切国家权力的义务。(2)德国人民信奉不可侵犯的和不可转让的人权是所有人类社会、世界和平和正义的基础。(3)下述基本权利为直接有效地约束立法、行政和司法的法则"。——译者注

② 富有启发性的反对观点可参见 Herzberg JZ 2005, 321(328);同作者,参见 FS Kargl, 2015, S. 181, 193f。

** 《欧洲人权公约》第 3 条规定:"不得对任何人施以酷刑或者是使其受到非人道的或者是侮辱的待遇或者是惩罚"。——译者注

③ 在 LK/Rönnau § 32 Rn 258 u. ö. vor § § 32 ff. 中,该案件被称为"梅茨勒案(Fall Jakob v. Metzler)"。

*** 盖夫根为了维持其奢侈的生活,遂决定绑架银行家 11 岁的儿子梅茨勒(Metzler)并向他的父母勒索赎金。2002 年 9 月 27 日,盖夫根将梅茨勒引诱到其公寓并杀死了他,且向其父母索要 100 万欧元。此后,盖夫根在停车场被捕。在警方审讯期间,盖夫根隐瞒了被害人的下落和状况。时任警察局副局长达施纳(Daschner)下令以暴力相威胁,强迫盖夫根说出小孩的下落。随后,盖夫根作出了陈述,因而警方找到了被害者的尸体。——译者注

④ 相关案例参见 LG Frankfurt/M StV 2003, 325 和 BGH 2 StR 35/04 v. 21. 5. 2004; BVerfG NJW 2005, 656; OLG Frankfurt 1 Ws 3/12 v. 29. 6. 2012(针对盖夫根); LG Frankfurt/M NJW 2005, 692(针对达施纳)。

困扰了欧洲人权法院多年。[①] 与此同时，不仅是该个案，而且（营救酷刑）这一形势在文献中被扩大到极端危险的地步。例如，当一个恐怖分子在大城市中埋了一个带有定时器的原子弹，并且不愿泄露所埋藏的地方（“定时炸弹场景”），酷刑的绝对禁止被认为是对他有利的，并且这使整个城市的居民不得不被抛弃。尽管绑匪或者恐怖分子对困境的法的责任归属是毫无疑问的，他的死亡因此也不是悲惨的（这就是为什么我想将这些案例组称为不真正的悲惨困境），但是他的尊严或许能够保护他远离这些后果，而与此相对，“正当的（rechtlich）”[*] 困境解答方案会带来数十万的悲惨牺牲者。

（2）然而，在我看来，这种绝对性的立场是站不住脚的。在这里，我不能通过对通说的全面分析来证明这一点，而仅仅提及其几个核心弱点。

第一，通说必然以酷刑禁止高于所有其他社会共同生活的规则为前提。这不可能是正确的，从恐怖分子（类似于下文有待阐述的“猫王”[**]）利用一枚炸弹对全体人类生存造成威胁这一虚构的案例中，就可以得出令人信服的结论。由于人类生存的利益在逻辑上必然高于人类个体的所有利益，酷刑禁止从来没有、也永远不会要求一个更高的效力。因此，在逻辑上令人信服的是，酷刑禁止不是人类世界里的最高规范，而是构成法权中始终需要平衡的一部分。

---

① 判例参见 EGMR（5. Kammer）NStZ 2008，699 和 NJW 2007，2461；EGMR（Große Kammer）NJW 2010，3145。

* 这是通说的立场，但在作者看来，这是错误的。——译者注

** “猫王”指的是“猫王案”中由 H 和 P 虚拟出来的角色：R、H 和 P 生活在一种受“神秘主义、虚幻认知和妄想”影响的“神经质的关系网”中。H 与 P 一起对 R 洗脑，使其成功相信了“猫王”的存在，即“猫王”是数千年来邪恶的化身，并对世界造成巨大威胁。H 于 1986 年得知其前男友结婚的消息，由于过于悲愤，于是决定利用 R 来杀死前男友的妻子 N。在 P 的同意下，H 对 R 说，由于 R 先前犯了许多错误，“猫王”要求 R 将 N 杀死，并献祭给他。如果无法完成这个任务，R 就必须离开 H，并且数以百万计的人或者整个人类都将被“猫王”杀死。R 听后内心饱受折磨，然而，想到只要献祭 N 就可以拯救数以百万计的人，遂决定服从“猫王”的指令。在一个夜晚，R 来到 N 的花店中，以买花的名义，从后方刺向 N 的脖子、脸以及身体多处，以达到杀死 N 的目的。——译者注

第二,无论如何,营救酷刑并非属于联合国《禁止酷刑公约》中的酷刑禁止范畴。[①] 在其第1条第1款*第1句对酷刑的定义中,明确禁止为获得陈述或供词而施加剧烈的疼痛,但在第2句话中,对刑罚的施加作出了例外的规定。由于身体刑和殴打逼供从侵害的角度来看是相同的,鉴于联合国《禁止酷刑公约》把人性尊严列为受保护的利益,因此在《禁止酷刑公约》中对人性尊严的不同处遇只能以当事人的责任为理由。当事人通过他负有责任的罪行与刑罚建立联系,因此对他来说,刑罚不意味着第1条里所称的"歧视"。当然,为刑事诉讼的所有目的而使用酷刑,在刑事诉讼中由于适用无罪推定进而排除了被告的任何责任,这在欧洲从古老的宗教裁判所审判模式(alten Inquisitionsprozess)转向审判程序模式(Hauptverhandlungsmodell)以来一直是毫无疑问的。与此相对,由于营救酷刑涉及的是负责任的人,因此不意味着"歧视",并且进一步来说,出于拯救生命的营救酷刑的目的比压制性刑罚更有价值,联合国《禁止酷刑公约》为法定的容许规定提供了一个当然论证(argumentum a fortiori)。[②] 尽管《欧洲人权公约》第3条关于禁止酷刑的规定并未为此提供直接依据,但欧洲人权法院的判决表明,[③]其与联合国《禁止酷刑公约》中的酷刑概念及其特定意图紧密相连,因此可以进行平行解释。

第三,基于尊严概念的意图和分散性,从《德国基本法》第1条直接推导出的酷刑的绝对禁止实际上是一种逆向推论。例如,在仍受关

---

① 德国批准国际条约的法律,参见6.4.1990,BGBI 1990 II 246。

* 根据《禁止酷刑公约》第1条第1款规定,"为本公约的目的,'酷刑'是指为了向某人或第三者取得情报或供状,为了他或第三者所作或涉嫌的行为对他加以处罚,或为了恐吓或威胁他或第三者,或为了基于任何一种歧视的任何理由,蓄意使某人在肉体或精神上遭受剧烈疼痛或痛苦的任何行为,而这种疼痛或痛苦是由公职人员或以官方身份行使职权的其他人所造成或在其唆使、同意或默许下造成的。纯因法律制裁而引起或法律制裁所固有或附带的疼痛或痛苦不包括在内"。——译者注

② 从国家刑罚来看,关于当然论证进一步的阐述参见Schünemann GA 2007,644ff。

③ 参见Bank,in Dörr/Grote/Marauhn,EMRK/GG Konkordanzkommentar,2. Aufl. 2013,Kap. 11 Rn 33ff。

注的飞机击落案中,联邦宪法法院倾向于采用康德的非工具化公式,但这导致了自相矛盾。因为绑匪和恐怖分子对这种情况负有责任,他们只需遵守法义务,不实施犯罪计划,就能轻易避免营救酷刑,换言之,他们不仅仅是被视为工具。

第四,在盖夫根案中,如果仅仅涉及纯粹的酷刑威胁,欧洲人权法院将其定性为"非人道的待遇",认为其违反了《欧洲人权公约》第3条,这导致了反对意见的激增。[①]"非人道的待遇"是一个几乎没有核心描述价值的概念,这个概念甚至不能脱离背景进行思考。仅仅通过虚构的威胁,来避免最残暴的个人罪行之一的最糟糕后果,以挽救一个被用于勒索财产利益的无辜儿童的生命,[②]这种行为被竭力地认为是"非人道"地对待负有唯一责任的人,唤起了一种不该有的同情心,在我看来,尽管不反常,但无论如何都是错误的。反之,不能认为那些以酷刑相威胁的人,必须同时为施以酷刑做好准备(通说认为这是绝对禁止的),否则威胁将无法产生任何效果。从规范角度看,对最终意图的欺骗显然可以通过紧急避险(《德国刑法典》第34条)加以合理化;而从经验角度看,暂不论法对酷刑的评价,其危险的不确定性对受威胁的绑匪或恐怖分子是相当有效的,正如盖夫根案直接展示在我们面前(ad oculos)的那样。

第五,在对法进行评估时,我们确实需要考虑危害和拯救被非法攻击生命的一般经验条件。然而,这可能会误入歧途,使得这个基础问题取决于个体的问题预测(Prognoseproblemen)。[③]实际上,我们必须通过特殊的规范("在不确定情况下的决定")来解决这个问题。

第六,尤其值得探讨的是,通过慷慨地承认责任阻却事由或刑罚排除事由,使不法的直接判断(行为规范)得以避免。在讨论医生安乐死

---

① EGMR NJW 2010,3145.

② 我故意用带有情感评价的文字来描述,因为"非人道"也是这样一个术语。

③ 例如,Roxin ZIS 2011,552,561;NK/Neumann,5. Aufl. 2017, § 34 Rn 77e 指出,基于这些原因,通常不会认为击落被劫持的飞机在刑事上是正当的。参见 LK/Rönnau, Rn 254 vor § § 32 ff.,其脚注1190中引用了大量相关文献。

案时,我会更详细地分析这个问题。

第七,相较于狂妄自大地在现有框架内给出包罗万象的答案,我更想在最后这部分对两个简单案例进行比较。这两个案例在直觉上会让死板的通说得出自相矛盾(reductio ad absurdum)的结论:在没有危险的邻镇,恐怖分子A逃到阳台上加速释放炸弹,正处于狙击手的瞄准中;而知晓炸弹密码的恐怖分子B已被抓获。根据《德国刑法典》第32条规定,* 对枪杀A的行为予以正当化是毫无疑问的,但通说认为对B施以酷刑威胁,要求其说出炸弹密码的行为却是可罚的。

二、真正的悲惨困境:法外空间说和阻却责任的紧急避险并非适当的解决方案

在讨论了许多非真正的悲惨困境之后,接下来我将讨论真正的悲惨困境,即不可避免地牺牲无辜者的情况。

1. 我要讨论的第一类情况是所谓的真正的义务冲突,如医生只能拯救两名重伤患者中的一人。在这里,医生必须被赋予真正的选择权,因此,即使他只救了其中一人,也是合法的。在这种情况下,将"法外空间说"的教义学理论纳入考虑具有建设性意义,特别是在近代,考夫曼(Arthur Kaufmann)对该学说进行了广泛宣传(尤其是在堕胎案例中)。[①] 据此,放弃拯救一名重伤患者并非合法,而只是不被禁止,因为整个冲突处于法适用范围之外。然而,"法外空间说"的构建并不具有说服力。因为,相较于至少拯救一名患者,医生若采取其他行动,或者

---

* 《德国刑法典》第32条规定,"(1)出于正当防卫而有必要实行某一犯行者,其行为并非违法。(2)为避免自己或第三人遭受现在不法之侵害,而实施必要之防卫行为者,为正当防卫"。——译者注

① 相同的观点参见 Arth. Kaufmann Strafrecht zwischen Gestern und Morgen,1983, S. 192 f. ,331 ff. ; JZ 1992,981; Rechtsphilosophie,2. Aufl. 1997,S. 232 ff. ;关于教义学史和相关讨论参见 Schünemann: Hassemer/Neumann/Schroth(Hrsg.), Verantwortetes Recht-Gedächtnisschrift für Arthur Kaufmann,ARSP Beiheft 100,2005,S. 145ff。

像布里丹之驴(Buridans Esel)*那样毫无作为,他理应受到惩罚。在这种情况下,对他而言,除了两个拯救行为之外,所有可能的行为都是违法的。由于在两个救治行为之间没有优先规则,因此具体命令是:"救A或救B",遵循这一法规范显然是合法的。

2. 上述情况涉及两个等同行为义务之间的冲突,而接下来的情形通常被称为非真正的义务冲突,即作为义务和不作为义务之间的冲突。最常讨论的情况是,只有通过缩短濒死者的生命才能拯救另一个人时,应如何行动。典型案例有125年前默克尔(Rudolf Merkel)设想的登山者案,①以及近期的医生安乐死案、韦尔策尔(Welzel)设想的电车难题②和现在的空军飞行员击落被恐怖分子劫持并冲向高楼的飞机案。在这些案例中,为了拯救大多数人而主动结束已经无望的生命,通说认为绝不正当,应为法所禁止。根据《德国刑法典》第34条规定,阻却违法的紧急避险以财产(Güter)和利益(Interessen)之间的明显等级差异为前提。由于每个人的生命代表着最高价值,纯粹的数量或生命长短不能证明价值上的本质差异。然而,主流观点认为,应适用超法规的阻却责任的紧急避险,从而排除刑事责任和刑罚。③

3. 然而,在我看来,这种主流观点仍无法抵挡一系列批判性的

---

* 布里丹之驴是以14世纪法国哲学家布里丹名字命名的悖论,其表述如下:如果一只完全理性的驴处于两堆等质等量的干草中间,它将会饿死,因为它不能对究竟该吃哪一堆干草作出任何理性的决定。——译者注

① Die Kollision rechtmäßiger Interessen und die Schadensersatzpflicht bei rechtmäßigen Handlungen, 1895, S. 48.

② ZStW 63(1951). 47,51.

③ 详而言之,事实和争端极其复杂,参见大量文献如下:LK/Rönnau, Rn 354 ff. vor § § 32 ff.; LK/ Zieschang, § 34 Rn 110 ff., 141 ff., § 35 Rn 119 ff.; NK/Neumann, § 34 Rn 73 ff., § 35 Rn 54 ff.; MüKo/Erb § 34 Rn 116 ff.; MüKo/Schlehofer, Rn 298 ff. vor § 32; Schönke/Schröder/Perron, 30. Aufl. 2019, § 34 Rn 23 f.; Schönke/Schröder/Sternberg-Lieben, Rn 115 ff. vor § 32。此外,且学者通过深入的法哲学以及刑法教义学相结合的角度不间断地、进一步地撰写专著,参见 T. Zimmermann Rettungstötungen, 2009; Stübinger Notwehr-Folter und Notstands-Tötung, 2015。直截了当地说,不存在一个以前没有被考虑到以及分析过的观点。

反驳。

(1)若只关注结果,就会陷入与考夫曼为堕胎所构建的法外空间说同样荒谬的境地。根据普遍观点,这种构建将导致法的混乱,因为这样一来,在没有刑法干预的情况下,反对堕胎的人会把每个堕胎诊所变成战场。① 然而,如果采用超法规的阻却责任的紧急避险,同样的后果也会出现。正如我想用医生安乐死案展示,在精神病院担任院长的他们,必须根据希特勒(Adolf Hitler)亲自签署的秘密命令,在所谓的T4行动*框架内报告无法治愈的病人,然后将他们抓捕并杀害。② 在1945年之后的刑事诉讼中,这些医生为自己被指控教唆和帮助谋杀的行为辩护,声称他们已经尽量减少报告病人的数量,并且仅仅在灭绝行动中扮演协助角色。如果他们拒绝参与,将会有其他医生来替代他们,而这些替代的医生将会报告更多病人,从而导致更多病人的死亡。英国占领区最高法院(Oberste Gerichtshof für die Britische Zone)**认为这其中存在紧急情况,从而产生了刑罚排除事由,后来其在文献中被称为超法规的阻却责任的紧急避险。③ 尽管与教义学的定性无关,但我仍想指出,历史研究证明,医生的辩护在很大程度上是基于谎言。实际上,由于前线重伤战士的医疗需求不断增加,医生甚至超越了希特勒的

---

① See Schünemann: Hassemer/Neumann/Schroth (Hrsg.), Verantwortetes Recht-Gedächtnisschrift für Arthur Kaufmann, ARSP Beiheft 100, 2005, S. 145 ff.

* T4行动是1945年第二次世界大战后,针对德国纳粹曾执行的、系统杀害患有身体残疾或心理、精神疾病患者的“安乐死”计划所使用的称呼。在此计划中,有数以万计乃至数以十万计的“通过决定性的医学检查被判为病入膏肓、无可救药的病人”被医生杀死。——译者注

② 参见Klee „Euthanasie“ im Dritten Reich,3. Aufl. 2010; Aly Di97. e Belasteten, 2014;对我而言,尤其具有启发性的是Reiter Psychiatrie im Dritten Reich in Niedersachsen, 19。

** 德国的英国占领区是盟军根据雅尔塔会议的决定于1945年7月创建的四个区之一。——译者注

③ OGHSt 1,321,335; 2,117,122; LK/Rönnau,Rn 361,358 Fn 1784 vor § § 32 ff.

命令范畴,杀害了仅剩少量寿命的、年老体弱的(gebrechlich)病人,[①]其中甚至包括我的曾祖父。然而,即使医生的辩护是事实,责任排除事由的定性仍然可能导致无法忍受的实际结果,即将诊所变成战场。因为医生将病人列入杀戮名单意味着违法侵害,病人及其家属自然可以进行正当防卫,而医生则再次做出紧急避险等。

(2)除了语用学中的"归谬法"(reductio ad absurdum)*之外,在教义学上,责任阻却事由的设想也不具有说服力。因为责任的本质包含行为人能够避免实施某一行为的可能性。只有在这样的前提下,行为人才能被个体化地归责,从而刑罚对他的"过度损害"得以正当化。[②]毫无疑问,这些医生具备这样的能力,正如历史研究所揭示的,他们是自愿参与行动的。即使他们拒绝参与谋杀精神病患者,但他们面临的道德困境被完全顺从希特勒的追随者所取代,也无法构成充当阻却责任的紧急避险前提的极端动机压力。诚然,《德国刑法典》第35条**关于责任阻却事由的较为宽松的法律定义表明,动机压力并不需要完全剥夺行为自由,而只需在很大程度上限制行为自由,从而排除刑法意义上的可归责性。正如罗克辛(Roxin)所阐述的,预防性立场能导致责

---

① 参见 OGHSt 2,117;对于埃尔姆山麓克尼格斯卢特尔或下萨克森的例子参见 Reiter Psychiatrie im Dritten Reich in Niedersachsen, S. 311。

* 归谬法,又称还原至荒谬法,是一种逻辑推理和证明方法。其基本原理是通过假设某个命题为真,然后从这个假设推导出荒谬或矛盾的结论,从而证明该命题是假的。——译者注

② 事实上,刑罚不仅仅是报应("以眼还眼"),而更是一种"过度报复",即过度损害,这实际上是一种影响较小但已长期深种的见解。它不仅使刑法对法益保护的最后手段性的外部限制更加紧迫,同时也进一步凸显了责任原则在刑罚合理性上的紧迫性。

** 《德国刑法典》第35条规定:"(1)为避免自己、亲属或与自己关系最密切之人的生命、身体、自由遭受现时的、无法以其他方法避免的危险者,所为之行为无罪责。如果行为人根据情况,尤其是行为人自招危险,或其处于特别的法律关系中,可以期待行为人容忍危险时,不适用本项之规定。但是,如果行为人不考虑特别的法律关系也必须容忍该危险者,得依第49条第1项减轻刑罚。(2)行为人实行犯罪行为时,误以为依第①项阻却罪责之情况者,仅于其可以避免该错误时,始得罚之,并应依第49条第1项减轻其刑。"——译者注

任的排除。[①] 然而,这必须始终关乎个人的困境,而非所有可能影响冲突情况的人的一般规定,更不能涉及国家公务人员(如精神病院的主任)。因为如果他们不是在个人受到影响的情况下面对冲突,就不可避免地涉及对国家行为进行调整的规范,进而涉及的是不法而非责任的问题。

(3)为悲惨困境的情形构建一个超法规的责任阻却的紧急避险,是基于对刑法体系中责任概念和功能的扭曲:在不法层面,一般性的行为规范针对的是所有公民和国家的行为,而责任涉及的是行为人个体不艰难地避免违法行为的可能性。即使与罗克辛一样承认责任具有更广泛的、"一般性的"预防要素,但在我看来,在医生安乐死案中也无法改变什么。因为通过刑罚的威慑,以禁止参与纳粹政权的谋杀行动是完全具有预防意义的。越多的公民抵制参与犯罪的诱惑,整体上不犯罪的可能性就越大。正如希特勒所谓的安乐死行动所表明的那样,他本人在公众抗议声势浩大之后便结束了安乐死行动,哪怕只是官方性地结束。[②][*]

(4)在我看来,通过假设一个超法规的责任阻却事由来解决悲惨困境问题的教义学尝试,是不能让人信服的。如果法秩序已经规定了正确的行为规范,就不应该通过一般性排除标准的责任否定来使法规范实际上形同虚设。尤其是涉及一个国家机关的行为时(如医院的医生),因为这些国家机关被特别赋予了维护法治和法权威的职责。这样的法秩序是自相矛盾的。一方面,它禁止杀害人的生命,将其视为最高的法益。[③] 另一方面,又宣布任何人甚至国家官员都可以不受制裁地实行这种杀害,如此一来,一个"你不应该杀人,但如果你杀了,你不

---

① 总结参见 Strafrecht AT Ⅰ,4. Aufl. 2006, § 19/3 ff. ,15f。

② 在格拉夫·盖伦(Graf Galen)1941年8月3日的布道会后,根据1941年8月24日的命令,参见 Aly (Hrsg.),Aktion T 4 1939 – 1945,2. Aufl. 1989,S. 89f。

* 尽管希特勒官方性地停止了这样的杀戮行动,但私底下仍在继续进行,然而,相比之前而言,规模要小得多。——译者注

③ 严格来说,(生命法益)仅次于人性尊严,但与后者不同的是,(生命法益)具有无可比拟的明确的保护范围。

必害怕刑罚”的法秩序只能被理解为允许杀人。如今，这种自相矛盾在劫机案中凸显得更为尖锐。当这架飞机被恐怖分子劫持，并向居住着数千名居民的高楼大厦飞去时，飞行员被告知，法规范不允许他为了拯救数千人，而击落载有200名乘客的飞机，但哪怕他做了，他也不会受到惩罚。这将导致一个荒谬的局面，即他的行为将由他的任意性所决定。

4. 针对悲惨困境的情形，通说陷入了一个困境，甚至有可能将不法和责任之间的区分变成镜花水月，进而在对人的行为指引方面毫无作用。

三、在不法层面上差异化的解决方案

在我看来，我们必须在不法层面上寻找解决悲惨困境的方案。在这方面，我看到了许多与责任层面不同的评估途径。①迄今为止，尽管在“生命对抗生命”的权衡讨论中，大量且多样的观点都一致拒绝纯粹数字化的考量，但以下三个独立且有价值的观察视角仍然值得关注；②无法挽回的法益损失或未完全发展的生命价值降低；③处于危险共同体中的团结(牺牲)义务；④由人引发的防御性紧急避险。

1. (1) 以一个登山者案为例，这四个观察视角都会涉及并导向一致结论：在一个四人登山队伍中，最下面的登山者U不慎滑落，被迫用绳子吊在中间的登山者M身上。然而，M只能支撑短暂时间，直到他自己也坠落，将位于最高位置的登山者O一同拖入死亡。此时，唯有没有与他们用绳索连接的自由登山者F才能幸存。如果F用他的破冰斧砍断M和U之间的绳子，他能救下O和M，但会使U坠落致死。这四个观察视角的结合能够导向一个合理的结论。

这样一来，①两个人的生命都有可能得到挽救，而U无论如何都是无望的。②对他而言，这只是剩余几分钟生命的问题。诚然，从每个生命的绝对保护和最高价值的原则出发，往往会得出不允许进行权衡，也不允许考虑剩余生命长度的结论。[①] 然而,这与其他情形相矛盾,在这些情形中,一个痛苦的、即将消逝的生命的最后几分钟不再在同等程度受到法律保护,如当要求医生不再采取无意义的生命延长措施时。[②] ③此外,这三位登山者都身处一个危险共同体之中,其中每人都对他人的生命承担保证人责任,[③]甚至F和U也各自对M和O承担保证人责任。U是在没有违反应有的注意义务的情况下引发的紧急状况,因此不适用正当防卫。[④] ④但这可能适用于由人所引发的防御性紧急避险。根据普遍的、也是最具争议的观点,防御性紧急避险只要满足因果关系即可,这是特殊情形下阻却违法的紧急避险。

(2)考虑到所有导向相同结论的观察视角,任何仍想断言导致U稍微提前死亡的拯救行为具有违法性的论者,在道德角度上,代表的是一种彻头彻尾无用的利己主义荒谬立场。共同体只有在其成员具有最低限度的利他主义立场时才能存在。在社会契约论的思维模型中,这个原则可以特别借助罗尔斯(Rawls)的"无知之幕"[⑤]得出清晰的推导,作为法的基本原则:在危险情况下,如果通过牺牲注定要消逝的生命能拯救大多数人,每个人都会同意,因为通过同意,他们自身也能获得最好的获救机会。

(3)然而,在最高价值的冲突中,除了通过适当性标准使利益相对化之外,无法得出任何结论。在由人引发的防御性紧急避险的情况下,[⑥]毋

---

① 有说服力的文献参见 Roxin ZJS 2011,552,555 f.; Wessels/Beulke/Satzger, Strafrecht AT,49. Aufl. 2019,Rn 477; 不同意见参见 NK/Neumann § 34 Rn 77e。

② 这必然是非常具有争议的问题,参见 Schönke/Schröder/Eser/Stemberg-Lieben Rn 30 ff. vor § 211; LK/Rosenau Rn 48 ff. vor § 211。

③ 在此,危险共同体以一种尤为紧密的方式,将相互之间无助处境的支配作为保证人地位的依据,甚至可以被解释为默许无法被救助的人的牺牲。

④ 在此,对通说而言,详尽的论证仅参见 LK/Rönnau/Hohn, § 32 Rn 109。

⑤ A Theory of Justice,1971,德语版参见 Eine Theorie der Gerechtigkeit,1975,S. 81 ff.,336f。

⑥ 对此的全面阐述参见 Otte Der durch Menschen ausgelöste Defensivnotstand,1998。

庸置疑,与《德国民法典》第 228 条*的类比将证明一种最高价值对另一种最高价值的防御当然具有正当性。然而,这个例子的类比是值得怀疑的:在 A 驾驶的机动车在薄冰上打滑,使行人 F 面临死亡风险的情况下,只有通过卡车司机 L 撞击机动车(这对 A 是致命的)才能避免。尤其是如果 A 在没有违反应有的注意义务的情况下失去对机动车的控制,就不能将危险视为他的过错并归属于他。①

2. 从方法论上讲,这是通过案例组的形成和直观比较来填补一般条款的问题。从启发性的角度来看,最好的方法是将极端情况相互比较评判,从而逐步缩小评判范围。因此,我们首先应将登山者案与韦尔策尔构建的电车难题进行比较:一辆铁路货车正沿着倾斜的轨道快速驶向站在铁轨上的一大群学生,马上就会把他们撞死。在没有其他办法的情况下,是否允许扳道工人扳倒转岔器,使货车改道至相邻轨道,仅撞死那里的两名建筑工人?

(1)这个问题的答案绝大多数是否定的,也是正确的。即使获救的群体数量更多,这也不足以将死亡的因果过程转嫁给无辜的人。纯粹数量上的差异并不足以构成实质性优势。然而,当达到数量上的指数级差异时,这种直觉变得不再稳定。当整个人类的生存受到威胁时,正如一开始所指出的,这种直觉必然会发生变化。整个人类的生存作为任何可想象的、法秩序实际上的最高价值,远远高于无论如何都注定死亡的个人生命,也高于人性尊严及其衍生的禁止酷刑的规定。在猫王案中,被告认为为了拯救"所有人类或数百万人"②的生命,牺牲一个人是必要的。然而,联邦最高法院错误地认为可以用以下观点来避免

* 《德国民法典》第 228 条规定:"为使自己或者他人避免急迫危险而损坏或者损毁引起此急迫危险的他人之物的人,如果其损坏或者损毁行为系防止危险所必要,而且造成的损害又未超越危险程度时,其行为不为违法。如果行为人对危险的发生负有过失,则应负损害赔偿义务。"——译者注

① 通说从一开始就拒绝这样的类比,并希望在《德国刑法典》第 34 条的利益权衡框架内处理这种特殊的情况,大量论证参见 LK/Zieschang, § 34 Rn 16m。但反对意见似乎在增加,参见 Schönke/Schröder/Perron, § 34 Rn 30。

② 在此,根据"存疑有利于被告人(in dubio pro reo)"的原则,必须假设所有人类。

这种直觉:“《德国刑法典》第 34 条不允许‘生命对生命’的权衡”[①],但这显然是错误的,文献中对此的大力支持同样令人费解。[②]

(2)不过,对于纯粹数量上的差异,我认为在电车难题上发展出来的普遍说法是正确的,即没有人有权利玩弄他人的命运。这个规则当然也适用于防御性紧急避险,当这种情况是由人基于一个无法归责的行为所偶然招致时,那么这个规则当然也适用于防御性紧急避险。这个问题在上述卡车案中更为尖锐,在德国引起了极大的争议。可以肯定的是,如果司机 A 违反交通规则,对行人 F 造成了违法侵害,那么就存在正当防卫或紧急救助的情况。相反,如果司机没有违反交规,那么其机动车引起的危险不能被定性为一个违法侵害,而是被视为由人引发的防御性紧急避险。根据广为传播但颇具争议的观点,在这种情况下,可以赋予防御权,必要时甚至能扩大到杀死“攻击者”。[③] 然而,在我看来,只有当 A 的汽车所产生的危险至少在客观上能归责于 A 时,F 的利益优先于 A 才是合理的。这在汽车受龙卷风影响的情况下是可以否认(归责)的,在他遵守所有交通规则的情况下也值得怀疑。纯粹的因果关系并不构成规范上的充分论据,无法证明杀死被卷入此进程的人的正当性。相反,如果 L 想介入这个偶然的进程,他就是非法地玩弄他人的命运。

(3)在我看来,对于“穿孔(Perforation)”[④]的情况(现代产科中已极少出现[⑤]),即在分娩过程中为了救母亲而杀死孩子,“基于因果的攻击”(kausalaggressiven)和“基于因果的防御”(kausaldefensiven)的法益区别在这种情况下没有任何意义。在我们继续讨论这个问题之前,我们需要假设,在新生状态中(in statu nascendi)的生命缺乏完整的价值,这在某种程度上类似于登山者案中因濒临死亡而生命价值受损的情

① BGHSt 35,347,348,350.

② NK/Neumann, § 34 Rn 75; Kühl,Strafrecht AT,8. Aufl. 2017,8/114.

③ Roxin AT I, § 16/78.

④ 概要参见 Otte Der durch Menschen ausgelöste Defensivnotstand, 1998,S. 141 ff.; Roxin AT 1, § 16/70ff。

⑤ 参见 Lehmann,Z Geburtshilfe Neonatol 2015; 219(06): 293f。

况。值得注意的是,1927 年一般德国刑法草案(E 1927)已经通过第 254 条第 2 款*对这一问题进行了明确阐述。①

(4)在我看来,在医生安乐死案中,并不存在正当化的可能性。尽管乍一看,我们可能会想到精神病患者之间的危险共同体、注定死亡的现实以及由此推导出的生命价值减损的观点,但这并不具有说服力。登山者们有意识地组建了一个危险共同体,并承担了相应的照顾义务,而这在精神病患者中是不存在的。与最后要讨论的恐怖分子劫机案不同,在医生安乐死案中,病人的死亡并非迫在眉睫,而属于未来的不确定事件。** 此外,如果法声称国家的违法行为会减损生命的价值,那么这将是自相矛盾的。

3. 作为一个决定性的定性观点,它从根本上推翻了形式上令人信服的论点:"一个最大价值不能与另一个最大价值进行权衡。"在我看来,当一个人的生命注定要不可挽回地失去,并且根据经验法则,其终结无论如何都将在很短时间内到来时,那么这个生命的价值将会被具体地贬低。此外,如在登山者案中,存在一个危险共同体以及相互的保证人地位,这加强了正当化的直觉。然而,在我看来,相互的保证人地位既不是充分条件,也不是必要条件,就像我在劫机案中所阐述的那样:恐怖分子劫持飞机并冲向一座高楼,在高楼中的大量居民即将遭受灾难之前,我认为空军飞行员击落飞机的行为是合法的。主流反对观点认为,飞机上乘客的短暂生命与高楼居民的完整生命同等重要。然而,这一观点存在以下问题:第一,对所有曾经存在过的法秩序中的相关内容视而不见;第二,可通过无知之幕引申的测试进行驳斥;第三,通

---

* 1927 年一般德国刑法草案(Entwurf eines Allgemeinen Deutschen Strafgesetzbuchs)第 254 条规定:"如果具有合法资格的医生中断妊娠,是因为根据医疗行业的规则有必要避免对母亲的生命或健康造成严重危险,而且无法以任何其他方式避免,则不属于本法意义上的堕胎。如果注册医生出于同样的原因杀死了正在出生的孩子,则不属于本法意义上的杀害。"——译者注

① 对此的进一步论述,参见 Heimberger FS Frank,1930,S. 389,397ff。

** 在作者看来,基于经验性的因果进程,在劫机案中,飞机上乘客的死亡会在极短的时间内发生,因此被认为是确定性的。——译者注

过经常提倡的假设的责任阻却事由使自己陷入荒谬;第四,对康德法哲学的引用也是错误的。

(1)所有曾经存在过的法秩序至少都承认防御性战争的合法性。但是,没有一场战争不会导致无辜者死亡。用美国的说法就是"附带损害"(collateral damage),这恰恰与劫机案有类似之处。

(2)如果让任何一个人做出选择:只能存活 5 分钟或能活一辈子,他不会回答,"这两个选项对我来说都同样重要",而会毫不犹豫地选择后者。

(3)正如前文所述,在这些情况下,构建责任阻却事由是自相矛盾的,会导致无意义的结论。

(4)最后,联邦宪法法院的立场是,击落飞机会侵犯机内人员的尊严,①因此它不仅宣布联邦立法机关关于这一悲惨困境的规定②因缺乏立法权限(可疑且已经失效③)而无效,还禁止联邦立法机关根据其权限更新相关规定。在此过程中,它引用了康德著名的箴言,即不应将人仅仅作为手段,将人与物权的客体混为一谈。④ 然而,这样的引用是错误的,因为它断章取义地理解康德的观点,并且对悲惨困境的基本框架有错误认识。康德的批判公式意味着,在刑罚结果主义(目的理性)的

① BVerfGE 115,118; 通说的观点,参见 NK/Neumann, § 34 Rn 76,77a ff。

② 即在《航空安全法》(旧版)第 14 条第 3 款和第 4 款中。[根据《航空安全法》(旧版)第 14 条第 3 款规定,"只有从(当前的)情形中推测出,飞机将被用来针对人们的生命,并且使用武力进行干预是避免这种当前危险的唯一手段时,这种直接武装力量的使用才是被许可的。"根据第 4 款规定,"只有联邦国防部长或者其代理授权的联邦政府成员能够根据第 3 款采取措施。此外,联邦国防部长一般可以授权空军司令员根据第 1 款的规定采取措施。"——译者注]

③ 参见 BVerfGE 128,325; 132,1 (Plenarentscheidung); 133,241 中的决定,这些决定将权限问题的旧决定视为错误的决定。

④ BVerfGE 115,118 Tz. 116 ff.

正当性之前，要求其价值理性，即对被刑罚者的道义正当性。* 然而，在悲惨困境中，目的理性的根据同样也是价值理性的，因为恶害的施加是不可避免的，选择较小的恶害完全可以被视为道义论上的原则。此外，这只是加速因果进程的问题，对于受影响的人来说，这个进程本来就是无望的，这也体现了道义上的正当性。这种观点驳斥了将飞机乘客被“完全”视为实现目的手段的指责。

因此，联邦宪法法院关于人性尊严的引用实际上是一种循环论证。这是一个令人不安的例子，即在不同的问题上，将“政治正确”的人性尊严作为“杀手锏”(Totschlagsargument)的策略性使用，即使是在完全不同的问题上。**

---

* 尽管康德的许多论点是纯粹的报应主义，即报应是刑罚的必要和充分条件，如著名的岛屿案(康德坚持认为，即便是以所有成员的赞同要解体，住在一个岛屿上的人民决定分手并分散到世界各地，也必须先把监狱里的最后一名杀人犯处决掉，以便每个人都亲历他的行为所应得的——正义要求这样做[参见《康德著作全集》(第6卷)，李秋零主编，中国人民大学出版社2007年版，第345页。])。然而，还有一些文字段落只提到罪责和报应是必要和首要的条件，所以这也可能被解释为，必要的预防应该是一个补充条件，如卡纳阿德斯之板案{康德认为，此时，法律所威胁的惩罚毕竟不可能比这个人丧命的惩罚更大。于是，这样一种刑法根本不可能具有预期的作用；因为以一个尚不确定的灾祸(由法官判决而来的死亡)来威胁，不可能胜过对确定的灾难(亦即淹死)的恐惧。所以，暴力的自我保存的行为绝不应当被评判为无可指摘的，而只能被评判为无法惩罚的[参见《康德著作全集》(第6卷)，李秋零主编，中国人民大学出版社2007年版，第243页]。之所以将杀人者“暴力的自我保存的行为”评价为“无法惩罚的”，是因为此处缺乏处罚的必要性。“不应当评判为无可指摘的”是因为不处罚并不意味着其本质上是对的，相反，其已经具有了施以刑罚道义上的正当性。而之所以不对其施加刑罚，仅仅是因为在这种极端的紧急情况下，刑罚根本无法发挥预防的功能}。根据康德的立场，除非已经具有刑罚的道义上的正当性，否则甚至根本就没有关于预防的讨论空间。——译者注

** 在悲惨困境中，“生命对抗生命”并不涉及人性尊严本身。参见《德国基本法》第2条第1款及第3条，其允许立法者干预人的生活。

《德国基本法》第2条第1款规定，“人人享有个性自由发展的权利，但不得侵害他人权利，不得违反宪法秩序或道德规范”。第3条规定：“(1)法律面前人人平等。(2)男女平等。国家促进男女平等的实现并力求消除现有的不平等现象。(3)任何人不得因性别、门第、种族、语言、籍贯和来源、信仰、宗教或政治见解受到歧视或优待。任何人不得因残疾受到歧视。”——译者注

Critical Commentary on Tragic Dilemmas in Criminal Law

Written by Bernd Schünemann, translated by
Lin Jiaqi & Zhang Zherui

[**内容摘要**]对于如何解决刑法中悲惨困境的讨论,不仅错综复杂而且持续超过一个世纪。只有同时满足以下三个特征,才属于刑法语境下的悲惨困境:对于存在利益冲突的双方,除了杀害其中一方之外别无选择;没有一方对困境的产生具有责任;一方的牺牲须由第三人来作决定。卡纳阿德斯之板案及营救酷刑并非真正的悲惨困境。对于真正的悲惨困境的解决,法外空间说与阻却责任的紧急避险说均不尽如人意。前者的构建会导致法上的混乱,而后者则是对刑法体系中责任概念和功能的扭曲。尽管人的生命是最高价值,且不允许对其进行纯粹数字性的权衡,但如果其注定不可挽回地在很短的时间内失去,那么它的价值将被具体地贬低。在悲惨困境的情境下,有适用防御性紧急避险的可能。

[**关键词**]悲惨困境;法外空间说;阻却责任的紧急避险;防御性紧急避险;人性尊严

Abstract: The discussion on resolving tragic dilemmas in criminal law is not only intricate but has also persisted for over a century. A situation can be considered a tragic dilemma within the context of criminal law only if it simultaneously meets the following three characteristics: there is no other option but to kill one of the parties involved in the conflict of interest; neither party is responsible for the creation of the dilemma; and the sacrifice of one party must be decided by a third party. The case of the Plank of Carneades and the rescue from torture do not constitute true tragic dilemmas. The solutions to genuine tragic dilemmas, whether through the notion of an extralegal space or the justifiable defense of necessity, are both unsatisfactory. The former approach leads to legal chaos, while the latter distorts the concept and function of responsibility within the criminal law system. Although human life holds the highest value and should not be subjected to mere numerical balancing, if a life is inevitably and irretrievably lost in a very short period, its value is concretely diminished. In the context of a tragic dilemma, there is a possibility of applying defensive necessity.

Keywords: tragic dilemma; extralegal space theory; emergency justification for exclusion of responsibility; defensive emergency justification; human dignity

整体不法评价理论:内涵、概念和特色*

冷必元**

目　　次

在我国刑法学界,“整体不法构成要件”尚属一个新名词。现在主要可通过三种途径了解这一刑法学说,一是通过研读翻译成中文的德日刑法学著作,如德国刑法学者约翰内斯·韦塞尔斯的《德国刑法总论》一书的相关内容;①二是通过研读我国台湾地区的刑法理论著作,如我国台湾地区的刑法学者林山田的《刑法通论》一书的相关内容;②三是通过研读介绍德日刑法理论的著作,如冯军教授等主编的《外国

* 本文为湖南省教育科学规划课题“高等学校依法治校评价指标体系研究”(项目批准号:ND233278)阶段性成果。

** 湖南工业大学法学院教授,硕士生导师。

① 参见[德]约翰内斯·韦塞尔斯:《德国刑法总论》,李昌珂译,法律出版社2008年版,第72页。

② 参见林山田:《刑法通论》(上册),北京大学出版社2012年版,第162~163页。

刑法学概论》一书的相关内容。[①] 其实,整体不法构成要件只是整体不法评价理论的代名词。总体上看,我国刑法学界对这一理论尚处于了解、学习和浅层次接收阶段,基本上尚未形成深入的研究成果,也未有学者广泛运用这一理论深入分析刑法问题。在本文中笔者在介绍整体不法评价理论的基础上,总结出该理论的若干重要特征,以给读者一个较为清晰的总体印象。

一、由刑法上的“不法”谈起

在理解整体不法构成要件之前,先要知道什么是“不法”,整体不法构成要件是在何种意义上使用“不法”一词。

在法学理论的众多概念中,“不法”概念是一个被社会大众、实务界和学术界无以复加地滥用和混淆的代表。新闻媒体经常有“不法商贩”“不法分子”的报道,行政执法中有“行政不法”的说法,民法领域有“民事不法”的说法,刑事领域也有“不法侵害”等名词,刑法理论上还经常有学者将“不法”和“违法”两个概念相互替代使用。时至今日,实际上已很难确切地给“不法”一个共通的定义。在不同的知识群和语言圈,同一词语会有不同的含义。不法在社会大众中、民法学术圈、行政法学术圈、刑法学术圈,都形成了相对固定的不同含义。由于笔者的研究只限制在刑法学术圈,因此只需要得出“不法”一词在刑法学术圈的含义。

尽管将研究视野只限制在刑法学术圈,但要得出刑法上“不法”的确切含义,也并不容易。刑法上定义“不法”的难处,主要在于该词和三阶层犯罪论体系中的“违法”一词含义纠缠不清。部分学者认为,不法和违法实际上是同一个意义,不法和违法同一论。我国台湾地区刑法学者甘添贵介绍,在日本刑法学界,尤其是老一辈的日本刑法学者,如大塚仁、团腾重光等,基本上认为不法和违法两个概念不需要区分,

---

① 参见冯军、李春雷主编:《外国刑法学概论》,中国民主法制出版社2004年版,第65页。

"违法就是不法,不法就是违法"①。我国台湾地区刑法学者余振华也认为,纵使有的日本学者持区分两概念的态度,但最终也没有说出两者的根本区别,因而两者的区分依然很模糊。② 持不法和违法区分论的学者,一般认为两者的区分点不外乎是性质不同、内容不同、程度不同。

持性质不同的观点认为,违法是指行为和全体法规范(所有法律规范)相抵触,也即是和民法规范、刑法规范、行政法规范、诉讼法规范等所有法律规范中的相关内容相抵触,行为"有不受法所容许之性质",而不法则是指"违法行为本身"。③ 持内容不同的观点认为,不法是对符合构成要件并且具有违法性的整个状态的称呼,"不法是根据刑法予以谴责的前提,违法性仅仅是犯罪行为成立应当具有的一种属性"④,因此,不法的内容包括了构成要件符合性和违法性。持程度不同的观点认为,违法就是行为违反了社会整体的法秩序状态,违法只有违反和不违反之分,只有有无之分,没有违反程度上的不同,不存在民事违法、行政违法和刑事违法的区分;而不法则有程度上的区别,民事不法、行政不法和刑事不法所代表的侵害法秩序的程度是不一样的。⑤ 尽管学者们总结了不法和违法的种种区分点,但是我们依然觉得仅根据这些比较粗略的区分点,还无法得出不法和违法区分的清晰形象,无法分辨两者到底有何质的不同。

大陆法系的违法概念和中国法理学上的违法概念意义基本相同,是指行为违反了法律规范的情况。"违法"中行为所违反的法律包括民法、刑法、行政法、宪法、诉讼法等所有法律。只要行为背离了任一部

① 甘添贵:《学术报告:刑事违法性的概念与内涵》,载贾宇主编:《刑事违法性理论研究》,北京大学出版社2008年版,第422页。

② 参见余振华:《专题报告:违法性理论之基础》,载贾宇主编:《刑事违法性理论研究》,北京大学出版社2008年版,第468页。

③ 参见陈子平:《刑法总论》(2008年增修版),中国人民大学出版社2009年版,第159页。

④ 王世洲:《现代刑法学(总论)》,北京大学出版社2011年版,第174页。

⑤ 参见张丽卿:《高级论坛实况》,载贾宇主编:《刑事违法性理论研究》,北京大学出版社2008年版,第469页。

门法的命令规范或禁止规范，就是违法。违反刑法的情况也是违法，这是一种性质比较严重的违法，在中国法学上一般将这种违法称为“刑事违法”。但大陆法系一般不使用“刑事违法”概念，我们所称的“刑事违法”，大陆法系相应的概念是“可罚的违法”。日本刑法学者大塚仁即言，“刑法中所议论的违法性，即符合构成要件的行为具备违法性或者违法性被阻却所言场合的违法性，是指犯罪应该被科以刑罚的违法性，即值得处罚程度的违法性，是指处理那些从全体法秩序的观点承认违法性的情形中在量上具有一定程度以上的严重性、在质上予以刑罚制裁是适当的情形。因此，在刑法上认为有违法性的行为，即使在民法等其他的法律部门中也是违法的；但是，相反，在民法等其他的法律部门中认为是违法的行为并非在刑法中也当然是违法的。可以称这种意义中的刑法上的违法性为可罚的违法性。”①

日本刑法学者松宫孝明介绍，在德国刑法学界，学者们一般主张“构成要件是不法类型”。而“不法类型”是由刑法上“具备值得处罚的质和量”的那些行为组成，即一般理论上所言的具有刑法上可罚性的那些行为。德国刑法中的“不法”行为，就相当于日本刑法理论中具有“可罚的违法”行为。② 张明楷教授认为，德国刑法理论是“将符合构成要件的违法称为‘不法’”③。约翰内斯·韦塞尔斯认为，“评判一个事件是否为‘不法’，需要通过两个评判层面上的审查：审查举止的构成要件符合性，确认无正当化事由介入。”④因此，德国刑法意义上的“不法”，用中国的刑法语言来说，基本上专指刑事违法。但刑事违法与普通的违法不同，刑事违法是需要动用刑事制裁措施调整的比较严重的违法。例如，《德国刑法典》第 218 条 a 项规定，怀孕不超过 12 周而终

① ［日］大塚仁：《刑法概说（总论）》（第 3 版），冯军译，中国人民大学出版社 2003 年版，第 313 ~ 314 页。

② 参见［日］松宫孝明：《刑法总论讲义》（第 4 版补正版），钱叶六译，中国人民大学出版社 2013 年版，第 81 页。

③ 张明楷：《刑法学》（第 3 版），法律出版社 2011 年版，第 130 页。

④ ［德］约翰内斯·韦塞尔斯：《德国刑法总论》，李昌珂译，法律出版社 2008 年版，第 68 页。

止妊娠(相当于堕胎)的,不符合《德国刑法典》第218条规定的终止妊娠罪的构成要件。故此,在怀孕12周之前终止妊娠的行为,不是刑事违法行为,不是具有可罚的违法性行为。但是,在刑法领域之外的部门法中,该行为依然是一个普通的违法行为。①

既然"构成要件是不法类型",那么,刑法规定的罪状所描述的行为类型就是那些"具有值得处罚的质和量"的行为,"专门"是指那些具有刑事违法特性的行为。故言,刑法的构成要件所描述的行为类型,不包括不具有刑事违法特性的普通违法行为,比如民事违法行为、行政违法行为等。由此,构成要件所描述的行为类型是"专指"刑事违法类型,即"不法类型",而不是指"违法类型"。准确地讲,"构成要件是不法类型",而不能泛泛地讲"构成要件是违法类型",构成要件只描述需要动用刑事制裁措施调整的具有犯罪性质的违法行为,而不包括民事违法、行政违法等不具有犯罪性质的普通违法类型。因此,准确地讲,刑法上的构成要件也应是"不法构成要件",而不是"违法构成要件"。笔者注意到,大陆法系刑法理论上的构成要件,有学者就干脆明确地称之为"不法构成要件",如德国刑法学者约翰内斯·韦塞尔斯等,②使用的就是"不法构成要件"概念。我国台湾地区刑法学者林山田认为,"由于构成要件系用以描述各种不同犯罪行为的不法内涵,故这种狭义的构成要件,应明确称为不法构成要件"③。有必要认为,当前大陆

① [日]松宫孝明:《刑法总论讲义》(第4版补正版),钱叶六译,中国人民大学出版社2013年版,第81页。

② 约翰内斯·韦塞尔斯认为,构成要件可在三种意义上使用,如广义的构成要件、狭义的构成要件和整体不法构成要件。广义的构成要件是指,"涵盖不法构成要件特征、违法性特征、责任特征和'可罚的客观条件'特征"的结合体。用中国的刑法语言而论,这里的"广义的构成要件",也是中国刑法的"犯罪构成"。狭义的构成要件即"不法构成要件",它是指"对犯罪的个体表征和典型的不法性的描述",也是指对具有"可罚的违法性"的行为特征的概括描述。整体不法构成要件是介于广义和狭义之间的构成要件,它是不法构成要件和违法性的结合体。参见[德]约翰内斯·韦塞尔斯:《德国刑法总论》,李昌珂译,法律出版社2008年版,第69~72页。

③ 林山田:《刑法通论(上册)》(增订十版),北京大学出版社2012年版,第148~149页。

法系刑法理论上所讲的"构成要件"应当是"不法构成要件"的简称(故此,本文中所提到的刑法上的"构成要件",也是"不法构成要件")。

既然"构成要件是不法类型",那么,当一种行为符合了不法构成要件,就可以初步认为该行为具有了刑法上"可罚的违法性"的嫌疑,具有了"不法"的嫌疑,这就是构成要件的"不法推定功能"。不过,日本刑法理论和我国台湾地区刑法理论一般将该"不法推定功能"称为"违法推定功能",但是这是不够准确的。之所以在日本刑法学界和我国台湾地区刑法学界形成这种普遍性的不准确认识,原因可能是翻译上的用词不当。刑法理论上的"不法"一词源自德国,德文是"Unrecht",日本刑法学者一般把该词翻译成"违法"。由此,在德国"构成要件是不法类型",在日本就成了"构成要件是违法类型"。[①] 以讹传讹,遂形成今日普遍燎原之势。正本清源,所谓的"构成要件"应称为"不法构成要件","不法构成要件是不法类型"才是比较准确的表述。

如果笼统地认为"构成要件是违法类型",不区分民事违法、行政违法还是刑事违法,则必然会出现不可接受的结论。因为"构成要件具有违法性推定功能",一个"违法类型"的行为就可以初步推定为具有"可罚的违法性",那么,一个民事违法行为、行政违法行为也可以被推定为具有刑事违法性。也就是说,根据"构成要件是违法类型"的说法必然得出这样的结论:"违法的行为即是不法行为","从整体法秩序来看违法就是有罪"。[②] 这是违反常识的,是不可接受的。

刑法罪状中所规定的不法构成要件,是对违反刑法的不法行为特征的概括性描述。不法行为在形式上是违反刑法的命令规范和禁止规范,而实质上则是已经侵害了刑法所保护的法益,或者有侵害刑法所保护的法益危险的行为。立法者根据统治秩序维护的目的预设,将生活

---

① 参见[日]松宫孝明:《刑法总论讲义》(第4版补正版),钱叶六译,中国人民大学出版社2013年版,第81页。

② 参见[日]松宫孝明:《刑法总论讲义》(第4版补正版),钱叶六译,中国人民大学出版社2013年版,第85页。

中危害统治秩序的行为进行类型性描述,就形成了不法构成要件。

二、整体不法评价方法基本内涵

不法行为是危害统治秩序的行为,但危害行为有轻重缓急之分,不同行为危害统治秩序的质和量各不相同,因而生活中也就形成了性质和程度各不相同的不法状态。那么应当如何评价不同行为所形成的不同不法状态呢?这里有两种评价方法,学界首先形成的是双层不法评价方法,然后在双层不法评价方法的基础上又形成了整体不法评价方法。

(一)双层不法评价方法

既然立法者将生活中危害统治秩序的行为进行了类型性描述,从而形成了危害行为的构成要件,那么一般来讲,符合不法构成要件的行为原则上就是不法行为。因此,可以根据不同的不法构成要件来评价不同行为所形成的不法形态。不过,由于不法构成要件所规定的行为形态是生活中的一般情况,而没有排除那些形式上符合不法构成要件,实际上不具有刑事不法性的特殊情况,比如无过当防卫的杀人行为虽然形式上符合了故意杀人罪的不法构成要件,但实际上却因为是出于正当防卫而没有违反法律规定,没有违反全体法秩序,因而具有违法阻却事由而属于生活中的正当行为,不能认定属于故意杀人罪的不法行为。故此大陆法系学者们一般认为,不法的认定,除了要考虑行为是否符合不法构成要件外,还要看行为是否具有违法性,只有符合了不法构成要件而同时又不具有违法阻却事由的行为,才能认定为是所属不法构成要件所规定的不法行为。

由此可见,不法的认定有两个要素:一是行为符合了不法构成要件;二是行为具有违法性,即行为不具有违法性阻却事由。大陆法系传统刑法理论认为,根据认定不法的这两个要素,不法的认定应当分两个步骤进行:首先,要看行为是否具有构成要件符合性,只有符合了不法构成要件的行为才有可能具有不法性。同时,符合不法构成要件的行为,原则上也就可以推定为是不法行为。其次,如果没有出现违法阻却事由,这种“不法推定”就能得到最终确证,不法就得以成立。如果出现了违法阻却事由,这种“不法推定”就没有得到确证,不法推定结论被否定,不法不能成立。这就是刑事不法的双层次评价方法,我国台湾地区学者苏俊雄称之为“双层法律评价程序”。① 由于对不法认定中所包含的两个要素的认定分为先后两个阶段分别进行,对犯罪的认定就被划分为了三个阶层:(不法)构成要件符合性阶层—违法性阶层(违法阻却事由)—有责性阶层(责任阻却事由)。这就推演出了大陆法系的三阶层犯罪论体系。

不法的双层次评价方法,将构成要件和违法性分为两步进行评价,构成要件阶段的评价要看行为是否和刑法所规定的罪状相符。而在违法性评价阶段,不是看行为是否具有违法性,而是利用排除法从反面进行评价,看行为是否具有违法性阻却事由。相对而言,构成要件符合性的评价是一种正面评价,是一种“证立”不法的评价;而违法性的评价是一种反面评价,是一种“排除”不法的评价。

(二)整体不法评价方法

不法的双层评价方法,认为不法构成要件评价和违法性评价是两种不同的评价,构成要件的评价是纯粹从刑事规范角度进行的评价,而违法性评价则是从整体法秩序角度进行的评价;另外,构成要件和违法性均具有独立的规范地位,两者规范属性并不相同,构成要件所表明的规范属性是一般的禁止规范,而违法性所表明的规范属性是特别的许可规范。故而构成要件评价和违法性评价具有质的区别,应当分为两

---

① 苏俊雄认为,“一个行为是否具有‘刑法上的违法性’,以该行为是否实现法规之构成要件,为判断的基础;但是终极的违法性的概念结构,则有双层法律评价程序:一者为构成要件该当性的评价,另一者为不具备正当性或违法阻却事由的评价,依次推理认定之”。参见苏俊雄:《刑法总论Ⅱ》,大地印刷厂股份有限公司1974年版,第68页。

个阶段分别进行。

但有许多学者并不认同不法双层次评价论所持的理由。因为不法是构成要件和违法性的"共同上位概念",[①]不管是构成要件还是违法性,都是不法评价的要素,其最终都是为了得出行为是否具有不法性这个结论服务的。构成要件要素和违法性要素也许有不同之处,但是它们存在共同的任务,都是为了说明行为是否存在不法性质,都是在于"确立犯罪的不法内涵"。[②] 在作为不法评价要素的角色扮演上,它们具有同样的地位。对于不法评价而言,构成要件和违法性都同等重要,不可或缺。

在不法评价中,违法性评价是从反面进行的,名义上是要看行为是否违法,而实际上却是看行为是否有违法阻却事由,即看行为是否属于"不违法"。如果说构成要件判断和违法性判断有什么不同,那么就只能说前者是"确立不法"的要素,而后者是"排除不法"的要素,是对构成要件"确立不法"要素的限制。一个是"确立不法"的要素,一个是限制"确立不法"的要素,两个要素的单独存在都没有意义,[③]不能说明任何不法状况,不能得出不法规范的完整形态。只有当"确立不法"的要素和"排除不法"的要素两者组合和相互作用,才能形成一个完整的规范形态,即刑法上的具体不法规范。比如故意杀人,故意剥夺他人生命的行为和事实是确立不法的要素,而正当防卫、紧急避险、执行命令等事实则是限制确立不法的要素,只有既考虑存在故意剥夺他人生命的行为和事实,同时又考虑不存在正当防卫、紧急避险、执行命令等事实,才能形成一个完整的禁止故意杀人的规范。同样,只有既考虑存在故意剥夺他人生命的行为和事实,又考虑不存在正当防卫、紧急避险、执行命令等事实,才能最终认定某一具体行为是否具有不法性。事实上,

① 参见林东茂:《刑法综览》(修订五版),中国人民大学出版社2009年版,第80页。

② 参见黄荣坚:《基础刑法学(上)》(第3版),中国人民大学出版社2009年版,第120页。

③ 山中敬一『刑法总论』(成文堂,1999年)146頁。

刑法上的罪状也是这么规定的,它完整地考虑了不法评价所需要的构成要件和违法性。例如,持该种观点的学者认为,《德国刑法典》第223条伤害罪的完整罪状应当是,“在身体上虐待他人或者损害他人健康的,处以……刑罚,除非行为是为了防卫眼前的违法攻击,防卫一种对生命、身体、自由、荣誉、财产或者其他法益造成重大损害的危险,出于对自己孩子教育的原因”①。约翰内斯·韦塞尔斯也认为,从该种观点出发,《德国刑法典》第212条故意杀人罪所表述的“你不得杀人”这个禁止规范的完整罪状应当是:“你不得故意杀人,除非是在紧急防卫中,是在战场上的士兵等情况之外!”②由此可见,在禁止故意杀人的规范和禁止伤害的规范中,都同样完整地包含了形成该规范的构成要件判断和违法性判断。同时,单独的构成要件判断或违法性判断都不能形成不法规范,只有将两者结合起来才能达到表述不法规范的效果。“在判断是否具备有刑事不法时,亦必须在探讨构成要件该当性与违法性二者之后,即二者一并观察之后,始得决定之。”③

故此不法是一个整体状态,不法的评价应当同时考虑构成要件和违法两个评价要素,而且,构成要件和违法可以不分先后地进行评价。④ 其中,构成要件的评价是对不法的正面评价,违法评价是对不法的负面评价。构成要件是评价不法的正面要素,合法化事由或者说是违法阻却事由则是评价不法的负面要素。“但是如果构成要件的任务仅在于将不法予以类型化并对之加以描述,亦即表明不法的(积极)要件,那么就第一眼看来,并无法辨别紧接在构成要件之后的传统违法性体系阶层的本质差异,亦即为了达到同样的目的,在违法性之中,透过

① [德]克劳斯·罗克辛:《德国刑法学总论——犯罪原理的基础构造》(第1卷),王世洲译,法律出版社2005年版,第185页。

② [德]约翰内斯·韦塞尔斯:《德国刑法总论》,李昌珂译,法律出版社2008年版,第73页。

③ 陈志龙:《许可性构成要件错误——兼论负面构成要件要素理论》,载《台湾大学法学论丛》1990年第1期。

④ 参见林山田:《刑法通论(上册)》(增订十版),北京大学出版社2012年版,第163页。

将阻却违法的要件表明为负面不法要件。"[①]于是,学界产生了一种理论设想:将不法看作一个整体,不法包含了构成要件符合性和违法性。根据这种不法认定思路,犯罪是否成立就应根据两个要件来确定,一个是不法要件,另一个是责任要件,因为其中的不法要件应当从整体上予以评价,所以学界一般称之为"整体不法构成要件"。整体不法构成要件包括正面的"构成要件"判断要素和负面的"违法阻却事由"判断要素,"构成要件与阻却违法事由合为一个'完整的构成要件'"[②],这两个要素又分别被称为"正面构成要件要素"和"负面构成要件要素"。只有将正面构成要件要素和负面构成要件要素结合考虑,使"形成不法要素"和"排除不法要素两者交互作用","始足以判研行为的不法"。[③]

根据整体不法构成要件,不法评价就不需要再遵守双层的不法评价套路,不是非得先进行构成要件的判断,然后再进行违法性的判断,而是构成要件评价和违法性评价不分先后,自由组合,同时开展,全盘考虑,缺一不可。不法行为符合确立不法要素,但不符合排除不法要素的情形;符合正面构成要件要素,但不符合负面构成要件要素的行为,就是不法行为。"整体不法构成要件=(符合)确立不法要素+(不符合)排除不法要素=(符合)正面构成要件要素+(不符合)负面构成要件要素。"(符合)正面构成要件要素和(不符合)负面构成要件要素,对不法结论的确定具有同等效力,缺少了(符合)正面构成要件要素,或者缺少了(不符合)负面构成要件要素,行为的不法性都无法成立。

比如对于某甲重伤某乙的行为,我们完全可以先检验某甲的行为是否具有合法化事由,如果没有合法化事由,说明某甲行为符合负面构成要件要素,然后就可再去检验故意伤害罪的正面构成要件要素。在这种情况下,只有该行为符合故意伤害罪的正面构成要件要素,才可认

① [德]许廼曼:《不移不惑献身法与正义——许廼曼教授刑事法论文选辑》,许玉秀、陈志辉合编,台北,新学林出版股份有限公司2006年版,第310页。

② 林东茂:《刑法综览》(修订五版),中国人民大学出版社2009年版,第80页。

③ 参见林山田:《刑法通论(上册)》(增订十版),北京大学出版社2012年版,第162~163页。

定为具有故意伤害罪的不法。如果存在合法化事由,某乙的行为具有致命危险的紧迫的暴力侵袭,被侵害者某甲出于防卫的目的,发起防卫行动,致某甲重伤,那么可以确认某甲的行为不符合负面构成要件要素的规定。正面构成要件要素和负面构成要件要素两个不可或缺的认定不法的要素有一个不符合,不法就不能成立。由此,就没有必要再去检验行为人的行为是否具有正面构成要件要素符合性。当然,检验程序也完全可以反过来,先检验行为的正面构成要件要素,当某甲的行为符合了故意伤害罪的正面构成要件要素,再进一步检验某甲的行为是否具有合法化事由。如果不具有合法化事由,负面构成要件要素也同时得以满足,则成立故意伤害罪的不法。如果具有合法化事由,负面构成要件要素不能得以满足,也就不能成立故意伤害罪的不法。

三、整体不法评价方法相关概念用语

在大陆法系刑法理论中,相对传统的双层不法评价方法而言,整体不法评价方法虽然有过短暂的辉煌,比如在20世纪60年代获得多数学者的赞同,①而且就目前来讲,该理论也受到了刑法学界的"高度注目",②"附和者不乏其人"③,但是,从长时段的不法理论发展史来看,整体不法构成要件并没有取得一致认同的地位。故此,对整体不法构成要件及其相关概念的命名尚未有一个完全统一的说法。

(一)整体不法构成要件

"整体不法构成要件"一词,只是大多数学者的提法而已,此外也

---

① 山中敬一『刑法总论』(成文堂,1999年)147頁。

② [德]许廼曼:《不移不惑献身法与正义——许廼曼教授刑事法论文选辑》,许玉秀、陈志辉合编,台北,新学林出版股份有限公司2006年版,第310页。

③ 林东茂:《刑法综览》(修订五版),中国人民大学出版社2009年版,第80页。

有学者将该概念称为“综合不法构成要件”[①]、“完全不法构成要件”[②],或者称为“整体构成要件”[③],甚至有学者称为“不法构成要件”[④]。“综合不法构成要件”和“整体不法构成要件”说法相似,意义相同,都说明了在不法评价中正面构成要件要素和负面构成要件要素应不分先后,结合考虑。但是,就遣词比照,“整体”比“综合”准确,因为“整体不法构成要件”强调了一种整体的不法评价思路,对不法评价而言,正面构成要件要素和负面构成要件要素应作为一个有机整体进行评价。因为整体不法构成要件理论首先发端于德国,[⑤]后传到日本等地,故此在翻译“整体不法构成要件”这一名词时,不同译者难免有不同的理解,词语遣用上也会出现不同的分派。但从实质上看,不同用词说的完全是同一事物。只不过,“整体不法构成要件”之“整体”用词更准确,突出了该理论的整体不法评价的精髓。同理,所谓的“完全不法构成要件”也说明不法是“完全”的,不是片面的、部分的,因而应当全面、完整地评价不法。但是,该用词既不形象,也不符合语言习惯,“整体”比“完全”地道。至于“整体构成要件”的说法,是“整体不法构成要件”的省略用语。但这种省略并不妥当,因为这个整体构成要件是为评价不法服务的,“整体构成要件”之说丢掉了它所要完成的任务,读者难以知道该名词的作用、目的是什么,因而也不是合适的命名选择。至于“不法构成要件”之说,这是一种错误的用词,不能采用。正如前文所言,“构成要件是不法类型”,新古典犯罪论和目的论犯罪论三阶层所言的

① 陈志龙:《许可性构成要件错误——兼论负面构成要件要素理论》,载《台湾大学法学论丛》第20卷第1期。

② 山中敬一『刑法总论』(成文堂,1999年)146頁。

③ 林山田:《刑法通论(上册)》(增订十版),北京大学出版社2012年版,第163页。

④ 黄荣坚:《基础刑法学(上)》(第3版),中国人民大学出版社2009年版,第120页。

⑤ 负面构成要件要素为德国刑法学者阿道夫·梅克尔(Adolf Merkel)所首倡。参见林山田:《刑法通论(上册)》(增订十版),北京大学出版社2012年版,第162页。整体不法构成要件理论就是在负面构成要件要素理论的基础上提出来的。

“构成要件”,本来就是“不法构成要件”的省略用语。“不法构成要件”的评价只说明了正面构成要件要素的内容,而不包括“违法性”这一负面构成要件要素的内容。因此,从刑法学理上看,“整体不法构成要件”和“不法构成要件”是种属关系,“整体不法构成要件”包括了“不法构成要件”,“不法构成要件”只是“整体不法构成要件”的一个组成部分。

综上而言,“整体不法构成要件”之用词相对较为妥当,也为学界多数学者采用,笔者认为应当采用这一说法。

(二)负面构成要件要素和正面构成要件要素

正面构成要件要素和负面构成要件要素是相对存在的,但也有学者将其表述为积极构成要件要素和消极构成要件要素。如有学者认为,“整体不法构成要件包含了所有对不法判断有意义的要素,其中除了满足不法类型而应该存在的积极要素外,还必须有消极的不存在正当化要素。有学者基于其以消极不能存在的要素作为判断审查的特殊性,而称之为消极的构成要件要素理论”。张明楷教授认为,“通常的构成要件要素是积极的、正面的表明成立犯罪必须具备的要素,这种要素就是积极的构成要件要素。但例外地也存在否定犯罪成立的构成要件要素,这便是消极的构成要件要素”①。另也有学者将这对概念表述为正面不法构成要件和负面不法构成要件。②

应当说,相对存在的正面构成要件要素和负面构成要件要素,分别被表述为积极构成要件要素和消极构成要件要素、正面不法构成要件和负面不法构成要件,并没有什么不对,都能够完整表达这一对要素的基本内容,能够做到名实相符。但是从整体不法构成要件理论的产生过程看,使用正面构成要件要素和负面构成要件要素的说法,似乎更为

---

① 张明楷:《刑法学》(第4版),法律出版社2011年版,第125页。

② 参见黄荣坚:《基础刑法学(上)》(第3版),中国人民大学出版社2009年版,第136页。

合适。因为“整体不法构成要件理论,主要是建立在负面构成要件要素的理论基础之上”①。在刑法学界,先有“负面构成要件要素”的说法,然后在此基础上才发展和升华出了相应的整体不法构成要件理论。因此,“负面构成要件要素”一词更能突出该理论的学术渊源。

在三组用词中,笔者建议采用“正面构成要件要素”和“负面构成要件要素”的表达,为方便起见,有时也简称为“正面构成要件”和“负面构成要件”。

(三)负面构成要件要素理论和整体不法构成要件理论

对“整体不法构成要件理论”,有时也有学者不使用该词,而是直接将之表述为“负面构成要件要素理论”或者“消极构成要件要素理论”。如张明楷教授就用“消极构成要件要素理论”一词替代“整体不法构成要件理论”,认为“根据消极的构成要件要素理论,构成要件包括积极的构成要件要素和消极的构成要件要素”②。如黄荣坚教授就用“负面构成要件要素理论”一词表述“整体不法构成要件理论”。③同一个理论却存在不同的表述,这是由于理论发展历史形成的,同时也说明了对这一理论还没有达成高度共识,没有形成共同的语言体系。当然,就用词本身来考虑,“整体不法构成要件理论”的表述更为妥当,因为整体不法构成要件和负面构成要件或消极构成要件之间是种属关系,是整体和部分的关系,从语言习惯上和字面意义上来看,负面构成要件或消极构成要件的说法并不能替代整体不法构成要件的说法。此外,用负面构成要件或消极构成要件的说法替代整体不法构成要件,也难免让人产生误会,读者会以为该理论只是涉及“负面构成要件要素”或“消极构成要件要素”内容,而不包括“正面构成要件要素”或“积极构成

① 林钰雄:《构成要件之概念与学说》,载《月旦法学教室》2003 年第 8 期。

② 张明楷:《刑法学》(第 4 版),法律出版社 2011 年版,第 131 页。

③ 参见黄荣坚:《基础刑法学(上)》(第 3 版),中国人民大学出版社 2009 年版,第 120 页。

要件要素”的内容，使用该概念，难免产生以偏概全之误会。

因此，德国刑法学者英格博格·普珀（Ingeborg Puppe）也认为，将该理论“称为整体不法构成要件理论更合适”①。在其理论著述中，普珀使用的就是“整体不法构成要件理论”一词。② 鉴于“整体不法构成要件”概念的种种理解优势，笔者建议统一采用“整体不法构成要件理论”的说法。当然，因为整体不法构成要件理论是反映和评价不法的理论，为了方便起见，可以简称为“整体不法理论”或“整体不法评价理论”。

四、整体不法评价的理论特色

关于不法状况的评价，其方法是多种多样的，目前主要的评价方法有两种：一种是双层不法评价方法，另一种是整体不法评价方法。双层不法评价方法为一般学说所采用，整体不法评价学说目前还是“少数人的观点”。③ 那么，相对于双层不法评价方法而言，整体不法评价方法有什么特别之处呢？根据笔者的理解和总结，整体不法思想的不法评价特色大致如下。

（一）法规范和评价标准的唯一性

1. 双层不法评价二标准的不法认定方法——刑事不法规范和全体法规范

双层不法评价方法认为，构成要件是不法类型，刑法的具体罪状将不法规范的特征进行了描述，这些特征就组成了不法行为的构成要件。由此，罪状所描述的构成要件是刑法不法规范的载体，符合构成要件就

---

① ［德］英格博格·普珀：《论犯罪的构造》，陈毅坚译，载《刑事法学》2012 年第 3 期。

② 参见［德］英格博格·普珀：《法学思维小学堂：法律人的 6 堂思维训练课》，蔡圣伟译，北京大学出版社 2011 年版，第 133 页。

③ 参见张明楷：《刑法学》（第 4 版），法律出版社 2011 年版，第 131 页。

意味着行为违反了不法规范。比如杀人行为,无论出于何种原因,是正当防卫也好,执行命令也好,只要存在杀死他人的行为事实,就满足了杀人罪的构成要件,因而也就违反了杀人罪的不法规范。不法行为首先是一种符合了构成要件从而违反不法规范的行为。双层不法评价方法还认为,仅有符合构成要件的情状还不能确定行为的不法性质,除此之外,还必须看在违反了不法规范的行为的同时是否也违反了全体法规范秩序的要求,如果没有违反全体法规范秩序的要求,则不能认为行为具有不法性质,只有当违反了不法规范的行为的同时也违反了全体法规范秩序的要求,才能认定为具有不法性。① "构成要件并非属于现实生活的存在,而是属于法规或者法令的存在;同时,构成要件和违法性必须明确区分,违法(对规范的违反)是行为对法秩序的违反,是对法秩序全体的违反,是对国家规范意思的违反。"②因此,双层不法评价方法假设了不法行为同时违反了两种性质不同的规范,一是刑事法律规范,二是全体法规范。构成要件判断所代表的是刑事法律规范,不同于违法性所代表的全体法规范,刑事法律规范罪状所描写的不法禁止表明的是刑事法秩序,而违法性表明的是全体法秩序。出于正当防卫的侵害行为同样符合构成要件的不法类型性行为,只是因为存在容许规范的认同,所以才不能认定为具有不法性。按照威尔泽尔(Welzel)的理解,构成要件乃是"对于禁止的举止之具体的描述",是所谓的"禁止物质"或"规范物质","所谓的'构成要件该当性',乃是指具体个案的行为与法条上的规范物质相一致"。正因为构成要件是"规范物质",所以"有了构成要件该当性,即会有规范之违反"。但是,具有刑事规范违反的行为,并不必然就具有违法性,比如因正当防卫而剥夺他人生命的行为是违反了刑事不法规范的行为,刑事政策认为所有的杀人行为都是不值得提倡的,刑事不法规范反对所有的剥夺他人生命的

① 参见[日]西原春夫:《犯罪实行行为论》,戴波、江溯译,北京大学出版社2006年版,第47页。

② 王充:《论迈耶(Mayer)的构成要件理论》,载《河南省政法管理干部学院学报》2005年第5期。

行为,但是出于正当防卫而剥夺他人生命的行为并不违反全体法规范的要求。刑事法规范的违反与违法不能做等同的理解,法秩序的建立并不限于刑事法规范的情形。在许多情况下,“虽然行为人之行为已经抵触刑法的规范,但却能够透过所谓的‘许可条件’或‘承诺’,而使此种行为成为不是违法的行为”。故此,“构成要件层次,仅就刑法的规范(禁止或命令规范)之观点来审查行为,是否属于刑法上重要意义的行为;而在违法性层次,则是就全部法秩序的观点(不限于刑法秩序)来审查某个行为,是否和全部法秩序相抵触”①。

因此,在双层不法评价体系中,存在两种独立的法规范,一是刑事不法规范,二是全体法规范。这两种法规范相互独立,不法结论源自两个规范的共同作用。行为不法性质的确立,既要该行为违反刑事不法规范,同时也要该行为违反全体法规范。反之,一种行为纵使违反了刑事不法规范,但只要没有违反全体法规范,该行为也不是不法行为。因而,根据双层不法评价方法,具体的不法认定存在不可或缺的两个标准,一是刑事不法规范标准,二是全体法规范标准。

2. 整体不法评价一标准的不法认定方法——刑事不法规范

整体不法评价方法也认为,构成要件是不法类型,对不法行为类型的规范表述就形成了不法行为的构成要件,刑法罪状所表述的构成要件是不法规范的载体。但整体不法评价方法认为,在具体的不法评价中,行为是否符合构成要件是认定行为是否违反不法规范的唯一标准,除此之外,不再存在第二个标准。

根据整体不法构成要件理论,对刑事不法规范的概括性描述,就形成了该规范的现实载体,即整体不法构成要件。在整体不法构成要件中,双层不法评价所言的构成要件只是其正面构成要件要素,而违法性也只是其负面构成要件要素,相应的正面构成要件要素和负面构成要件要素的结合就表述了完整的刑事不法规范。单独的正面构成要件要素或者负面构成要件要素都不可能全面地表述刑事不法规范,对刑事

① 陈志龙:《开放性构成要件理论——探讨构成要件与违法性之关系》,载《台湾大学法学论丛》1991 年第 1 期。

不法规范而言,单独的正面构成要件要素或者负面构成要件要素都不具有任何意义,都不能说明该规范的秩序要求。在整体不法构成要件理论下,规范就只有一个,那就是刑事不法规范,违反了这个规范的行为就是不法行为,没有违反这个规范的行为就不是不法行为。

刑事不法规范熔正面构成要件要素和负面构成要件要素于一炉,是一个包括正面构成要件要素和负面构成要件要素的完整表述,比如上文所言《德国刑法典》第212条故意杀人罪所表述的"你不得杀人"这个刑事不法规范的完整罪状应当是:"你不得故意杀人,除非是在紧急防卫中,是在战场上的士兵等情况之外!"作为一个完整的规范,整体规范中的任何部分内容孤立的都不具有规范属性,都不能据以确定行为的性质。传统意义上单独符合构成要件的行为,也就是只符合正面构成要件要素的行为,比如故意剥夺他人生命的行为事实,尽管符合了故意杀人罪"故意杀人"的正面构成要件要素,但仅根据该事实,还不能认为行为违反了刑事不法规范;仅根据该行为事实,还不能认定该行为违反了任何规范。只有当该行为因为不存在正当防卫等符合负面构成要件要素的情况时,才能被认定为违反了刑事不法规范,因而认定为具有不法性。刑事不法规范并不反对所有的杀人行为,并不认为所有的杀人行为都是不值得提倡的,它只反对没有合法化事由的杀人行为。

(二)只能认定不能推定的不法性

根据双层不法评价方法,构成要件是不法类型,构成要件是对刑事不法规范的表述,因而构成要件就具有了不法性推定机能,符合了构成要件的行为原则上就是不法行为。在双层不法评价的理论视野下,认为仅根据正面构成要件要素就基本上可以认定行为的不法性质了。但整体不法评价理论显然会反对这种观点。在整体不法评价视野下,刑事不法规范是由正面构成要件要素和负面构成要件要素合成的,对刑事不法规范的存在意义而言,这两个要素缺一不可。仅根据正面构成要件要素或负面构成要件要素,都不能完整地说明规范的意义。所谓单独即仅根据正面构成要件要素就推定行为具有不法性。作为刑事不法规范不可或缺的要素，对不法认定而言，正面构成要件要素和负面构成要件要素具有同等重要的地位。如果说可以仅单独根据正面构成要件要素就推定行为具有不法性，那么同样仅根据负面构成要件要素也可以推定行为具有不法性，这显然是不成立的。所以，行为的不法性质是不能被推定的，无论是仅单独根据正面构成要件要素还是负面构成要件要素，都不能得出这种推定结论。所谓"构成要件具有不法性推定功能"的说法，是无根据而无法存在的。

行为的不法性只能被认定，不能被推定。当一种行为既符合某一具体整体不法构成要件的正面构成要件要素，同时又不符合负面构成要件要素时，才能被认定为该行为违反了整体不法构成要件所表述的刑事不法规范，因而才具有不法性。

（三）仅符合正面构成要件的行为无不法意义

根据双层不法评价方法，不法的认定要经过两道规范判断，第一步的规范判断是刑事不法规范判断，违反该规范的行为就说明是不符合刑法规范秩序期望的行为，是正当防卫杀人也好，还是执行国家命令杀人也罢，其行为都剥夺了他人的生命，因而都是符合刑事不法规范所描述的构成要件的行为，都具有刑事不法规范的违反性。根据刑事不法规范，这些行为都是不值得提倡和称道的。因此，单纯符合正面构成要件要素的行为也是一种违反法规范的行为，该行为具有刑事不法规范上的意义。该种行为，其性质不同于那些不符合任一构成要件要素的日常生活行为，比如打死一只苍蝇的行为。没有刑事不法规范禁止人们打死苍蝇，因此打死一只苍蝇的行为和正当防卫杀死人的行为，对刑事不法规范而言，其意义并不一样，刑事不法规范并不认为打死一只苍蝇的行为是不符合刑法规范秩序期望的行为，并不认为该行为不值得提倡和称道。

整体不法评价方法并不认同这一观点。刑事不法规范是由正面构成要件要素和负面构成要件要素组成的，对刑事不法规范的存在意义而言,这两个要素缺一不可。单纯符合正面构成要件要素或单纯不符合负面构成要件要素的行为,都不能说明行为具有违反刑事不法规范的性质;对刑事不法规范而言,这样的行为都没有意义。正当防卫的杀人行为、执行国家命令的杀人行为虽然符合了正面构成要件要素或者说是符合了正面构成要件要素的某些内容,①但该行为并没有同时满足负面构成要件要素的要求,因而没有刑事不法规范违反性。刑事不法规范并不禁止人们出于正当防卫、执行国家命令而杀人。同样,因为没有刑事不法规范的禁止,打死一只苍蝇的行为也一样不具有刑事不法规范违反性。对刑事不法规范而言,打死一只苍蝇的行为和正当防卫杀人、执行国家命令的杀人行为并没有两样,都是对刑事不法规范的存在而言没有意义的行为。

(四)正面构成要件和负面构成要件的同等不法评价地位

不法评价体系经历了不同的发展时期。最初的不法评价体系认为构成要件纯粹是客观性、记叙性的,它是犯罪类型的观念形象,构成要件阶层本身并不直接参与评价不法,它只为不法的评价提供评价对象和评价材料。直接参与不法评价的是违法性阶层,经过违法性阶层的评价就可以得出不法或非不法的结论。因此对不法评价而言,重要的是违法性,是负面构成要件要素。而后,随着主观违法要素和主观构成要件要素、规范构成要件要素的发现,学者们认为构成要件不再只是犯罪类型的客观观念形象,而是具有为不法评价所不可或缺内容的实体。不法评价也就是社会危害性评价,社会危害性评价的三要素是客观危

① 其实,正当防卫杀人和执行国家命令杀人作为合法化事由得以成立,其要求行为人具有正当防卫和执行国家命令的行为目的。在这种目的的引导下,是否还应当认为行为人具有杀人的故意呢?有观点认为,正当行为的目的性优先于行为人杀人的意志,杀人的意志是为实现正当目的服务的,因此,该种情况下,不应当认为行为人有杀人的故意。如果采用这种观点,则应当认为,正当防卫的杀人行为和执行国家命令的杀人行为,只符合了故意杀人罪正面构成要件要素中的客观内容,而并没有符合其主观意志内容。

害、主观认知和合法化事由。而在包括主观构成要件要素在内的构成要件中,完整地汇集了客观危害和主观认知两个要素,由此在不法评价中对客观危害和主观认知的确认就是在构成要件符合性判断阶段完成的。对构成要件中客观危害和主观认知的判断,并不单纯是对事实的直觉反应,还是一种规范判断,是一种加入了人的价值成分的规范评价活动。因此,构成要件并不只是单纯为不法评价提供素材和评价对象,还直接参与不法评价不可或缺的组成部分。由此,对不法评价而言,构成要件评价和违法性评价都同样重要,正面构成要件要素和负面构成要件要素就具有了平等的不法评价地位。

而后发展起来的整体不法评价理论,认为刑事不法规范所预定的构成要件是整体不法构成要件,是完整包括正面构成要件要素和负面构成要件要素的整体构成要件,正面构成要件要素包括了不法评价所需要的客观危害和主观认知内容,负面构成要件要素的内容则是不法评价所需要的合法化事由。在这一整体不法构成体系中,正面要素和负面要素同等重要,缺一不可。黄荣坚教授认为,"所谓正面不法构成要件以及负面不法构成要件之间,对不法构成之判断的意义并无二致"①。这里所讲的"正面不法构成要件"和"负面不法构成要件",即是笔者所讲的整体不法构成要件的"正面构成要件要素"和"负面构成要件要素"。一种行为如果缺少了这两个要素中的任何一个,其评价结果都是百分之百的非不法行为。对得出不法与非不法的结论而言,正面构成要件要素和负面构成要件要素具有完全相同的意义,对不法评价而言具有同等的评价效力。

(五)正面构成要件和负面构成要件不分先后

双层不法评价方法认为,构成要件判断和违法判断是有步骤的,第一步必须是构成要件判断,第二步是违法性判断,这个判断的先后顺序

① 黄荣坚:《基础刑法学(上)》(第3版),中国人民大学出版社2009年版,第136页。

是不能颠倒的。如上文所言,这种按顺序有条不紊地进行先后评价是罪刑法定原则的要求。其理由在于,由于构成要件是不法类型,构成要件是对所有"值得处罚"的行为的概括,所以第一步进行构成要件评价,也就将所有"不值得处罚"的行为排除在不法评价之外。

该理由得以成立有两个前提条件:其一,构成要件要能合理地概括所有"不值得处罚"的行为,既不过多,也不过少;其二,对构成要件的评价可以不依赖违法性评价独立进行。如果构成要件不能完整概括所有"不值得处罚"的行为,或过多或过少,则可能使不法评价范围过大或过小,不能实现罪刑法定原则的要求,构成要件的评价就不能单独进行。另外,如果构成要件不能离开违法性独立进行判断,则构成要件和违法性彼此不能分离,构成要件的评价不可能独立进行。

如上文所言,看行为是否"值得处罚"的标准是符合全部构成要件,同时符合了正面构成要件要素和负面构成要件要素的行为,就是"值得处罚"的行为,两个要素缺一个或两个要素全缺的行为就是"不值得处罚"的行为。黄荣坚教授认为,"一个该当于全部不法构成要件的行为事实,就是不法,是百分之百的不法。相对地,一个行为事实仅仅欠缺全部不法构成要件当中的一个要件,就是欠缺不法,而且是百分之百的欠缺不法。易言之,行为实现部分的不法构成要件,甚至是实现大部分的不法构成要件,都没有部分不法的概念可言"①。黄荣坚教授这里所讲的"不法构成要件"即笔者所讲的"整体不法构成要件"。在整体不法构成要件中,正面构成要件要素和负面构成要件要素必须全部具备,才能说明行为是"值得处罚"的。单纯根据行为符合了"构成要件",即行为只符合正面构成要件要素这一情况,是无法判断行为是否"值得处罚",还有必要进一步结合负面构成要件要素进行判断才能得出不法或非不法的结论。由此可见,正面构成要件要素和负面构成要件要素是相互补充,相辅相成,缺一不可的。

此外,对构成要件的判断也必须结合违法性的规范判断才能实现。

---

① 黄荣坚:《基础刑法学(上)》(第3版),中国人民大学出版社2009年版,第136页。

构成要件的判断对违法性的规范判断具有依赖性,它需要法秩序的规范支持,脱离了违法性的规范判断,构成要件判断是无法实现的。这是因为构成要件中正面构成要件要素中含有大量规范要素,对这些规范要素的判断离不开违法性评价的协力。比如在我国刑事不法规范规定的"非法持有枪支、弹药""非法出租、出借枪支"中的"非法"这一正面构成要件要素该如何认定?侮辱罪中行为是否具有"侮辱"性质,诽谤罪中行为是否具有"诽谤"性质?对于这些情况,能不结合法律的评价就确定其行为性质?日本刑法学者西原春夫认为,能"在做出违法性判断之前,就可以确定符合性吗?回答是否定的"。正面构成要件要素中的诸多用词,比如"贿赂""猥亵""名誉""秘密"等,尽管我们可以给它们下一定的定义,但在具体构成要件符合性的评价中,我们并不能仅根据事实就确定其性质。"在做出'这一行为大体上是否为刑法所禁止'这种一般的违法性之前,大体上是不能确定构成要件符合性的。"①所以,正面构成要件要素符合性的判断,是不能离开违法性的判断独立进行的。构成要件所代表的正面构成要件要素评价和违法性所代表的负面构成要件要素评价是相互交叉、②相互渗透、难以分离的。

既然正面构成要件要素和负面构成要件要素两者相互交叉、相互渗透、互为表里、相辅相成、相互为用、不可分离,又怎么能够分为在先在后的不同阶层,单独进行判断呢?这种单独判断显然是无法实现的。正面构成要件要素的判断必须结合负面构成要件要素才能确定其符合性,而负面构成要件要素也无法离开正面构成要件要素而自存。

以上总结了整体不法评价方法的几个主要特点,与双层不法评价方法相比,整体不法评价理论在对行为不法的评价标准、评价方法、评价要素、评价范围、评价程序等方面都存在本质区别。此外,作为一种与传统双层不法评价方法迥异的理论,整体不法评价方法还有其他诸

---

① [日]西原春夫:《犯罪实行行为论》,戴波、江溯译,北京大学出版社2006年版,第58页。

② 参见陈志龙:《许可性构成要件错误——兼论负面构成要件要素理论》,载《台湾大学法学论丛》1990年第1期。

多特点,比如按整体不法评价思想,整体不法构成要件中的不法阻却事由也即是构成要件阻却事由①等,这都是其特点,在此不一一赘述。这些与双层不法评价方法迥异的特点,给双层不法评价理论带来了重大冲击,既吸引了学界的关注目光,也引起了学界对双层不法理论的反思。

五、整体不法评价的理论基点

整体不法评价思想有三个理论基点,一是不法认定的唯一基础是刑事不法规范;二是正面构成要件要素中也存在规范要素;三是正面构成要件要素中存在主观构成要件要素。

整体不法评价理论的核心思想之一是,认为刑事不法规范是一个独立、完整的法律规范体系,刑事不法所建构的秩序不是相互独立的刑法规范秩序和全体法规范秩序的相加。在不法评价中,构成要件评价和违法性评价并不能分别代表独立的刑法规范秩序评价和全体法规范秩序评价。在否定刑法秩序包含两个独立的法规范体系的基础上,整体不法评价思想认为,刑法秩序赖以建构的规范基础是唯一的,即独立、完整的刑事不法规范。刑法秩序赖以建构的规范基础的唯一性可以推出以下结论:其一,作为该规范载体的构成要件也是唯一的,即整体不法构成要件。由此,认定不法的标准也是唯一的,即整体不法构成要件。其二,单纯根据正面构成要件要素并不能推定行为的不法性,不法性只能根据整体不法构成要件认定。其三,对刑事不法规范的存在意义而言,单纯符合正面构成要件要素的行为和不符合任一构成要件要素的行为,意义并无不同,都不能说明该行为具有不法规范违反性。其四,只有正面构成要件要素和负面构成要件要素结合,才能认定某一行为是否为"值得处罚"的行为。罪刑法定是指正面构成要件要素和负面构成要件要素的同时法定,因此罪刑法定要排除的"不值得处罚"的行为,是缺少正面构成要件要素或负面构成要件要素的行为。

---

① 许玉秀:《当代刑法思潮》,中国民主法制出版社2005年版,第72页。

整体不法评价的核心思想之二是,认为正面构成要件要素中存在有规范构成要件要素,因而对正面构成要件要素的理解离不开负面构成要件要素的支持。根据该理由可以推出以下结论:构成要件的评价常常是以违法性评价为前提的,正面构成要件要素和负面构成要件要素相互补充、相互交叉,在具体不法评价中,正面构成要件要素评价和负面构成要件要素评价并没有一个谁先谁后的固定顺序。

整体不法评价的核心思想之三是,认为正面构成要件要素中存在主观构成要件要素,在完整的整体构成要件中,主观构成要件要素和客观构成要件要素具有不可拆分的性质。肯定主观要素和客观要素的不可拆分性,这就打破了正面构成要件要素和不法评价之间不可逾越的界限,正面构成要件要素不再是不法的客观观念形象,而是反映和组成不法、具有为不法评价所需要的内容的实体,是不法评价不可或缺的要素。根据该理论可以得出以下结论:和负面构成要件要素一样,正面构成要件要素也是同等重要的不法评价要素。

整体不法评价三个理论基点的辐射和拓展,共同质疑了双层不法评价方法所设置的不法评价体系,同时也形成了整体不法评价方法的基本理论特色。

The Theory of Overall Illegal Evaluation:
Connotation, Concept and Characteristics

Leng Biyuan

[**内容摘要**]刑事不法存在两种评价方案:一是双层不法评价方法,二是整体不法评价方法。整体不法评价理论认为,不法是一个不可分割的整体状态,不法由确立不法的要素和排除不法的要素组成,确立不法的要素是不法的正面构成要件要素,排除不法的要素是不法的负面构成要件要素。对于不法的成立而言,正面构成要素和负面构成要素具有同等重要的不法评价地位,两者缺一不可,缺少了正面构成要素或负面构成要素的行为都不是不法行为。与双层不法评价方法相比,整体不法评价理论在对行为不法的评价标准、评价方法、评价要素、评

价范围、评价程序等方面都存在本质区别。全面系统的不法评价机制，既指出了双层不法评价体系存在的缺陷，同时也形成了整体不法评价方法的基本理论特色。

[**关键词**]不法;整体不法构成要件;双层不法评价方法;整体不法评价方法

Abstract: There are two evaluation methods for criminal illegality: one is the dual level evaluation method for illegality, and the other is the overall evaluation method for illegality. The theory of overall illegality evaluation believes that illegality is an indivisible overall state, consisting of elements that establish illegality and elements that exclude illegality. The elements that establish illegality are positive elements of illegality, while the elements that exclude illegality are negative elements of illegality. For the establishment of illegality, both positive and negative elements have equal importance in the evaluation of illegality, and both are indispensable. Acts without positive or negative elements are not illegal acts. Compared with the dual level illegal evaluation method, the overall illegal evaluation theory has essential differences in the evaluation criteria, evaluation methods, evaluation elements, evaluation scope, evaluation procedures, and other aspects of illegal behavior. A comprehensive and systematic illegal evaluation machine. The system not only points out the shortcomings of the dual level illegal evaluation system, but also forms the basic theoretical characteristics of the overall illegal evaluation method.

Keywords: illegality; the integral elements of illegality; double layer illegal evaluation method; overall illegal evaluation method

英国打击经济犯罪的“预防失职”模式研究*

张燕龙**

目　　次

经济活动的增多直接推高了经济犯罪的数量，给世界各国带来普遍的挑战。集团公司、跨国公司犯罪的增多使得经济犯罪具有了很大的共通性，相较于规制道德属性较为浓厚的自然犯罪，打击经济犯罪的模式更容易在各国之间互相借鉴。英国在借鉴了诸多国际条约及美国经验的基础上，从反贿赂法领域开始变革，逐渐形成了打击经济犯罪的“预防失职”模式，为规制经济犯罪提供了新的思路。自改革开放四十多年来，我国经济犯罪理论取得了长足的进步，但现在也同样面临着立法供给不足与归责模式转变的压力。本文将从英国反贿赂立法的历史研究开始，分析其“预防失职”模式的形成过程及制度内涵，以期为我国规制经济犯罪及刑事合规改革等提供一定的参考。

---

* 本文由中央高校基本科研业务费专项资金资助，项目名称为“国际追赃视野下违法所得没收程序法律适用问题研究”（项目批号：2020JJ009）。

** 北京外国语大学法学院副教授，法学博士。

一、商业组织预防贿赂失职罪的设立

早期英国打击腐败犯罪行为的法律主要为《1889年公共机构反腐败实施法案》①、《1906年反腐败法案》②及《1916年反腐败法案》③,这些法案以行、受贿行为为基本类型,构建起了打击腐败犯罪的基本法律体系。1998年法律委员会④回应政府的要求,⑤提出了改革反腐败法的提案,认为现有的反腐败法律存在法源众多、公与非公划分不合理、打击对象不明、与其他法律冲突等四大问题,⑥并提出了要出台一个整合普通法中的腐败犯罪与制定法中的腐败犯罪行为的现代法案。但此时立法机构关注的重点内容依然集中在行、受贿两大基本行为类型的完善上,并没有提出要设立新的罪名。⑦ 法律委员会的这个提案得到了政府的支持,⑧也对后来的立法产生了重要影响,之后关于反腐败法的修订大都是沿着法律委员会的这些建议展开的。

进入新千年之后,英国反腐败法依存的国内、国际两个环境都发生了一定的变化。国内出台了《2001年反恐、犯罪和安全法案》⑨、《2002

① The Public Bodies Corrupt Practices Act 1889.

② The Prevention of Corruption Act 1906.

③ The Prevention of Corruption Act 1916.

④ 法律委员会是根据《1965年法律委员会法案》设立的专门推进法律改革的机构。See the Law Commissions Act 1965 article 1.

⑤ Royal Commission on Standards in Public Life Cmnd 6524, Nolan Committee's Report on Standards in Public Life (Cm 2850 I).

⑥ See Legislating the Criminal Code: Corruption 1998 report No. 248 PART Ⅰ INTRODUCTION.

⑦ See Legislating the Criminal Code: Corruption 1998 report No. 248 PART Ⅸ OUR RECOMMENDATIONS.

⑧ See RAISING STANDARDS AND UPHOLDING INTEGRITY: THE PREVENTION OF CORRUPTION (*Cm* 4759, *June* 2000).

⑨ Anti-terrorism, Crime and Security Act 2001.

年犯罪收益法案》①等法律,对政府打击腐败犯罪的管辖权以及对周边洗钱犯罪等的打击都进行了扩张,出台统一的反腐败法案的呼声越来越高。国际上英国积极参与包括"经济合作与发展组织"(以下简称经合组织)在内的打击腐败的国际合作,相应的国际反腐败条约也陆续出台,这也给英国国内的反腐败立法提出了更高的要求。因此,在法律委员会提案的指引下,在国内、国际环境因素的催生下,政府于2003年提交了《反腐败立法草案》,试图通过一部法案将所有的腐败行为都规制在内,整合相应条款并对一些概念进行明确界定。② 但这个草案并没有赢得议会的信任,两院联合委员会认为草案对于刑法上的贿赂规定依旧不明,尤其是对草案以代理人、委托人关系为核心构建其行为体系持反对意见,③从而导致该草案胎死腹中。政府在之后的回应中同意了部分两院的修改意见,但是对变革代理人、委托人关系的要求依旧持保留态度。④

由于争议迟迟没有得到解决,立法进入了一段较长时间的停滞期,政府虽然认为变革是必须的,但由于争议太大,希望法律委员会能够进一步提供建议。⑤ 可以看到,这个阶段英国的反腐败立法经历着国内、国际的双重压力,亟待变革,但是由于历史原因,围绕着行、受贿的行为类型,对于腐败犯罪的基本概念、类型、原则等均争议较大,更谈不上创设新的行为类型,时代呼唤着出台真正有变革意义的反腐败法案。

---

① Proceeds of Crime Act 2002.

② See CORRUPTION Draft Legislation Cm 5777.

③ Joint Committee on the Draft Corruption Bill (Session 2002 – 2003 Report and Evidence HL 157, HC 705, Cm 6068).

④ The Government Reply to the Report from the Joint Committee on the Draft Corruption Bill (Session 2002 – 2003 HL Paper 157, HC 705, Cm 6068).

⑤ See Consultation on Bribery: Reform of the Prevention of Corruption Acts and SFO powers in Cases of Bribery of Foreign Officials: Summary of responses and next steps (2007).

法律委员会于2007年提出了变革贿赂立法的咨政报告,①该报告在回应传统反贿赂立法难点的同时,在公司犯罪部分提出了创设性的条款,具有真正的变革意义。该报告提出要认真考虑是否应当增加一种新的公司刑事责任,即监督贿赂犯罪失职责任。其认为现行英国刑法秉持着法人犯罪与自然人犯罪一视同仁的传统,坚持"同一视原则"(identification doctrine),但由于法人犯罪的构成必须由能够代表其意志的高管的直接故意构成,这就导致在一些不能直接代表公司意志的员工犯罪时对公司无法处罚,因此不利于对公司犯罪的打击。② 尽管要求公司承担监管义务早在各种国际条约中就有规定,而且英国的立法现状也遭到了欧盟的谴责,但是法律委员会通过详细的文本解释工作认为国际条约对该义务的法律性质规定并不明确,英国并不当然违反其所签订的条约,满足其最底线的要求。③ 但尽管如此,基于完善国内法以更好地满足国际条约的要求,以及激励企业建立内部合规体系等功利目的,法律委员会将创设新的公司监督贿赂失职犯罪作为变革反贿赂法的一个重要选项。可以看到,公司监督贿赂犯罪失职责任的出现,有着深刻的针对"同一视原则"的弊端、与国际条约接轨、激励企业建立内部合规的功利考虑等背景因素。

2007年法律委员会的创新建议为后续的立法指明了方向。法律委员会紧接着于2008年向议会及司法部提交了正式的报告,④明确表述了商业组织预防贿赂失职罪的基本构成:一是基本罪状为商业组织对与其业务有联系的人的行贿行为要承担"疏忽"的预防失职责任,刑

① See Reforming Bribery (the Law Commission Consultation Paper No. 185). 也正是在这份报告中,法律委员会有意限缩了腐败的范围,将打击的重心集中在贿赂犯罪中,因此其使用了贿赂而不是腐败的用语。之后的立法也延续了这一立场,命名均是以反贿赂来代替反腐败。

② See Reforming Bribery (the Law Commission Consultation Paper No. 185) 9. 10 – 9. 13.

③ See Reforming Bribery (the Law Commission Consultation Paper No. 185) 9. 6 – 9. 17.

④ See Reforming Bribery (Law Com. No. 313).

罚为罚金;二是公司如果有有效的合规措施,则可以作为公司的出罪事由;三是公司责任与个人责任分别设计,各自按照不同的刑事归责路径承担责任。[①] 司法部于2009年在这个报告的基础上出台了《贿赂立法草案》,[②]并正式提交议会审议。两院共同审议之后对草案设立的商业组织预防贿赂失职罪非常认可,但是建议删除要求责任人具有"疏忽"的条款,并认为这虽然会导致对企业的严格责任,但是对企业而言并非不公平,而且也与国际先进经验相符。[③] 立法者对此条款的删除无疑体现出更加严厉打击企业犯罪的态度,但是没有将源于法律委员会、由司法部精心设计的单位与个人分离责任条款固定下来,也无疑是一个遗憾。虽然从积极层面来讲有利于实务操作,但是从消极的层面讲,法律规定不够精细化也会为后来的适用埋下隐患。同时,两院还建议授权政府通过出台官方的配套指南的方式具体界定"有效程序"。

最终,经过十多年的论证,变革后的《2010 年反贿赂法案》(以下简称《反贿赂法》)于 2010 年正式出台,法案第 7 条至第 9 条设立了商业组织预防贿赂失职罪。根据第 7 条的规定,如果与公司相关的个人为了公司的利益行贿他人,那么这个公司要承担预防贿赂失职的责任,如果该公司能够证明其采取了有效措施能够来阻止行贿行为,那么该公司可以免责,并对专业用语进行了详细的解释。第 8 条对与公司相关的人进行了界定,包括了雇员、代理人及子公司等多种类型。第 9 条授权政府出台指南以动态调整何为有效措施。[④] 2011 年司法部出台《2010 年反贿赂法案指南》(以下简称《指南》)明确规定了有效措施的指引规范。从此,一个通过规制企业来促进商业贿赂治理,对传统的"同一视原则"具有补充意义的新的公司刑事责任被确立下来,英国打击腐败犯罪进入了一个新的时代。

---

① See Reforming Bribery(Law Com. No. 313). THE NEW CORPORATE OFFENCE 17 - 19.

② Bribery Draft Legislation (a draft Bribery Bill, Cm 7570).

③ See Joint committee on the Draft Bribery Bill, First report, session 2008 - 2009, HL 115, HC430. Summary.

④ See Bribery Act 2010 7 - 9.

二、经济犯罪“预防失职”模式的确立

除了实体法的变革之外,从 2012 年开始,一种更加广泛的针对经济犯罪的程序手段,即“暂缓起诉协议”(deferred prosecution agreement)的创建被提上日程。这种程序工具的产生依旧针对的是公司犯罪打击的困难,尤其是与反贿赂法案所应对的同样的公司意志及故意的证明难题,这就需要赋予检察官一种更有效打击经济犯罪的工具,暂缓起诉协议制度应运而生。[①] 如果检察官和违法企业能够达成暂缓起诉协议,通过支付罚金、补偿被害人、追缴违法所得、预防再犯措施等有效合规后,检察官可以不再适用刑罚程序。当然这个程序是自愿的、有时间的限制且要经过法官的确认。“暂缓起诉协议”的设置可以尽可能简化刑事诉讼程序,能够让企业受到惩罚,且不殃及其他与犯罪无关的利益群体,公众也能感知到违法行为受到了惩罚,因此被认为是打击经济犯罪的利器。[②] 很快,《2013 年犯罪及法庭法案》正式创建了暂缓起诉协议制度,[③]同时根据该法案的授权,[④]检察部门和反严重欺诈办公室联合出台了《暂缓起诉协议实施细则》,这项制度正式进入实施阶段。从“暂缓起诉协议制度”出台的背景来看,其与《反贿赂法》变革面临着同样的问题,都是为变革“同一视原则”以提高对公司犯罪打击的效率而生,因此呈现出相辅相成、一体两面的态势。当然,前者作为程序工具,可以被很快适用于整个经济犯罪的处理中,而《反贿赂法》所创设的“预防失职”模式的推广,涉及更加深刻的刑事司法理论

---

① See Consultation on a new enforcement tool to deal with economic crime committed by commercial organisations: Deferred prosecution agreements CP 9/2012. Forward.

② See Consultation on a new enforcement tool to deal with economic crime committed by commercial organisations: Deferred prosecution agreements CP 9/2012. Forward.

③ The Crime and Courts Act 2013 SCHEDULE 17 DEFERRED PROSECUTION AGREEMENTS.

④ The Crime and Courts Act 2013 SCHEDULE 17 DEFERRED PROSECUTION AGREEMENTS.

变更,则会慢很多。

2014 年,政府出台了一份英国反腐败计划,开始尝试将商业组织预防贿赂失职罪中的"预防失职"模式进一步扩大到其他经济犯罪类型中。政府认为,对于其他经济犯罪来说,《反贿赂法》中的预防贿赂失职罪是完全可以推广使用的,政府因此将创设更多的公司预防经济犯罪失职类的罪名,并将公司的刑事责任拓得更宽。[①] 与此同时,《反贿赂法》中的预防失职刑事责任也在实践中被成功运用,反严重欺诈办公室于2014 年开始调查 Sweett Group PLC,认为该公司于2012 年至2015 年,作为一个利益相关商业组织,未能阻止相关人员向 Khaled Al Badie 行贿,因此违反了《反贿赂法》第 7 条第 1 款规定。该公司最终于 2016 年被处罚,并被判支付罚金及相关费用共计 2,250,000 英镑。[②] 该案作为根据《反贿赂法》所创设的预防失职罪处理的第一案,在反严重欺诈办公室负责人看来,属于是向公司传达了一个强烈的信号,即公司要为员工的商业行为合法性承担责任。而该案的法官也认为,《反贿赂法》第 7 条为公司设定了监督责任。而公司不良行为的长期存在与企业失职的监督行为关系密切。[③] 可以看出,无论是政府部门还是法院,都认可公司在预防犯罪行为中的作用,并希望通过给予公司监督义务来促使公司实施合规计划,从而预防犯罪的发生。这个逻辑自然不仅局限于反贿赂领域,而是在贿赂犯罪所属的经济犯罪中具有普遍性,因此也成为支撑预防失职模式扩张到经济犯罪领域中的重要理由。

2017 年,"预防失职"模式被推广适用到《2017 年刑事金融法案》中,成为打击逃税犯罪的一种手段,如果企业的相关人员有逃税行为,

---

① See UK Anti-Corruption Plan 4. 64.

② See SFO, Case Information, Sweett Croup, https://www.sfo.gov.uk/cases/sweett-group/, (accessed 29 August 2022).

③ See SFO, News Releases, Sweett Group PLC sentenced and ordered to pay £ 2.25 million after Bribery Act conviction, https://www.sfo.gov.uk/2016/02/19/sweett-group-plc-sentenced-and-ordered-to-pay-2-3-million-after-bribery-act-conviction/, (accessed 29 August 2022).

那么企业要承担预防逃税失职的责任。[①] 随后政府出台了针对性的细则,[②]对预防逃税失职的行为进行全面规制。政府认为过去主要以公司高管的行为来认定公司行为的模式至少导致如下结果:对大企业的追责更加困难,高管为了保护公司而对员工的犯罪行为视而不见、抑制公司对内部违法的报告行为。同时,这种制度对公司治理及内控的推动作用也是显而易见的。[③] 可以看到,克服传统的刑事归责弊端以提高犯罪打击效率、促进公司治理以提高犯罪预防的力度,是反贿赂法及反逃税立法的共同目标。当然,英国在具体的制度设计上还是比较保守的,遵循着从具体罪名开始、然后逐渐向其他罪名扩张的立场,而且总体上预防失职责任在公司刑事责任中的地位也只是对"同一视原则"的补充,并非要彻底改变该原则。

总之,通过这些立法活动,《反贿赂法》中的"预防失职"责任开始在其他经济犯罪中得到推广,也标志着其开始成为一种打击经济犯罪的新模式被确立下来,政府也开始考虑要进一步发挥其作用,在所有的经济犯罪中采用这一模式。

三、关于预防失职模式的争议及展望

2017 年,英国司法部出台了一个带有总结性质的征求意见报告,[④]对公司在经济犯罪中的刑事责任进行了充分的论述与展望。该报告认为如果要在反贿赂和打击逃税之外更广泛地对经济犯罪进行规制,就要对公司刑事责任进行变革,可行道路有以下几个方向:一是直接修改"同一视原则"。二是借鉴美国经验,创立一种基于替代责任的严格责任。三是创立一种直接的严格责任。四是预防失职模式。五是强化行

① See Criminal Finances Act 2017 Section 44 and 45.

② Tackling tax evasion: Government guidance for the corporate offences of failure to prevent the criminal facilitation of tax evasion.

③ See Tackling tax evasion: Government guidance for the corporate offences of failure to prevent the criminal facilitation of tax evasion 1. 1 Aim of the legislation.

④ Corporate Liability for Economic Crime call for evidence.

政监管。[①] 这五个方向既包括了对英国传统法人犯罪的论述,也涉及对近年来打击经济犯罪改革经验的总结,因此带有总纲性质。这五个领域涉及公司刑事责任的基础理论,既是争议最大的地方,但同时也为将来的理论变革指明了方向。

英国从2018年开始对《反贿赂法》的效果进行总结,并对预防失职模式在其他经济犯罪领域中的推行进行论证。政府认为《反贿赂法》包括其创设的预防失职模式取得了预期的效果,[②]这也为政府进一步推广这一模式增强了信心。议会对《反贿赂法》的实施效果也给予了高度评价,但是认为政府的《指南》相较而言还不够成熟,对中小企业的指导意义也不够,还需要进一步完善。[③] 这种认可但还需完善的态度也大致代表了英国对于预防失职模式的看法。政府虽然倾向于在经济犯罪中全面推行预防失职模式,议会的报告也显示社会多数群体支持推广预防失职模式,[④]但政府在立法上还是持保守态度,认为社会应当进一步深入讨论,以形成更多的共识。政府这种犹豫不决的态度招致了议会的不满,其认为现有的证据已经足够让政府对是否需要在其他经济犯罪中推行预防失职模式给出结论。[⑤] 然而由于该部分内容涉及公司刑事责任的重大变革,政府在2019年给议会的正式回复中,依旧搁置了这个问题,声称将在之后再做答复。[⑥] 同时,政府对议会提出的要求进一步细化《指南》作为规范的提议表达了明确的反对,其认

① Corporate Liability for Economic Crime call for evidence, Options for reform.

② Bribery Act 2010: Post Legislative Scrutiny Memorandum Cm 9631 7. Preliminary Assessment.

③ The Bribery Act 2010: post-legislative scrutiny House of Lords Select Committee on the Bribery Act 2010 Report of Session 2017 – 2019 HL Paper 303, PRINCIPAL CONCLUSIONS AND OVERALL ASSESSMENT.

④ The Bribery Act 2010: post-legislative scrutiny House of Lords Select Committee on the Bribery Act 2010 Report of Session 2017 – 2019 HL Paper 303, Paragraph 230.

⑤ The Bribery Act 2010: post-legislative scrutiny House of Lords Select Committee on the Bribery Act 2010 Report of Session 2017 – 2019 HL Paper 303, Paragraph 231.

⑥ Government response to the House of Lords Select Committee on the Bribery Act 2010 (CP 96).

为《指南》的意义并非要为企业设定一个具体的教条式的标准,而是原则性的、指引性的,如何具体合规不应当由政府或检察机关来规定,而应当由企业自己决定。①

在各方势力的督促之下,政府于2019年结束了证据征集,并于2020年对经济犯罪中的公司责任做出了回应。然而结论令人沮丧,政府认为,在"同一视原则"的变革、打击经济犯罪的路径等核心领域,社会并没有一致意见,因此政府也无法做出决策。其认为无论是支持还是反对新的公司刑事责任的观点都还需要更加深入广泛的探讨,虽然《反贿赂法》在对公司文化的塑造上发挥了积极的作用,但是预防失职模式的进一步推广还是需要审慎的评估。最后,鉴于这一问题的极端复杂性,政府不建议立即进行改革,而是委托法律委员会对"同一视原则",尤其是其在经济犯罪领域的适用进行深入考察,并提供一个切实可行的法律改革方案。② 政府的这种态度以及社会的争议也最终传导到立法上,在《2021年金融服务法案》的修订中,草案的讨论中曾两次出现了对金融服务公司预防失职进行规制的条款,③但最后并没有被通过。之后无论是法律委员会④还是议院的咨询机构⑤,都没能给出一个具体可行的改革方案。

总之,从动力来看,政府企图通过预防失职模式来重塑企业行为习惯、希望通过企业的积极作为来第一时间预防犯罪的政策导向一直没有变化,"这不是简单地增加起诉公司的数量,而是要改变公司针对风险的习惯和做法,激励企业将更多的精力放在第一时间去预防正在发

---

① Government response to the House of Lords Select Committee on the Bribery Act 2010 (CP 96). Paragraph 48 – 50.

② Corporate Liability for Economic Crime Call for evidence: Government Response, Conclusion and Plan of Action.

③ Financial Services Bill Volume 687: debated on Wednesday 13 January 2021, New clause 4, New clause 30.

④ Corporate Criminal liability A discussion paper.

⑤ Corporate criminal liability in England and Wales Research briefing.

生的犯罪上”①。这种来自打击犯罪的强烈需求将持续激励着预防失职模式向经济犯罪更深更广的领域发展下去。但是,随着预防失职模式的进一步运用,虽然政府和议会对于这一模式都是肯定的,但在是否立即推广、与公司犯罪的关系以及具体的制度设计上,比如《指南》的作用及法律地位上分歧较大。而在是否应当尽快推进预防失职模式的普及以及公司刑事责任的变革上,议会有着更加强烈的立法冲动,政府反而较为保守,而社会对此并没有共识,各方分歧更大。这一切都显示出随着打击经济犯罪的深入,预防失职模式也进入了深水区,争议也开始变大,改革不再是简单设立一个罪名即可,还需要与之相配套的更加精细化的制度设计、社会也需要凝结更多的共识。

四、对我国的启示

(一)惩治腐败犯罪的新路径

自党的十八大以来,我国在反腐败斗争中取得了显著成效,总结这场持久战的一个重要经验,就是扎紧防止腐败的制度笼子,形成一套比较完善的反腐败法律体系。这也是善于用法治思维和法治方式反对腐败的重要内容。新时代反腐败斗争的形势依旧严峻,要清醒认识行贿人不择手段“围猎”党员干部是当前腐败仍有发生的重要原因,要深刻把握行贿问题的政治危害,②提高打击行贿的精准性,实现腐败问题的源头治理。如何从制度上完善反腐败法律体系,一直都是学术研究的热点话题。近年来刑事合规改革的开展及相应的理论研究,为腐败治

① GOV. UK, FOI release, Number of live Corporate Criminal Offences investigations, https://www. gov. uk/government/publications/number-of-live-corporate-criminal-offences-investigations/number-of-live-corporate-criminal-offences-investigations, (accessed 29 August 2022).

② 参见《中央纪委国家监委会同有关单位联合印发〈关于进一步推进受贿行贿一起查的意见〉》,载中央纪委国家监委网,https://baijiahao. baidu. com/s? id = 1710290887035774669&wfr = spider&for = pc,最后访问时间:2022 年 8 月 30 日。

理提供了新的思路。学术界逐渐认识到商业组织内部治理的薄弱,是导致商业贿赂发生的重要原因,①因此将注意力从过去的国家单方治理过渡到国家与企业共治,主张发挥企业监督的作用,提高治理商业腐败的能力。这一方面是源于治理的不得不为,来自"公司治理规则"的"组织义务"被不断强调。② 员工为公司利益而行贿的行为常有发生、危害巨大,而企业往往对这种行为视而不见甚至通过企业文化纵容这种行为。所以让企业承担员工行贿的刑事责任,具有极强的针对性,并非无病呻吟的宣示性立法。另一方面也是积极刑法观的主动应对。商业领域腐败犯罪的高发,尤其是在新兴的互联网、医疗、知识产权、金融等领域的蔓延,已经严重影响商业交易的公平性,给营商环境带来巨大挑战。刑法不能再被动地等待造成危害后的惩罚威慑,而是应当在预防犯罪方面起到更加积极的作用。

从全球来看,倡导国家与企业共治,希望通过调动商业主体的主动性来治理商业腐败也是一个新的趋势。《联合国反腐败公约》《非洲联盟预防和打击腐败公约》《保护欧洲共同体金融利益公约第二个协议》等都对企业商业腐败治理作出了相应的规定。尤其是英国设立的"商业组织预防贿赂失职罪"更是具有借鉴意义,也引发了学术界的研究热情。国外对本罪的产生、基本内容及意义等做了深刻的阐述,③也有从合规、公司文化等视角阐述其应用的。④ 从2010年开始,国内学界

① 参见魏昌东:《贿赂犯罪"预防型"刑法规制策略构建研究》,载《政治与法律》2012年第12期。

② 参见[德]乌尔里希·齐白:《全球风险社会与信息社会中的刑法——二十一世纪刑法模式的转换》,周遵友、江溯等译,中国法制出版社2011年版,第252~256页。

③ Bean, Bruce W., and Emma H. MacGuidwin, "Expansive Reach-Useless Guidance: An Introduction to the UK Bribery Act 2010." ILSA J. Int'l & Comp. L. 18 (2011): 323; Hunter, Sharifa G. "A comparative analysis of the foreign corrupt practices act and the UK Bribery act, and the practical implications of both on international business." ILSA J. Int'l & Comp. L. 18 (2011): 89.

④ Lestrange, Joseph J., and Yulia Tolstikov-Mast, "Can global organizations use values-based leadership to combat bribery and corruption?", Journal of leadership, accountability and ethics 10.4 (2013): 41–56.

开始研究本罪，主要集中于以下几个方面：一是对本罪的介绍。[①] 二是引入本罪的正当性论证。如主要是从法益保护角度展开的，[②]从腐败治理效果角度论证的。[③] 三是本罪在特定领域的应用借鉴。比如在金融领域的应用。[④] 这些研究体现出学术界开阔的视野及敏锐性，具有一定的借鉴意义。

但急于应用的研究导致基础研究较为薄弱，比如本罪的历史渊源、正当性、其与单位犯罪的关系、主观方面、归责基础等都存在薄弱环节，基础研究的缺陷叠加生长土壤的不足导致本罪的应用非常有限。这种状况直到近些年随着刑事合规改革的开展才有所改善，学者开始从合规理论的角度重新审视本罪，其与刑事合规关系的研究也逐渐增多。[⑤] 但总体而言，现有的研究认识到了打击行贿问题的重要性，但是没有认识到这是治理腐败行为的一场深刻的模式改变；认识到了政策应对的重要性，但是没有从法律层面做好刑事责任根本改变的准备。纵观英国《反贿赂法案》的产生和发展，其是在打击犯罪的需求刺激下，经过十余载论证，不断凝结共识将其嵌入刑事责任变更的法治轨道，最后形成新的刑事归责类型即“预防失职”模式，从而产生了重塑企业行为文化，进而达到腐败治理的效果。

我们也必须坚持在法治轨道上推进国家腐败治理体系和治理能力现代化，在充分吸收国际先进经验和国内反腐败斗争实践的基础上，提出在新时代推进反腐败斗争的新战略。要从源头上提高治理腐败的能

---

① 参见印波、高远：《英国企业预防行贿失职罪的充分程序抗辩——兼谈对我国治理商业贿赂的启示》，载《河北经贸大学学报》2015 年第 6 期。

② 参见陈禹衡、尹航：《预防商业机构贿赂失职罪的中国化进路——基于英国〈反贿赂法〉的分析》，载《廉政文化研究》2021 年第 5 期。

③ 参见王燕玲、钱小平：《英美海外行贿犯罪立法治理比较及评价》，载《刑法论丛》2013 年第 1 期。

④ 参见苏如飞：《英国金融业反贿赂合规管理分析及借鉴》，载《金融发展评论》2020 年第 2 期。

⑤ 参见陈瑞华：《英国〈反贿赂法〉与刑事合规问题》，载《中国律师》2019 年第 3 期；孙国祥：《刑事合规的理念、机能和中国的构建》，载《中国刑事法杂志》2019 年第 2 期。

力,改变以往重受贿责任轻行贿责任、重个人责任轻组织责任、重政府责任轻企业责任的思维惯性,完善反腐败理论研究,构建科学的反贿赂刑事法学理论。通过在立法上设立商业组织预防贿赂失职的犯罪,赋予商业组织监督其成员行贿的责任,完善腐败治理法律法规,这对于清除行贿土壤,有效推进腐败问题标本兼治具有重大的实践价值。

(二)打击经济犯罪的新模式

与英国现行《反贿赂法》的立法模式不同,我国刑法对公职和非公职的贪污贿赂犯罪采用了区别立法,分别规定在贪污贿赂罪与破坏社会主义市场经济罪两章中。但是无论采用大、中、小哪个层面的经济犯罪概念,商业贿赂一直都属于典型的经济犯罪,[①]1997年刑法修订后学界也普遍将贪污贿赂罪归入经济犯罪的范畴。[②]学界的这种分类与世界主流认知一致,贿赂犯罪作为一种典型的经济犯罪,将其入罪的理由、规制对象、打击模式都与打击经济犯罪有共通的地方。这也是支撑英国在设立商业组织预防贿赂失职罪之后,不断扩张其适用范围,使其逐渐成为一种重要的经济犯罪规制手段的原因。在经济全球化与区域化不断加深的背景下,集团公司、跨国公司的增多使得经济犯罪具有了很大的共通性,相较于道德属性较为浓厚的自然犯罪,打击经济犯罪的模式更容易在各国之间互相借鉴。从英国的立法演进中就可以看到,其吸收了诸多国际条约及美国立法的先进经验。我国同样也面临着打击经济犯罪的困境与归责模式转变的压力,“预防失职”模式无疑为我国规制经济犯罪提供了一些新的思考。

新的打击模式的使用一定要与经济犯罪的刑事政策相适应。“在

---

① 参见刘华:《论经济犯罪的刑事政策》,载顾肖荣主编:《经济刑法》第1辑,上海人民出版社2003年版,第3页。

② 参见柯葛壮、张震:《中国经济刑法》,载顾肖荣主编:《经济刑法》第3辑,上海人民出版社2005年版,第9页;顾肖荣:《经济刑法论衡:顾肖荣教授学术文集》,北京大学出版社2017年版,第11页。

犯罪化的进程中,我们切不可迷失犯罪化的目的:经济犯罪立法的最终目的,是为了更好地促进经济发展,是为了给市场经济的发展创造更加自由的空间,而是不会单纯地为了控制经济犯罪本身。”①如何在打击企业犯罪的时候做到不枉不纵,又是一个非常具有挑战性的课题。从英国尤其是其法律委员会对预防失职模式的设计中,可以看到一种微妙的平衡:本罪的设立是为了严厉打击公司犯罪、织密法网,定罪方面进行了扩张因此在量刑上配以较轻的刑罚;在规定严厉打击的同时,又规定了合规出罪的事由;个人责任与公司责任分别设计,规定公司出罪事由的时候又强调了个人责任。这种立法上的平衡,与我国宽严相济的刑事政策有异曲同工之妙,这种立场对于我们设立新的刑事打击手段,以及规制整个经济犯罪都极具启发意义。传统上对宽严相济刑事政策的理解首先体现在织密法网、宽缓刑罚上,在立法时要针对不同性质的罪名有所区别,宽其宽、严其严,从这一宏观的层面来讲,经济犯罪无疑应当是宽的一面。同时,从经济犯罪自身来讲,宽严相济也体现在定罪与量刑的关系上,即织密法网、宽缓刑罚,这也是在经济犯罪中设立预防失职模式的基础之一。但是值得反思的是,近年来的刑事立法尤其是《刑法修正案(十一)》,不断加重经济犯罪的刑罚,呈现出又严又厉的态势,这与打击经济犯罪的刑事政策是否吻合,值得商榷。

经济犯罪打击模式的转变又必然会涉及单位犯罪理论的变革。市场的主体是企业,只要谈及打击经济犯罪,自然无法绕开法人刑事责任如何认定这一世界难题。从英国预防失职模式的确立中也可以看到对其国内法人犯罪理论的冲击。近年来英国立法主要针对的是大公司,以及拥有子公司的集团公司,这些都是其传统法人犯罪“同一视原则”触角无法到达的地方。公司治理结构的复杂化对单位意志的认定产生了颠覆性的影响,基于打击传统小公司的“同一视原则”也就不再适用,需要适应打击经济犯罪的要求产生新的公司归责原则。我国打击经济犯罪面临着与英国同样的问题,但是又有一些中国特色在其中。

① 杨兴培:《中国经济刑法发展现状不足检讨与完善对策》,载顾肖荣主编:《经济刑法》第7辑,上海社会科学院出版社2008年版,第49页。

从实际效果来看,我国单位犯罪理论主要适用的对象依旧是企业规模有限、治理结构简单的中小公司,单位的意志和个人的意志绑定在一起,通过个人意志来认定单位意志比较简单。从这个角度来讲,我国刑法关于单位犯罪的规定与英国"同一视原则"的认定逻辑是相似的。但这种认定模式容易产生两个弊端:一是传统领域打击偏差的问题。在小公司众多且个人责任与公司责任高度绑定在一起的背景下,加之立法上对公司双罚制下的公司责任与个人刑事责任的区别对待,导致很多公司成为个人犯罪的替罪羊。在实践中,只要出现与公司相关的犯罪,第一辩护理由几乎都是该行为属于单位犯罪,以期减轻个人的责任。二是在新领域放纵犯罪的问题。由于高度重视单位直接犯罪意识,在治理结构复杂的跨国公司、集团公司等主体中,容易出现无法认定单位故意而导致放任犯罪的问题。这在一些跨国公司如葛兰素史克、辉瑞等行贿案,以及新近的兰州雀巢案①中等都有一定的体现。因此,在我国打击经济犯罪中,引入新的归责原则以弥补传统单位犯罪理论的不足,是适应新的经济犯罪形式、根据公司发展变化新要求发展而来的,具有一定的现实紧迫性。

(三)刑事合规改革的新思路

自从刑事合规理论引入我国之后,很快便成为刑事司法领域的热点,国家机关尤其是最高人民检察院也在大力推进刑事合规改革落地。② "刑事合规这个命题在可预见的将来无论对于司法实践还是刑法理论都构成一大挑战。"③我国刑事合规改革主要是在实践的驱动下进行的,理论上很多问题还需要进一步证成,而预防失职模式特有的出

---

① 该案案情详见陈瑞华:《合规无罪抗辩第一案》,载《中国律师》2020 年第 5 期。

② 参见《最高检发布第三批涉案企业合规典型案例　合规办案规模不断扩大,质效不断提升》,载最高人民检察院官网,https://www.spp.gov.cn/xwfbh/wsfbt/202208/t20220810_570413.shtml#1,最后访问时间:2022 年 8 月 28 日。

③ [德]埃里克·希尔根多夫:《德国刑法学:从传统到现代》,江溯、黄笑岩等译,北京大学出版社 2015 年版,第 507 页。

罪程序设计暗含了刑事合规的理念,因此也与刑事合规理论发生了千丝万缕的联系。打击经济犯罪的预防失职模式,无论是在基础理论层面还是在实际操作层面,都可以为丰富我国的刑事合规理论提供一定的养分。从基础理论层面上讲,我国刑事合规的正当性尤其是刑法实体法的依据一直是个理论热点话题,理论界很多观点认为我国刑事合规缺乏实体法的依据,提出了众多改革方案,甚至要重构单位刑事责任的理论,①这种争论与英国在相关立法中的争论非常相似。事实上,我国单位犯罪的认定思路与英国的“同一视原则”都面临着同样的挑战,英国通过立法来变革,我国则是通过司法解释在金融犯罪、环境污染犯罪等领域中进行着改变。两国都面临着在加强打击的同时,又都需要缩小打击范围,为企业创造一个生存空间,这就是合规存在的正当性基础。所以从历史的进程来看,中英两国对于扩大单位打击范围,同时防止打击范围过大是有共同认识的,而预防失职模式可以为此提供新的归责模式,无疑为破解这一难题提供了新思路。从应用的层面来讲,《指南》所确立的判断有效合规的原则,可以直接为我国的合规指引提供参考。

另外,从英国将合规理念注入打击经济犯罪的立法历程来看,其实体法与程序法的改革是同向而行且紧密相关的。从目的上看,都是在严厉打击公司犯罪的基本立场上展开的;从理论支撑上看,都是为了克服“同一视原则”的不足所做的针对性改变;从内容上看,基于实体法的预防失职模式变革与“暂缓起诉”程序制度的改革是相辅相成、互相支撑的。而我国的刑事合规改革,主要是在最高人民检察院的推动下率先展开的,并且是刑事程序法先行,刑事实体法的配套变革还没有跟上,处于实践需要先于理论变革的状态。这就给了理论变革更大的压力,程序法要与实体法相配合,要有一致的立法立场、互相配合的制度设计和互相通融的理论实践。当年单位犯罪的设立在理论上没有经过

① 参见《“企业合规改革视野下刑事实体法的修改与完善”研讨会在京举行》,载法治网,http://epaper.legaldaily.com.cn/fzrb/content/20220511/Articel09003GN.htm,最后访问日期:2022年8月30日。

充分的论证,主要是应打击法人犯罪的实践需求直接予以规定,导致现阶段产生了一系列的打击困难。现在应当充分吸取经验教训,在刑事合规改革的制度设计中进行充分的理论论证,从程序法与实体法两方面做好改革支撑和后续的制度设计。

当然,在合规制度的具体设计层面,要充分考虑不同的国情因素。首先,从源头来看,英国预防失职罪的设立有着深刻的变更其“同一视原则”导致放任单位犯罪的历史背景,①是为了克服打击范围过小的弊端,创设了预防失职犯罪。而打击犯罪的扩大和严厉同时又伴随着出罪窗口,因此同时又增加了合规的出罪条款。换句话说,英国实体法上合规条款的出台,实际上是加大公司犯罪打击力度的副产品,属于“因严而宽”。而我国刑事合规改革的初衷就是要保企业,带有浓厚的宽的价值追求,“《方案》(《关于开展企业合规改革试点工作方案》)强调,检察机关开展企业合规改革试点,旨在加大对民营经济的平等保护……在此基础上,为服务‘六稳’‘六保’,促进市场主体健康发展,营造良好法治化营商环境”②,制度设立立场的不同决定了具体制度设计的走向,成为我国在借鉴国外合规制度的时候不得不考虑的前提问题。其次,与改革背景的差异相关,英国合规制度无论是在实体上还是在程序上,合规主要针对的都是大公司,因为大公司会更加面临着证明“公司意志和直接故意”的难题。而我国合规制度的改革主要适用于中小企业,直到在2022年最高人民检察院印发的《涉案企业合规典型案例(第三批)》中才出现真正的大公司。最后,关于单位责任与个人责任的设计不同,在我国现有的合规改革试点中,很多都是在放过企业的同时,放过了单位负责人,对两个主体都作了不起诉决定,但是英国的制度设计体现出“放过企业、严惩个人”的立场。这与我国市场经济中民

---

① See Reforming Bribery (the Law Commission Consultation Paper No. 185) 9.13.

② 《最高检下发工作方案 依法有序推进企业合规改革试点纵深发展 第二期改革试点范围扩大至北京、浙江等十个地区》,载最高人民检察院官网,https://www.spp.gov.cn/xwfbh/wsfbt/202104/t20210408_515148.shtml#1,最后访问日期:2022年8月28日。

营中小企业较多以及公司的治理结构有很大的关系，这些区别都体现出制度所依靠的国情差异。

总之，刑事合规改革无论是从实体法还是程序法上来看，都是刑事司法领域一项重要的理念和制度变革，基于其主要适用于经济犯罪领域，世界各国有更多可互相借鉴的内容。英国在该领域的立法变革是在国际条约和外部力量的大力推动下进行的，虽然在我国这种外因性影响较小，而基于经济因素的考量以及认罪认罚等制度变革附带的内因性因素更大，但这并不代表我们就不借鉴国外的先进经验，事实上我国的刑事合规改革外因的推动性较小但制度内容受美国的影响却较大。在制度的移植借鉴过程中要更加重视国情和背景的不同。中、美、英关于刑事合规改革的立场、目的、内容都不尽相同，在互相借鉴的时候，不可偏执一家，需要凝练国际经验共性，同时结合中国实际，进行深入的研究和精心设计。

A Study of “Failure to Prevent” Model for Combating Economic Crimes in the UK

Zhang Yanlong

[内容摘要]英国通过商业组织预防贿赂失职罪的设立初步确立了“预防失职”模式，使其对于商业腐败的治理处于全球领先水平。之后英国通过立法将“预防失职”模式逐步推广到逃税等其他经济犯罪领域，使其正式成为打击经济犯罪的一种制度选择。但在全面推广的过程中，由于涉及变更单位刑事责任等一些深层次问题，从而引发了较大争议，现处于改革的深水区。英国打击经济犯罪的立法创制对我国具有启发意义。“预防失职”模式既为我国变更商业腐败的治理理念及制度提供了新路径，又可以在宽严相济刑事政策的指导下成为打击经济犯罪的常规手段，最后还能内化为我国刑事合规改革的正当性基础，为丰富刑事合规理论提供新思路。

[关键词]经济犯罪；商业组织预防贿赂失职罪；预防失职模式；刑事合规

Abstract: The UK initially established the model of "failure to prevent" through the new offence of "failure of commercial organizations to prevent bribery", making it a global leader in the governance of commercial corruption and bribery. Subsequently, the UK has gradually extended the "failure to prevent" model to other economic crimes such as tax evasion through legislation, making it a formal choice to combat economic crimes. However, the involvement of some deep-rooted issues such as changing the principle of attribution of criminal liability for unit crimes has led to greater controversy in recent years and is now at a critical moment of reform. The economic crime legislation in the UK is an inspiration to China. The "failure to prevent" model provides a new path for China to transform a new idea and system of the governance of commercial corruption, and it can be used as a regular means to combat economic crimes under the guidance of the criminal policy of combining punishment with leniency, and finally it can also become the justification basis of China's criminal compliance reform, providing new ideas to enrich the theory of criminal compliance.

Keywords: economic crime; the offence of failure of commercial organizations to prevent bribery; the model of "failure to prevent"; criminal compliance

〔比较刑法〕

法秩序统一原理下刑事违法性的判断标准
——“规范保护目的说”之提倡*

赵天红**　施杰阳***

目　次

一、问题的提出

新中国成立以来,中国共产党领导人民经过60多年共同努力,于2010年年底建立了以宪法为统帅,以多个法律部门的法律为主干,由法律、行政法规、地方性法规等多个层次法律规范构成的一元的中国特

* 本文为2019年度国家社科基金一般项目“互联网金融时代非法集资犯罪认定研究”(BFX070)的阶段性成果。

** 中国政法大学刑事司法学院教授,法学博士。

*** 清华大学博士研究生。

色社会主义法律体系。[①] 根据《立法法》第5条规定,立法应当维护社会主义法制的统一、尊严和权威。立法时应当尽量避免不同法域之间的矛盾与冲突,维护法秩序的统一。尽管我国确定了这一立法原则,但由于法律调整对象具有重合性,不同法域之间不可避免存在交叉,故立法实践中不可避免地会产生法域冲突问题。特别是处于保障法地位的刑法,由于其保护法益的广泛性以及其条文中存在大量参照民法、行政法等前置法的规定,其与其他法域之间的法域冲突问题更为突出,其中最为典型的就是"民刑交叉"和"行刑衔接"问题。例如"民刑交叉"下的袁某侵占案[②](争议焦点在于截留因不法原因给付的财物是否构成侵占罪)、孙某某诈骗案[③](争议焦点在于孙某某构成民法上的表见代理的行为是否影响诈骗罪的成立);"行刑衔接"下的赵某华非法持有枪支案[④](争议焦点在于根据行政法认定的"枪支"是否属于我国《刑法》规定的非法持有枪支罪中的枪支)和陆某销售假药案[⑤](争议焦点在于印度

---

① 参见中华人民共和国国务院新闻办公室:《中国特色社会主义法律体系》,载中国政府网,https://www.gov.cn/zhengce/2011-10/27/content_2615783.htm。

② 案情简介:杨某因果园停工一事想通过吴某找袁某向王某说情,拿出4.5万元交给吴某让其转送给王某,吴某将这4.5万元交给其同学袁某,让袁某帮忙说情,袁某拿到钱后留下1.5万元,将剩下的3万元送给王某。王某收受3万元后,没有对杨某的违法建筑进行监管和阻拦,致使该违法建筑顺利建成。参见赵宝柱:《转送贿款,截留部分据为己有如何定性》,载《检察日报》2011年2月15日,第3版。

③ 案情简介:甲公司职员孙某某在离职后冒充甲公司员工,擅自使用未上交的甲公司空白收款收据,从乙公司骗领金额为人民币50,000元的银行承兑汇票一张,后占为己有。参见上海市浦东新区人民法院刑事判决书,(2013)浦刑初1992号。

④ 赵某华在摆设射击游艺摊时,被公安当场查获枪形物9支及配件、塑料弹等物,并被依法传唤。经鉴定,现场查获的9支枪形物中的6支,为能正常发射、以压缩气体为动力的枪支。参见天津市第一中级人民法院刑事判决书,(2017)津01刑终41号。

⑤ 因患有慢粒白血病,陆某需长期服用瑞士诺华公司生产的名为"格列卫"的抗癌药稳定病情,但因药价过高,陆某开始服用印度生产的"格列卫",并在病友群分享了这一消息。后有千余名白血病患者,都与陆某一样开始去银行汇款,从印度直接购买这种廉价抗癌药来维持生命。因为汇款程序复杂,许多人在购买时都请陆某帮助。参见湖南省沅江市人民检察院不起诉决定书,沅检公刑不诉(2015)1号。

"格列卫"是否属于销售假药罪中的假药,即行政法上关于假药的认定能否成为刑法上的认定标准)等,引发了理论界和实务界乃至社会公众的广泛讨论。

上述典型案例所体现的法域冲突问题,实质上指向了同一问题:刑事违法性判断标准问题,即刑事违法性与民法、行政法等前置法的违法性之关系何如?刑事违法性应绝对从属或绝对独立于民法、行政法等前置法,抑或应相对判断,主张刑事违法性相对从属或相对独立于前置法。为妥善解决这一难题,理论上存在违法一元论、违法多元论、缓和的违法一元论以及违法相对论的对立。有鉴于此,本文将从现有理论出发,厘清既存学说的真义及其存在的分歧,并确立法域冲突下刑事违法性与前置法的违法性的关系问题及具体判断标准,以期为破解法域冲突难题提供可供参考的理论指引。

二、立论:以规范保护目的说为判断标准的缓和的违法一元论之提倡

针对不同法域之间违法性判断的关系问题,理论界提出了不同学说,试图妥善协调不同法域之间存在的违法性冲突难题。违法一元论主张,违法是对整体法秩序的违反,任何违法行为都是对整体法秩序的破坏。① 刑法只能依附于民法等其他部门法并作为其补充而存在。② 在其他法领域被认为是违法的行为,在刑法上也不能得以正当化。由于违法一元论片面强调法秩序统一性,而完全忽视了规范保护目的之

① 参见陈文涛:《犯罪认定中的法秩序统一性原理:内涵澄清与规则构建》,载《华东政法大学学报》2022 年第 2 期。

② 参见[意]杜里奥·帕多瓦尼:《意大利刑法原理》,陈忠林译评,中国人民大学出版社 2004 年版,第 34 页。

独特性,且与我国立法现状相违背。[①] 违法多元论否认法秩序统一原理,而立足于不同法律规范保护目的之独特性,由于各种法律是基于各自所追求的法效果而目的性地规定了违法,因而就刑法而言,应以刑法所固有的违法作为问题,[②]即刑事违法性的判断应当基于刑法本身,进行独立判断。但片面强调刑法的独特性,将使刑法从整体法秩序中完全脱离出来,可能导致刑法彻底否定民法、行政法等前置法,造成法域之间不可调和的矛盾,由于违法一元论与违法多元论各自的固有缺陷,目前已鲜有人支持上述两种学说,针对不同法域之间违法性判断的关系问题,当前主要是缓和的违法一元论与违法相对论的争论。缓和的违法一元论主张,一方面,违法性在根本上,在法秩序的整体当中是统一的;另一方面,又认为其法秩序当中具有各种各样的类别和轻重阶段,承认按照各个法律所固有的规范保护目的的不同,其所要求的违法性的质和量也有差别,[③]即刑事违法性 = 一般违法性 + 可罚的违法性。与缓和的一元论不同,违法相对论主张,基于法规范各自特有的规范保护目的及法律效果的差异,其违法性程度各不相同,因此法规范的违法性须相对判断。[④] 违法相对论并不完全否认法秩序统一原理,其承认"可罚的违法性"概念,但否认"一般违法性"概念。由此可见,缓和的违法一元论与违法相对论的核心争论,具体表现为是否承认"一般违

---

① 例如,信用卡诈骗罪中"信用卡"的认定,根据《关于〈中华人民共和国刑法〉有关信用卡规定的解释》的规定,刑法上的信用卡,除包括传统意义上的信用卡外,还包括借记卡,并非绝对从属于前置法。再如,生产、销售假药罪中的"假药"也与《药品管理法》中的"假药"不同,故《刑法修正案(十一)》专门删除了"本条所称假药,是指依照《中华人民共和国药品管理法》的规定属于假药和按假药处理的药品、非药品"这一规定。

② 参见[日]松原芳博:《刑法总论重要问题》,王昭武译,中国政法大学出版社 2014 年版,第 92 页。

③ 参见[日]曾根威彦:《刑法学基础》,黎宏译,法律出版社 2005 年版,第 214 页。

④ 参见平野龍一『刑法　绐論Ⅱ』(有斐閣,1975 年)218 頁;内藤謙厂『刑法講義绐論(中)』(有斐閣,1986 年)700 頁;山口厚『刑法論』(第 3 版)(有斐閣,2016 年)190 頁。转引自王昭武:《法秩序统一视角下的不法原因给付》,载《华东政法大学学报》2022 年第 2 期。

法性”概念。

(一)选择:缓和的违法一元论之证成

缓和的违法一元论与违法相对论均不否认法秩序统一原理,均主张前置法认为合法的行为,必然不具有刑事违法性;而前置法认为违法的行为,未必具有刑事违法性。[①] 在违法性的相对判断上,二者均承认“可罚的违法性”概念,但对于“一般违法性”这一概念,两者存在截然相反的态度:缓和的违法一元论主张“刑事违法性 = 一般违法性 + 可罚的违法性”,肯定“一般违法性”这一概念,主张其不仅可以明确刑事违法性与“一般违法性”之间的从属关系,还可以更为精细地界定行为性质。[②] 而违法相对论则否认“一般违法性”的概念,主张“一般违法性”概念不存在理论价值,反而同违法的基本原理相悖,使国民陷入决断混乱等。[③] 所谓“一般违法性”,是指“因违反了民法或者行政法等非刑事法规,被认定具有整体法秩序意义上的违法性”[④],其强调的是行为对于整体法秩序的违反。立足于法秩序统一原理,应当承认“一般违法性”这一概念,具体理由如下:

首先,“一般违法性”本质上源于法秩序统一,是法秩序统一原理的“应有之义”。法秩序统一原理的核心内涵在于整体法秩序内部的有机统一,提供明确而不冲突的行为指引。[⑤] 而民法、行政法、刑法等法秩序的组成部分基于各自独立的体系地位与规范保护目的,对于“违法性”提出了不同的要求,即所谓的民事违法性、行政违法性与刑

---

① 参见王昭武:《法秩序统一视角下不法原因给付》,载《华东政法大学学报》2022年第2期。

② 参见王昭武:《法秩序统一视角下不法原因给付》,载《华东政法大学学报》2022年第2期。

③ 参见王骏:《不同法域之间违法性判断的关系》,载《法学论坛》2019年第5期。

④ 参见王昭武:《法秩序统一性视野下违法判断的相对性》,载《中外法学》2015年第1期。

⑤ 参见王钢:《非法持有枪支罪的司法认定》,载《中国法学》2017年第4期。

事违法性。某种违反民法、行政法等前置法因而具有民事违法性或行政违法性的行为,可能并不违反刑法因而不具有刑事违法性,最终在违法性层面便会提供不同甚至矛盾的行为指引。正是为了实现行为指引的明确而不冲突,才有了"一般违法性"的概念。通过"一般违法性"概念,可以向国民清晰传达刑法对在前置法上具有违法性的行为的否定态度。刑法并非主张此类行为具有合法性,而是在承认该行为具有"一般违法性"的基础上,基于刑法的谦抑性、补充性与刑罚的严苛性,主张在具有一般违法性时,并不当然具有刑事违法性,即一般违法性是刑事违法性的必要非充分条件,构成犯罪还必须具有刑法意义上的"可罚的违法性"。对于不具有"可罚的违法性"的行为,不必认定为犯罪进而科处刑罚,而通过前置法予以规制即可。借助"一般违法性"这一概念,凡是破坏整体法秩序的行为,都具有一般违法性,因而指引人们不得实施此类行为。故只要承认法秩序统一原理,当然也应肯定"一般违法性"这一概念;否认"一般违法性"概念,只会使法律对人们行为的指引发生根本冲突,人们将不知如何行为,这将极大地限制人们的自由,使得刑法丧失其自由保障机能。故应承认"一般违法性"概念,而否定违法相对论。

其次,承认"一般违法性"概念有利于在司法中坚守法秩序统一原理的"底线要求"。根据法秩序统一原理,对于前置法认为合法的行为,即整体法秩序允许的行为,不宜作为犯罪处理,这是法秩序统一原理的"底线要求",而这一要求在我国的司法实务中往往并没有得到很好的坚守。[①] 如果承认"一般违法性"这一概念,则司法实践中在判断一个行为是否构成犯罪时,应当有意识地先行判断其是否具有"一般违法性",即是否属于前置法上的合法行为:对于前置法认定为合法的行为,当然不具有刑法上的"一般违法性",也就不可能具有刑事违法性,进而避免司法实践中径直进行"刑事违法性"的判断而忽略对于前置法的审查;对于前置法认定为违法的行为,在肯定一般违法性的基础上,再判断是否具有"刑事违法性"。承认"一般违法性",通过"一般违法性"到"刑事违法性"的二重判断结构,不仅有利于在司法中贯彻法

---

① 参见周光权:《论刑法所固有的违法性》,载《政法论坛》2021年第5期。

秩序统一原理的"底线要求",还有利于在司法中贯彻刑法的谦抑性。故应承认"一般违法性"概念,主张"缓和的违法一元论"。

综上所述,在刑事违法性的判断上,应坚守法秩序统一原理,选择缓和的违法一元论,承认"一般违法性"的理论价值,并以"可罚的违法性"作为判断刑事违法性是否从属于前置法的"相对"判断标准,采取"刑事违法性＝一般违法性＋可罚的违法性"的二重判断结构。

(二)检视:以规范保护目的说作为从属与否的判断标准

在确立了缓和的违法一元论"刑事违法性＝一般违法性＋可罚的违法性"的二重判断标准的基础上,对于民法、行政法等前置法认为合法的行为,刑法作为补充法、保障法,理应承认该行为的合法性;对于民法、行政法等前置法认为违法的行为,刑法承认该行为的一般违法性,在符合一般违法性的前提下,以行为是否具有可罚的违法性作为判断标准,进行相对判断。对于"可罚的违法性"这一判断标准,我国目前通说采"质量区分说",其与缓和的违法一元论一同引入我国,作为"可罚的违法性"的具体判断标准。但其作为"舶来品",能否与我国本土法律制度相适应,是否需要进行本土化,仍待进一步分析,故下文将对"质量区分说"与可罚的违法性进行理论及实践检视,并结合我国现行刑法规范现状进行分析。

1."可罚的违法性说"之反思

可罚的违法性说,是指在判断行为的刑事违法性时,区分构成要件中违法性的"质"和"量",在"质"的部分与前置法保持一致,即前置不法与刑事违法均具有"一般的违法性";在"量"的部分,主张只有达到刑法处罚的"量"的违法性的行为才值得科处刑罚。① 从"可罚的违法

---

① 参见王骏:《违法性判断必须一元吗?——以刑民实体关系为视角》,载《法学家》2013年第5期;[日]大塚仁:《刑法概说》,冯军译,中国人民大学出版社2003年版,第362页。

性”的产生与发展来看,这一理论是日本“立法定性+司法定量”模式的产物。宫本英脩教授最早在“一厘烟草案”中提出可罚的违法性理论,后经佐伯千仞教授与藤木英雄教授完善。“立法定性+司法定量”模式下,犯罪与一般违法的区别是质的不同,只要实施了刑法规定的犯罪行为,即使极其轻微,也应认定为犯罪。① 故可罚的违法性理论与日本的刑事立法现状是相契合的。但反观我国的刑事立法,我国通说认为,我国刑事立法的底层逻辑采“立法既定性又定量”,即刑法规定的构成要件既有质的要求又有量的要求。② 这一理念体现在我国《刑法》的总则和分则的具体规定之中:《刑法》第13条但书将“情节显著轻微危害不大的”行为从立法层面就排除出犯罪圈;而《刑法》分则在罪状中大量设立“情节严重”“数额较大”“情节恶劣”等要求。③ 由此可见,以“质量区分说”为判断标准的可罚的违法性说作为“相对”的判断标准不符合我国“立法既定性又定量”的刑事立法现状。

此外,可罚的违法性理论在日本的发展过程中,也正面临严峻的考验,主要因为其缺乏明确具体的判断标准,可能造成犯罪圈的不当扩张。④ 对此,前田雅英教授在其《可罚的违法性论的研究》一书中,区分绝对轻微型和相对轻微型两大类型,试图提出相对具体的标准。对于绝对轻微型,主张通过构成要件的实质解释予以判断;而对于相对轻微型,主张通过轻微性、目的的正当性、手段的相当性、法益衡量以及必要性与紧急性这五大标准进行综合判断。⑤ 但不难发现,前田雅英教授所提出的判断标准,与其称之为标准,毋宁说是判断的参照事项,对于实践中如何判断,仍然没有提供明确具体的判断标准。

因此,基于我国“立法既定性又定量”的立法模式与立法现状,以

---

① 参见王彦强:《可罚的违法性论纲》,载《比较法研究》2015年第5期。

② 参见储槐植:《刑事一体化论要》,北京大学出版社2007年版,第115页。

③ 参见王骏:《违法性判断必须一元吗?——以刑民实体关系为视角》,载《法学家》2013年第5期。

④ 参见王彦强:《可罚的违法性论纲》,载《比较法研究》2015年第5期。

⑤ 参见[日]前田雅英:《刑法总论讲义》(第5版),东京大学出版会2011年版,第330~332页。转引自王彦强:《可罚的违法性论纲》,载《比较法研究》2015年第5期。

及“可罚的违法性说”本身所具有的判断标准不明问题,“可罚的违法性说”难以作为缓和的违法一元论下相对判断的具体标准,故我国应立足于本土法治现状,提出符合我国立法实际的“相对”判断标准。

2. 规范保护目的说之证成

既然“可罚的违法性说”不符合我国立法现状,难以充当违法性“相对”的判断标准;而在肯定缓和的违法一元论的前提下,只得另行寻找“相对”的判断标准。目前学界存在两种判断思路:(1)法益说;(2)规范保护目的说。

(1)法益说之批判

法益说主张根据前置法与刑法的保护法益是否同质进行刑事违法性的相对判断。孙国祥教授提出,违法性的实质是法益侵害,故应以行政不法与刑事不法侵害法益是否同一为判断标准:当行政违法行为与刑事犯罪行为指向同样的法益时,其违法性判断具有从属性。当行政法保护的法益抽象而模糊,或者刑法所欲保护的法益已经溢出了行政法法益范围(触及刑法核心领域)时,违法性判断具有独立性。①

犯罪是侵犯法益的行为,以法益作为区分标准具有一定的合理性。但同时不容忽视的是,前置法和刑法所保护的利益都是法益,例如,财产受到刑法的保护,固然在刑法上属于法益,但民法也保护财产,当然在民法上也是法益。② 而在行政法中,尤其是《治安管理处罚法》中,“其第三章规定了违反治安管理的行为和处罚方式,该行为包括扰乱公共秩序,妨害公共安全,侵犯人身权、财产权和妨害社会管理四类,其中与刑法条文的规定完全重合(或刑法规定的行为方式包含于治安管理处罚法规定之中)的有21条,所占比例为16.8%”③。而法益概念本身需要从规范中探寻,当《刑法》与《治安管理处罚法》规定相同时,难

---

① 参见孙国祥:《经济犯罪违法性判断具有从属性和独立性》,载《检察日报》2017年10月16日,第3版。

② 参见张明楷:《法益初论》,商务印书馆2021年版,第181页。

③ 杜琪:《刑法与行政法关联问题研究》,中国政法大学出版社2015年版,第68页。

以说其保护的法益存在质的区别,且再以法益作为规范违法性从属与否的判断标准,存在循环论证的问题。故在大多数情况下,刑法与其前置法所保护的法益性质并无质的区别,以“法益性质是否同一”作为判断标准,会导致刑事违法性事实上完全从属于前置法,使缓和的违法一元论沦为严格的违法一元论。

与作为刑法保护对象的法益不同,规范保护目的决定法益保护的程度和范围,刑法只禁止那些以特定方式侵害法益的行为或结果,[①]二者并非同一概念。与民法、行政法等前置法相比,刑法基于其特殊的规范保护目的,保护法益的程度与范围不同于前置法,基于刑法的谦抑性和补充性,刑法只保护值得刑法保护的法益,故刑法与民法、行政法等前置法的根本区别在于规范保护目的之不同,而非法益之不同。相比于法益,规范保护目的更适合作为“相对”的判断标准。例如,在“毛某多次盗窃8元韭菜案”中,法院审理查明,被告人毛某三次来到被害人唐某位于灵川县某公路旁的韭菜地里,用割禾刀盗割田地里的韭菜。在实施盗窃后,其将盗窃所得拿到灵川县县城售卖,这三次售卖共获利人民币8元。法院认为,被告人毛某以非法占有为目的,多次盗窃他人财物,构成盗窃罪,判处有期徒刑6个月,并处罚金人民币1000元。[②]对于本案,毛某的行为符合《刑法》规定盗窃罪“多次盗窃”的构成要件,具有构成要件符合性。而在违法性的判断上,毛某的行为属于《治安管理处罚法》第49条规定的偷盗违法行为,具有行政违法性,但是否具有刑事违法性呢?根据法益说,《治安管理处罚法》和《刑法》均指向同样的财产法益,故其违法性判断具有同一性,应肯定其具有刑事违法性,认定构成盗窃罪。这显然违背了刑法对盗窃罪的规范保护目的,即保护数额较大、值得刑法保护的财物,故法益说在处理疑难案例时难以作为妥当的判断标准予以适用。

---

① 参见李波:《规范保护目的:概念解构与具体适用》,载《法学》2018年第2期。

② 参见《灵川一男子上演现实版“偷菜”被判刑》,载微信公众号“灵川县人民法院”2021年11月18日。

(2)规范保护目的说之确立

规范保护目的说将目光从法益转向规范保护目的,以规范保护目的作为缓和的违法一元论下"相对"的判断标准。"所谓规范保护目的,是指立法者制定法规范时所欲实现的目的。"①于改之教授提出:"在刑法与民法规范保护目的一致的场合,刑法绝对从属于民法;在刑法与民法规范保护目的相异的场合,刑法从属性应当进行相对的解释。"②本文基本赞同这一判断标准。

第一,规范保护目的说有利于贯彻法秩序合目的性统一。法秩序的统一性包括三个层次,即逻辑的统一性、体系的统一性和目的的统一性。其中逻辑的统一性与体系的统一性是法秩序统一原理的形式表现,前者要求法律规范内在逻辑的一致,后者要求各个规范的功能和价值与整体法秩序内含的基本功能与客观价值秩序相一致;③其中目的的统一性是法秩序统一原理的实质内核,要求各法律规范在法秩序下规范保护目的的统一,是一种价值层面上的统一。故以规范保护目的作为"相对"的判断标准,有利于妥善协调刑法与民法、行政法等前置法的规范保护目的之间的关系,贯彻法秩序统一原理。

第二,规范保护目的说有利于从源头破解法域冲突问题。"所有的法都是保护法益的,刑法也不例外。由于利益的复杂性以及不法行为的差异性,相同的利益常常由多种法来保护。"④故法域冲突的根本缘由是规范保护目的,而非法益。正如耶林在其《法的目的》一书中所主张"目的是整个法的创造者",国家制定并施行法律根本上是为了实现某一特定目的,即任何法律规范都是基于特定的规范保护目的而制定的。而不同法域基于各自特定的规范保护目的,保护法益的范围和程度各不相同,因此在针对同一行为进行调整时,法域之间不可避免地

---

① 于改之:《法域协调视角下规范保护目的的理论之重构》,载《中国法学》2021 年第 2 期。

② 于改之:《法域冲突的排除:立场、规则与适用》,载《中国法学》2018 年第 4 期。

③ 参见王昭武:《法秩序统一性视野下违法判断的相对性》,载《中外法学》2015 年第 1 期。

④ 张明楷:《法益初论》,商务印书馆 2021 年版,第 199 页。

会产生矛盾与冲突,从而产生所谓"法域冲突"问题,即产生"法域冲突"的根源在于规范保护目的的冲突,故只有回到规范保护目的本身,以其作为"相对"的判断标准,才能从源头上厘清刑法与民法、行政法等前置法的关系,厘清刑事违法性何时从属、何时独立,从源头破解法域冲突难题。

第三,规范保护目的说有利于实质出罪。与法益相比,规范保护目的具有独特的理论价值,其决定了法益保护的范围和程度,使得刑法保护的法益得以明确化。一个法益并非在任何一种可归责的损害中都是受刑法保护的,而只有在法益损害以确定的方式和方法实现时,才能受到刑事处罚。① 故对于并非以"确定的方式和方法实现法益侵害"时,并不受刑罚处罚,从而将虽然侵犯法益,但并不符合刑法规范保护目的的行为予以实质出罪。例如,在交通肇事罪中,行为人违反交通管理法规,客观上造成了他人死亡的结果,即造成了法益侵害,但该结果并非规范保护目的所要防止的结果,故排除归责,行为人不构成犯罪。例如,甲超速行驶时车轮碰飞了路上的石头,结果将路边的乙砸死。此时其违反交通管理法规的行为导致了他人的死亡,符合交通肇事罪的构成要件,故似乎应构成交通肇事罪。但该案中乙的死亡结果并非交通肇事罪中"禁止超速行驶"的前置法所欲防止的结果,因为制定该规则的规范保护目的是防止因车速过快导致制动距离增加因而发生交通事故,而非保证道路的平整,故死亡结果不属于交通肇事罪所要防止的结果,行为人不构成交通肇事罪。② 以规范保护目的作为判断标准,可以引导司法者在适用法律时去探寻法律的规范保护目的,探究国家创制和适用法律所欲实现的效果。以刑法为例,刑法的规范保护目的要求刑事立法以保护特定范围的法益为目的,实行有效的犯罪化,避免无效

---

① 参见[德]克劳斯·罗克辛:《德国刑法学总论:犯罪原理的基础构造》(第1卷),王世洲译,法律出版社2005年版,第200页。

② 参见[意]杜里奥·帕多瓦尼:《意大利刑法学原理》,陈忠林译评,中国人民大学出版社2004年版,第198页。

的犯罪化。[①] 将单纯违反民法、行政法等前置法,但未侵犯刑法规范保护目的确定的保护范围和程度内的法益的行为排除出犯罪圈,实现实质出罪。

三、具化:规范保护目的说具体判断标准之展开

本文主张以规范保护目的为判断标准的缓和的违法一元论,即刑事违法性的判断需要经过"一般违法性"与"规范保护目的说"的双重判断,当行为违反前置法时,即具有刑法上的一般违法性,但是否具有刑事违法性,还需根据规范保护目的说进行具体判断。但在构建具体判断标准之前,首先需要解决以下几个问题:(1)如何认定一般违法性;(2)如何探求刑法与民法、行政法等前置法的规范保护目的。

(一)一般违法性的判断标准

根据一般违法性的定义,法律主体违反了民法或者行政法等非刑事法规进而破坏了整体法秩序的行为即具有一般违法性。至于法律主体是否破坏了民法或者行政法等非刑事法规,需要根据民法或行政法等前置法进行独立判断。下文就常见的"民刑交叉""行刑衔接"中民法、行政法上的违法性认定展开具体论证。

1. 行政法上一般违法性的认定

与刑法相比,行政法具有浓厚的管理意味,其规范保护目的在于实现所要追求的行政管理秩序,其属性可归结为管理与效率,注重行为对行政规范的违反,故只要行为违反了规范,便存在行政法上的一般违法性。

2. 民法上一般违法性的认定

不同于刑法、行政法上违法性的明确性,民法意义上的违法性概念本身缺乏实质内容。即使在与《刑法》最相类似的原《侵权责任法》中,王利明教授也主张,我国立法规定在判断侵权责任时采取三要件说而

① 参见张明楷:《刑法目的纲论》,载《环球法律评论》2008 年第 1 期。

非四要件说,以“过错”吸收了“违法性”,即将违法性要件排除出过错责任的判断标准,[1]也即违法性并非侵权责任的一般要件,故面对“民刑交叉”问题,如何认定民法上的违法性便成为一大难题。

民事违法行为,是指任何违反民事法律应承担民事责任的行为,包括民事侵权和债的不履行。民法上的违法性,即这类行为违反民事法律的性质。认定民法上的违法性,首先需要明确以下两个问题:第一,民事法律行为有效与否与违法性的有无并不存在必然联系。《民法典》规定了可撤销的民事法律行为和效力待定的民事法律行为,行为人受欺诈、胁迫而实施的民事法律行为,在撤销权人行使撤销权之前法律行为成立并已生效,若撤销权人不行使撤销权,则行为自成立时有效,但此时并不能排除欺骗、胁迫行为的违法性;再如表见代理,虽然最终具有有权代理的法律效果,但单从行为本身来看,不能否认表见代理本质上属于无权代理,具有民法上的违法性。由此可见,民事法律行为有效与否与违法性的有无并不存在必然联系。第二,承担民事责任不等于行为具有违法性。我国《民法典》第七编侵权责任编不仅规定了过错侵权责任,同时还规定了无过错侵权责任和公平责任,故承担民事责任并不表明行为具有过错,更不表明行为具有违法性。以无民事行为能力人限制民事行为能力人致人损害为例,其监护人并未实施违法行为,但其监护人需承担无过错替代责任。

关于民法上违法性的认定,本文赞同张新宝教授的观点,主张民法上的违法性是指违反包含有确认与保护他人民事权益的内容或者包含有行为人义务的内容的民事法律所具有的性质。[2] 而非根据民事行为的有效与否或者民事责任承担与否判断行为违法性的有无。

---

① 参见王利明:《我国〈侵权责任法〉采纳了违法性要件吗?》,载《中外法学》2012 年第 1 期。

② 参见张新宝:《侵权责任构成要件研究》,法律出版社 2007 年版,第 57 页。

(二)规范保护目的说之具体判断标准

1. 探求刑法与民法、行政法等前置法的规范保护目的之路径

(1)从立法资料中探寻规范保护目的

国家制定并施行法律根本上是为了实现某一特定目的,即任何法律规范都是基于特定的规范保护目的而制定的,而这一目的通常体现在国家制定法律时的立法资料中。我国立法机关在制定或修改法律时,通常会颁布起草说明或修改说明,旨在使审议者了解制定、修改法律的目的。① 例如,《关于〈中华人民共和国民法典(草案)〉的说明》中指出,"为贯彻党的十九大提出的加快建立多主体供给、多渠道保障住房制度的要求,增加规定'居住权'这一新型用益物权"。由此可知,我国《民法典》新增居住权这一规范的规范保护目的在于建立多主体供给、多渠道保障住房制度。因此,在探寻法律的规范保护目的时,应当首先回到立法资料中去探寻。

(2)从规范保护目的体系中探求规范保护目的

法律的规范保护目的一般有三个层次:第一层次的规范保护目的是指法律整体的规范保护目的,即国家创制与适用法律所期望达到的效果,这一规范保护目的统领着整部法律,是整部法律具体规范保护目的之上位目的,如刑法的规范保护目的,在于保护值得刑法保护的法益;第二层次的规范保护目的是指法律中某一部分的规范保护目的,如《刑法》分则第一章"危害国家安全罪",该章的规范保护目的在于保护国家安全;第三层次的规范保护目的是指具体条文的规范保护目的,如《刑法》第128条第1款非法持有枪支罪的规范保护目的在于通过规范枪支管理秩序以保护公共安全。上述三个层次目的之间是整体与部分、抽象与具体的关系,低层次目的受高层次目的的制约,高层次目的指导低层次目的,故可从高层次目的逐步具体化到低层次目的,进而探寻具体法律条文的规范保护目的。

① 参见张明楷:《刑法学》(第6版),法律出版社2021年版,第36页。

(3)通过历史解释探寻规范保护目的

规范保护目的不等于立法目的,其并非一成不变的概念,任何法律规范在其制定后都有一个陈旧化的过程,一方面社会、经济和技术的因素与结构发生变化,另一方面社会价值观或者在法律秩序的其他领域中产生远程影响的立法价值标准发生了根本性变化,[①]故规范保护目的也随之发生变化。刑法条文都是立法者基于特定的规范保护目的制定的,但随着社会的不断发展,即使条文文字没有任何改变,法条的规范保护目的也可能已经改变。时过境迁之后的新的目的,是时过境迁之后的法律的真实含义的创造者。[②] 故规范保护目的可以从法律规定产生后的历史发展中探寻。

2. 规范保护目的说下从属与否的具体判断标准

由于规范保护目的之不同是产生法域冲突的根本缘由,故以规范保护目的作为缓和的违法一元论下刑事违法性之"相对"判断的具体标准具有合理性,有利于从源头破解法域冲突难题。

(1)合法判断的统一:"一般违法性"之贯彻

所谓合法判断的统一,是指前置法认定为合法的行为,刑法也应认定为合法。法秩序统一原理下,基于缓和的违法一元论,对于民法、行政法等前置法认定为合法的行为,不具有刑法上的一般违法性,故刑法也应认定为合法。我国《刑法》中的相关规定正是这一标准的立法体现。例如,根据我国《刑法》第238条第3款的规定,索债型非法拘禁行为不构成绑架罪而构成非法拘禁罪,其背后的法理依据在于,索债型非法拘禁行为可以分为目的行为与手段行为,其中索取债务这一目的行为,属于民法上行使权利的行为,即不具有刑事违法性,故基于缓和的违法一元论,索取债务这一目的行为在刑法上也当然不具有一般违法性。因此,刑法最终仅评价其手段行为,认定其非法拘禁他人的行为构成非法拘禁罪,而不构成抢劫罪。

---

① 参见[德]伯恩·魏德士:《法理学》,丁晓春、吴越译,法律出版社2013年版,第308页。

② 参见张明楷:《刑法学》(第6版),法律出版社2021年版,第46页。

(2)违法判断的相对从属:基于"规范保护目的说"之判断

所谓违法判断的相对从属,是指基于缓和的违法一元论,在肯定具有"一般违法性"的前提下,基于"规范保护目的说"进行刑法是否从属于前置法的相对判断,具体包括两种情形:①前置法认定为违法,即具有一般违法性,且刑法与民法、行政法等前置法的规范保护目的一致时,刑法从属于前置法;②前置法认定为违法,即具有一般违法性,但刑法与民法、行政法等前置法的规范保护目的不一致时,刑法独立于前置法。但如何判断前置法的规范保护目的与刑法的规范保护目的是否一致,仍需进一步予以明确。规范保护目的相一致,不等同于规范保护目的相同,之所以强调相一致,正是因为各部门法基于自身在法秩序中的定位和功能,其规范保护目的具有独特性,故不存在规范保护目的完全相同的情形。规范保护目的是否一致,可以借助规范保护目的对于法律主体是惩戒、保护抑或容忍的方向进行具体判断。其中容忍,是指法律规范对介于保护与惩戒之间的灰色地带予以消极放任。因为"保护"与"惩戒"这两个概念之间属于反对关系,在保护和惩戒之间还存在既不保护也不惩戒的灰色地带,对于前置法认定为违法而持惩戒态度的行为,刑法基于其谦抑性和补充性,可能持既不保护也不惩戒的容忍方向。具体标准如下(见表1):

①当前置法与刑法对法律主体均持惩戒的方向时,二者的规范保护目的相一致,此时刑法与前置法对该行为均予以非否定评价,故应当坚持法秩序统一原理,在刑事违法性的认定上,刑法应从属于民法、行政法等前置法,有利于实现法秩序合目的性的统一。由于二者规范保护目的相一致,也不会导致刑法规范保护目的的落空。

②当前置法对法律主体持惩戒方向,而刑法持保护方向时,二者的规范保护目的不一致,由于刑法与前置法对于同一法律主体的态度之间存在矛盾与冲突,此时一味强调法秩序统一原理,将损害刑法立身之本的独立价值,消解刑法规范保护目的之特殊性,使刑法完全成为前置法的"附属品",故刑事违法性判断应独立于民法、行政法等前置法,以实现刑法的人权保障机能。

③当前置法对法律主体持惩戒方向,而刑法持容忍方向时,二者的规

范保护目的不一致,故刑事违法性的判断应独立于民法、行政法等前置法。

表1　规范保护目的说的具体判断标准

前置法	刑法	是否一致
惩戒	惩戒	是
惩戒	保护	否
惩戒	容忍	否

本文主张以规范保护目的说作为刑事违法性"相对"的判断标准,在缓和的违法一元论下,借助"一般违法性+规范保护目的"的二重构造,实现刑事违法性的具体判断。部分学者提出,所谓规范保护目的说实质上是严格的违法一元论与违法多元论的简单拼凑,试图将两种完全对立的理论统摄在"规范保护目的"这一概念下,是无法做到融合自洽的。[①] 还有学者指出,规范保护目的说存在忽视法的安定性的问题。[②] 但上述观点都在一定程度上存在对规范保护目的说的误读。首先,规范保护目的说是缓和的违法一元论下刑事违法性的判断标准,在合法性的判断上,对于前置法认为合法的行为,即不具有刑法上的一般违法性,故不构成犯罪。在违法性的判断上,主张在具有一般违法性的前提下,当规范保护目的一致时,刑事违法性从属于前置法,此时有利于实现法秩序合目的性的统一;当规范保护目的不一致时,刑事违法性独立于前置法,基于刑法独特的规范保护目的,进行独立判断。规范保护目的说取代传统意义上"可罚的违法性"概念,成为"相对"判断的标准,其实质仍然是缓和的违法一元论。其次,由于一般违法性概念的存在,当规范保护目的不一致时,采取"原则—例外"的模式,进行基于刑法规范保护目的之独立判断,并未有损于法的安定性,即并未有损于法秩序统一原理的理论支撑。因为,在此种情况下,行为仍具有一般违法

---

① 参见王昭武:《法秩序统一视角下无法原因给付》,载《华东政法大学学报》2022年第2期。

② 参见陈文涛:《犯罪认定中的法秩序统一性原理:内涵澄清与规则构建》,载《华东政法大学学报》2022年第2期。

性,无论刑法独立判断的结果如何,该行为在刑法上都被予以否定评价,只是基于刑法的规范保护目的,可能不具有刑事违法性,因而不构成刑法上的犯罪。最后,本文并不主张规范保护目的一致与否的判断需要借助上位法规范,以最为典型的"民刑交叉""行刑衔接"问题为例,民法、行政法与刑法共同的上位法为宪法,但宪法本身并不规定权利(法益)的保护方式,而是授权各部门法基于各自的权限去构建各自的规范,故难以借助上位法规范进行判断。[①] 因此,本文所主张的规范保护目的说能够作为判断刑事违法性的妥当标准。

四、检验:规范保护目的说之司法适用

以规范保护目的说为判断标准的缓和的违法一元论,为刑事违法性的判断提供了较为妥当的理论标准,故本文将以此标准对文章开篇列举的"民刑交叉""行刑衔接"中的典型案例进行规范分析,以期检视"规范保护目的说"之司法适用效果。

(一)"民刑交叉"中规范保护目的说之司法适用

1. 不法原因给付与侵占罪

在袁某侵占案中,袁某对于杨某托吴某请求其向王某行贿的4.5万元不法给付财物,私自扣留部分贿赂款占为已有。我国《民法典》虽未设立"不法原因给付"条款,但现有理论通说均否定不法原因给付人的返还请求权。故基于不法原因给付的财物,给付人不具有财产返还请求权,所有权归受领人享有,因此有学者主张,由于给付人对不法原因给付物丧失了返还请求权,则受领人享有对不法原因给付物的所有

① 参见陈文涛:《犯罪认定中的法秩序统一性原理:内涵澄清与规则构建》,载《华东政法大学学报》2022年第2期。

权。因此,给付人侵占不法原因给付物的行为就不成立侵占罪。[①] 这一观点忽略了民法和刑法规范保护目的的固有差异。民法上规定不法原因给付制度的规范保护目的在于通过放弃对给付人的保护实现对其不法性的非难,[②]以制止不法原因给付的行为。但放弃对给付人的非难并非意味着其对受领人基于不法原因受领并占为己有的行为不存在非难,给付人不具有返还请求权,仅仅意味着受领人没有将财物返还给付人的义务,并不代表基于不法原因受领财物已归受领人所有,更不代表其受领并占为己有的行为当然具有民法上的合法性,而应肯定二者均具有民法上的违法性,故侵占行为具有一般违法性。在此基础上,基于规范保护目的的考量,民法对侵占行为持容忍态度。刑法的规范保护目的在于保护所有权和委托信任关系,对于侵占罪而言,重要的不是基于不法原因给付的财物是否属于给付人,而是该财物不属于受领人,[③]其对拒不返还"基于不法原因给付的财物"的行为持惩戒态度,二者的规范保护目的不一致,刑事违法性应当独立判断,故袁某的行为构成侵占罪,但并不意味着给付人有权请求受领人返还财物,而应由国家没收受领人的违法所得。

2. 表见代理与诈骗罪

在孙某某诈骗案中,孙某某在离职后,隐瞒其已经不是甲公司员工的事实,冒充甲公司员工,擅自使用未上交的甲公司空白收款收据,骗领了乙公司本要交付给甲公司以抵充货款的汇票,其行为构成民法上的表见代理。根据《民法典》第 172 条[④]规定,孙某某的代理行为有效,代理的法律效果归属于被代理人,即甲公司。但当乙公司将本要交付

---

① 参见王昭武:《法秩序统一视角下的不法原因给付》,载《华东政法大学学报》2022 年第 2 期。

② 参见陈少青:《侵占不法原因给付物的法律规制——以刑民评价冲突的消解为切入点》,载《法律科学(西北政法大学学报)》2021 年第 3 期。

③ 参见张峰铭:《法秩序在何种意义上是统一的——对部门法交叉问题的前提性反思》,载《东岳论丛》2022 年第 4 期。

④ 《民法典》第 172 条规定:"行为人没有代理权、超越代理权或者代理权终止后,仍然实施代理行为,相对人有理由相信行为人有代理权的,代理行为有效。"

给甲公司的汇票交付给孙某某时,乙公司即遭受了财产损失,即使事后可以向甲公司追偿,也不影响交付时财产损失的认定。此外,代理行为的有效性并不能否认其行为在民法上的违法性,表见代理实质上是无权代理,即具有一般违法性。立法者之所以将其规定为有效,其规范保护目的在于保护交易安全与秩序、维护合同相对人的信赖利益,①故其对表见代理人持保护态度。而诈骗罪的规范保护目的在于保护被害人的财产权利,对表见代理人持惩戒态度,二者的规范保护目的不一致,刑事违法性应独立判断,孙某某的行为构成诈骗罪。本案中,法院也持这一观点,主张表见代理的成立并不能改变被告人孙某某的行为已经构成诈骗罪的事实。②

(二)"行刑衔接"中规范保护目的说之司法适用

1. 非法持有枪支罪中"枪支"的认定

在赵某华非法持有枪支案中,法院在裁判书中明确其对于"枪支"的认定系根据《公安机关涉案枪支弹药性能鉴定工作规定》和《枪支致伤力的法庭科学鉴定判据》(以下简称《枪支鉴定判据》)。《枪支鉴定判据》第3.2条规定:"未造成人员伤亡的非制式枪支致伤力判据为枪口比动能 $eo \geq 1.8J/cm^2$。"而 $1.8J/cm^2$ 这一数据是基于对生物体要害部位之一眼睛的致伤力的考量得出,③即根据该标准认定的枪支通常不具有致人伤亡的可能性。故该行政规范的规范保护目的在于保护枪支管理秩序,其对于非法持有该类枪支的行为人持惩戒态度,非法持有此类枪支的行为违反前置法,具有一般违法性。而《刑法》第128条第1款所规定的非法持有枪支罪,属于危害公共安全罪一章的罪名,其规

① 参见游成婧:《表见代理与诈骗罪的民刑并行分析》,载《法学杂志》2019年第5期。

② 上海市浦东新区人民法院刑事判决书,(2013)浦刑初字第1992号。

③ 参见《公安部专家详解枪支认定标准:违规和判刑是两码事》,载观察者,https://www.guancha.cn/society/2017_01_04_387620.shtml。

范保护目的在于保护公共安全,对于非法持有不足以危害公共安全枪支的行为人持容忍态度。故行政法与刑法对赵某华非法持有枪支的行为分别持惩戒和容忍的态度,二者的规范保护目的不一致,刑事违法性应独立于行政法,故在肯定其一般违法性的基础上,对其是否具有刑事违法性,应当进行独立判断。由于本案中的"枪支"通常并不具有致人伤亡的可能性,其不可能危及公共安全,不属于"非法持有枪支罪"中的枪支,不构成刑法上的非法持有枪支行为,故不构成犯罪。

2. 假药犯罪中"假药"的认定

在陆某销售假药案中,关于陆某销售的印度"格列卫"是否属于销售假药罪中的"假药",根据当时《刑法》第141条第2款的规定,生产、销售假药罪中的"假药"是指依照《药品管理法》的规定属于假药和按假药处理的药品、非药品。而陆某所销售的药品赫然属于《药品管理法》规定的"拟制型"假药,其行为违反了《药品管理法》,因而具有一般违法性。但根据《药品管理法》的规定,"拟制型"假药并不要求危害人体健康,故其规范保护目的在于保护药品管理秩序,其对销售不具有危害人体健康危险的假药的行为人持惩戒态度。而根据历史解释,销售假药罪的"假药"仍应坚持客观危险性,要求具有危害人体健康的危险,[①]故其规范保护目的在于保护危害人体健康药品的管理秩序,其对销售属于《药品管理法》规定的假药,但并不具有危害人体安全可能的"假药"的行为人持容忍态度。故《刑法修正案(十一)》删除了1997年《刑法》中假药、劣药参照《药品管理法》认定的规定,其目的在于对假药、劣药进行刑法上的独立判断。[②] 因此,行政法与刑法对于销售不具有危害人体安全的假药的行为分别持惩戒与容忍的态度,二者的规范保护目的不一致,刑法应独立判断。故陆某销售印度"格列卫"的行

---

① 参见孙万怀:《生产、销售假药行为刑事违法性之评估》,载《法学家》2017年第2期。

② 参见陈冉:《法秩序统一视野下危害药品安全犯罪的刑事责任重构》,载《中州学刊》2021年第4期。

为,虽具有一般违法性,但不具有刑事违法性,不属于销售假药罪中的销售假药行为,不构成犯罪。而在《关于对陆某妨害信用卡管理和销售假药案决定不起诉的释法说理书》中,虽提及“陆某的行为没有侵犯他人的生命权、健康权”,但并未否认其销售的印度“格列卫”属于假药,对陆某案检察院作出不起诉决定,只不过是法院在个案中的妥协。故提倡规范保护目的说对于处理类似案件具有积极意义。

五、结　　论

面对理论和实务中“法域冲突”的难题,我国应适用以规范保护目的说为判断标准的缓和的违法一元论,即刑事违法性的判断需要经过“一般违法性+规范保护目的”的双重判断:基于法秩序统一原理,对于民法、行政法等前置法认定为合法的行为,当然排除其一般违法性,承认其刑法上的合法性,以实现刑法的自由保障机能。对于民法、行政法等前置法认定为违法的行为,肯定其具有一般违法性,在此基础上以“规范保护目的说”为判断标准。当刑法与民法、行政法等前置法的规范保护目的一致,即对法律主体均持惩戒的态度时,刑法从属于前置法;当刑法与民法、行政法等前置法的规范保护目的不一致,即对法律主体,前置法持惩戒的态度,而刑法持保护或容忍的态度时,刑法独立于前置法。此外,司法人员在处理“民刑交叉”“行刑衔接”等法域冲突案件时,也须迅速转变观念,以“规范保护目的说”为标准的缓和的违法一元论为指导,妥善破解法域冲突难题,努力让人民群众在每一个案件中感受到公平正义。

Criteria for Judging Criminal Illegality under the Principle of Unity of Legal Order

—The Advocacy of “Normative Protection Purpose”

Zhao Tianhong & Shi Jieyang

[**内容摘要**]法域冲突难题的破解宜采用缓和的违法一元论。在

刑事违法性相对判断的标准上,"可罚的违法性说"不符合我国"定性加定量"的立法模式,且判断标准不明。而与"法益说"相比,"规范保护目的说"更宜作为具体判断标准。对于前置法认为合法的行为,排除其一般违法性,当然不具有刑事违法性。对于前置法认定为违法的行为,在肯定其一般违法性的基础上,根据"规范保护目的说":在刑法与前置法的规范保护目的一致时,刑事违法性从属于前置法;在刑法与前置法的规范保护目的不一致时,刑事违法性独立于前置法。

[**关键词**]法秩序统一原理;缓和的违法一元论;规范保护目的;刑事违法性

Abstract: The solution to the problem of jurisdictional conflict is to adopt a moderate monism of illegality. In terms of the criteria for judging criminal illegality, the "punishable illegality theory" is not in line with China's "qualitative plus quantitative" legislative model, and the judgment standard is also unclear. Compared with the "legal benefit theory", the "normative protection purpose theory" is more appropriate as a specific judgment standard. For the acts considered legal by the preceding law, the general illegality is excluded, and of course, there is no criminal illegality. For the acts that are considered illegal by the preceding law, on the basis of affirming their general illegality, according to the "normative protection purpose", criminal illegality is subordinate to the preceding law when the criminal law is consistent with the normative protection purpose of the preceding law; when the criminal law is inconsistent with the normative protection purpose of the preceding law, criminal illegality is independent of the preceding law.

Keywords: unity of legal order principle; moderate monism of the illegality; normative protection purpose; criminal illegality

未必故意
——评普珀的学说*

[德]京特·雅各布斯** 著 王志坤*** 译

目 次

一、"故意危险"

普珀(Puppe)多次对故意、特别是未必故意(又译"间接故意",dolus eventualis)发表观点。① 除了《诺莫斯刑法评注》第15条的相关

---

* 本文原文信息:Jakobs, Dolus eventualis-Bemerkungen zur Lehre von Puppe, ZfIStw 11/2022, S. 576 – 580(《国际刑法学杂志》2022年第11期)。本期杂志系为英格博格·普珀(Ingerborg Puppe)教授80岁祝寿所举办论坛的专号。

** 德国波恩大学教授。

*** 北京市人民检察院法律政策研究室主任。

① 普珀观点的全面总结,详见 *Puppe*, in Kindhäuser/Neumann/Paeffgen (Hrsg.), Nomos Kommentar, Strafgesetzbuch, Bd. 1, 5. Aufl. 2017, § 15 vor Rn. 1 und § 16 vor Rn. 1。

边码,[1]还有1991年发表的全面论证其立场的文章《未必故意的预期内容》,[2]以及《故意与归属》这本小书。[3] 特别值得强调的是,她在对最高法院判例的分析中,对意欲(voluntaristisch)的整体观察进行了批评,也谈到了何谓意欲,何谓整体观察。[4] 涉及我的部分,我也将针对她收录于《刑法和社会》论文集中的《故意》[5]一文(这篇文章的题目可以理解为"论雅各布斯的故意学说")展开评论。对于通过这些作品证立和细化的理论,她一直矢志不渝、持续阐明。[6]

跟人们对她的期待一样,普珀对于如何界分未必故意和过失,踏上了一条新路子:根据普珀的说法,任何被评价为故意地惹起的犯罪结果(Taterfolg),都必然立足于一个举止,该举止具有产生该结果的趋势。人们可以将该趋势理解为客观目的性。普珀指出,实施举止必须"是一个招致结果的富有意义的策略(Strategie)"。[7] "存在……这样一些危险,只有当理性行动者同意危险实现[可能指,同意结果的实现——雅各布斯注]时,才会接受这些危险。从其性质上说,这些危险即是故

① *Puppe*, in Kindhäuser/Neumann/Paeffgen (Hrsg.), Nomos Kommentar, Strafgesetzbuch, § 15 Rn. 14 – 99, auch § 16 Rn. 70 ff., 80.

② *Puppe*, ZStW 103 (1991), 1; 这里引用的是重印版本, *Puppe*, Strafrechtsdogmatische Analysen, 2006, S. 226. 与第一印象相反,该文并不是只讨论涉及未必故意的内容(以及除此以外都是可予放弃的): *Puppe*, Vorsatz und Zurechnung, 1992, S. 36 f。

③ *Puppe*, Vorsatz und Zurechnung.

④ *Puppe*, in Kindhäuser/Neumann/Paeffgen (Hrsg.), Nomos Kommentar, Strafgesetzbuch, § 15 Rn. 23 ff., 43; *Puppe*, Strafrecht, Allgemeiner Teil im Spiegel der Rechtsprechung, 4. Aufl. 2019, § 9 Rn. 1 ff.; *dies.* Strafrechtsdogmatische Analysen, S. 234 f.; dies., NStZ 2012, 409 (413 f.).

⑤ *Puppe*, in Kindhäuser/Kreß/Pawlik/Stuckenberg (Hrsg.), Strafrecht und Gesellschaft, Ein kritischer Kommentar zum Werk von Günther Jakobs, 2019, S. 403.

⑥ 如 *Puppe*, JR 2018, 323; 就所见范围内,最近的文章参见 *Puppe*, ZIS 2020, 584。

⑦ *Puppe*, Vorsatz und Zurechnung, S. 39; *dies.* Strafrechtsdogmatische Analysen, S. 239 ff.; *Puppe*, in Kindhäuser/Neumann/Paeffgen (Hrsg.), Nomos Kommentar, Strafgesetzbuch, § 15 Rn. 64 ff., 84 ff., § 16 Rn. 70.

意危险(Vorsatzgefahren)"[①],然而,"故意危险"这个概念被使用得如此频繁,并被摆在如此重要的位置,以至于可以被视为普珀学说的核心概念。整个论证的关键在于,未必故意指向的是已认知到的危险性质,而不是行动者对结果所持的评价性看法。根据普珀的说法,行动者必须"同意"结果的发生,也就是说,不是"对特定危险性质的认知"以外(zusätzlich)的心理事件,而是对处于此种认知之下行动的法律评价。换句话说:行动者在法律上同意了结果的发生。

二、"故意危险"的判断(Prognose)

界定故意危险时,与任何其他判断没有什么不同:判断者必须对世界相关部分的当前状态有一个(正确或不正确的)预期,此外,还必须能够(正确或不正确地)估算所考察的举止对该状态产生什么改变,还要有一个(有效或无效的)标准来对这个改变做出评判。这一切都可以归结为对两个问题的回答:谁来判断,谁来评判结果?普珀对第二个问题作出了明确回答:评判是一个法律问题,由法院负责,一直到法律审上诉法院(Revisionsgericht)*。[②]

但是,在关于"谁来判断"这个问题上,仍然存在一些难题。这些难题可能在双重视角下存在,用问题的形式可以表述为:第一,是否任何关于结果发生的判断都具有法律上的相关性?以及,第二,它是不是任何关于可能避免结果发生的预期?普珀对第二问题的处理非常干脆。无须考虑"非理性的应对方式"。"因此,这种解释……不因非理性的应对方式、排除和希望而无用武之地,也不因'行为人出于对结果无价值的漠不关心而根本不分析发生结果的可能性'而失去效力。"[③]普珀的论述罕

---

① *Puppe*, Strafrechtsdogmatische Analysen, S. 242.

* 负责法律审的法院,原则上不得审查事实认定。——译者注

② *Puppe*, Strafrechtsdogmatische Analysen, S. 257; *dies*, NStZ 2012, 409 (412 ff.); *dies*, in Kindhäuser/Neumann/Paeffgen (Hrsg.), Nomos Kommentar, Strafgesetzbuch, § 15 Rn. 72.

③ *Puppe*, Vorsatz und Zurechnung, S. 40.

有举例,让我们尝试以举例的方式具体阐释她的观点:尽管已经知道将出现灾难性的天气,仍然带着孩子乘帆船出海,如果行动者以自认为很有效的方法向海神乞求保佑,甚至以或许更有效的方式献祭了一头牛,也不能排除伤害孩子的故意危险(至少在当代是这样,在史诗中的奥德赛时代可能是另外一个样子)。

人们基本能够同意,或者不得不同意这种评价,因为在证立关于危险情形的认知时,当代各种学说在处理上没有什么不同,均将伤害他人的迷信行为——当然,考量各有不同——视为应不受刑事处罚:要么是通过提出“非理性的力图(又译‘未遂’,unverständigen Versuch)可免予刑事处罚”的方案,必然地适用而得出不可罚的结论,要么通过一个将迷信行为评价为不符合构成要件的理论,使之免予刑事处罚,①后者在我看来更为可取。不管怎么说,与阿明 · 考夫曼(Armin Kaufmann)②的观点相反,这些学说将迷信的力图要么视为实质上与刑法无关的(按照《德国刑法典》第 23 条第 3 款,绝对的不可罚),要么完全评价为形式的(不符合构成要件的)、实质上也处于刑法之外的。在这种情况下,以下反面推论也是令人信服的:行为人将非法律上的行为设想为符合构成要件的,至少不会使行为人入罪,反过来说,将原本就已经存在的入罪设想为取消构成要件符合性的,也不会使行为人出罪。

这个解决方案也可以转用于不现实的、即基于荒谬的因此是非社会的预期之上的力图,相反的臆想[将原本入罪的设想为不符合构成要件]则不得阻止入罪。③ 例如,有人想用警用手枪击落在数千米高空

---

① 关于研究状态的文献,*Hillenkamp*, in Laufhütte/Rissing-van Saan/Tiedemann (Hrsg.), Strafgesetzbuch, Leipziger Kommentar, Bd. 1, 12. Aufl. 2007, § 23 Rn. 89 f.; *Murmann*, in *Cirener/Radtke/Rissing-van*。*Saan/Rönnau/Schluckebier* (Hrsg.), Strafgesetzbuch, Leipziger Kommentar, Bd. 2, 13. Aufl. 2021, § 23 Rn. 59 f.

② *Arm. Kaufmann*, in Stratenwerth/Kaufmann/Geilen/Hirsch/Schreiber/Jakobs/Loos (Hrsg.), Festschrift für Hans Welzel zum 70. Geburtstag am 25. März 1974, S. 393 (403). [阿明 · 考夫曼认为,只有行为人在行为故意中赋予行为的意义,才决定了规范违反性判断的评价本质。即使迷信的力图也是不法。——译者注]

③ 更深入的分析,*Jakobs*, Kritik des Vorsatzbegriffs, 2020, S. 42 ff。

飞行的飞机,其设想是,气流既然能将飞机升空,也能带着子弹向上飞,这个行为人不构成犯罪的力图(未遂);另外一个人公然祈求神灵以及敲击圣钟想使飞机坠毁,同样也不构成犯罪的力图。现在反过来说,不管是谁,按照他所知道的,将非常致命的毒药(如氰化物)按照某种秘传的教义(认为毒药只能"百分百纯度"才能起作用)尽量稀释,然后拿给他人服用,他就具有了投毒杀人的故意;同样构成故意的是,另外一个行为人以同样的方式稀释了毒药,但为了确保不具有毒性多次使用了求来的圣水。二者都不是法律上要考虑的设想。当普珀指出,在查明故意危险时,不能依据某个祈祷或好运的希望或者不现实地高估自己的控场能力,或者依据类似非社会的设想,而排除故意危险——在结论上,她是完全正确的。

上述解决方案也可以用其他的方式论证。每一个力图——在迷信的或其他荒谬的行动中无法回避构成"既遂"——都要求,行为人按照自己对构成要件实现的设想而着手犯罪(《德国刑法典》第22条),然而,"着手"必须是一个能够查明的至少针对他人的行为。否则就缺乏一个探求行为人的内在面(Interna)也即其设想的正当理由。[①] 只有内在的、没有可查明的作为社会扰乱的表达,也就是说,没有对他人组织范围的侵入锚定(Ausrichtung),那么,在行为刑法中就构不成探究的合法理由。尽管对于荒谬的或迷信的行为,或许可以查明按照行动者的意志(Will)侵入锚定应当发生,然而却失败了,那么,所实施的行为虽然是侵害行为(Unfug),但绝对是具有社会相当性(sozialadäquater)的侵害行为,也就是说,仅仅是一个尝试获得社会扰乱性状态的力图(力图的力图)。[②]

如果以行为人举止的沟通面向为准则,那么,对于认识错误的情形,就可以得到最清晰的解释。比如,在杀人犯罪中,举止必须表达出

① *Jakobs*, in Safferling/Kett-Straub/Jäger/Kudlich (Hrsg.), Festschrift für Franz Streng zum 70. Geburtstag, 2017, S. 37.

② *Jakobs*, in Safferling/Kett-Straub/Jäger/Kudlich (Hrsg.), Festschrift für Franz Streng zum 70. Geburtstag, S. 45.

“杀人”的意义。如果行为人将其实现不了的行为着手,设想为一个在社会当中可能导致危险的力图,即认为他的举止是“杀人”,那么,他就把一个构成要件上不能涵盖的举止作为了能够涵盖的,这就是妄想犯的例子。反过来说,如果行为人认为,他关于构成要件实现能够避免的设想是社会所认可的,即按照一般判断是通行的、足以防止结果发生的预防之举,那么,他就为构成要件添加了构成要件所没有的消极要素(类似于正当化事由)。也就是说,行为人认为,分配给他人免受扰乱的固有组织范围,要比依据现行法的范围要小得多[误认为他人的自由行为空间比法定的空间变小了]。与近乎一致的区分构成要件无知与对禁止的无知(构成要件错误与违法性错误)的观点相反,这是一个构成要件错误[而不是违法性的错误];因为在侵害他人的犯罪中,故意实施构成要件,必须弄清楚他人的人格状况,尽管人格状况的范围各不相同。①

三、“故意危险”的认知要素

一个问题随之浮现,普珀在她 1991 年关于预期内容的早期论文中已经提出这个问题:如果将故意的意欲要素予以规范化和一般化,又把认知要素作为单个行为人的心理事实去探寻,是否在逻辑上不一致?②她深入思考了将构成要件实现的认知与《德国刑法典》第 17 条关于违法性认识的法律规定的等同,③但接下来指出,心理的理解的认知要

① 更深入的分析,*Jakobs*, Kritik des Vorsatzbegriffs, S. 21 ff., 26 ff.。[根据《德国刑法典》第 16 条,构成要件错误阻却故意,如果错误认为构成要件事实是较轻犯罪的事实,则按故意实施的较轻犯罪处罚。雅各布斯认为,不必区分构成要件错误与违法性错误。——译者注]

② *Puppe*, Strafrechtsdogmatische Analysen, S. 259.

③ *Puppe*, Strafrechtsdogmatische Analysen, S. 259 f.[普珀指出,或许可以考虑将构成要件错误按《德国刑法典》第 17 条关于禁止错误的规定处理,据此,起决定性作用的不再是行为人是否知道故意危险,而是他原本应否知道故意危险。这个结论不但对错误论而且对整个刑法总论将产生深远影响:区分预备与力图、正犯与帮助、所谓主观化的正当化要素,将不再系于行为人知道了什么,而是按照其社会角色应当知道什么。——译者注]

素是足够清楚的，因此在实践上可行、也可以“可靠地重构”，此外，“不太容易受到投射(Projektionen)与操控的影响。把[……]故意的认知要素也予以规范化，可能过于偏离了双向评判的一般标准”。[①] 读者，至少是作为读者的我来说，会感到困惑：按照普珀的说法，像前面已经讨论过的，如果“非理性的应对方式、排除或希望”以及“针对结果不法的漠不关心”不应排除故意，[②]那么，认知面向的规范化早就已经实现了；因为，认知面向与意欲面向不能像——至少在理论上——黑与白一样彻底分离，不如说，常常混合在灰色之中：如果不是认知，究竟什么才是被非理性地应对或排除的呢？答案显而易见：跟在迷信的或不现实的力图中，涉及处于法律之外的、因此在法律上无关紧要的认知一样，“非理性地应对”的对象也是一个认知，如同对对象的任何处理一样，对象也将因此而被改变。例如，某人高估了自己的能力，确信能够维修一只非常复杂的钟表或者管理一个核电站，从而开始行动，很快损坏了钟表机芯的重要部件或者没能阻止放射性物质的泄漏，在他个人看来，他的行为根本没有导致任何构成要件结果。但是他本来应站在其人格化理解的视角，这是对其个人化视角的规范修正。[③] 所以，就像普珀所说，任何不想对高估自我时的狂热考虑出罪的人，就不能再将认知作为心理事实，也就是说，他必须得承认，即使没有这样一个(作为事实存在的)认知，故意也能够存在。*

请允许我穿插一段论述：部分考虑或不考虑行动者的心理状况产

① *Puppe*, Strafrechtsdogmatische Analysen, S. 260. 后面这一句是一个尴尬的论证(Verlegenheitsargument)吗？

② *Puppe*, Vorsatz und Zurechnung, S. 40.

③ 对此，*Jakobs*, RphZ 2017, 341 (349 ff.); *ders.* Kritik des Vorsatzbegriffs, S. 15 ff., 29 ff.

* 指故意的判断无须考虑作为心理的事实，仅作规范的判断即可。——译者注

生的困难,在将人格体真正作为人格体而认真对待时,就会消失:[①]那么,故意就是对那些行动着的人格体之判断的认知,这些人格体也塑造了社会的规范结构。也许比普珀的方法更窄,在这里,影响个人行动的非理性不是直接不予考虑,而是替之以关于一般判断的认知(或者关于这种判断的知悉)。所以,故意就是对自己举止一般评判的知悉(Bekanntschaft),那么,这里的"知悉"指的不一定是当前的实际认知,只要随时有可能获得认知就够了。[②]

四、故意危险的内容

现在简要分析故意危险的内容,即"招致结果的富有意义的策略"。[③] 在分析这个公式时,首先要强调,按照该公式并非任何知道的不容许风险都要以故意犯罪处罚,至少就这一点来说,它是正确的。简言之,在道路交通中,有意地稍稍超过了允许的最高时速,不是故意杀人的力图,支持这个结论的还有以下理由:在一些生活领域,没有人能避开面临的所有不容许风险,因此,在这些领域行动的人不得不"习惯于"这些风险,即必须假定会获得好的结果——比如,前面已经提到的道路交通。如果在类似情境下行动的人偏离规范的程度很小,即使他

---

① *Hegel*, Grundlinien der Philosophie des Rechts, 1820/1821, zitiert nach Hauptwerke, Bd. 5, 2015, § 119; *Jakobs*, RphZ 2017, 341 (349 ff.). 一定程度上,黑格尔做了极端化的处理,导致在他那儿没有过失的位置, siehe *Jakobs*, Kritik des Vorsatzbegriffs, S. 20。由他的学生们很快做出的补充,即考虑了"疏忽",是否发展或者篡改了黑格尔的理论,尚未有定论:黑格尔可能并没有将疏忽作为"对法之为法的侵害"。(Grundlinien der Philosophie des Rechts, § 97),即认为它是可归属的但不构成犯罪。Dazu *Seelmann*, Anerkennungsverlust und Selbstsubsumtion, Hegels Straftheorien, 1995, S. 11 (13 ff.).

② *Jakobs*, Kritik des Vorsatzbegriffs, S. 45; 关于知悉, S. 29 ff。

③ *Puppe*, Vorsatz und Zurechnung, S. 39; *dies.* Strafrechtsdogmatische Analysen, S. 239 ff.; *Puppe*, in Kindhäuser/Neumann/Paeffgen (Hrsg.), Nomos Kommentar, Strafgesetzbuch, § 15 Rn. 64 ff., 84 ff., §16 Rn. 70.

有意偏离规范,也不能从事件中得出将要发生侵害性犯罪结果的结论。① 因此,认识到自己在某种程度上以不容许的方式行动并不足以构成故意。此外,人们可能在这一点上同意普珀的看法,即在刚刚提到的每个人都必须忍受风险的领域,只有在极端情况下才能引发以损害意图(Absicht)惹起的危险。这可能是在该领域质疑行为人就"结果可能发生"能否作出"有效判断"②的一个理由。

然而,普珀反转了这个分析视角:她没有追问"什么时候希望好运从社会上说是值得褒奖的、甚至必须被褒奖"(因为否则的话,像道路交通这样一些需要人们互动的领域,将走上"终结"),而是将目光投向于结果发生的危险,并想确定危险的性质,即实现构成要件的"富有意

① *Jakobs*, in Frisch/Schmid (Hrsg.), Festschrift für Hans-Jürgen Bruns zum 70. Geburtstag, 1978, S. 31. 对于这种强调最小危险的观点,普珀给予了严厉的批判,认为仅仅给出几个例字还算不上论证(*Puppe*, in Kindhäuser/Kreß/Pawlik/Stuckenberg (Hrsg.), Strafrecht und Gesellschaft, Ein kritischer Kommentar zum Werk von Günther Jakobs, S. 406);因为普珀的文章只处理了一个案例组即现代道路交通,所以,她严重低估了实际情况。在讨论中已经多次提到,按照这里的解释,仅仅因为是结果犯而施以刑罚是不合适的。不合适也是因为,"结果犯"这个术语只指称这样的犯罪行为:从概念上说,它处罚对于包含客观处罚条件的(社会生活中不可或缺的)规范的不服从,作为该客观处罚条件的结果是由不服从举止所惹起的(对于此类客观处罚条件,*Jakobs*, Strafrecht, Allgemeiner Teil, 2. Aufl. 1991, 10. Abschn. Rn. 1 ff.)。

② *Jakobs*, Strafrecht, Allgemeiner Teil, 8. Abschn. Rn. 23. [雅各布斯指出,所谓有效的判断指行为人认识到构成要件实现并非不可能,该认识不能是纯粹想到成果可能发生,不是臆想的或过度惧怕惹起结果(无须过度深思熟虑),而应依据有效的经验,并据此产生避免结果的动机。——译者注]普珀表示反对,*Puppe*, in Kindhäuser/Kreß/Pawlik/Stuckenberg (Hrsg.), Strafrecht und Gesellschaft, Ein kritischer Kommentar zum Werk von Günther Jakobs, S. 404。不仅具有主观偶然性的个人身上缺乏"有效的判断",忠诚于法而建构的人格体身上也缺乏"有效的判断"。因为,每一个规范期待只能在既有认知支撑下才能适宜作为行为指引(*Jakobs*, in Dencker/Galke/Voßkuhle [Hrsg.], Festschrift für Klaus Tolksdorf, 2014, S. 281),也只有在这个时候,才存在一个——反过来说——避免结果的义务(不仅仅是单纯的服从),也即只有当社会实践视之为危险的义务违反时,才有其指引效力。

义的策略”。[①]

当然,只有在有意图地实施涉及主要后果的行为方面,才存在“策略”的选择问题。例如,某人寻求一种策略,以毒死他那吝啬的可继承其财产的叔叔,但也要找到一条同时避免致使其慷慨的婶婶死亡这一个附属后果的路径。[②] 此外还要补充说明的是,行为人不是仅仅在举止与结果的联系中谋求主要行为后果,不如说其行为是为了通过惹起后果而获得多样化的其他(也在构成要件之外的)目标。在上面所举的例子中,就被害人的死亡、而不是其他的(!)来说,下一次找机会射杀被害人,或许是一个更好的策略,然而这样一来,必要的不为人知以及其他一些目标将无法保障了。

即使附属后果被假定为主要后果,仍然要查明行为人在实施举止时认真权衡所处的背景(Kontext),毕竟策略不是法律规则,而是体现行为人审慎抉择的构造。接下来唯一要做的是,追问在某种情形下的某个行为人是否为达成其目的而甘冒相关的风险,无论这样的情形多么罕见。当然,这个问题的答案总是肯定的,因为当没有其他办法时,人们总会抓住最后的稻草。换句话说,一般来说,合适的东西因为其合适而成为一种策略。然而,任何行动都需要一定的付出,付出必须“有回报”。但是涉及日常生活中通常应予忍受的风险时,付出却划不来了,因为这些风险习以为常,已经与刻板的评估(在这里以一种口语化的表述)绑定在一起:不会有什么结果![③]

---

① *Puppe*, Vorsatz und Zurechnung, S. 39; *dies.* Strafrechtsdogmatische Analysen, S. 239 ff.; *Puppe*, in Kindhäuser/Neumann/Paeffgen (Hrsg.), Nomos Kommentar, Strafgesetzbuch, § 15 Rn. 64 ff., 84 ff., § 16 Rn. 70.

② 人们可以反驳说这只是一个表述问题:当然可以形成一个保持其婶婶生命的策略。然而,这样一个低效或只有中等程度效果的策略,对于其未能涵盖的范围也不能否定故意。不足以惹起结果的,反过说也一样,也不足以避免结果。

③ 参见上述第四部分第一段道路交通的例子。[本段指,无论主要后果还是附属后果,都要被囊括在行动时的背景考量之中,重要的是判断行为人实施行为的策略是否与一般认可的行为方案一致。如果属于日常风险,无须投入特别的成本,不值得为此寻找行动策略。——译者注]

实质上,普珀关注的可能是将较小的不容许风险从故意当中排除出去。当然,普珀也提到了一定分量的危险,于她而言也应该这么做。[①]例如,她不认为 2% 的感染艾滋病的风险是一种故意危险。[②] 但是,可以想象一下,在一盒 50 粒的小片剂中,有一片药含有剧烈损害性物质,药剂师递给某病人一片随意挑的药,不至少是伤害的力图吗?或者说,行为人将某个成年人扔进水池里,普珀断言,这至少不是溺死被害人的力图,因为如今几乎每个成年人都会游泳[所以被扔进水里不至于溺水而亡]。[③] 然而,在这两种情况下,人们也许可以做出其他的判断,因为每个危险的程度都远远超过了日常可容忍的限度。

比普珀意义上的故意危险还要低的那些危险,只要这些危险可以被认知到,都应当被归入"有认识的过失"[类似于过于自信的过失]。然而,和有认识的过失的整个法律概念一样,只要我们将对[有认识的过失]行为人的谴责与对故意行为人的谴责等同起来,那么,这种"将低一点危险纳入有认识的过失"的做点就没有说服力。[④] 当行为人非常清楚地(hat sehenden Auges),也就是说,不是命运使然、不小心地塑造了对他人不利的社会生活,就必须将之视为他已经知悉的作品而承担责任,即使在力图阶段(只要着手了、即使没有既遂)也应当这么处

---

① *Puppe*, Strafrechtsdogmatische Analysen, S. 242; *Puppe*, in Kindhäuser/Neumann/Paeffgen (Hrsg.), Nomos Kommentar, Strafgesetzbuch, § 15 Rn. 66, 71. [可能性理论]。持批评意见的, *Roxin/Greco*, Strafrecht, Allgemeiner Teil, Bd. 1, 5. Aufl. 2020, § 12 Rn. 49, 51。

② *Puppe*, Vorsatz und Zurechnung, S. 45.

③ *Puppe*, Vorsatz und Zurechnung, S. 48. Siehe auch *Puppe*, in Kindhäuser/Neumann/Paeffgen (Hrsg.), Nomos Kommentar, Strafgesetzbuch, § 15 Rn. 76: 切开汽车的制动软管不应当认为创设了故意危险!

④ 这里暂不讨论间接故意的问题;关于这个问题,参见 *Puppe*, Strafrechtsdogmatische Analysen, S. 246ff.; *dies*, in Kindhäuser/Kreß/Pawlik/Stuckenberg (Hrsg.), Strafrecht und Gesellschaft, Ein kritischer Kommentar zum Werk von Günther Jakobs, S. 410 ff。值得注意的是 S. 414: 不得因"少数情形"而牺牲习惯做法[dazu *Puppe*, Strafrechtsdogmatische Analysen, S. 260.]; *Jakobs*, RW 2010, 283 (304 ff., 306 ff.); *ders.* Kritik des Vorsatzbegriffs, S. 29 ff.

理[应当视为故意]。

五、意图和未必故意

最后,应当补充论述意图和未必故意之间的关系。意图作为认知和意欲,被广泛视为故意的一种没有争议的形式[第一级的直接故意];在第二级的直接故意中,与意欲的结合被认为要借由意图来传递;在未必故意中则出现了类似于意欲的怪胎,对此,普珀做了令人信服的批判。听起来好像是,构成要件实现造成的社会扰乱主要取决于行为人"想要什么达到什么目的",然而恰恰相反,应该审查他到底对哪部分的世界塑造而负责(zuständig),换言之,到底什么应当视为他的作品,而不是他人的作品,对此,解释成巧合是没有用的。

一般来说,任何在社会重要领域行动的人都处于一个复合体(Komplex)、一个网络之中,在其中,没有哪一部分被改变了却不对其他部分产生影响。相互联系的事物也只能一起被改变。黑格尔[①]谈到"逻辑的本性",它在"分裂"中被"主观反思"所毁坏。就像业务接管(Geschäftsübernahme)一样[②]:从概念上说,接管包括了对资产和负债的接管,二者之间的区分也许就是非概念意义上的"主观反思",然而这种区分却不再是业务接管了。

如果抛弃这种"主观反思",行动者只能整体地想要和追求那个相互联系的复合体。对于行为人来说,复合体中的什么是他所喜爱与满意的以及什么不是,与人格体行动这个概念无关*:所以,如今使用"意欲"和"意图"这样的概念也看起来很荒谬,附属后果并不比主要后果更少地被追求和想要得到。意图并不比未必故意有更多的故意、更是故意,因为,一个人格体要么想要一个不可分割的复合体,要么不是作为人格体而行动。

① *Hegel*, Grundlinien der Philosophie des Rechts, § 119 A.

② So schon *Jakobs* RW 2010, 283.

* 指个人的喜好并不在人格体这个概念的考虑之内。——译者注

因此,当联邦普通法院(BGH)最近做出裁判称,[①]意图作为"行为人动机和目标"的表现形式(《德国刑法典》第46条第2款第1项),是一个可能加重处罚的理由,[②]也许这个说法是荒诞无稽的。在行为人对社会的规范结构所表达的态度方面,意图和未必故意是一样的;换言之,因为不是任何故意(直接的或间接的)都是类似于意图的东西,所以,意图必须降格为每一个故意所固有的要素。* 另外一个问题是,在塑造犯罪行为要素之外,意图作为行为人态度的符号,是否以及何时能够对量刑产生影响,[③]还要补充的是,意图与量刑的联系应当采取合法的方式。

On Dolus Eventualis

—Comment on Puppe's Theory

Written by Günther Jakobs, translated by Wang Zhikun

[内容摘要]针对德国波恩大学教授英格博格·普珀提出的故意危险学说,作为其同事的京特·雅各布斯教授同意判断是否存在故意危险,并不取决于行为人没有根据地祈求好的结果或高估自己的能力,或者某个无法得到社会认可的看法,也就是说,并不取决于行为人自己怎么看,而是应立足于沟通的面向,按照社会所认可的准则判断行为是否会招致危险的发生。如果行为人对于构成要件结果的发生做出了错误的判断,则仍然要回到其(客观的)认识的可能性上,来审视这个错误是否足以阻却故意。雅各布斯教授不同意将行为人心理的认知要素

① BGHSt 63, 54.

② BGHSt 63, 54 (58),重复了按照《法院组织法》第132条第3款做出询问裁定的说明。

* 有的故意形式与意图联系不显著,但故意的不同形式都离不了意图,所以意图成了所有故意形式的一个公约数。——译者注

③ 普珀也许也这样认为。*Puppe*, Vorsatz und Zurechnung, S. 43, S. 74 f.; *Puppe*, in Kindhäuser/Neumann/Paeffgen (Hrsg.), Nomos Kommentar, Strafgesetzbuch, § 15 Rn. 80 f., 106 ff.

纳入故意的判断之中,坚持认为只要采取规范化的判断方法,就必须根据行动者的人格体的社会意义来判断,并摒弃行为人那些非理性的因素;基于社会的规范判断,社会日常所允许或必须忍受的风险就排除了故意的归属。

[**关键词**]未必故意;间接故意;故意危险;意图

Abstract: In response to intentional danger theory (Vorsatzgefahr) proposed by Professor Ingeborg Puppe of the University of Bonn, Germany, his colleague Professor Günther Jacobs agrees that the determination of intentional danger does not depend on the actor's unfounded attempts to achieve a good result or overestimation of his own abilities, or on a certain view that is not socially acceptable, i.e. it does not depend on the actor's own view, but rather on the communicative orientation of the judgment of whether or not the behavior would entail danger according to socially acceptable norms. It is not up to the perpetrator to decide whether or not the act causes danger, but in accordance with socially accepted norms. If the actor makes an error in judgment about the occurrence of the crime-constitutive result, it is still necessary to go back to his (objective) perception of probability to examine whether this error is sufficient to thwart criminal intent. Professor Jakobs disagrees with the inclusion of the psychological elements of the actors in the judgment of criminal intent, instead insisting that, as long as a normative approach to judgment is taken, it must be judged in light of the social significance of the acting person and reject those elements of the actor's irrationality; based on the normative judgments of the society, the risks that the society permits or has to tolerate on a day-to-day basis precludes the attribution of criminal intent.

Keywords: dolus eventualis; indirect intent; intentional danger (Vorsatzgefahr); intention

〔国际刑法〕

中国刑法的域外适用：现状、问题与完善*

陈南睿**

目　　次

在国家主权原则的影响下，一国刑法因其属地特性，一般不具有域外效力。然而在全球化背景下，这一原则不断被突破，严格的法律属地主义已无法限制国内刑法向域外扩张的趋势。一方面，"荷花号"案①所确立的"国际法不禁止即为允许"的原则（又称"荷花号原则"）为一国国内法的域外适用提供了依据，"国家利益优先"理念的流行则推动各国不断扩张本国法域外适用范围，个别国家也借此对域外主体滥施"长臂管辖"（long-arm jurisdiction）与单边制裁。另一方面，随着海上旅行、大

* 本文系 2024 年度教育部哲学社会科学研究重大专项项目"习近平外交思想与自主性涉外法治规则体系建设"（2024JZDZ013）的阶段性成果。

** 外交学院国际法系讲师，法学博士。

① S. S. Lotus (France v. Turkey), 1927 P. C. I. J. (ser. A) No. 10 (Sept. 7), p. 19.

规模人口流动、跨国公司的设立以及通信技术的进步,跨国犯罪活动成为一种普遍现象,域外不法侵害屡有发生。为保障本国主权、安全利益及公民、实体海外合法权益,强化本国刑法域外适用渐成国际趋势。

党的二十大报告明确指出,要"统筹推进国内法治和涉外法治"。这一重要论述既是推进全面依法治国的现实要求,[①]也为加强涉外法治工作和涉外法治体系建设提供了根本遵循。加快推进我国法域外适用的法律体系建设作为落实"统筹推进国内法治和涉外法治"目标的重要内容之一,是提升"运用法治手段开展国际斗争"能力的有效途径,也为我国涉外执法、司法活动提供法律依据。当前,为应对个别国家将"长臂管辖"拓展至刑事领域以及域外不法侵害等挑战,维护国家主权、安全、发展利益以及我国公民、其他实体在海外的合法权益,我国亟须检视刑法域外适用的现状及存在的问题,从立法、司法、执法三个维度构建中国刑法域外适用法律体系。

一、我国刑法域外适用的规则与实践

从管辖权角度进行分类,现阶段我国刑法域外适用主要存在四种模式:属地管辖、属人管辖、保护管辖与普遍管辖。我国现行《刑法》在第 6 条至第 9 条较为集中且相对全面地设置了域外适用规则,采用以属地管辖为基础,属人管辖、保护管辖与普遍管辖并存的模式,并对各项管辖标准施加了一定的适用要求,如量刑起点、双重犯罪原则。实践中也存在多重管辖竞合的情形,包括一国重叠适用管辖标准以及中外刑事管辖积极冲突。重叠适用管辖标准一般不会引起争议,而对于中外刑事管辖积极冲突,则依据《刑法》第 10 条[②]处理。除《刑法》外,我

---

① 参见肖永平:《深刻领会党的二十大精神勇担国际法学人的历史使命》,载《武大国际法评论》2023 年第 1 期。

② 《刑法》第 10 条规定,凡在中华人民共和国领域外犯罪,依照本法应当负刑事责任的,虽然经过外国审判,仍然可以依照本法追究,但是在外国已经受过刑罚处罚的,可以免除或者减轻处罚。

国部分法律、司法文件以及对外缔结的条约、协定亦明确可对特定领域构成犯罪的行为进行域外管辖。我国刑法域外适用的具体实践也基于上述规则展开。易言之,我国一般基于领土、国籍、域外行为之影响以及国际社会整体利益等多项因素行使域外刑事管辖权。

(一)属地管辖

《刑法》第6条明确,在无特别规定的情况下,本法适用于行为或结果发生在我国领域(包括我国船舶或者航空器)内的犯罪,无论行为人国籍。[①] 该条以"领土"(territory)为标准划定刑法适用范围,既包括物理意义上的"领陆、领水和领空",也包括船舶与航空器之类的"拟制"领土。

就实践而言,我国法院在适用《刑法》第6条时,需要证明其行使管辖权的合法性以回应外籍被告人的管辖权异议,即涉案犯罪行为或结果发生在我国"领域"内。在陈秀珍等组织他人偷越国境、运送他人偷越国境案[②]中,上海市第一中级人民法院与上海市高级人民法院均明确我国法院对境外运送他人偷越我国国(边)境的外籍人员具有刑事管辖权。对于印尼籍被告人陈秀珍提出的"因犯罪行为均发生在中国境外且《刑法》规定所犯之罪法定最高刑为2年有期徒刑,符合《刑法》第8条可不予追究之情形"的管辖权异议,法院认为,对于外籍被告人陈秀珍在境外组织并指使被告人邵宏霖(帮工)运送偷渡人员偷越我国国(边)境的行为,陈秀珍的策划、指挥行为构成组织他人偷越国(边)境罪,邵宏霖的运送行为构成运送他人偷越国(边)境罪,二者构成共同犯罪。按照共同犯罪理论,邵宏霖的犯罪行为地也是陈秀珍

---

① 《刑法》第6条规定,凡在中华人民共和国领域内犯罪的,除法律有特别规定的以外,都适用本法。凡在中华人民共和国船舶或者航空器内犯罪的,也适用本法。犯罪的行为或者结果有一项发生在中华人民共和国领域内的,就认为是在中华人民共和国领域内犯罪。

② 上海市第一中级人民法院刑事判决书,(2010)沪一中刑初字第215号;上海市高级人民法院刑事裁定书,(2010)沪高刑终字第186号。

的犯罪行为地。鉴于邵宏霖系在我国境内被抓获,则邵宏霖和陈秀珍的犯罪行为地均在我国境内。根据《刑法》第6条第1款与第3款,我国法院对二人均具有刑事管辖权。[①]

在易·卢卡斯信用卡诈骗案[②]中,我国法院对恶意透支型信用卡诈骗犯罪人罪地的确定予以明确。本案外籍被告人易·卢卡斯在明知其信用卡已停用的情况下,以非法占有为目的,在我国境外采用持卡签单的方式透支消费,金额远超该信用卡的透支限额。其再次进入中国后,经发卡银行两次催收超过3个月仍不归还。一审法院认定被告之行为已构成信用卡诈骗罪,依法判处有期徒刑5年,并处罚金人民币50,000元,驱逐出境。被告基于"犯罪行为发生地及被告人取得财产的犯罪结果地均在法国,中国法院不能依据《刑法》第6条行使管辖权"提起上诉,二审法院认为,我国法律规定以恶意透支方式实施信用卡诈骗犯罪包括"持卡人以非法占有为目的,超过规定限额或者规定期限透支"和"经发卡银行催收后超过3个月仍不归还"两个行为阶段的内容,任一阶段的行为发生在中国领域,中国便属于犯罪行为地,中国法院可依据《刑法》第6条行使管辖权。另外,发卡银行所在地作为信用卡诈骗犯罪中被害人(单位)财产遭受损失地,应被认定为犯罪结果发生地。[③]

(二)属人管辖

《刑法》第7条明确,我国公民在我国领域外之行为触犯《刑法》规定之罪的,无论依据当地法律是否构成犯罪,也无论其所犯罪行侵犯的是何国或者何国公民的利益,《刑法》原则上均可适用,但《刑法》规定

---

① 参见周欣、张金玉:《我国法院对境外运送他人偷越我国国(边)境的外籍人员具有刑事管辖权》,载《人民司法》2012年第6期。

② 天津市第二中级人民法院刑事判决书,(2012)二中刑初字第10号;天津市高级人民法院刑事裁定书,(2012)津高刑二终字第17号。

③ 参见于耀辉:《恶意透支型信用卡诈骗犯罪人罪地之确定》,载《人民司法》2014年第8期。

该公民所犯之罪法定最高刑为3年以下有期徒刑的,可不予追究。我国国家工作人员和军人在境外犯罪的,《刑法》可直接适用且不存在免予追责的例外情形。① 易言之,第7条以自然人的“中国国籍或特定身份”作为刑法域外适用的连结点,同时规定了我国法院可以放弃管辖的情形。在黄振兴等绑架案②、赵诣等开设赌场案③及黄佩嫦盗窃、偷越国(边)境案④等涉及诸多犯罪类型的案件中,我国法院均依据《刑法》第7条对我国公民的境外犯罪行使刑事管辖权。

(三)保护管辖

《刑法》第8条明确,我国法院可对外国自然人在我国领域外侵害我国国家利益或公民权益的刑事案件进行域外管辖,但具体罪行需满足依《刑法》处3年以上有期徒刑且根据犯罪地法律应接受处罚的双重条件,即符合“双重犯罪”原则。⑤

除《刑法》外,我国《国家安全法》《反间谍法》《网络安全法》《反电信网络诈骗法》《反恐怖主义法》《海洋环境保护法》《个人信息保护法》《出口管制法》等均规定了保护管辖条款。⑥ 但与《刑法》第8条不

---

① 《刑法》第7条规定,中华人民共和国公民在中华人民共和国领域外犯本法规定之罪的,适用本法,但是按本法规定的最高刑为3年以下有期徒刑的,可以不予追究。中华人民共和国国家工作人员和军人在中华人民共和国领域外犯本法规定之罪的,适用本法。

② 江苏省南通市中级人民法院刑事判决书,(2013)通中刑初字第0027号;江苏省高级人民法院刑事裁定书,(2014)苏刑三终字第0017号。

③ 广西壮族自治区北海市海城区人民法院刑事判决书,(2021)桂0502刑初344号。

④ 云南省勐海县人民法院刑事判决书,(2019)云2822刑初270号。

⑤ 《刑法》第8条规定,外国人在中华人民共和国领域外对中华人民共和国国家或者公民犯罪,而按本法规定的最低刑为3年以上有期徒刑的,可以适用本法,但是按照犯罪地的法律不受处罚的除外。

⑥ 参见《国家安全法》第13条、《反间谍法》第10条、《网络安全法》第75条、《反电信网络诈骗法》第3条、《反恐怖主义法》第2条与第11条、《海洋环境保护法》第2条、《个人信息保护法》第2条与第3条以及《出口管制法》第44条。

同,前述单行立法均明确我国法院可基于保护管辖权追究境外外国实体[①]和个人的刑事责任,部分单行立法还将侵害我国实体合法权益的犯罪行为纳入管辖范围。[②] 上述具体领域的刑法域外适用规则在一定程度上也反映出保护管辖在立法上的发展趋势。

在湄公河案[③]中,我国法院便对以糯康为首的犯罪团伙在境外针对中国公民实施的犯罪行为行使保护管辖权。

(四)普遍管辖

普遍管辖是对一国属地管辖、属人管辖及保护管辖的补充,是每个主权国家对国际犯罪所拥有的刑事管辖权,即不论犯罪是否发生在本国领域内,犯罪人是否为本国公民,也不论是否侵害本国或公民的利益,各国均有权运用本国刑法行使的管辖权。[④] 行使普遍管辖权的依据一般分为三类:国内法、习惯国际法和国际条约。根据《刑法》第 9 条,我国应基于国际条约义务行使普遍管辖权。[⑤]

广东省汕头市人民检察院诉阿丹・奈姆等 10 位印度尼西亚籍公民案[⑥]是一起我国基于 1991 年批准加入的《制止危及海上航行安全非法行为公约》项下义务而对跨国犯罪行使普遍管辖权的典型案件。值得注意的是,本案中阿丹・奈姆等人劫持油轮的行为构成"危害海上航行安全罪",但因我国在加入该公约后并未将该罪在国内法上予以转化,司法机关便以"抢劫罪"对被告提起公诉并作出判决。

---

① 我国在相关立法中将"实体"主要表述为机构、组织或单位等。

② 参见《反恐怖主义法》第 11 条和《反电信网络诈骗法》第 1 ~ 3 条。

③ 云南省昆明市中级人民法院刑事附带民事判决书,(2012)昆刑一初字第 162 号;云南省高级人民法院刑事附带民事裁定书,(2012)云高刑终字第 1765 号。

④ 高铭暄、王秀梅:《普遍管辖权的特征及本土化思考》,载《法制与社会发展》2001 年第 6 期。

⑤ 《刑法》第 9 条规定,对于中华人民共和国缔结或者参加的国际条约所规定的罪行,中华人民共和国在所承担条约义务的范围内行使刑事管辖权的,适用本法。

⑥ 广东省汕头市中级人民法院刑事判决书,(2000)汕中法刑一初字第 22 号。

除上述实体规则外,我国还出台了一系列保障刑法域外适用实体规则实施的程序规则。我国 2018 年《刑事诉讼法》第 17 条规定:应依据本法追究外国人刑事责任,但应通过外交途径追究享有外交特权和豁免权的外国人的刑事责任。第 291 ~ 297 条规定了位于境外的犯罪嫌疑人及被告的缺席审判程序规则。2021 年《关于适用〈中华人民共和国刑事诉讼法〉的解释》(以下简称《刑诉法解释》)第 475 ~ 490 条则规定了审理涉外刑事案件的程序规则。

在刑法域外适用的过程中,往往会涉及跨境取证、引渡、移管、扣押或冻结涉案财物等司法协助事项。为加强刑事司法领域的国际合作,有效惩治犯罪,保护个人和组织的合法权益,维护国家利益和社会秩序,全国人大常委会于 2018 年颁布并实施了《国际刑事司法协助法》,《刑诉法解释》第 491 ~ 496 条则规定了刑事司法协助程序规则以配合《国际刑事司法协助法》实施。另外,截至 2020 年,我国已经与 81 个国家缔结引渡条约、司法协助条约、资产返还与分享协定等共 169 项,与 56 个国家和地区签署金融情报交换合作协议。① 我国在跨境引渡、追赃等司法协助事项上也存在一定数量的实践,且为正确理解和适用《国际刑事司法协助法》,进一步加强国际刑事司法协助专业化建设,最高人民检察院于 2020 年 11 月 15 日筛选并公布近年来全国检察机关办理的 5 件典型涉外案例,供地方各级人民检察院参考。

二、我国刑法域外适用制度存在的问题

虽然我国现行刑法域外适用规则以属人管辖、属地管辖、保护管辖、普遍管辖等国际法认可的管辖标准为基础,且存有一定数量的实践,但整体观之,我国刑法域外适用保守色彩浓厚,立法、司法与执法之间尚未形成高效的协作机制,难以有效维护我国国家利益及公民、实体

---

① 《国家监察委员会关于开展反腐败国际追逃追赃工作情况的报告》,载中国人大网,http://www.npc.gov.cn/npc/c30834/202008/e7e5519ba34a45c-58a4fe552e91e9569.shtml。

合法权益。

(一)实际规则与立法理念难以有效衔接

我国《刑法》以保护国家安全、人民利益、维护社会和经济秩序为任务,[①]为实现这一目标,刑法域外适用规则不仅要重视在国内发挥预防和打击犯罪的功能,更不能忽视刑法在国际关系中预防惩治国际犯罪、维护本国主体域外利益、参与国际事务管理、反制报复他国不当行为这四种相互联系、相互影响、相互支撑的具体功能。[②] 然而,现行保守的域外适用规则显然未能完全与“发挥刑法在国际关系中的功能”相契合,这也反映出我国刑法域外适用领域实际规则与立法理念难以有效衔接的核心问题。

1. 管辖范围有限

与域外国家普遍扩张刑事管辖范围的做法不同,我国现行刑法域外适用规则的管辖范围相对有限,主要体现在领域、对象、罪行及效力四个方面。

(1)“领域”之局限

《刑法》第 6 条以属地管辖为基础,将我国“领域”限定于国际法普遍意义上的领土(领陆、领水、领空)及包括船舶或者航空器在内的拟制领土,并采用“遍在说”予以认定。这种做法虽然符合现代国际法,但并未考虑我国实际控制区域的域外刑事管辖权问题,相对保守和片面。易言之,第 6 条虽将拟制领土单独列出,但却忽略了几类延伸领土情况。一国之领土包含领陆、领水、领空,而领水包括“领海”和“内水”。毗连区、专属经济区和大陆架并不在我国领水范围内,属领水外

---

① 《刑法》第 2 条规定:中华人民共和国刑法的任务,是用刑罚同一切犯罪行为作斗争,以保卫国家安全,保卫人民民主专政的政权和社会主义制度,保护国有财产和劳动群众集体所有的财产,保护公民私人所有的财产,保护公民的人身权利、民主权利和其他权利,维护社会秩序、经济秩序,保障社会主义建设事业的顺利进行。

② 参见肖永平:《“长臂管辖权”的法理分析与对策研究》,载《中国法学》2019 年第 6 期。

管辖海域,我国对上述特殊区域享有必要的管制权,即相对的属地管辖权。① 为维护国家安全和海洋权益,对于领水外管辖海域内发生的犯罪行为,我国在《领海及毗连区法》第 13 条②与《专属经济区和大陆架法》第 12 条第 2 款③中予以回应,但管辖依据、法律适用及责任不甚明确。此外,《关于审理发生在我国管辖海域相关案件若干问题的规定(一)》的出台虽然意味着我国刑法适用的地域范围已扩展到毗连区、专属经济区、大陆架和其他管辖海域,但仅可对非法捕捞、收购、运输海洋野生动物和破坏海洋环境的犯罪行为进行域外管辖,该区域内其他普通经济犯罪案件是否可直接适用《刑法》并不明确。

目前,多国已在国内规则及实践中对属地管辖中的"领域"进行扩张解释,一方面是为应对诸如互联网等新兴媒介对传统管辖权连结点的冲击,另一方面则是为便利"长臂管辖"的实施。譬如,美国《海外反腐败法》(Foreign Corrupt Practices Act,FCPA)④规定,任何终至美国的电话、电子邮件、短信、传真、电汇或使用美元交易的第三国主体触犯美国法律的行为,美国司法部门均可依据 1945 年国际鞋业案⑤确立的"最低限度联系"标准予以管辖和制裁。⑥ 面对此种趋势,我国对"领域"之规定便更显局限。

---

① 参见李恩慈:《论我国刑法空间效力的立法完善》,载《中央检察官管理学院学报》1997 年第 1 期。

② 《领海及毗连区法》第 13 条规定,中华人民共和国有权在毗连区内,为防止和惩处在其陆地领土、内水或者领海内违反有关安全、海关、财政、卫生或者入境出境管理的法律、法规的行为行使管制权。

③ 《专属经济区和大陆架法》第 12 条第 2 款规定,中华人民共和国对在专属经济区和大陆架违反中华人民共和国法律、法规的行为,有权采取必要措施,依法追究法律责任,并可以行使紧追权。

④ 15 U. S. C. § 78dd - 1.

⑤ International Shoe v. State of Washington,326 U. S. 310 (1945).

⑥ See Criminal Division of the US Department of Justice and Enforcement Division of the US Securities and Exchange Commission, A Resource Guide to the US Foreign Corrupt Practices Act (2012) (FCPA Resource Guide), at 11.

(2)“对象”之局限

我国刑法域外适用规则管辖范围的有限性还体现在“对象”方面,既包括我国刑法所规制的犯罪主体,也包括受犯罪行为侵害的主体。

《刑法》第7条以属人管辖为基础,将具有“中国国籍或特定身份”的自然人作为连结点。换言之,《刑法》适用范围并未拓展至我国法人及跨国公司,也未明确获得中国永久居留资格的外国人、双重国籍或无国籍人以及难民的刑事管辖问题。而根据第8条,除违反《刑法》但量刑不足3年或根据犯罪地不予处罚的涉外刑事案件外,对于外国自然人在域外针对我国实体实施犯罪的案件,以及外国实体在域外针对我国国家、公民或实体实施犯罪的案件,我国法院无法行使保护管辖权以惩治涉案外国犯罪主体并维护我国主体海外权益。

(3)“罪行”之局限

一方面,根据《刑法》第7条及第8条,我国法院无法对我国公民及外国人违反《刑法》但量刑不足3年的犯罪行为行使管辖权,而这将助长我国海外公民遵从外国法或制裁措施的趋势,也不利于惩治外国主体针对我国或国民的轻微刑事犯罪。①

另一方面,我国刑法域外适用规则虽明确涵盖基于国际条约义务的普遍管辖标准,但我国法院却无法基于习惯国际法行使普遍管辖权,且分则部分也并未对我国已参加国际公约中的所有罪名予以转化,更遑论明确具体刑罚。对于我国加入的国际条约所规定的罪行,如未转化为国内法上的犯罪,法院适用《刑法》第9条对涉案行为主体实施反制、报复或对他国进行刑事干涉将存在合法性争议;②对于我国尚未加入的国际条约所规定的罪行或已加入的国际条约并未规定的习惯国际法上的罪行,即使是国际公认的严重罪行,我国法院也不能行使管辖权。

(4)“效力”之局限

《刑法》第7条采用的“可不予追究”及第8条采用的“可以适用本

① 参见蒋娜:《中国特色刑法域外适用规则的问题与完善》,载《中国法学》2022年第6期。

② 参见马呈元:《论中国刑法中的普遍管辖权》,载《政法论坛》2013年第3期。

法”的措辞表明,即使在符合法定条件的情况下,我国法院也并不必然对涉案主体实施域外管辖。刑事管辖权既是主权的象征,又决定一国主权的边界。而非强制性措辞则会冲击我国刑法的域外效力,不仅意味着国家主权权威的减损和主权权力的让与,①保障本国国民、法人及其他组织合法权益免受不法侵害的能力与水平也将被严重削弱。

2. 阻断与反制他国刑法不当域外适用的法律供给不足

除打击和惩治涉外犯罪外,刑法域外适用规则还应实现阻断与反制外国刑法不当域外适用的功能,以全面、有效地维护我国国家利益及公民、法人或其他组织的合法权益。如前所述,刑法域外适用往往与国际刑事司法协助事项密切相关。以域外取证为例,其涉及一国主权问题,故一般依据国家间协定,经被请求国主管机关同意而进行。在古驰案②中,美国法院就证据开示问题绕过我国主管机构,直接对中国银行进行域外管辖,严重侵害了我国主权及企业合法权益。因此,我国在阻断与反制他国刑法不当域外适用方面应提供明确、充足的法律供给以有效反制或救济。

我国目前通过出台《阻断外国法律与措施不当域外适用办法》(以下简称《阻断办法》)、《不可靠实体清单规定》、《出口管制法》、《反外国制裁法》等阻断或反制他国制裁及法律的不当域外适用。其中,《阻断办法》与阻断他国法律域外适用直接相关,通过阻断特定法律在中国境内的效力和执行、禁止相关主体遵守外国的特定法律以及允许相关主体就外国特定法律给其带来的损失进行索赔的制度设计来实现阻断功能,③填补了国内立法的空白。但根据具体条款之表述,其并不直接涉及阻断他国刑法不当域外适用的内容。《反外国制裁法》则关涉中国刑法的域外适用,其概括性地规定了我国反外国制裁的基本原则、

① 参见宋杰:《进取型管辖权体系的功能及其构建》,载《上海对外经贸大学学报》2020年第5期。

② See Gucci America, Inc. v. Weixing Li, F. Supp. 3d (2015).

③ 参见廖诗评:《〈阻断外国法律与措施不当域外适用办法〉的属事适用范围》,载《国际法研究》2021年第2期。

反制主体、反制形式和措施、救济及有关主体的义务,但并未对反外国制裁工作协调机制、反制清单及反制措施的制定、具体执法程序等作出具有可操作性的规定。[①] 易言之,我国阻断与反制他国刑法不当域外适用的法律供给并不充足。

此外,作为阻断机制的另一重要内容,拒绝承认与执行外国刑事判决的条件应予以关注。《刑法》第10条仅明确我国法院可对外国刑事判决的刑罚内容予以承认,而拒绝承认与执行的条件不甚明晰。若涉案外国刑事判决的承认与执行可能对我国产生不利影响,如判决含有不当制裁内容或违反程序正义,我国法院可能缺乏明确的法律依据以阻断其效力。

3. 特定领域规则有待完善

我国为履行《联合国反腐败公约》的缔约国义务,自2011年《刑法修正案(八)》开始,便将海外腐败行为纳入刑法调整、规制的客体,并于第164条第2款新增"对外国公职人员、国际公共组织官员行贿罪"。[②] 但这一规定却存在诸多问题,有待细化及完善:第一,"给予财物"作为腐败行为认定的唯一标准,存在片面性,不能覆盖腐败行为的全部形式。随着新型贿赂犯罪现象不断增加,贿赂内容的表现形式越发多元,如非财产性利益贿赂等,传统意义上的"财物说"已无法有效、全面地规制海外腐败行为。第二,《刑法》仅对给予财物的行贿主体施加刑事处罚,并未对起到联系、搭桥作用的中间人(如海外子公司、第三方代理人)进行规制。第三,"外国公职人员、国际公共组织官员"作为受贿主体认定的唯一标准,同样存在片面性。为逃避审查,实践中直接受贿者也并非一定是官员本人,也可能是其亲密关系人。

我国2007年《反洗钱法》作为维护金融秩序、遏制洗钱犯罪及相

---

① 参见霍政欣:《〈反外国制裁法〉的国际法意涵》,载《比较法研究》2021年第4期。

② 《刑法》第164条第2款规定,为谋取不正当商业利益,给予外国公职人员或者国际公共组织官员以财物的,依照前款的规定处罚。单位犯前两款罪的,对单位判处罚金,并对其直接负责的主管人员和其他直接责任人员,依照第1款的规定处罚。

关犯罪的单行法并未能与《刑法》有效衔接,域外适用条款缺位,无法对等管辖境外机构和人员,实际规定与保护金融秩序、打击犯罪的立法理念存在脱节现象,既不利于打击跨国洗钱行为,也不利于保护近年来频繁遭受外国司法机关反洗钱监管和处罚的我国金融机构境外分支的利益。2021 年以来,中国人民银行虽先后出台《反洗钱法(修订草案公开征求意见稿)》及《反洗钱法(修订草案送审稿)》,并在草案中设置域外适用条款,但尚未正式通过。

除此之外,《国际刑事司法协助法》中法律责任与救济制度的缺位也体现出实际规则与立法理念的脱节。《国际刑事司法协助法》目前仅就机关、协助事项、流程及要求作出规定,但并未就各方应承担的法律责任以及外国请求方可获得的救济措施进行规定。①

(二)司法能动性不足

除在立法上明确刑法是否具有域外效力以及其效力范围,司法可发挥同样的作用。实践中,一国法院亦可依靠自身能动性进行司法造法或释法,部分国家刑法域外适用的司法实践甚至早于域外适用规则的产生。以美国为例,自美国法院在美国诉帕尔默案②中首次明确联邦刑法的域外效力以来,在司法造法与释法的推动下,联邦刑法的域外适用范围得以不断扩张并逐渐呈现超保护主义之势。虽近年来司法愈加谦抑,但为推动国家、公民利益延伸与保护,美国法院依旧会通过扩张解释国内法域外适用标准、采取对等措施或参与行政机关的罚款程序等方式积极实施"长臂管辖"。③

反观我国,刑法域外适用的司法实践更显谨慎。虽然法院在审判

---

① 参见魏枭枭:《我国国际刑事司法协助体系的构建与完善》,载《中国司法》2020 年第 5 期。

② See United States v. Palmer,16 U. S. 610,631 (1818).

③ 参见廖诗评:《中国法域外适用法律体系:现状、问题与完善》,载《中国法学》2019 年第 6 期。

过程中保持中立的一贯性导致了法院功能的被动,[1]立法的保守与缺失也间接地影响了人民法院的司法能动性,但对比当下各国强化本国法院在对外关系中的作用的实践,人民法院在刑法域外适用过程中则显得较为被动,[2]并未充分发挥其跨国司法治理之功能。

(三)执法力度仍待加强

为切实维护我国相关利益,保证刑法域外适用的效果,追究相关行为人的法律责任既是最终流程也是最为重要的部分。追究海外犯罪行为人的刑事责任,一般依托引渡程序。国际法上的"或引渡或起诉"原则只适用于依照国际公约实施的犯罪,而不适用于触犯本国刑法的犯罪,犯罪行为人的母国也并不愿意将本国公民交由他国审判。[3] 为有效追责,各国往往签订双边引渡条约并依据条约进行相关程序。我国目前缔结的引渡条约数量相对可观,但主要集中于发展中国家。即使存在双边引渡条约,也可能因其他因素导致被请求国拒绝引渡请求,如政治犯不引渡、死刑犯不引渡以及双重犯罪等原则,追究犯罪行为人的刑事责任可能会面临较大困难。由此观之,我国目前在域外刑事管辖的执法力度方面还有待进一步加强。

为强化执法力度,我国执法合作水平需进一步提升。为确保一国刑法在一些特定领域充分发挥域外效力,如反恐、反洗钱、反腐败、网络犯罪及个人信息保护等,国内外执法机构与监管机构之间的信息共享以及国际执法合作至关重要。我国在网络空间治理、个人信息保护以及数据安全等新兴领域起步较晚,在刑事案件电子证据调取、打击新型信息网络犯罪方面还存在不足,跨境执法合作还有障碍。就目前的实

① 参见上海市第一中级人民法院课题组:《我国法院参与中国法域外适用法律体系建设的路径与机制构建》,载《法律适用》2021年第1期。

② 参见蔡从燕:《中国崛起、对外关系法与法院的功能再造》,载《武汉大学学报(哲学社会科学版)》2018年第5期。

③ 参见李怀胜:《关于刑事管辖权冲突及其解决模式的思考——全球化时代中国刑事管辖权的应然立场》,载《法学论坛》2017年第6期。

际情况来看,我国执法机构在全球范围内收集信息和数据的能力以及在跨境追逃、取证等方面与境内外监管机构间的信息共享水平仍有待提高。

三、构建我国刑法域外适用法律体系的具体路径

从长远计,为积极应对国际上日益扩张的域外管辖,维护我国国家利益及公民、实体合法权益,我国应突破保守主义,多维度构建完备的刑法域外适用法律体系。

(一)以特定原则与理念为导向

国内法域外适用的主要目的虽是维护国家利益和私人权益,但需以一种自我约束的方式进行。我国刑法域外适用应以特定原则与理念为导向,注重本国利益与国际秩序利益之间的平衡,避免因滥用域外管辖权而加剧国家间法律冲突。

1. 以“全面依法治国”为指导思想,秉持“人类命运共同体”理念

党的二十大报告强调,“坚持全面依法治国,推进法治中国建设”,并提出“加强重点领域、新兴领域、涉外领域立法,统筹推进国内法治和涉外法治”。国内法治和涉外法治是全面依法治国、法治中国建设的两个方面、两个面向、两个维度,正确处理两者之间的关系,要在国内加快建设包含涉外法治体系在内的中国特色社会主义法治体系,[①]而国内法域外适用法律体系建设则是涉外法治体系建设的重要组成部分。

党的二十大报告还作出“促进世界和平与发展,推动构建人类命运共同体”的重要部署。“人类命运共同体”理念是中国在新时代向国

① 参见黄进:《论统筹推进国内法治和涉外法治》,载《中国社会科学》2022 年第 12 期。

际社会贡献的全球治理新方案,[①]其作为国际法治的核心理念,旨在维护国际和平与安全、促进国际合作与发展、尊重国际平等与自由以及坚持可持续发展原则,[②]目前已上升至宪法层面。统筹推进国内法治和涉外法治,要着眼于推动全球治理体系变革,推动构建人类命运共同体。[③]

以“全面依法治国”为指导思想,秉持“人类命运共同体”理念,不仅可在推动构建完备的刑法域外适用法律体系时实现国家利益与国际秩序利益的平衡,也是现阶段我国统筹推进国内法治和涉外法治的必然遵循。

2. 遵守国际法一般原则,尊重其他国家权益

一国开展对外关系往往需要遵循一定的准则,即依托国际法协调国家意志的原则及规则。党的二十大报告郑重宣告“坚定维护以联合国为核心的国际体系、以国际法为基础的国际秩序、以联合国宪章宗旨和原则为基础的国际关系基本准则”,中国刑法域外适用法律体系建设应以此为基本遵循,坚持互相尊重主权和领土完整、互不侵犯、互不干涉内政、平等互利、和平共处的五项原则。

此外,一国基于国际法行使域外管辖权以维护本国利益时,其他国家一般依据国际礼让原则让渡部分国家主权。易言之,各国在进行刑法域外适用时,不能以损害他国主权为目的,需在合理的限度内合法地行使域外管辖权。同时,就他国刑法不当域外适用的行为,一国有权采取对等原则进行报复或反制。

---

① 参见廖凡:《全球治理背景下人类命运共同体的阐释与构建》,载《中国法学》2018年第5期。

② 参见黄进、鲁洋:《习近平法治思想的国际法治意涵》,载《政法论坛》2021年第3期。

③ 参见王晨:《习近平法治思想是马克思主义法治理论中国化的新发展新飞跃》,载《中国法学》2021年第2期。

（二）完善现行刑法域外适用规则

要坚持统筹推进国内法治和涉外法治，按照急用先行原则，加强涉外领域立法，进一步完善反制裁、反干涉、反制"长臂管辖"法律法规，推动我国法域外适用的法律体系建设。① 因此，为加强涉外领域立法，推动高水平对外开放，我国现行刑法域外适用规则作为中国法域外适用法律体系的重要组成部分应予以完善。

1. 适度拓展域外管辖范围

为构建完备的刑法域外适用规则体系，首先需要适度拓展域外管辖范围，综合提高我国行使域外管辖权以打击犯罪、反制单边非法制裁的可操作性。

就"领域"而言，如前所述，我国基于属地主义的相关规则未涵盖延伸领土，过于保守且不利于全面维护我国国家主权及公共利益，我国领水外管辖海域亦应纳入《刑法》第 6 条的管辖范围，即毗连区、专属经济区、大陆架和其他管辖海域。而面对域外国家扩张解释"领域"以回应互联网等新兴媒介对传统管辖权连结点的冲击的做法，我国也应予以考虑。由域外经验观之，各国在扩张解释时多以与本国的联系为切入点；在认定"联系"时，或采取宽泛解释，或施加一定限制。现阶段，我国采纳"最低限度联系"标准对"领域"进行宽泛解释并不恰当，过度管辖的做法不仅会增加司法执法负累，还可能引起他国反报。建议在前述地域范围拓展的基础上，在第 6 条中设置兜底性条款，采用"充分联系"标准，赋予司法根据具体情势适度扩张"领域"范围的自由裁量权。

就"对象"而言，为践行公正原则，切实维护我国国家利益并保护我国公民、实体海外权益，充分实现刑法打击犯罪和人权保护功能，建议将第 7 条中刑法管辖的犯罪主体拓展到获得中国永久居留资格的外

---

① 参见习近平：《全面推进中国特色社会主义法治体系建设》，载《习近平谈治国理政》第 4 卷，外文出版社 2022 年版，第 303 ~ 304 页。

国人、我国法人、在我国登记设立的跨国公司以及居住在我国的双重国籍、无国籍及难民;将第8条犯罪主体拓展至外国实体,受害主体拓展至我国实体。

就"罪行"而言,为协调好预防惩治国际犯罪、维护本国主体域外利益、参与国际事务管理及反制报复他国不当行为之间的关系,实现促进和平、保护人权以及加强国际安全的目的,在完善我国刑法域外适用规则时,对于依《刑法》量刑不足3年的轻微罪行不应放弃管辖,对于国际犯罪,建议在分则中明确我国基于条约义务可行使普遍管辖权的罪名及法律后果。

就"效力"而言,建议将我国《刑法》第7条及第8条中的模糊性措辞调整为肯定性措辞,为我国管辖外国主体在域外侵害我国或我国主体的犯罪行为提供明确的法律依据,维护我国主权及相关利益。

2. 加强阻断与反制他国刑法不当域外适用的法律供给

面对个别国家在刑事领域滥用"长臂管辖"或单边制裁以贬损我国主权利益或侵害我国公民、法人、其他组织的合法权益的行为,我国应加强阻断与反制他国刑法不当域外适用的法律供给。一方面,我国应建立涵盖合法性审查、阻断与反制措施实施、救济与监督等内容的体系化、制度化、透明度高、可操作性强的工作协调机制,提高阻断与反制措施的实施效果。另一方面,对于含不当制裁内容或违反程序正义的外国刑事判决,应在后续修法中明确不予承认与执行的具体情形。

3. 细化刑法域外适用配套规则

在反腐败领域,首先,应拓宽腐败行为的认定范围,任何意图通过行贿而获取不正当利益的行为均应属于腐败行为,无论是直接或间接地给予财物或其他非财产性利益。其次,在海外腐败行为中,除要规制直接给予、接受财物或非财产性利益贿赂的主体,还应对起到联系、搭桥作用的如海外子公司、第三方代理人等中间人予以规制,追究其协助行为的法律责任。但若中间人能够主动提供线索以供有关部门打击海外腐败行为,可视情况减轻或免除其因违法行为而需承担的法律责任。最后,除"外国公职人员、国际公共组织官员"作为受贿主体认定的标准外,还应重点审查该主体亲密关系人的账户,切实履行对海外腐败资金的监管责任和尽职调查责任。①

在反洗钱领域,应加快推进《反洗钱法》的修订以及与《刑法》的有效衔接,明确反洗钱法的域外效力,强化跨境监管,实现预防洗钱犯罪与遏制洗钱相关违法活动的立法目的。

在国际刑事司法协助方面,首先,应为各方主体在国际刑事司法协助中违反《国际刑事司法协助法》应承担的法律责任提供明确的法律依据,保证跨境刑事司法协助的实施效果。其次,在外国请求方提出合理协助请求但跨境刑事司法协助遇阻时,根据实际情况提供有效救济。与此同时,为最大限度地避免上述遇阻情况的发生,还需在《宪法》《监察法》《人民检察院组织法》的基础之上,充分发挥我国国家监察委员会和最高人民检察院的监督作用,形成完整的国际刑事司法协助体系。

(三)强化人民法院在对外关系中的特殊作用

在当前全球化背景下,各国法院已然成为促进本国参与全球治理的重要力量,特别是在对外关系的处理方面。我国亦不例外,目前人民法院在促进我国国内法治化、践行及推动国际法治、提升中国司法的国际公信力等方面已取得初步成效,但仍旧存在一定的不足,即参与全球治理存在一定的滞后性、被动性。人民法院为充分发挥其在刑法域外适用中的积极作用,应从以下方面进行提升。

1. 善用刑法域外适用规则。我国目前多部法律均设置有刑法域外适用条款,以达成平等保护当事人合法权益、维护我国主权利益的目的。我国法院应在具体实践中灵活运用这些规则,充分发挥其跨国司法治理权。② 一方面,善用刑法域外适用规则既是人民法院加快推进涉外审判体系和审判能力现代化建设的必然要求,也是更好服务高水平对外开放的重要举措;另一方面,善用刑法域外适用规则也体现出我

① 参见肖扬宇:《美国〈反海外腐败法〉的新动向及我国国内法表述》,载《中国刑事法杂志》2020 年第 2 期。

② 参见霍政欣:《论全球治理体系中的国内法院》,载《中国法学》2018 年第 3 期。

国开放、包容、公正、高效的司法理念,既有利于营造良好的国际交往环境,也是人民法院积极参与全球治理的具体体现。

2. 合理运用司法解释权。如前所述,美国法院在联邦刑法的域外适用方面扮演了极为重要的角色,充分发挥了法院的解释职能。换言之,法院在参与处理国际事务时,虽然存在固有的被动性和滞后性,但可充分运用其司法解释权以消弭此类缺陷。我国法院可在立法采用"充分联系"标准的框架下,通过合理解释适度扩张自身的域外刑事司法管辖权,特别是涉及网络信息空间下的网络犯罪以及在与我国根本利益密切相关的情况下。除此之外,人民法院还可在国际规则的创设方面发挥作用,即通过对条约及案例进行合理解释,弥补国际规则的空白。[①] 人民法院合理运用司法解释权,既可提高我国国内法的国际影响力,又能增强我国国际司法公信力。

3. 加强国际司法合作。在法院参与全球治理日益深入的背景下,国家间司法的良性互动不仅有利于国际纠纷的解决,也有利于提升自身的国际司法能力与国际影响力。强化国际司法合作不仅有利于构建开放包容的司法环境,还有利于增进域外国家对我国的法治认同。我国应在现有关涉刑事司法协助事项的条约、协定、协议等文件的基础之上,继续强化国际合作力度,不断拓宽合作领域,进一步实现国家间刑事司法合作目标,完善国际刑事司法合作机制。

(四)提高涉外执法的能力与水平

为强化跨国犯罪的打击力度,有效阻断与反制他国刑事法律及制裁的不当域外适用,维护相关利益,我国应从以下三方面提高涉外执法的能力与水平。

1. 拓宽执法形式

我国执法部门应采用多元化执法方式,灵活地进行刑法域外管辖。

---

① 参见吴卡:《中国法院参与全球治理的实践路径与可持续策略》,载《国际法研究》2021年第2期。

譬如，在引渡程序开启困难时，可考虑采取替代措施，如刑事诉讼移管、异地起诉、劝返等，[①]避免单一的执法形式影响对相关主体的利益保护。

2. 推进部门间信息共享和协调联动

我国有关部门之间的信息共享和协调联动是有效行使域外刑事执法管辖权的重要路径之一。在反洗钱领域，为提升打击洗钱违法犯罪的执法效果，执法机构需要与负责反洗钱资金监测工作的监管机构加强沟通，实现大额交易、可疑交易等数据的反洗钱信息共享；在反腐败领域，目前国际追逃工作很大程度上依赖数字技术，除执法机关自行调查外，金融、外汇等监管部门对资金的持续监测与及时报告也是我国执法机构有效掌握被追逃人员相关信息并进行后续国际追逃工作的重要来源，[②]部门间协调联动并共享国际追逃信息也是我国反腐败工作得以顺利高效开展的重要保证；在网络安全领域，根据相关规定，国家网信部门应统筹协调有关部门加强网络安全信息收集、分析和通报工作，并统一发布网络安全监测预警信息，[③]这更加体现出部门间信息共享和协调联动的重要性。

3. 深化国际执法合作

深化国际执法合作有助于提升我国刑事领域涉外执法效能。我国应做国际执法合作的参与者、推动者、引领者，争取国际执法合作话语权。这不仅是我国在行使域外刑事管辖权时遵守国际法原则的具体体现，也是中国国际法治观中国际合作观的主要内容，即以合作形式推动国际秩序和国际体系朝着更加公正合理的方向发展。[④]

---

① 参见中共中央纪律检查委员会法规室、中华人民共和国国家监察委员会法规室编写：《〈中华人民共和国监察法〉释义》，中国方正出版社2018年版，第230～231页。

② 参见吕岩峰、秦晋：《我国反腐败国际追逃追赃法治化和规范化研究》，载《学术论坛》2021年第2期。

③ 参见《网络安全法》第51条。

④ 参见中国国际私法学会课题组、黄进：《习近平法治思想中的国际法治观》，载《武大国际法评论》2021年第1期。

四、结　　语

中国致力于构建开放型世界,坚定维护以联合国为核心的国际体系、以国际法为基础的国际秩序、以联合国宪章宗旨和原则为基础的国际关系基本准则。在全球化背景下,面对个别国家域外刑事管辖权肆意扩张的新挑战,我国刑法域外适用作为统筹推进国内法治与国际法治的主要内容之一,需要以“全面依法治国”为指导思想,坚持“人类命运共同体”理念,在处理国际事务时遵循国际法原则,通过合理合法的方式予以应对。具体而言,应多维度构建中国刑法域外适用法律体系,在立法、司法与执法之间建立高效的协作机制:在立法层面,完善现有的刑法域外适用规则,加强阻断他国刑法域外适用的法律供给,细化配套规则,为执法司法提供充分全面的法律依据;在司法层面,人民法院应积极行使司法管辖权及司法解释权,强化我国法院在全球治理体系中发挥的作用;在执法层面,拓宽执法形式,推进部门间信息共享和协调联动,深化国际执法合作,提升涉外执法效能。

The Extraterritorial Application of Chinese Criminal Laws: Current Situation, Problems and Solutions

Chen Nanrui

[**内容摘要**]全球化背景下,严格的法律属地主义已无法限制国内刑法向域外扩张的趋势。个别国家在全球范围内长期滥施“长臂管辖”与单边制裁,域外不法侵害也屡有发生,强化本国刑法域外适用以保护相关利益逐渐成为国际趋势。我国现行刑法域外适用规则相对保守且与立法理念难以有效衔接,并进而影响司法能动性及执法力度。为更好地维护国家主权、安全、发展利益和保护我国公民、实体的合法权益,我国现阶段应突破保守主义,以特定原则与理念为导向,从立法、司法、执法三个维度推动形成完备的中国刑法域外适用法律体系。

[**关键词**]刑法域外适用;涉外法治;“长臂管辖”;反制措施;国际合作

Abstract: In the context of globalization, rigorous territorialism can no longer limit the trend of extraterritorial expansion of domestic criminal laws. Individual countries have long arbitrarily exerted long-arm jurisdiction and imposed unilateral sanctions on a global scale, while illegal infringements beyond the borders have been of frequent occurrence as well, it appears to be a growing international trend on strengthening the extraterritorial application of domestic criminal laws to protect relevant interests. The existing rules of extraterritorial application of criminal laws in China are relatively conservative and difficult to effectively connect with the legislative philosophy, which in turn affects judicial initiative and law enforcement efforts. It is necessary for China to break through conservatism, take specific principles as guidance, and promote the formation of a complete system for the extraterritorial application of criminal laws from the three dimensions of legislation, justice and law enforcement, so as to better safeguard national sovereignty, security, development interests, and protect the legitimate rights and interests of Chinese citizens and entities.

Keywords: extraterritorial application of criminal law; foreign-related rule of law; “long-arm jurisdiction”; countermeasures; international cooperation

论驻外部队在东道国法院的刑事管辖豁免权[*]

方瑞安[**]

目　次

在习近平总书记“总体国家安全观”重大战略思想的指导下，为维护国家海外安全利益、保障国家海外利益免受传统与非传统安全威胁，加强相关领域军事力量建设并健全完善相应法律制度势在必行。自提出“一带一路”倡议和“推动构建人类命运共同体”理念以来，中国与世界其他国家和地区在经济、政治、社会等方面的联系更加紧密，在人员、资金、信息等方面的交流更加频繁，海外资产日益增多，海外利益不断拓展。在此现实背景下，维护国家海外安全利益、保障国家海外利益免受传统与非传统安全威胁应当是实际践行习近平总书记“总体国家安

* 本文为研究阐释党的十九届六中全会精神国家社科基金重大项目“构建更加紧密的上海合作组织命运共同体的法治保障研究”（22ZDA129）的阶段性成果。

** 上海政法学院讲师，中国政法大学在站博士后，法学博士。

全观”重大战略思想的应有之义。为此，确有必要通过加强军事力量建设并健全完善相关法律制度，为维护国家利益提供坚实可靠的军事力量保障。

现代海外军事行动经过“二战”以来半个多世纪近80年的长足发展，对驻外部队的刑事豁免权问题形成了丰富的理论与实践，这一国际法问题具有非常重要的意义。就实践层面而言，一方面，基于一般国际法，海外军事行动中的派驻国与东道国各自享有对驻外军人的属人或属地刑事管辖权，从而存在管辖权的冲突，赋予派驻国刑事豁免权能够妥善解决此种管辖权冲突情形；另一方面，军队因其极强的主权色彩在管辖与豁免问题上存在区别于普通公民境外刑事犯罪的特殊性。我们权且不论驻外部队内部军人对军人的犯罪，或者驻外部队实施针对本国的政治犯罪、军事犯罪，由于更多的是侵害到派驻国本国的利益，且与东道国之间的联系极为松散而没有必要由东道国进行司法管辖。即便是驻外部队对东道国国民的犯罪，我们也不能忽视犯罪军人本身关涉军事利益，比如知悉军事秘密、情报甚至可能影响本国重大军事利益的绝密信息。在此种情形下，案件若由犯罪地国管辖，不啻将本国军事秘密置于一个并不安全的境地。另外，军人域外实施的普通犯罪不仅是触犯刑法的行为，同时也对军队纪律构成了挑战。若案件由犯罪地国管辖，判决结果畸轻或畸重，从本国法律的视角观察，罪和刑不相适应，可能会对本国军人的报应观念产生消极作用，进而影响到本国刑法与军队纪律的威慑力。①

而在理论层面，现代海外军事行动广泛依托驻军地位协定来分配对驻外部队的刑事管辖权，或者直接在驻军地位协定中赋予驻外部队在东道国法院的刑事豁免权。由于系基于东道国的国家同意，驻军地位协定为派驻国设定的刑事豁免权在法律性质上相对确定，争议也比较少。但是，事实上有不少主权国家在进行海外军事行动过程中没有签署刑事管辖权分配或豁免权设定的条约、条款，并且驻军地位协定关

① 参见薛洪：《军人域外犯罪刑事管辖特点探析》，载《西安政治学院学报》2014年第6期。

于管辖权分配和豁免权设定的谈判,往往基于习惯国际法规则,一方提出的管辖权安排越偏离习惯国际法的规定,就越有可能引起其他谈判方的反对,这就是北约驻军地位协定和联合国驻军地位协定所采用的管辖权分配模式广受欢迎的重要原因之一。正因如此,我们亟须从理论上去考究,在协定国际法维度之外的习惯国际法维度,是否存在驻外部队在东道国法院的刑事司法管辖豁免,以及如果存在,又在何种条件下能够主张此种刑事豁免权。

一、驻外部队刑事豁免权的历史之维

在"二战"结束之前,谋求常态化的驻军或者直接建立海外军事基地的实践相对有限,更多的相关军事实践是访问部队或者军队过境,这在一定程度上影响了缔结驻军地位协定进行制度化安排的必要性。[①]正因如此,"二战"前的历史时期中,缔结驻军地位协定的国际法实践并不多见,这一时期不妨可被界定为前驻军地位协定时代。在该时期,以美国为代表的海外驻军强国对其驻外部队或访问部队广泛主张"船旗国法"(law of flag),即派驻国享有绝对主权豁免。由于缺乏管辖权条约或条款,此种绝对主权豁免的理论正当性就暗含于东道国对派驻国军队过境或驻军于东道国领土的同意之中。其理据在于:如果这些部队不进行军事法庭审判,军队的纪律就将无法维持;此外,即使友好东道国的法院系统介入军队的纪律,也会在实质上破坏这一纪律,不符合任何主权国家必须对自己军队实施控制的基本要求。

1812 年美国联邦最高法院首席大法官马歇尔(John Marshall)主审的"交易号案"(The Schooner Exchange v. McFaddon)中第一次对这个问题进行了讨论,该判决被视为"关于外国豁免的原则的第一份明确

① 当然,访问部队的形式和驻军的形式在刑事管辖、豁免问题上并无实质性差别,许多国内法院的案例都将获准通过友好国家和获准驻扎在友好国家的管辖、豁免问题统摄而论。具体可参见后文的"科尔曼诉田纳西案"与"塔克诉亚历山德罗夫案"等。

声明"[①]。案件本身得出的结论是美国法院对进入美国港口的友好国家的军舰没有管辖权。更为重要的是,法院进一步推理认为,一国允许外国军队自由通过其领土通常意味着放弃对该军队的管辖权。"如果没有任何明确声明放弃被授予这一通行权的军队的管辖权,那么试图行使这一权利的君主肯定会被视为违反了他的信仰。一旦行使这一权利,自由通行的目的将被打破,外国独立国家的一部分军事力量及其目标和义务会被移除,并将从君主的控制下撤出,君主的权力和安全在很大程度上取决于保留这支部队的专属指挥权和处置权。因此,准许自由通行意味着在部队通行期间放弃对其所有管辖权,并允许外国指挥官保有并实施其军队政府可能要求的纪律惩罚。"[②]

美国内战结束之后,其国内司法实践普遍遵从了这一观点。1878年最高法院审理的"科尔曼诉田纳西案"(Coleman v. Tennessee)中,法院认为"一支外国军队,经其政府或主权国家许可,获准通过友好国家,或获准驻扎在友好国家,是可以免除该地的民事和刑事管辖权的"[③]。1879年最高法院审理的"道诉约翰逊案"(Dow v. Johnson)中也提出了类似的观点。[④] 随后,1902年最高法院审理的"塔克诉亚历山德罗夫案"(Tucker v. Alexandroff)也持相同观点,俄国派遣一名海军指挥官至美国进行舰艇制造的工作,对于其下属逃兵的管辖问题,最高法院在该案中提出一个法律推理:"外国的武装船只,在国际礼让的原则下,可凭政府许可进入我国港口,而在我国港口不受地方法院管辖;那么根据同等推理,如果允许外国军队进入或穿越我国领土,他们仍受其官员的控制,不受地方管辖。"[⑤]在其他国家的国内法院也有类似案例支撑,比如1944年美国海军在巴西一个海外基地发生了一起案件,一名巴西平民试图进入基地,被哨兵开枪打死,而双方没有管辖权协

① Lee M. Caplan, *State Immunity, Human Rights, and Jus Cogens: A Critique of the Normative Hierarchy Theory*, 97 American Journal of International Law 741, 745 (2003).

② Schooner Exch. v. McFaddon, 11 U. S. (7 Cranch) 116, 139.

③ Coleman v. Tennessee, 97 U. S. 509, 515.

④ See Dow v. Johnson, 100 U. S. 158, 165.

⑤ Tucker v. Alexandroff, 183 U. S. 424, 433.

议。巴西最高法院在1944年11月22日作出裁决认为巴西民事或军事法院都没有管辖权,而美国军事法庭有权审判有关的美国哨兵。[①]再如,第一次世界大战期间,在其盟国土耳其领土上服役的德国军队就行使了这种专属管辖权,而土耳其法院则被排除在外。在巴拿马共和国,该国最高法院曾收到了对一名美军士兵的起诉,该士兵在巴拿马执勤时驾驶救护车,造成一名平民死亡。法院认为:国际法原则是,一国武装部队在经过另一友好国家领土时,在后者的默许下,不受领土主权的管辖,而受其指挥的军官和上级当局的管辖。[②]

在"卡萨布兰卡案"(Deserters of Casablanca)中,海牙常设仲裁法院认可了友好外国军队豁免的一般原则。1908年9月25日,来自法国军队的6名逃兵向摩洛哥卡萨布兰卡的德国领事申请保护,其中3人是德国国籍。摩洛哥名义上是一个独立的国家,但法国在其同意下于卡萨布兰卡及周围驻军。欧洲列强在摩洛哥的公民享有治外法权,只能由他们自己的领事审判。德国领事的代表试图护送这6名逃兵到水边,并将他们安置在一艘即将启航的德国船只上,但一支法国士兵分队强行将他们带走。德国提出抗议,要求归还3名德国籍逃兵,并将此事提交常设仲裁法院。在本案中,常设仲裁法院承认了一主权国家(本案中的法国)的军官和军事法庭对其在东道国(摩洛哥)的驻军拥有专属管辖权:"驻军通常对属于其的所有人行使专属管辖权。"[③]在得出上述结论的基础上,法院才进一步去处理领事裁判权(德国)与法国对驻外部队的专属管辖权之间的管辖权冲突。

而除却国内法院与海牙常设仲裁法院的实践,美国国际法学界也提供了丰富的材料和论著来支持这一观点。早期的如1863年美国法

① See Archibald King, *Further Developments Concerning Jurisdiction over Friendly Foreign Armed Forces*,40 American Journal of International Law 257 – 279 (1946).

② See Archibald King, *Jurisdiction Over Friendly Foreign Armed Forces*,36 American Journal of International Law 539,546 (1942).

③ *Deserters of Casablanca*, France/Germany, Award of 22 May 1909. See also Archibald King, *Jurisdiction Over Friendly Foreign Armed Forces*, 36 American Journal of International Law 539,543 (1942).

学家亨利·惠顿(Henry Wheaton)在著作《国际法的要素》中认为:“外国军队或舰队,在另一国领土上行进、航行或驻扎,与他们所属的外国君主和睦相处,也同样不受该地的民事和刑事管辖。”①查尔斯·切尼·海德博士(Dr. Charles Cheney Hyde)也指出:“出于便利和必要性这两项有力的理由,对经领土主权同意进入其领土的外国有组织军事部队不能行使管辖权。犯下罪行的部队成员由其所属国家的军队或其他当局处理,除非犯罪人自愿放弃。”②美军伯克希尔少校(William E. Birkhimer)也表示:“一支外国军队获准通过一个友好国家,或经其政府或主权国家允许驻扎在该国,不受该国的民事和刑事管辖,这一点是很明显的。”③

欧洲不少国际法学者也持相同或近似的观点。比如剑桥大学韦斯特莱克(John Westlake)教授就表示过认可美国法学家亨利·惠顿的主张,④再如英国学者威廉·爱德华·霍尔(William Edward Hall)在他的著作《国际法》中认为:“毫无疑问,向地方当局放弃对过境部队的管辖权将是极不方便的;而且对于驻扎在那里的部队,指挥官原则上也应对其指挥下的人所犯的罪行进行专属管辖权。”⑤

因此,根据英国、美国和其他当局承认的国际法原则,一国允许另一国的部队进入或驻扎于本国领土上意味着该部队具有治外法权,应豁免有关部队在法院受审,并准许来访军队的军事法庭运作。还有一些前驻军地位协定时代主要是英国学者的观点类似于下文会涉及的属事管辖豁免,即认为此种专属管辖是有条件的,条件一般是“公务行为”。托马斯·劳伦斯指出:“现代世界公认的规则是,一个国家必须获得明确许可,其军队才能通过另一个国家的领土。许可可以作为一项永久性特权,通过条约给予,也可以作为一项特殊的优惠,在请求时

---

① Henry Wheaton, *Elements of international law*, Sampson Low Son & C, 1863, p. 95.

② Charles Cheney Hyde, *International Law*, Vol. 1, Little, Brown, and Company, 1947, p. 247.

③ William E. Birkhimer, *Military Government and Martial Law*, JJ Chapman, 1892, p. 114.

④ John Westlake, *International Law*, Facsimile Publisher, 1910, Part Ⅰ, p. 265.

⑤ William Edward Hall, *International Law*, Clarendon Press, 1917, p. 56.

给予。《通行协定》一般载有维持部队内部秩序的规定,并规定他们和他们所服务的国家对其士兵对居民的行为负责。在没有特别协定的情况下,只要在自己的职权范围或当值状态,部队将不受当地法律的约束,而是由自己的指挥官管辖和控制。"①而奥本海在其著作中也认为在外国领土上的军队所犯之罪应当由本国专属管辖,但同样指出:"然而,这条规则只适用于在部队驻地犯罪,或者在犯罪人当值的某个地方;例如,如果驻军的士兵离开要塞,不是当值而是为了娱乐和消遣并在那里犯罪,则不适用。在这种情况下,地方当局有权惩罚他们。"②

当然,我们必须注意到彼时的所谓"公务豁免""职权豁免"并不是主流观点,取而代之的是在任何情况下派驻国的部队都应享有刑事豁免权。这是具有一定合理性的,由于我们正在讨论的是"二战"结束之前的前驻军地位协定时代,绝大多数的驻外部队行为处在一种战争或预备战争的状态,此种状态使得区分"公务行为"与否以及"驻地内犯罪"与否变得难以操作。例如第一次世界大战期间,在法国有数以百万计的美国和英国士兵,他们大多数不驻防在单独的营地或驻地,而是驻扎在每一个村庄,经常是在民居之中。在现代战争中,公务行为与非公务行为的区别也逐渐消失,高射炮连的成员可能要随时操作火炮发射,战斗机飞行员可能要随时起飞,步兵必须时刻准备击退伞兵或突击队,部队成员始终处于一种广义的"公务行为"状态。而"二战"结束之后,禁止武力成为一种常态,"属事豁免""公务豁免"才具备意义和实操性。此时的"公务豁免"成为与驻军地位协定并存的豁免权,后文将详细展开。

综上所述,在前驻军地位协定时代,赋予来访部队及驻军以绝对刑事豁免权受到了普遍的认同,国内法院、国际司法机构的裁决与国际法学者的有关论著都鲜明地支持了这一观点。可以说,这一时期驻外部队在东道国法院享有绝对刑事豁免权已具备广泛的国家实践且形成了

① T. J. Lawrence, *The Principles of International Law*, DC Heath & Company, 1915, p. 246.

② Lassa Francis Oppenheim, International Law, A Treatise, Volume I (of 2) Peace, Second Edition, Longmans, Green & Co., 1912, § 445.

法律确信。整体来看，达致这一习惯国际法规则的法理来源不外乎两者，一是基于彼时绝对主权豁免理论的当然推论，二是基于国际礼让，同意一国于本国领土驻军则给予其管辖上的便利被认为是应有之义。当然，随着有限豁免理论的兴起，驻外部队的绝对刑事豁免权也逐步被取代。在现代海外军事行动中，派驻国能否主张军人等主体的刑事豁免权需重新厘清。

二、驻外部队在东道国法院刑事豁免权的性质界定

当谈及"二战"结束之后的现代驻外部队之刑事豁免权时，首先须得明确驻外部队可能享有的是一般国际法上何种豁免权类型。"外国刑事管辖豁免"，是指国家某些官员享有的不受另一国法院刑事管辖的保护。① 迄今为止，国际社会仍然没有一个普遍性的条约对"官员豁免"问题作出全面性的规定。② 但现有的国际法规则对国家官员的外国刑事管辖豁免不外乎三者：外交豁免、属人豁免及属事豁免。

可以明确的是，海外军事行动中涉及的各项主体，由于并不是1961年《维也纳外交关系公约》、1963年《维也纳领事关系公约》及1969年《联合国特别使团公约》等公约覆盖的外交人员，势必无法享有外交豁免权。传统上国际公约和习惯国际法赋予国家元首、政府首脑和外交部长属人豁免权。③ "属人豁免"，是指国家某些官员因其在国

① UN Doc. A/CN. 4/661, para. 46.

② 参见邓华：《国家官员外国刑事管辖豁免问题最新进展述评》，载《国际法研究》2016年第4期。

③ 例如，一方面，《联合国国家及其财产管辖豁免公约》第3条第2款给予了国家元首属人豁免。另一方面，《联合国特别使团公约》分别提及国家元首的豁免（第21条第1款）和政府首脑、外交部长及"其他高级人员"参加派遣国之特别使团时的豁免（第21条第2款）。根据国际法院就"逮捕令"案的判决，国际法院确认，"[……]国际法已经明确确立下述一点：外交和领事官员、国家某些高级官员，比如国家元首、政府首脑或外交部长，在其他国家享有民事和刑事管辖豁免"。See the Judgment of 14 February 2002 in Arrest Warrant of 11 April 2000 (*Democratic Republic of Congo v. Belgium*), *Judgment*, *I. C. J. Reports* 2002, para. 51.

籍国的地位直接自动授予他们在国际关系中代表国家的职能而享有的外国刑事管辖豁免。[①] 可以看到,由于驻外部队的主体一般并不包括国家元首、政府首脑和外交部长,故而也难以享有属人豁免权。

而属事豁免,又被称为职权豁免或公务豁免。[②] "属事豁免",是指国家官员依据其在履行职责时实施的可被称为"公务行为"的行为而享有的外国刑事管辖豁免。[③] 属事豁免权的渊源无疑主要是习惯国际法。[④] 除了国际法院在"逮捕令案"(Democratic Republic of the Congo v. Belgium)中做的识别与确认,[⑤]各国法院在裁决中也广泛指出,国家官员的外国刑事管辖豁免的渊源是习惯国际法。正如瑞士外交官博尔吉(A. Borghi)指出,许多司法判决,包括在瑞士、法国、美国和德国的司法判决,将习惯国际法确立为豁免权的渊源。[⑥]

基于属事豁免的理念,习惯国际法上可以将相关人员的行为区分为"以官方身份从事的行为"(act performed in an official capacity)和"以私人身份从事的行为"(act performed in a private capacity)两类,[⑦] 即属事豁免仅适用于国家官员在其任职期间的"以官方身份从事的行

---

① UN Doc. A/CN. 4/661, para. 53.

② 法国和吉布提在国际法院关于"关于刑事事项中的若干互助问题"一案(吉布提诉法国)的口头陈诉中确认存在两个类型的官员豁免。See *Certain Questions of Mutual Legal Assistance in Criminal Matters* (*Djibouti v. France*): International Court of Justice, document CR 2008/3, p. 15, para. 23 and CR 2008/5, p. 50 – 51, paras. 75 – 77.

③ UN Doc. A/CN. 4/661, para. 53.

④ Hazel Fox & Philippa Webb, *The law of state immunity*, Oxford University Press, 2002, p. 426.

⑤ 国际法院在其对"逮捕令"一案的判决中认为,比利时违反了其对刚果民主共和国的一项国际法律义务,因为对耶罗迪亚·恩东巴希先生发出逮捕令并进行国际通缉,这侵犯了刚果民主共和国现任外交部长根据国际法的规定享有的刑事管辖豁免。See *Case concerning the Arrest Warrant of 11 April 2000* (*Democratic Republic of the Congo v. Belgium*), *Judgment of* 14 *February* 2002, *I. C. J. Reports* 2002, p. 21, para. 52.

⑥ Alvaro Borghi, *L'immunité des dirigeants politiques en droit international*, Helbing et Lichtenhahn, 2003, p. 71. 转引自 UN Doc. A/CN. 4/601, note 74。

⑦ 参见王秀梅:《国家官员的外国刑事管辖豁免探析》,载《西安交通大学学报(社会科学版)》2010年第4期。

为”。联合国国际法委员会将属事豁免的范围总结如下：国家官员只有在以官方身份实施的行为方面享有属事豁免；对以官方身份实施行为的属事豁免在所涉个人不再担任国家官员后继续存在；享有属人豁免的个人在任期届满后继续就任期之内以官方身份实施的行为享有豁免。[①] 根据国际法委员会的报告，属事豁免有三大要素：(a)可给予所有国家官员；(b)所涉的行为范围，仅限于“以公务身份实施的行为”；(c)不受时间限制，即使享有豁免的人不再是官员，属事豁免也继续有效。[②]

在条约和习惯国际法的框架中，属事豁免的权利主体历史上至少存在三种观点：第一种观点认为属事豁免的权利主体是国际法院在“逮捕令案”(Case concerning the Arrest Warrant of 11 April 2000)中直接提到的三种官员，即国家元首、政府首脑和外交部长；第二种观点则认为权利主体包括因职务而享有豁免权的所有高级国家官员；而第三种观点理解的权利主体范畴最为广泛，包括所有现任和前任国家官员。笔者认为，国家元首、政府首脑和外交部长毫无疑问被包括在内，由于其享有更广泛意义上的属人豁免，自然在执行职务行为时享有属事豁免。而第二种观点应为典型意义上属事豁免的权利主体，“皮诺切特案”(Pinochet)中布朗·威尔金森勋爵曾指出：“属事管辖不仅适用于前国家元首和前大使，而且适用于参与履行国家职能的所有国家官员。”[③]在2004年的“琼斯诉沙特阿拉伯案”(Jones v. Saudi Arabia)中，菲利普斯勋爵指出：“如果一个国家的官员在另一个国家的法院因处理其事务时被起诉，那么这个国家的尊严也可能受到侮辱。在这种情况下，国家通常可以向这些官员披上自己的豁免权外衣。可以说，向这

① 《国际法委员会暂时通过的国家官员的外国刑事管辖豁免条款草案》第6条。

② UN Doc. A/CN.4/673, p. 6.

③ *Regina v. Bartle and the Commissioner of Police for the Metropolis and Others Ex Parte Pinochet*, House of Lords, 24 March 1999, reproduced in International Legal Materials, Vol. 38, p. 581, at p. 594.

些官员起诉等于间接地向国家起诉。”[①]在 2006 年美国哥伦比亚特区地方法院审理的“贝尔哈斯等诉摩舍雅隆案”(Belhas et al. v. Moshe Ya'alon)中,法院也认为以色列军方情报部门负责人摩舍雅隆享有豁免权。[②] 2004 年,法国最高上诉法院承认马耳他船舶登记处处长以其官方身份实施的行为享有刑事管辖豁免。而第三种观点亦有意义,如前所述,国家官员只有在以官方身份实施的行为方面享有属事豁免;对以官方身份实施行为的属事豁免在所涉个人不再担任国家官员后继续存在;享有属人豁免的个人在任期届满后继续就任期之内以官方身份实施的行为享有豁免。[③] 换言之,任期是否届满并非属事豁免关注的对象,而行为是否系以官方身份实施才是关键。

综合而言,享有属事豁免的国家官员当然包括国家元首、政府首脑和外交部长,同时也涵盖了代表国家行事和以国家名义行事,以及代表国家或行使政府权力要素的任何其他人,而无论此人行使的是立法、行政或司法职能,也不论此人在国家组织中的地位。国内法院和国际法院的审判实践中,前国家元首、国防部长和前国防部长、副总统兼林业部长、内务部长、总法务官和检察长、国家安全机构首长、前情报局局长、海事局局长、联邦国家的总法务官及各自低级别官员(检察官及其法律助手、总法务官办公署的侦探以及国家机构律师)、各种低级别的军官、政府治安力量和机构的各种成员如伦敦警察厅厅长、边防警察、监狱的副监狱长、国家档案馆馆长等都有被认定为“国家官员”的先例。[④] 另外,国家官员只有在以官方身份实施的行为方面享有属事豁免;对以官方身份实施行为的属事豁免在所涉个人不再担任国家官员后继续存在;享有属人豁免的个人在任期届满后继续就任期之内以官方身份实施的行为享有豁免。因此,理论上而言,驻外部队由于代表国

---

① *Jones v. Ministry of Interior Al-Mamlaka Al-Arabiya AS Saudiya* (*the Kingdom of Saudi Arabia*), Court of Appeal, 28 October 2004, [2004] EWCA Civ 1394, para. 105.

② *Belhas et al v. Moshe Ya'alon*, 14 December 2006, 466 F. Supp. 2d 127.

③ 《国际法委员会暂时通过的国家官员的外国刑事管辖豁免条款草案》第 6 条。

④ UN Doc. A/69/10, p. 228.

家行事和以国家名义行事,且行使的职能是具有高度主权性质的军事国防职能,其以官方身份实施的行为理应享有属事豁免。

而驻外部队享有在东道国法院属事豁免权的观点在大量国际、国内法院的司法审判实践中也有所体现。国际法院在"刚果领土上的武装活动案"(Armed Activities on the Territory of the Congo)中确认了习惯国际法规则,即"……应将个别士兵的行为视为国家机关的行为"①。国际法院亦在"国家管辖豁免案"(Jurisdictional Immunities of the State)中强调,国外武装部队在履行职责中所实施的行为必须定性为"以官方身份实施的行为",即属事豁免权所涵盖的行为。② 与此同时,大量主权国家的国内司法实践也佐证了这一判断,例如2008年意大利最高上诉法院刑事庭审判的"洛萨诺诉意大利案"(Lozano v. Italy);③德国联邦刑事法院1992年11月3日裁决的"边界卫兵案"(Border Guards case),本案关于一名年轻德国人试图越过所谓的柏林墙时被德意志民主共和国边界卫兵开枪打死;④美国上诉法院第十一巡回法庭1997年7月7日判决的"美国诉诺列加案"(United States v. Noriega),原告诺列加在担任巴拿马武装部队司令时,因将国际毒品贩运到美国而被诉。⑤ 另外,有案例虽然不认可军人之属事豁免,却也在判决之中确认了军人的国家官员身份:2011年意大利米兰法院第四刑事部审理的"检察官(米兰法庭)诉Adler等人案"[Public Prosecutor (Tribunal of

---

① *Democratic Republic of the Congo v. Uganda*, Judgment of 19 December 2005, *I. C. J. Reports* 2005, para. 213.

② See *Germany v. Italy*: *Greece Intervening*, Judgment of 3 February 2012, *I. C. J. Reports* 2012, para. 9978.

③ *Mario Luiz Lozano case*, Corte Suprema di Cassazione, Sala Penale (Italy), judgement of 24 July 2008. See also Case No. 31171/2008 (Official Case No.) ILDC 1085 (IT 2008) (OUP reference).

④ *Border Guards case*, Federal Criminal Court of Germany, decision of 3 November 1992 (case No. 5 StR 370/92).

⑤ See *United States v. Noriega*, 117 F. 3d 1206 (11th Cir. 1997).

Milan) v. Adler et al.][1]及1992年德国联邦最高法院审理的“边防部队起诉案”(Border Guards Prosecution case)[2]等。

综上所述,由于国家官员享有在外国法院的属事刑事豁免权是业已形成的习惯国际法规则,因此理论上只要符合该种豁免权的要件,驻外部队便能当然地在东道国法院享有该种豁免权,即派驻国驻外部队的涉罪主体符合“国家官员”的主体要件;派驻国驻外部队的行为符合“以官方身份从事的行为”的行为要件;派驻国驻外部队的涉罪行为并非属事刑事豁免的例外情形。而实践中已有国际法院及国内法院直接或间接地在判决中确认了主权国家之军人享有在东道国法院的属事刑事豁免权。上述判决在习惯国际法上的意义不凡,其既是国家实践和法律确信的证据,也是识别驻外部队享有属事豁免构成习惯国际法的重要辅助手段。可以说,尽管由于驻军地位协定所设立之“协议豁免权”的广泛存在,而使得现代海外军事行动中派驻国依托习惯国际法主张其军人享有属事豁免权的判例相对有限,但基于当前主权国家军人享有属事豁免的国家实践广泛而具有代表性和一贯性,我们能够明确得出海外军事行动中的驻外部队在一定条件下能够享有属事豁免权的结论。正如学者维耶瓦丹(Wijewardane)得出的结论,“根据国际法规则,对于访问部队成员中履行公务相关的行为或不作为,抑或由履行公务引起的犯罪,访问部队成员不受东道国的刑事管辖权的约束”[3]。

三、驻外部队在东道国法院刑事豁免权的权利主体

明确了海外军事行动所涉主体可能享有的豁免权类型之后,紧随而至的问题便是驻外部队中所有主体都是“国家官员”吗?换言之,驻

---

① *Public Prosecutor* (*Tribunal of Milan*) *v. Adler et al.*,Tribunale di Milano,Quarta Sezione Penale (Italy),judgement of 1 February 2010.

② *Border Guards Prosecution Case*,Federal Supreme Court (Germany),judgement of 3 November 1992.

③ D. S. Wijewardane,*Criminal Jurisdiction over Visiting Forces with Special Reference to International Forces*,41 British Yearbook of International Law 122,143 (1965 – 1966).

外部队属事刑事豁免的权利主体的范畴究竟有多广泛？想要明晰这一问题,须得首先检视海外军事行动中涉及哪些主体。一般而言,海外军事行动中所谓的“驻军”包含军人、文职人员、随军人员及合同雇员等四类主体。

1. 海外军事行动中的军人与文职人员

首先是海外军事行动中的军人,军人的范畴在国际法与国内法的语境下并不是完全一致的。在国内法层面,以我国为例,根据《最高人民法院关于军事法院管辖民事案件若干问题的规定》第8条第1款规定,军人是指中国人民解放军的现役军官、文职干部、士兵及具有军籍的学员,中国人民武装警察部队的现役警官、文职干部、士兵及具有军籍的学员。根据最高人民法院《关于进一步加强人民法院涉军案件审判工作的通知》,军人是指现役军(警)官、文职干部、士兵及具有军籍的学员。而《刑法》及最高人民法院、最高人民检察院、公安部等发布的司法解释《办理军队和地方互涉刑事案件规定》等规范性文件的规定与《最高人民法院关于军事法院管辖民事案件若干问题的规定》亦是相同的。

在国际法层面,根据《北大西洋公约缔约国关于其军队地位的协定》(以下简称《北约驻军地位协定》)第1条第1款规定,“军人”是指北大西洋公约一缔约方在另一缔约方领土内执行公务的陆、海、空武装部队人员,基于本协定之目的,在此前提下,双方可以约定某些个人、单位或编队不应视为构成或包括在“军人”中。“文职人员”是指一缔约方部队的随行文职人员,他们受雇于该缔约方的武装部队,不是无国籍人,也不是非《北大西洋公约》缔约国的任何国家的国民,不是该部队所在国的国民或通常居住在该国。美国与伊拉克缔结的驻军地位协定(Status of Forces Agreement between the Republic of Iraq and the United States of America)第2条也有类似界定:“美国部队”是指由美国武装部队成员,及其相关的文职组成部分以及存在于伊拉克境内的美国武装部队的所有财产、设备和物资组成的实体。“美国部队成员”是指作为美国陆军、海军、空军、海军陆战队或海岸警卫队成员的任何个人。“文职人员”是指美国国防部雇用的任何文职人员。该术语不包括通常居住在伊拉克的个人。

从上文国内法与双边、多边条约中“军人”范畴的区别来看,至少我国认为“现役军官”“文职干部”“士兵”都系属“军人”范畴。并且如果放在中国国内法的语境下讨论,“官员”一词当然必须至少符合《公务员法》的规定,是指依法履行公职、纳入国家行政编制、由国家财政负担工资福利的工作人员。从这个意义上说,“现役军官”“文职干部”“士兵”由于纳入国家行政编制、由国家财政负担工资福利,当然都是国家官员,是“军人”的下位概念。但不少国际条约中,“文职人员”可能仅是受雇于某一缔约方的武装部队,需与“军人”分开界定。

但若是特定化地从习惯国际法上属事豁免的语境切入,依据国际法委员会特别报告员提出的识别标准,“官员”的构成要素在于:其一,官员与国家有联系,这一联系可以有多种形式(宪法、法规或契约),可以临时也可以永久,既可以是法律上的联系,也可以是事实上的联系;其二,官员在国际上作为国家代表行事,或同时在国际上和本国国内履行职务;其三,官员行使政府权力要素,代表国家行事,政府权力要素包括行政、立法和司法职能。[①] 显然,国际法尤其是国家官员刑事豁免意义上的“官员”不局限在该国家官员是否被纳入国家行政编制,与国家的联系若基于契约亦能满足条件。对于“官员”的判断,更为重要的是需要履行的是政府权力要素,在这点上部队文职人员很大程度上也能符合条件。因此,习惯国际法上属事刑事豁免的论域中,军人与文职人员享有同等的主体地位,都符合“国家官员”的主体要件。

2. 海外军事行动中的随军人员及承包商

海外军事行动中的“随军人员”主要指的是军人、文职人员的家属。美国《军事域外管辖权法》中对“随军人员”的定义为武装部队成员、国防部的文职雇员、国防部承包商(包括任何级别的分包商)或国防部承包商(包括任何级别的分包商)员工的眷属。同时,上述人员需满足两个条件,即与美国境外的部队成员、文职雇员、承包商或承包商

---

① UN Doc. A/CN.4/673, p. 34.

雇员共同居住,且并非东道国国民或普通居民。[①]《统一军事司法法典》中也提及此种"随军人员"。[②]

"随军人员"在驻外部队刑事管辖权之中的法律地位与"军人""文职人员"有所不同。例如在《北约驻军地位协定》中,其第7条第1款规定:"a. 派驻国军事当局有权对东道国领土上派驻国军事法管辖的所有人员行使所有由派驻国法律赋予的刑事和纪律管辖权;b. 东道国当局对于在东道国领土内犯下的不法行为并应受该国法律处罚的,对部队、文职人员或家属具有管辖权。"该条系对派驻国属人管辖权及东道国属地管辖权的一般性确认,但由于随军人员通常并不受派驻国军事法管辖,而东道国的属地管辖却明确覆盖了部队家属,这在派驻国与东道国的刑事管辖权之间产生了明显的差异。而在第7条第3款关于"并存管辖权"的规定中,"在并存管辖权的情况下,则应适用以下规则:a. 下列情况下派驻国军事当局应享有对部队或文职人员的优先管辖权",也即《北约驻军地位协定》明确排除了随军人员。

海外军事行动中亦有大量的承包商(Contractor)存在,《军事域外管辖权法》第7条(《美国法典》第3267条)第1款规定:"受雇于美国境外武装部队"一词是指(1)受雇于国防部的文职雇员(包括国防部的非划拨资金机构),作为国防部承包商(包括任何级别的分包商),或作为国防部承包商的雇员(包括任何级别的分包商);(2)居住或存在于美国境外,与此雇佣工作有关的人;(3)非东道国国民或常住居民。

在各国的实践中,承包商的具体形式主要是私营军事和安保服务公司(private military and security companies)。根据《蒙特勒文件——武装冲突期间各国关于私营军事和安保服务公司营业的相关国际法律义务和良好惯例》(The Montreux Document on Private Military and

① See 18 U. S. Code § 3267, "Definitions".

② 10 U. S. Code § 802 - Art. 2. Persons subject to this chapter: "Subject to any treaty or agreement to which the United States is or may be a party or to any accepted rule of international law, persons serving with, employed by, or accompanying the armed forces outside the United States and outside the Commonwealth of Puerto Rico, Guam, and the Virgin Islands."

Security Companies)序言,“私营军事和安保服务公司”是指提供军事和(或)安保服务的私营商业实体,不论这些实体如何称呼自己。军事和安保服务特别包括武装护卫和保护人员和物品,例如运输队、大楼和其他地点;维修和操作武器系统;羁留犯人;向地方部队和安保人员提供咨询或培训。“私营军事和安保服务公司人员”是指私营军事和安保服务公司雇用的、直接租用的或约定的人员,包括其雇员和管理人员。

而以驻军地位协定为代表的条约通常也有类似界定。美国与伊拉克缔结的驻军地位协定中明确“美国承包商”和“美国承包商雇员”是指根据伊拉克与美国部队或为了美国部队的权益与美国部队订立合同或分包合同而存在的非伊拉克人、法人实体及其雇员,他们是美国或第三国的公民,并且在伊拉克为美国提供货物、服务和安保。但是,此项不包括通常居住在伊拉克境内的个人或法人实体。

综合来看,海外军事行动中的随军人员明显不属于“国家官员”的范畴,而承包商由于与国家存在契约上的联系,代表国家行事,可能能够划归“国家官员”的范畴。但仍需根据个案判断其是否行使的是政府权力要素,即行政、立法和司法职能。

四、驻外部队在东道国法院刑事豁免权的行为要件

在驻外部队属事豁免权的行为范围上,仅限于军人、部队文职人员以及合同雇员“以官方身份从事的行为”,“以私人身份从事的行为”不在此列。因为“此时他们的行为并非私人性质,而是代表国家做出的,所以他们不能为此而成为制裁或刑罚的对象”①。国际法委员会通过对条约、国际和国家司法实践的考察,总结出“以官方身份实施的行为”应当指的是国家官员在行使政府权力要素时实施的、其性质构成

---

① *Prosecutor v. Tihomir Blaskic*, ICTY Appeal Chamber Judgment on the request of the Republic of Croatia for review of the Decision of Trial Chamber Ⅱ of 18 July 1997, 29 October 1997, para. 38.

法院地国可对其行使刑事管辖权的罪行的行为。具体而言,“以官方身份实施的行为”具有如下特征:该行为具有刑事性质;该行为是代表国家实施的;该行为涉及行使主权和政府权力要素。

军人及部队文职人员的行为基本上能被划归“以官方身份从事的行为”。例如在欧洲人权法院2001年审理的“麦克尔辛尼诉爱尔兰案”(McElhinney v. Ireland)中,该案的起因是一名爱尔兰公民麦克尔辛尼在穿越北爱尔兰与爱尔兰共和国之间一个边境检查站时的行为所导致的事件,英国士兵追赶该公民到了当时的爱尔兰领土上,申诉人麦克尔辛尼称期间他受到了虐待和人身伤害,而英国士兵也没有正确履行职责。尽管该判决书对外国刑事管辖豁免提出了其他有意思的论点,但这里值得强调的是,欧洲人权法院认为,“士兵在外国领土上的行为与国家主权的核心领域密切相关……就其本身的性质而言,可能牵涉影响国家之间外交关系及国家安全的问题”。因此,判决书将申诉至法院的行为归为统治权行为,属于豁免所涵盖的国家行为。① 再包括1988年美国哥伦比亚特区地区法院审理的“萨尔塔尼等诉里根等人案”(Farag M. Mohammed Saltany, et al. v. Ronald M. Reagan, et al.),美国空军对利比亚目标进行轰炸,造成人员伤亡、财产损坏,而英国当局允许使用其境内的基地进行轰炸,因而也受起诉。法院认为参与规划和执行轰炸利比亚的行动文职官员和军事官员是执行总司令(里根总统)的命令以官方身份行事,因此享有豁免。② “伊朗帝国案”(Empire of Iran)中,德国宪法法院更是直接指出:“与对外事务和军事权力、立法、警察权力的行使以及司法有关的活动是属于‘国家权力范围’的行为。”③

可以发现,在属事豁免的论域,“以官方身份实施的行为”的要件

① See *McElhinney v. Ireland* (application No. 31253/96), Grand Chamber, Judgment of 21 November 2001, in particular para. 38.

② See *Farag M. Mohammed SALTANY, et al. v. Ronald M. REAGAN, et al.*, 702 F. Supp. 319 (1988).

③ *Empire of Iran case*, German Federal Constitutional Court, 1963, 45 International Law Report 57.

可以排除部分军人、部队文职人员以及合同雇员的“以私人身份从事的行为”。尤其是合同雇员,其所从事的许多行为难以被划归“涉及行使主权和政府权力要素”。例如,海外军事基地雇用厨师、司机等,虽然是为了基地的正常运转,但这些人既无法代表国家,也没有主权色彩。但是,另一些合同雇员比如采购代理人,系基于主权目的行使职能,例如加拿大最高法院 1992 年审理的“关于加拿大劳工法案”(Re Canada Labour Code)中的原告,最高法院就指出尽管雇佣合同本身具有与商业领域类似的权利和义务,但军事基地的管理和运作无疑是一项主权活动,因为不能否认军事基地的主权目的。① 虽然该案是关于国家豁免的民事诉讼案,但这类主体无疑符合“涉及行使主权和政府权力要素”,也是“以官方身份实施的行为”,如果涉及刑事犯罪,则应当享有属事豁免权。

五、驻外部队在东道国法院刑事豁免权的例外

驻外部队属事豁免的例外是一个具有相当争议的话题,其根源在于属事豁免的例外情况在目前尚未达成有效共识。尽管不少学者认为国际罪行系属事豁免的例外已成为习惯国际法,②国际法委员会也通过了《国际法委员会暂时通过的国家官员的外国刑事管辖豁免条款草案》第 7 条,认为不适用属事豁免的国际罪行包括以下:(a)灭绝种族罪;(b)危害人类罪;(c)战争罪;(d)种族隔离罪;(e)酷刑;(f)强

---

① *Re Canada Labour Code*, [1992] 2 S. C. R. 50.

② See Ramona Pedretti, *Immunity of heads of state and state officials for international crimes*, Martinus Nijhoff Publishers, 2014, p. 57 – 98; Stacy Humes-Schulz, *Limiting Sovereign Immunity in the Age of Human Rights*, 21 Harvard Human Rights Journal 105, 105 (2008); Beth Stephens, *Abusing the Authority of the State: Denying Foreign Official Immunity for Egregious Human Rights Abuses*, 44 Vanderbilt Journal of Transnational Law 1163, 1163 (2011).

迫失踪。[①] 再如国际法委员会《关于一般国际法强制性规范(强行法)的结论草案》第 23 条“公务职位无关性以及不适用属事豁免”中亦明确指出“属事豁免不应适用于一般国际法强制性规范(强行法)所禁止的任何罪行”。但从国内法院的判例及国际法委员会在该《国际法委员会暂时通过的国家官员的外国刑事管辖豁免条款草案》的讨论和投票环节的显著分歧来看,[②]尚不能立下断言得出肯定或否定的结论。支持国际罪行构成属事豁免例外的国家实践可见艾希曼案(以色列)、[③]巴比案(法国)、[④]鲍特瑟案(荷兰)、[⑤]危地马拉灭绝种族案(西班牙)、[⑥]西林戈案(西班牙)等。[⑦] 与因国际罪行而丧失属事豁免的原则最为相关的案例或许是英国的皮诺切特案。在该案中,布朗 – 威尔金森勋爵、霍普勋爵和菲利普斯勋爵都在意见中强调,属事豁免不适用

---

① 《国际法委员会暂时通过的国家官员的外国刑事管辖豁免条款草案》第 7 条“不适用属事豁免的国际法下的罪行”:(1)外国刑事管辖的属事豁免不适用于国际法规定的如下罪行:(a)灭绝种族罪;(b)危害人类罪;(c)战争罪;(d)种族隔离罪;(e)酷刑;(f)强迫失踪。(2)基于本条款草案的目的,国际法规定的上述罪行应根据本条款草案附件所列条约中这些罪行的定义来理解。See UN Doc. A/72/10, p. 173.

② 国内法院判例的分歧可见下文的详细展开,而对《国际法委员会暂时通过的国家官员的外国刑事管辖豁免条款草案》第 7 条的投票环节中,21 票赞成,中国、俄罗斯、阿尔及利亚、美国、德国、斯洛文尼亚、印度、英国 8 国投下反对票,捷克投弃权票。

③ See Israel, *Attorney-General of the Government of Israel v. Eichmann*, Judgment of the Supreme Court, English translation available in International Law Reports, Vol. 36, p. 277 (1968).

④ See Nicholas R. Doman, *Aftermath of Nuremberg: The Trial of Klaus Barbie*, 60 University of Colorado Law Review 449, 450 (1989).

⑤ See Netherlands, *Bouterse*, Judgment of the Supreme Court of 18 September 2001.

⑥ See Spain, *Guatemala Genocide*, *Menchú Tumm and Others v. Two Guatemalan Government Officials and Six Members of the Guatemalan Military*, Judgment of the Constitutional Court of 26 September 2005.

⑦ See Spain, *Scilingo Manzorro (Alolfo Francisco) v. Spain*, Judgment of the Supreme Court of 1 October 2007.

于具有强行法性质的国际罪行。[①] 当然,在国家实践中仍然能够找到支持属事豁免在国际罪行中适用的案例,如塞内加尔法院审理的“侯赛因·哈布雷引渡请求案”(Hissène Habré Request),法院在该案中认定,哈布雷作为前国家元首,不再享有属人豁免,仅享有余留的属事豁免。[②] 再如2008年意大利最高上诉法院刑事庭审判的“洛萨诺诉意大利案”(Lozano v. Italy),该案系关于一名在巴格达检查站服役的美国士兵因涉嫌杀害一名意大利人而构成战争罪,该案中法院亦没有排除属事豁免的适用。[③]

正如国际法委员会的有些委员所总结的那样:相关实践并未表明有支持外国刑事管辖属事豁免例外的趋势——无论是暂时趋势还是长期趋势。除了上文述及的国内法院审判实践,条约实践中也难以觅及能够佐证《国际法委员会暂时通过的国家官员的外国刑事管辖豁免条款草案》第7条的依据。处理特定类型犯罪(如灭绝种族罪、战争罪、种族隔离、酷刑、强迫失踪)的全球性条约并不包含任何排除国家官员的外国刑事管辖属事豁免的规定,处理特定类型国家官员(如外交官、领事人员、特派团人员)的全球性条约也是如此。[④] 且豁免不取决于有关行为的严重程度,或此种行为受国际法强制性规范禁止的

① See United Kingdom, *R. v. Bartle and the Commissioner of Police for the Police and Others, Ex Parte Pinochet*, Judgment of the House of Lords of 24 March 1999, reproduced in International Legal Materials, Vol. 38 (1999).

② See Senegal, *Hissène Habré Request*, Judgment of 25 November 2005, Court of Appeal of Dakar.

③ See *Mario Luiz Lozano case*, Corte Suprema di Cassazione, Sala Penale (Italy), judgement of 24 July 2008. See also Case No. 31171/2008 (Official Case No.) ILDC 1085 (IT 2008) (OUP reference).

④ 俄罗斯委员罗曼·科洛德金先生(Roman A. Kolodkin)、英国委员迈克尔·伍德爵士(Michael Wood)、美国委员肖恩·墨菲先生(Sean D. Murphy)及印度的起草委员会主席阿尼鲁达·拉杰普特先生(Aniruddha Rajput)等皆持此论。参见国际法委员会第六十九届会议(第二部分),2017年7月20日星期四上午10时在日内瓦联合国万国宫举行的第3378次会议临时简要记录。See UN Doc. A/CN. 4/SR. 3378, p. 9 – 12.

事实。[①] 中国代表、外交部条法司原司长徐宏在第72届联大六委关于“国际法委员会第69届会议工作报告”议题的发言也类似地指出：“《草案》规定的六项豁免例外缺乏普遍国际实践的支持……不当剥夺官员豁免将严重损害主权平等原则，易沦为政治滥诉的工具，对国际关系稳定带来严重负面影响。”[②]

在海外军事行动的论域中，如我们所知，军队与灭绝种族罪、危害人类罪及战争罪等国际罪行具有密切相关性。除此之外还涉及的国际罪行尚有恐怖行动等，例如“彩虹勇士号案”（R. v. Mafart and Prieur, Rainbow Warrior case）。法国武装部队和安全部队成员用水雷炸“彩虹勇士”号船的行为，导致船只沉没，数人死亡，这些行为被称为恐怖行动。[③] 再包括可能与侵略行为相关的司法实践，如1988年美国哥伦比亚特区地区法院审理的“萨尔塔尼等诉里根等人案”（Farag M. Mohammed SALTANY, et al. v. Ronald M. REAGAN, et al.），美国空军对利比亚目标进行轰炸，造成人员伤亡、财产损坏，而英国当局允许使用其境内的基地进行轰炸，因而也受起诉。[④]

而晚近国际法的发展过程中，与国际罪行密切关联的普遍管辖权跃上历史舞台，在实践中诞生了与驻外部队刑事豁免权相关的新议题，即对习惯国际法上驻外部队刑事豁免权的国际罪行限制可能不局限于东道国法院，而是延展到了第三国法院。2020年1月28日，德国联邦最高法院作出一项具有里程碑意义的裁定，坚定表达了德国仍打算继续对战争罪行使普遍管辖，并且在国际罪行面前，一国之军人不能享有

① “习惯国际法并不认为国家享有的豁免权取决于该国被控实施行为的严重性或据称已违反的规则的强行性质。”See UN Doc. A/72/10, p. 177. See also *Germany v. Italy: Greece Intervening, Judgment of 3 February 2012*, *I. C. J. Reports* 2012, p. 137, para. 84.

② UN Doc. A/C. 6/72/SR. 23, p. 8, para. 57 – 58.

③ See *R. v. Mafart and Prieur* (*Rainbow Warrior case*), New Zealand, High Court, Auckland Registry, November 1985.

④ See *Farag M. Mohammed SALTANY, et al. v. Ronald M. REAGAN, et al.*, 702 F. Supp. 319 (1988).

在作为第三国的德国法院的属事刑事豁免权。该案系对一名阿富汗前中尉军官的审判,该军官涉嫌在审讯中虐待三名被俘的塔利班武装分子,且用电击威胁他们,并把一名塔利班指挥官的尸体像战利品一样悬挂起来进行侮辱,因此违反了《德国国际刑法典》第8条第1款第3项中的战争罪。该案将对未来许多类似案件产生深远影响,例如正在德国西部城市科布伦茨进行的关于两名叙利亚前秘密警察被控反人类罪的案件,该案亦是对国际罪行行使普遍管辖,且涉及国际罪行对国家官员属事刑事豁免的限制问题。当然,从目前来看,基于普遍管辖乃至排除驻外军人在第三国法院属事豁免权的国内法院判例极为有限,仍不足得出一般性的结论。

综合而言,在海外军事行动中涉及前述国际罪行时,无论是基于属地管辖的东道国法院还是基于普遍管辖的第三国法院,排除属事豁免的适用未见广泛而具有代表性和一贯性的国家实践,难以得出其已然形成习惯国际法的结论。甚至,如我国委员黄惠康所言,在《国际法委员会暂时通过的国家官员的外国刑事管辖豁免条款草案》第7条的投票程序中,代表七国集团的4个主要发达经济体的成员中,有3个反对该计划;代表联合国安全理事会常任理事国的所有4个成员、二十国集团11个成员中至少6个国家的成员都反对该决议草案,这在某种程度上反映了目前国际社会对此的反对态度或至少存疑的态度。①

六、结　　语

综上而言,由于国家官员外国属事刑事管辖豁免是一项已被识别的习惯国际法规则,理论上海外军事行动中的部分主体只要符合国家官员的主体资格要求,且其涉诉行为属于"以官方身份从事的行为"就能享有在外国法院的属事刑事管辖豁免。因此,驻外部队的属事刑事豁免权的概念可被界定为:依据习惯国际法,派驻国军人、文职人员及部分承包商在东道国领土上履行职责时所实施的"以官方身份从事的

① See UN Doc. A/CN. 4/SR. 3378, p. 10 – 11.

行为"享有不受东道国刑事司法管辖的权利。

当然,由于晚近绝大多数海外驻军强国在海外军事行动中都会与东道国签署驻军地位协定以明晰对军人、文职人员等的刑事管辖权分配,使得驻外部队派驻国主张习惯国际法上属事刑事豁免权的实践相对较少。但派驻国军人、文职人员及部分承包商在东道国领土上履行职责时所实施的"以官方身份从事的行为"完全符合属事豁免权的构成要件,并且有国际法院及国内法院的实践确认,我们认为驻外部队基于习惯国际法享有在东道国法院的刑事豁免权当无疑问。在未有订立双边或多边驻军地位协定的情况下,驻外部队的派驻国积极主张属事豁免权是具备国际法支撑的。

此外,我们要清楚的是,享有习惯国际法上属事刑事豁免权并不意味着有关的主权国家不用承担国家责任,有关的国家官员免于刑事责任。豁免权只是从程序上阻断,不影响实体意义上的法律责任。国际法院在其"逮捕令案"(Certain Questions of Mutual Assistance in Criminal Matters)的判决中强调,"刑事管辖豁免和个人刑事责任是两个完全分离的概念。管辖豁免是程序性质的,刑事责任则是实体法问题。管辖豁免可能阻止在某一时期或对某些罪行提出起诉;但不能免除享有豁免的人的所有刑事责任"①。在主张驻外部队刑事豁免权之后,在国内法院依据正当程序,依法查明事实、定罪量刑,方能既达致驻外部队属事豁免权的目的,又在实质上避免有罪不罚,实现国家主权和保障人权。

On Immunity from Criminal Jurisdiction for the Overseas Military in Host States

Fang Ruian

[内容摘要]现代海外军事行动一般通过签订驻军地位协定来分

① Case concerning the Arrest Warrant of 11 April 2000 (Democratic Republic of the Congo v. Belgium), Judgment of 14 February 2002, *I. C. J. Reports* 2002, p. 25, para. 60.

配派驻国与东道国间的刑事管辖权,但不容忽视的是,在一般国际法下存在驻外部队在东道国法院的刑事豁免权。在"二战"结束前的历史时期,驻外部队的派驻国广泛主张"船旗国法",即驻外部队在东道国法院享有绝对刑事豁免权。而现代驻外部队的刑事豁免权逐渐倾向于"公务豁免",且已形成习惯国际法。此种刑事豁免权的性质是国家官员在外国法院的属事刑事豁免权,权利主体包含军人、文职人员和部分承包商,行为要件为驻外部队"以官方身份从事的行为"。

[**关键词**]驻外部队;刑事豁免权;国家官员;属事豁免;以官方身份从事的行为

Abstract: The criminal jurisdiction between the sending states and the receiving states is usually allocated through the Status of Forces agreement. However, it cannot be ignored that there is criminal immunity of the overseas military garrisons in the courts of the receiving state under general international law. In the historical period leading up to the end of World War Ⅱ, receiving states widely advocated the "law of flag", whereby overseas military garrisons enjoyed absolute criminal immunity in the courts of the receiving states. However, the criminal immunity of overseas garrisons is gradually inclined to "official immunity" and has formed customary international law. The nature of such criminal immunity is that state officials are subject to criminal Immunity Ratione Materiae in foreign courts. The subjects of rights include forces, civilian components and some contractors, and the act requirement is "act performed in an official capacity" by overseas military garrisons.

Keywords: overseas military garrisons; immunity from criminal jurisdiction; state officials; immunity Ratione Materiae; act performed in an official capacity

〔犯罪学与刑事政策〕

犯罪人和他的科学

——关于19世纪末犯罪学形成的批判性叙述*

[美]大卫·加兰德** 著 李 波*** 吴欣潼**** 译

蒋济泽***** 校

目 次

19世纪最后几十年间,现在为我们所熟知的新知识形式——犯罪学——诞生了。在一个相当短暂的时期内,也许就在1876年龙勃罗梭(Lombroso)的《犯罪人论》出版之后不超过20年,这种知识形式从鲜为人知发展成为一种深受欧洲与北美洲支持的、关于调查和社会行动

---

* 原文发表信息:*The Criminal and His Science:A Critical Account of the Formation of Criminology at the End of the Nineteenth Century*,The British Journal of Criminology,Vol. 25,No. 2,p. 109 - 137(1985)。本文翻译已获得作者授权。

** 爱丁堡大学教授。

*** 中国海洋大学法学院副教授。

**** 中国海洋大学法学院硕士研究生。

***** 同济大学法学院助理教授。

的项目。人们对犯罪学的关注爆炸式增长,促成了数以百计的文章的发表,数十次国内或国际大会、研讨会召开,众多社团组织成立,以及一场国际社会运动集结,犯罪学的主张在几乎所有西方国家的立法机构和刑罚机构中得以推行。

这一运动成功地使犯罪学成为政府、监狱和教育机构所承认与接受的学科,这意味着对该方案进行详细的描述在今天看来可能是不必要的。也就是说,犯罪学的特点及其关注点是众所周知的。人们频繁讨论它的前提和含义,有的持支持态度,有的则持反对态度,而在最近更多的是对这一学科感到失望。即便如此,它的概念和它所建议的实践,无论好坏,都是整个现代世界中许多国家的刑事制裁制度的基础。

尽管犯罪学在当今世界是一门为人熟知的、成熟的学科,但它的历史和发展轨迹似乎没有得到密切的关注和批判性的审查,而这种审查通常被赋予强大的社会知识形式。尽管杰弗里(Jeffrey)、拉齐诺维奇(Radzinowicz)、科恩(Cohen)和马扎(Matza)在这个方向上已经有了初步的研究,①但是无论是从其内部发展还是从其社会影响来看,犯罪学的历史都还没有得到深入的探索。犯罪学家们未能批判性地思考他们自己的实践,这意味着我们对于犯罪学发展的知识是不充分的。给我们剩下的,一方面是"创始者"的神圣传记和他们的"科学使命",②另一方面是对"保守目的"和"法律实证论"的全盘否定及其所带来的简化和夸大。③ 缺少的是对以下内容的详细说明,即犯罪学纲领的形成、其内部特征及其产生与社会条件之间的关系。接下来的论述可能无法弥补这种缺憾,但它确实试图认真处理这些问题,并处理好作为证据的具体文本、声明和事件。特别是,它检验了犯罪学的理论框架,质

① See C. R. Jeffrey, The Historical Development of Criminology, in H. Mannheim, Pioneers in Criminology, Stevens and Sons, 1960; L. Radzinowicz, Ideology and Crime, Heinemann, 1966; S. Cohen, Criminology and the Sociology of Deviance in Britain, in P. Rock and M. Mcintosh, ed. ,Deviance and Social Control, Tavistock,1974.

② See H. Mannheim, *Pioneers in Criminology*, Stevens,1960.

③ See I. Taylor,P. Walton & J. Young, *The New Criminology*, Routledge and Kegan Paul,1973.

疑这个由问题、命题和概念组成的结构是如何形成的，以及它是如何与社会事件和制度相关联的。我希望这样的论述可以解释犯罪学这门学科后来所采取的特殊的发展路径，同时也能揭示出犯罪学与权力机构的亲密关系的基础，这些权力机构后来在实践中接受了犯罪学。

以上我称之为批判性的论述——或许不够公正——我应该在一开始就说明这意味着什么以及它的局限性是什么。接下来，我会用较小篇幅介绍实证主义犯罪学的进步特点。这些特点是众所周知的，因为几乎所有实证主义文本的序言和正文中均有提及，为了避免被忽视，我在这里会做短暂的重复。19 世纪末和 20 世纪初的新犯罪学，为研究犯罪提供了精确的和科学的方法，为解决严重的社会问题提供了技术手段，并为防止犯罪的危害和改善犯罪人的性格提供了真正的人道希望。本文并不打算否认这些进步性的因素，也不打算去质疑从事犯罪学研究并推动其需求的那些学者的动机。但是，本文确实试图质疑支撑这场运动的"科学"、"犯罪"和"改造"的概念，并在其论点的详细表述中表明，犯罪学与一套明确的政治假设和政策相勾连。本文的批判立场来自对这种勾连的不明确和不正当性质的识别，并认为这种勾连的后果往往是继续压制人口中的弱势阶层，而不是将社会从犯罪问题中解放出来。

一、犯罪学存在的条件

犯罪学这一新的知识形式及其概念、研究对象和方法的出现，所需要的不仅仅是一位意大利医生在帕维亚的监狱和精神病院中欣喜若狂的发现。① 犯罪学之所以能够吸引这么多权威人士和组织的关注和支

① 龙勃罗梭这样描述他的"发现"："1870 年，我在帕维亚的监狱和疗养院对尸体和活人进行了几个月的研究，以确定精神病患者和犯罪人之间的实质性差异，但没有取得很大的成功。最后，我在一个强盗的头骨中发现了一长串太极图式的异常现象，首先是一个巨大的枕骨中窝和类似于下层脊椎动物的肥大的蚓部。在看到这些奇怪的异常现象时，我似乎解决了犯罪人的性质和起源的问题。这不仅是一个想法，更是一种灵感的闪现。在看到那个头骨时，我似乎一下子看透了犯罪人的本质问题，就像火红的天空下的广阔平原一样被照亮了。"（C. Lombroso，*Crime*，*Its Causes and Its Remedies*，Heinemann，1911，p. 14.）

持,是因为其关注点与这一时期科学界人士和公职人员的关注点及事务之间存在某种共鸣。以下将简要介绍一些概念的、制度的和政治的条件,正是这些条件使新的犯罪学运动及其发现和愿望的实现成为可能。

任何新的知识形式都离不开一系列的先驱者,以及类似的实践和目标的模糊起源。如果我们考虑到这种知识的特殊性,如犯罪学方案对矫正主义、改革和改造的实践的奉献,那么某些血统就变得很明显了。因此,教会的苦修法预示了新犯罪学,它的重点不是个人的行为,而是产生行为的个人状态(罪恶或恩典)。这种个人状态将成为教会干预和改造的目标,正如在新的犯罪学方案中惩罚是用来纠正性格一样。[①] 这种矫正主义的一个更直接的先驱是霍华德(Howard)和边沁(Bentham)等人的改革目标。他们的改革观念,无论是福音主义还是功利主义的形式,一个多世纪以来一直是刑罚机构的组成目标,至少在官员和改革者的言谈中是如此。但是,尽管这一系列的先驱者提供了历史的回应和先例,为新运动赢得了支持和权威,但其中所涉及的对比之处却远非精确。正如我马上要讨论的那样,新旧之间涉及的矫正概念和方法有明显的不同。犯罪的基础不再是罪恶或错误的推理,而是个人体质的失常或异常。同样,改革的过程也不再依靠上帝的恩典或真正的理性的回归,而是调动积极干预和改造技术。

同样,如果我们考虑它是将行为和行动的模式追溯到犯罪人身体结构的源头,那么我们就会在盖尔(F. J. Gall)和斯普尔茨海姆(J. C. Spurzheim)的工作中找到进一步的历史先导。这两位学者是"颅相学"的主要倡导者,这种知识形式将心理能力设想为局部的大脑功能,从而允许通过检测个人大脑的形状和轮廓的方式来对人格进行分析。[②] 很明显,龙勃罗梭、博伊斯(Boies)、埃利斯(Ellis)和戈林(Goring)以及许

---

① 萨莱伊说:"在教会法中……'castigatio'的概念与'惩戒'和'补救'的概念是一致的。" See R. Saleilles, *The Individualisation of Punishment*, Heinemann, 1913, p. 203.

② R. Smith, *Trial by Medicine*, Edinburgh: Edinburgh University, 1981; Gould, S. J., *The Mismeasure of Man*, Harmondsworth: Pengium, 1984.

多其他犯罪学学者的工作得到了这种早期“物理主义”形式的支持,也得到了德·奎罗斯(De Quiros)所说的“在人身上发现身体和灵魂之间的关系、精神和物质之间的对应关系的古老渴望”的支持。①

但是,在颅相学家的早期物理主义和犯罪学的兴起之间,有一个非常重要的尝试来回答这个古老的问题。对人类和社会生活的科学解释的探索,对“人”本身运动规律的发现,在19世纪一般表现为“科学主义”的方法和关注,个别表现为“实证主义”的方法和关注。尽管19世纪80年代和90年代的犯罪学家试图与特定的哲学和历史主义保持距离,而这种哲学和历史主义构成了这种实证主义运动的康德形式的特点。毫无疑问,实证主义的项目(更温和的版本)及其相应的方法形成了犯罪学广泛的知识基础。我们将在后面看到,观察、分类和归纳程序、定量方法、“自然主义”和因果律的制定,都是继承这种实证主义的各个方面,它们从根本上塑造了这种新知识的结构。

除了这些历史的延续性,以及从这些传统中获得的知识遗产和社会支持,还有一些更接近和更直接的条件使犯罪学得以出现。最重要的是,犯罪学的产生与三个主要条件有关:(1)由调查机构、政府和私人研究产生的统计数据的发展;(2)精神病学的进步以及该学科在知识和社会地位上的增长;(3)最重要的是,监狱的存在是新学科的关注点、技术和数据出现的一个机构层面。

反过来,统计信息和方法的发展显然是一门学科的重要先决条件,这门学科试图在定量和科学的基础上对人口进行分类和区分。当然,精确的技术和概念手段的制定(如回归、相关和因素分析技术,以及非参数方法等)必须等待卡尔·皮尔逊(Karl Pearson)、查尔斯·斯皮尔曼(Charles Spearman)和费希尔(R. A. Fisher)在20世纪初的工作。但是,统计数据的产生先于其科学解释。实际上,数据的收集和整理——出生、死亡、婚姻、犯罪、移民、收入等——与现代中央集权国家的发展及其

---

① See B. De Quiros, *Modern Theories of Criminality*, Heineman, 1911, p. 2.

对管理其主体人口的日益渴望相关联。[①] 19世纪30年代和40年代,这种国家科学已经变得更加有序和规范,产生了人口普查材料、政府调查和报告以及各种官方机构(包括监狱、警察、精神病院、司法机构、济贫院等)的年度统计报告。这些资源不仅被政府及其机构所利用,而且也被私人和协会所利用,他们把这些数字作为社会管理或改革的特定方案的证据。因此,在法国,"道德统计学家"凯特莱特(Quetelet)和盖里(Guerry)建立了犯罪、贫穷、婚姻等方面的规律性模式,并建议政府进行适当的计算。英国成立了一个统计学会以扩大社会数据的生产,从而推动其成员的社会卫生和机构改革运动。到19世纪90年代,梅休(Mayhew)、布斯(Booth)等人和一些慈善组织协会的详细社会调查,以及不断扩大的国家部门提供越来越多的数据,使这一运动得到了加强。[②]

---

① 关于统计技术的发展,参见 D. McKenzie, Statistics in Britain, 1835 – 1930, Edinburgh: Edinburgh University Press, 1981。关于一般统计信息的历史,参见 M. J. Cullen, *The Statistical Movement in Early Victorian Britain*, Harvester Press, 1975。特别是"英国1660～1830的社会统计"。关于犯罪统计,参见 P. Wiles, Criminal Statistics and Sociological Explanations of Crime, in W. G. Carson and P. Wiles ed., Crime and Delinquency in Britain, Martin Robertson, 1971 和 Gatrell, V. & Hadden, T., Criminal Statistics and their Interpretation", in Wrigley, E. (ed.), Nineteenth Century Society, Oxford University Press, 1972。

② 参见 A. M. Guerry, Essai sur la statistique morale de la France, Paris, 1833 和 L. A. J. Quetelet, Essai du Physique Sociale. Bruxelles, 1835。这些"道德统计学家"的工作有时被称为犯罪学科学的第一阶段,因为他们率先将"科学"技术应用于犯罪学数据(例如,W. A. Bonger, *Criminality and Economic Conditions*, Boston: Little, Brown and Co., 1916.)。无论这种赞美是否被认可,这些学者的"科学"与我们关注的"犯罪学科学"有很大的不同,也许被视为早期的偏差社会学更为合适。盖里和凯特莱特关注的是,犯罪是一个社会事实,具有所有此类现象的规律性和社会基础。就他们对个人犯罪行为的概念而言,这似乎是新古典主义的形式,假定是在社会约束下的选择。See T. Morris, *The Criminal Area*, Routledge and Kegan Paul, 1957, p. 48 et seq. 关于梅休及其他19世纪调查和记录英国犯罪与犯罪人的"地质学"学者, See L. Lindesmith, & Y. Levin, English Ecology and Criminology of the Past Century, in W. G. Carson and P. Wiles, ed., Crime and Delinquency in Britain, Martin Robertson, 1971; Morris, T., *The Criminal Area*, Routledge and Kegan Paul, 1957。重要的是,梅休、罗森、弗莱彻和其他学者的非理论化但持续的社会学方法被边缘化,或者被新的实证主义犯罪学的出现重新解释。关于这种边缘化, See T. Morris, *The Criminal Area*, Routledge and Kegan Paul, 1957; D. Garland, *Punishment and Welfare*, Heinemann, 1985 forthcoming。

这些资源允许对特定类别人群(如囚犯或精神病人群)的特征和一般人口信息进行定量比较,这将成为犯罪学工作的基本原材料。没有严格的解释方法来说明这些材料的真正意义,而这并不被认为是对犯罪学家的主张的主要限制。因为统计数据这种“事实”的威望掩盖了这种严谨性的缺失,统计数据生产方式的技术局限性、解释的粗糙方式以及归纳过程中涉及的大量猜测,都是微不足道的考量因素,几乎无损于这门新“实证”科学的成就。

犯罪学发展的第二个基础在于精神病学的概念和精神病学家的主张。从创立至今,犯罪学一直依靠精神病学的数据和威望来支持自己的主张,以此来提供“坚实的”和“科学的”证据,或者——更经常地——从该学科的准医学形象中获得某种社会权力。从某种意义上说,犯罪学一直骑在精神病学的背上,把它作为盟友,以支持自己更折中的社会政策导向性的关注。虽然就像“实证主义”哲学一样,犯罪学和精神病学之间从来没有完全的认同,但是——特别是在早期——出现了犯罪学大量借用精神病学的概念、方案和社会地位的现象。

大约在1845年到1880年间,新的医学专业“精神病医学”或“心理医学”成功地将自己确立为一门独立的、制度化的学科,即“精神病学”。在1845年的法案之后形成的全国性的精神病院网络,以及同一时期由精神病医生组成的专业组织,为这一领域的发展提供了制度上的保障和组织上的基础,使之成为一门专业。① 此外,关于大脑功能领域的生理学调查的发展似乎为精神病学的理论提供了科学基础,并相应地提高了精神病学的社会地位。

早期的犯罪学家在很大程度上依赖于精神病学及其主张,不仅其对观察、分类和实证数据的关注得到了认可和效仿,而且具体的理论和类别也在犯罪学的讨论中得到了采纳和运用。因此,将决定论原则应用于人类行为以及由此产生的对自由意志学说的否定,被早期的犯罪

① See R. Smith, *Trial by Medicine*, Edinburgh University Press, 1981. A. Scnll, Museums of Madness: Social Organisation of Lnsanify in Nineteenth Century England, Harmondsuorfh: Penguign, 1979.

学家如菲利(Ferri)和加罗法洛(Garafalo)视为精神病学所提供的无可争议的结论和发现。同样,诸如“道德低能者”“道德错乱”“退化”“弱智”这些类别都是从莫德斯利(Maudsley)、普里查德(Pritchard)、莫雷尔(Morel)和诺道(Nordau)的著作中大量借鉴的,并作为犯罪学论证的基础。①

然而,这种系统性的借用对精神病学家来说并非没有好处,他们最喜欢的术语就这样被重复和复制。在19世纪末,精神病学运动的主要发展方向是在司法领域——不只是处理犯罪的疯子和布罗德莫的精神病居民,还有在法庭上宣判被告的精神状况,不论是轻微的还是严重的。在这一点上,它在犯罪学运动中找到了一个重要的盟友,该运动将这些精神病学的主张作为其更普遍的刑法改革计划的一部分。因此,虽然精神病学为犯罪学的出现提供了概念上的条件,但犯罪学也促进了精神病学知识及其专长在司法领域的拓展。

最后,在某种意义上,犯罪学的出现不应归功于任何一场知识运动或理论发现,而应归功于一个特殊的机构——监狱——的出现。正如诊所构成了医学发展的真正基础,军营、修道院和教室是刑罚学知识和实践的基础,②监狱也是犯罪学出现的制度表象及其特别关注的对象。监狱提供了一种实验室,一个可以发展新知识的领地,为长期观察犯罪人提供了可能。这些犯罪人可以以一种有组织的、严格的方式被检查、测量、拍照和分类,由此产生的关于定罪率、累犯模式和犯罪生涯的统计数据,是其他地方无法提供的宝贵的犯罪学材料。监狱甚至允许在一定程度上进行实验,因为各种劳动、饮食、纪律等制度可以相互比较,以评估每种制度对监狱人口和犯罪原因的影响。

---

① See R. Smith, *Trial by Medicine*, Edinburgh University Press, 1981; N. Walker, *Crime and Insanity in England*, Edinburgh University Press, 1968. 德奎罗斯指出,以下文本对犯罪学的发展影响最大:克拉珀姆和克拉克的《精神病患者和犯罪人的犯罪概要》(1846年);温斯洛的《莱特森精神病学讲座》(1854年);汤普森的《犯罪人心理学》(1870年)和《心理科学杂志》(1870年)中的《犯罪的遗传性质》;莫兹利的《心理责任》(1873年)。See De Quiros, B., *Modern Theories of Criminality*, Heinemann, 1911.

② M. Foucault, *Discipline and Punish: The Birth of the Prison*, Allen Lane, 1977.

监狱作为一个试图威慑和改造犯罪人的机构,与提出“犯罪人是什么”这一问题的知识之间存在自然的联系。正如拉格尔斯·布里斯(Ruggles-Brise)清楚地看到,“监狱科学逐渐发展成为发现犯罪原因的科学——犯罪学”①。因此,随着监狱在整个西方世界的建立,这种新知识——犯罪学——也在国际上出现了,后者一直持续关注监狱人口以及从中得出的数据。

但是,在监狱和它的产物——犯罪学——之间还有一种联系,它直指犯罪学事业的核心,把犯罪学牢牢地与一个特定的项目和明确的政治联系起来。这种联系涉及“个体化”和“差异化”两个概念,这两个术语奠定了犯罪学的基础,并形成了这种知识中最具特色的方法、概念和技术。我将在后面讨论这些术语的意义,这里提到它们的目的只是确定其制度起源,并指出制度背景是如何推动理论术语的发展的。首先讨论“个体化”,这显然是监狱的一个基本建筑特征,一个单独的牢房,里面有一个单独的囚犯,是监狱的基本单位与基本术语。这种蜂窝式的牢房结构有一些明显的实用目的,如隔离、防止交流和交叉感染、便于监视和控制,这无疑是其广泛使用的原因。但是,这种实用的组织一旦建立起来就会影响到看待犯罪人的方式。维多利亚时代的监狱提倡了一种与不寻求隔离和个体化囚犯的旧目标截然不同的看待囚犯的方式,它也不同于其他19世纪的惩罚,如罚款、体罚或押送,在这些惩罚中,这种个性化的因素既不明显也不持久。将犯罪人视为孤立的个体,单独地进行观察,单独地处理,这种对待犯罪人的新方式被犯罪学所采纳和复制。当犯罪学被用于调查监狱人口时,发现犯罪人已经“在那里”了,这当然便于观察和分析,但这种将个人确定为刑罚和犯罪学对象的做法有其社会条件、政治条件以及隐含意义。所有的资产阶级个人主义的前提,包括追究犯罪行为的个人责任、面对社会力量的自由意志以及犯罪的个人根源,都以这种方式在监狱和犯罪学理论中得到再现。自由主义的政治和意识形态就这样被铭刻在有形的和观念的体系结构和话语结构中,这些结构可以处理犯罪,尽管这种铭刻是在既没有

① E. Ruggles-Brise, *Prison Reform at Home and Abroad*, Macmillan, 1925, p. 10.

被质疑也没有被承认的情况下发生的。而且,正如我们即将看到的,犯罪学将大幅修正自由主义的责任和行动概念,但它从未质疑过将个人确定为犯罪的根源,以及研究与矫正的适当对象。

至于“差异化”,从某种意义上说,在监狱背景下也是现实存在的。在 19 世纪,当监禁成为刑法采用的主要制裁手段时,监狱的围墙为犯罪人和非犯罪人人群提供了最清晰、最简单的分界。仅凭这一事实,那些被关在墙内的人就是一个独特的犯罪阶层的成员。因此,如上所述,通过观察监狱人群,可以很容易地确定犯罪人的特征,而非犯罪人的对照组,将从(监狱)外面的自由人群——比如新兵、大学生、男子俱乐部等其他任何人群中抽取。早期的犯罪学家们广泛使用了这种便利的界线,并将其作为比较的基础,事实上,这一界线今天仍在使用,尽管是以更严格的控制方式使用。这种研究方向和假设的特征在论证中不自觉地引入了一个明确的前提:人们认为,将监狱人口与“一般”人口区分开来的法律地位和社会地位的差异,对应的是组成这两个群体的个人之间的体质差异。换句话说,监狱的划分成为犯罪学事先预设后“发现”的自然划分。①

① 加罗法洛明确指出,犯罪学的适当研究对象是“自然犯罪者”。See R. Garafalo, *Criminology*, Heinemann,1914. 戈林比菲利和龙勃罗梭谨慎一些,他把这说成是一种假设,而不是先验的假设:“……我们被迫假设所有的人都可能存在一种性格,我们称为‘犯罪倾向’。”See C. Goring, *The English Convict*, *Prison Commission*, H. M. S. O. ,1913, p. 26. 戈林还说道:“假设对犯罪的定罪和再定罪不是纯粹的环境事件,而且宪法因素在这种可能性中发挥了一些作用……” See C. Goring, *The English Convict*, *Prison Commission*, H. M. S. O. ,1913, p. 123. 心理学中智商理论的发展恰恰显示了同样的、毫无道理的信仰飞跃。古尔德将这一过程描述为具象化:“争论是从谬误之一开始的,即我们把抽象的概念转换成实体的倾向。我们认识到心态在我们生活中的重要性,我们希望对它进行定性,部分原因是我们可以在人与人之间进行我们的文化和政治体系所规定的划分和区分。因此,我们给这个奇妙的、复杂的、多面的人类能力的集合赋予了‘智力’这个词,这个速记符号随后被重塑,智力作为一个统一的东西取得了它可疑的地位。一旦智力成为一个实体,科学的标准程序实际上决定了要为它寻找一个位置和物理基质。既然大脑是心智的所在地,那么智力就必须居住在那里。” See S. J. Gould, *The Mismeasure of Man*, *Pengium*,1984, p. 24.

为了解释这个过程,我们需要证明的不仅仅是它的实际便利性和可能性,还需要证明它的方向和假设在这些情况下是合适的或有可能的。为了做到这一点,我们仅需要看看19世纪末在英国和欧洲其他各国盛行的社会政策和政治策略。从这个意义上讲,区分犯罪人和使其个体化的愿望(这不仅确立了犯罪学的方法和概念,也确立了它的目的和政治)是区分政治策略的思想表达,这种政治策略体现在英国《济贫法》、慈善和这一时期的刑事司法实践中。① 这是一种策略,它试图凭借指定的强制机构将群众与他们自己划分开来、划清界限(粗暴的/得体的,应得的/行乞的,守法的/违法的,等等),以便更好地控制一般民众。如果没有这种"愿望"及其制度和机构层面的出现,犯罪学的研究就没有基础。为什么要认为犯罪人在宪法上是不正常的或不同的,而常识和以前的哲学却与这种观点相反?既然没有任何科学可以区分富人或穷人、守法者或权贵精英,为什么还要有一门关于犯罪人个人及其差异的科学呢?仅仅是因为社会、制度和理论条件的配置使之成为可能,而且明显是可取的。

二、对古典主义和现状的批判

还有一个明显的条件促进了这个犯罪学方案的崛起,那就是19世纪90年代的社会和刑事危机——现有战略未能有效地处理犯罪问题。作为新方案的一个战术切入点,犯罪学方案对现有战略及其机构尤其是古典主义法学进行了彻底的批判。因此,恩里科·菲利指出:"我们的经验是(在大洋两岸的每个国家,每天都能看到),刑法仍然受到传统教义的启发,无力保护社会免受犯罪行为的祸

① 关于这种政治策略的特点和细节,参见 G. Stedman Jones, *Outcast London: A Study in the Relationship between Classes in Victorian Society*, Oxford: Clarendon Press, 1971; K. Williams, *From Pauperism to Poverty*, Routledge and Kegan Paul, 1981; D. Garland, *Punishment and Welfare*, Heinemann, 1985 forthcoming。

害。"[①]加罗法洛也指出:"对法官的无罪判决或宽大处理进行抗议是没有用的。毕竟,我们看到是司法逻辑的胜利,但是这种胜利是以牺牲社会安全和道德为代价的。"[②]

这种政治上的失败在新的犯罪学家的作品中被反复提及,而它的来源每次都被追溯到古典主义的哲学框架和它所暗示的程序和实践中。事实上,如果我们要描述这个新方案的要素以及其倡导者共同关注的主题和问题,最好的起点就是对古典主义的批判。几乎犯罪学领域的每一篇文章都在抨击古典主义法理学,这既是为了确立以实证犯罪学为基础的刑法体系的实际优势,也是为了界定这两种论述形式之间的差异。这的确是一种攻击。在其早期阶段,这个新方案没有和古典主义调和妥协,也没有寻求刑法修订、改革或理论上的妥协,相反,它攻击了古典哲学的核心,并建立了自己的话语空间和存在权,反对了传统的原则。

首先,反对自由意志学说和责任主义学说,后者被认为是构成整个法律大厦的基础,却并不符合科学的结论。菲利在书中说:"实证的心理学已经证明,自由意志的假设是一种纯粹的主观幻觉。"[③]这里不需要争论或辩论,科学已有自己的结论。但是当然实际后果才是真正的关键问题:如果自由意志是虚幻的,那么"责任"和"罪行"也同样值得怀疑,并且不再需要限制刑事管控的行使。因此法兰西学院的埃米尔·法盖(Emile Fagute)也认为:"我们不应该把自己放在罪责的位置上,这太模糊和形而上学了……有必要将他们区分为非常危险、危险、半危险和不危险的。只有这一点,其他的都不应该被考虑。"[④]"自由意志"、"责任"、"内疚"和"惩罚"不仅是不受科学支持的虚构,而且是对社会构成威胁的形而上学概念,使社会对最危险的犯罪人几乎没有抵

① R. Garafalo, *Criminology*, Heinemann, 1914, p. 41.

② R. Garafalo, *Criminology*, Heinemann, 1914, p. 26.

③ E. Ferri, *Criminal Sociology*, Heinemann, 1917, p. 38.

④ W. W. Smithers, *The* 1910 *Meeting of the International Union of Penal Law*, Journal of the American Institute of Criminal Law and Criminology, 1911 – 1912, p. 2381.

抗能力。萨莱伊(Saleilles)将报应的交换逻辑与社会防卫的功利设计相对立。从这个角度来看,古典的刑罚方式是"对社会来说是最危险的理论……因为尽管它试图让犯罪人为他们的罪行付出代价,但它并没有成功地阻止他们制造新的、同样不负责任的罪行。"①

其次,反对"刑罚比例"及其伴随而来的"形而上学"。拒绝自由意志的责任是为了减轻刑事系统用这些"不可能"的术语衡量正义的任务。一旦摆脱了这些负担,它就可以集中精力完成其正确的防卫任务。因此,恩里科·菲利指出:"刑事司法的任务不是衡量犯罪人的'道德过错'(这种衡量方法是绝对不可能的),也不是衡量'相称的惩罚'(这种比例也是不可能的,因为举例来说,科学实践不可能有绝对标准来确定对谋杀的相称惩罚应该是死刑、终身监禁还是监禁),刑事司法只能是对犯罪所代表的危险和伤害的一种战术防御,而不是这一使命。"②"形而上学"的滥用是一种最受欢迎的策略,像莫兹利(Maudsley)和罗伯逊(Robertson)这样的精神病学家以及他们的犯罪学盟友都在使用。为了取代这种对"直线、规律和虚构"③的推测性思考,犯罪学家们应坚持"对事实的实证研究"④。新方案的目的是:"以经验的真实性取代纯粹的司法抽象;让事实高于法律,让观察的精神高于法律的精神。"⑤如果对上述"形而上学"的拒绝也意味着个人权利学说应该被放弃,这几乎不被认为是一种灾难,因为根据布拉德利(F. H. Bradly)等哲学家的说法:"旧的形而上学的个人权利学说在这个十九世纪初就已经过时了,而且今天很难被视为一个理性的原则。"⑥

再次,反对惩罚的统一性及其假设和效果。到目前为止,现行刑事

---

① R. Saleilles, *The Individualisation of Punishment*, Heinemann, 1913, p. 61.

② E. Ferri, *Criminal Sociology*, Heinemann, 1917, p. 40.

③ R. Saleilles, *The Individualisation of Punishment*, Heinemann, 1913, p. 73.

④ E. Ferri, *Criminal Sociology*, Heinemann, 1917, p. 14.

⑤ R. Saleilles, *The Individualisation of Punishment*, Heinemann, 1913, p. 72.

⑥ F. H. Bradley, *Some Remarks on Punishment*, in The International Journal of Ethics, No. 4, 1893 - 94, p. 279.

司法体系一直以这些错误的原则为前提——刑罚比例、个人权利、平等待遇,其结果是"惩罚的统一性"。后者不被视为一种成就,而被视为缺乏提炼的能力或辨别力——"对普通监禁形式的混杂委托"①、"过时的惩罚手段"②。不仅现有的制裁措施缺乏多样性,而且监狱本身也没有得到适当的分类或区分。刑罚的分类"就像判决本身一样合法、抽象和一成不变"③。新的犯罪学家对这种"统一性"及其平等主义假设提出抗议。人类学的研究结果大致上反驳了这种善意的虚构④,它实际上反而产生了主张平等的影响:"有人说,在监狱里,所有的人都是平等的;但他们的天生的不平等并不能通过拘留人来消除;他们只是被忽略了;监狱的待遇是统一的,因此是对个人的不平等待遇。"⑤

但是,其后果不仅仅是统一性上的不平等:它涉及监狱未能改造甚至不能使社会中最危险的分子丧失能力。监狱被认为是犯罪者的温床,在这个制度中,"好囚犯也是坏囚犯,'理想的'好囚犯,是累犯、老手、惯犯,他的监狱经验和获得的温顺是他有序行为的保证"⑥。以"科学"反对"形而上学"的主张,有了实际的回报——新的犯罪学可以表

---

① Report of the Prison Commissioners (1901 - 02) P. P. 1902, p. 8.

② H. Ellis, *The Criminal* (1*st edition*, 1889), London: Contemporary Science Series, 1970, p. 25.

③ International Penal and Penitentiary Foundation, Modern Methods of Penal Treatment, Paris, 1951, p. 54.

④ 菲利指出:"人类学通过事实表明,犯罪者不是一个正常人;相反,他代表了一个特殊的阶层,是人类通过遗传或后天的有机和生理异常的变异。"当然,从某种意义上说,人类学和人类差异的论点是题外话。古典主义和自由主义哲学并没有断言"所有人都是平等的",而只是断言所有的人都应该被平等对待,尽管存在自然或社会差异。面对这一论点,犯罪学只能回答说这种政治上的平等是"不合适的",这也许就是为什么政治上的论点总是被回避。See E. Ferri, *Criminal Sociology*, Heinemann, 1917, p. 37.

⑤ J. Devon, *The Criminal and the Community*, John Lane, 1912.

⑥ C. Lombroso, *Crime, Its Causes and Its Remedies*, Heinemann, 1911, p. 333.

明,在监狱的实际失败、不断上升的累犯率[①]和刑事司法的各种故障背后,是该系统的经典主义基础的明显不足。

最后,新方案希望与现状的另一个方面保持距离,它宣称自己全心全意地反对新古典主义的妥协及其推荐的做法。新古典主义学派如乔利(Joly)、罗西(Rossi)等通过对古典学说的修正,在19世纪末的欧洲司法体系中取得了一些成功。[②] 诸如"减少责任"和"减轻情节"等概念似乎预示着新方案,并代表着可能满足其要求的一种方式。对此,新的实证犯罪学家们坚决予以反对。当菲利否定了这种"与理性的妥协"[③]时,加罗法洛也就新古典主义者的实际逻辑及其潜在结果进行了讨论。在他看来,新古典主义修改了古典主义的规则,其方式实际上削弱了其社会防卫的能力。"部分责任"和"减刑情节"的概念仍然牢牢地保留在法学范式中(责任、罪行和惩罚),同时也降低了犯罪者受到制裁的程度。就逻辑和实践而言,相比于古典主义,这种妥协与新犯罪学具有更少的共同点,正如加罗法洛在下面的归纳中指出的那样:"现在,很少有犯罪人没有一些'减刑情节'的情况,事实上,没有任何罪行不容易发现'减刑情节'。只需稍加调查,它们就会从四面八方蜂拥而至。简而言之,只有那些在我们看来没有理由的犯罪人,以及那些我们

---

① 早在1895年的《格莱斯顿报告》中,越来越多的惯犯就被记录为一个问题,特别是在地方监狱和侵犯财产的犯罪方面。正如该报告所指出的,单纯盗窃罪的重犯率高达78%(所有在巡回审判或季度会议上被定罪的人中有一半以上曾被定罪)。到1896年,苏格兰专员可以报告说,在这一年被送到苏格兰监狱的人中,有500多人以前曾去过那里50多次。See Report, The Nineteenth Annual Report of The Prison Commissioners for Scotland (1896) P. P. 1897, 40, p. 7. 萨瑟兰(J. F. Sutherland)在其1908年关于累犯的文章的序言中,对20世纪初这个问题所引起的震惊和担忧作了一些说明:"也许在人们的记忆中,没有任何时候像现在这样,由负责内政事务的国家部长、对他们负责的行政人员、法官和治安法官、社会改革者、救世军、教会、慈善机构、宣传人员和新闻界所表现出来的活动和焦虑,以控制累犯。"See J. F. Sutherland, Recidivism. Wm. Green, 1908.

② See I. Taylor, P. Walton & J. Young, *The New Criminology*, Routledge and Kegan Paul, 1973.

③ E. Ferri, *Criminal Sociology*, Heinemann, 1917, p. 372.

没有花心思去寻找理由的犯罪人(才找不到减轻情节)。"①而在加罗法洛看来,这种无限回归到良好借口的领域,会将"最凶残类型的杀人犯无罪释放,因为一旦确立了他的极端的天生残暴性或他对犯罪冲动的不可抗拒性,就没有一丝的道德责任了。随着邪恶倾向的原因越来越被人们所熟知,每个案件的结果都将是相应地减少惩罚"。

就其概念逻辑和对制裁的实际影响而言,新古典主义的妥协被认为是新方案的障碍,而不是其实施的早期形式。因此,它与司法现状的其他因素一起受到批评。然而,在一个非常重要的意义上,新古典主义的概念和程序确实为新方案奠定了基础,成为古典法学和犯罪学的科学主义之间的一个中介。这涉及知识的问题。

如果非要用一个词来形容旧的刑事法学体系和新的犯罪学之间的区别的话,首先应该是关于犯罪人的"知识"要素。对于古典主义来说,每个人(除了疯子和婴儿)都拥有意志、责任和理性的能力,这是一个信念。这些品质被认为是预设的,是一种普遍的先验,不需要积极证明。这种先验主义使对被告的个人调查变得没有必要,因为在没有任何明显的不负责任的证据的情况下,可以简单地假定被告是一个完整的法律主体。新的犯罪学家认为,这种司法态度只是对犯罪人的一种偏见性无知——一种伪装成直觉性真理的知识缺失。难怪古典主义在打击犯罪的战争中失败了——它宁愿放纵自己的偏见,也不愿承认自己的敌人:"知己知彼,百战百胜。我们需要面对的敌人对于司法学校的追随者来说是未知的。对他的了解只来自对监狱、感化院和流放地的长期持续观察。"②

犯罪学的使命是提供这种宝贵的知识,将刑事科学的研究扩展到"我们的前辈根本看不到的地方"。阿尔伯特 · 威尔逊(Albert Wilson)说得很好,他说:"当一个犯罪人被抓住时……他的案子应该从他见到日光之前就开始筛选。要解决的问题是,你是谁? 你是怎样的人? 为

① R. Garafalo, *Criminology*, Heinemann, 1914, p. 25.

② R. Garafalo, *Criminology*, Heinemann, 1914, p. 33.

什么是你？你是什么人？"①

这种调查以及它所开辟的"巨大的重新审视领域"，将成为犯罪学的适当领域。事实上，犯罪学正是这种知识，就像古典主义是现在被质疑的司法前提的框架一样。关于新古典主义的修订，需要指出的是，它在这两种形式的话语和程序之间形成了一种桥梁。当然，它保留了古典主义的前提，同时修改了它们的实际应用——正是这种改革主义的保留受到了严厉的批评。但事实是，这种修改以常规和系统的方式引入了关于犯罪人的知识问题：关于他们的责任程度的问题（以及因此他们的精神状态、个性等）；关于他们的个人情况的问题（以及他们的成长史、财务状况、家庭状况等）。尽管犯罪学提出的调查基础和条件与这一妥协立场完全不同，但毫无疑问，新古典主义已经提供了一个明确的开口，犯罪学后来正是通过它才得以接近司法机构。

三、理论资源：犯罪学中的论点、概念和证据方案

到目前为止，我叙述了实证犯罪学对古典法学的否定及其历史性的过程（从一些存在的条件中产生）。在这一节中，我将开始挖掘这个新方案的积极内容，参照其理论资源和原则，列出赋予这一新话语以具体犯罪学特征的特点。

如果我们通读世纪之交出现的大量犯罪学文献，就会发现最明显的特征是这些文本的显著统一性。尽管它们来自世界各地，细节上也有差异，但它们在目的和原则上却表现出显著的统一性。这种统一性超越了对实证主义方法和选择性程序的共同承诺，包括许多其他共同的立场、论点和建议，这些都不是由它们的"科学"目标所带来的。这种共同的理论结构来自对一些立场的普遍遵循，这些立场可以列举为区分和个性化、病理学和矫正主义，最后是干预主义和国家主义。

但是这些一般的立场在文本中并不像文本本身那样明显。相

① A. Wilson, *Education, Personality and Crime*, Greening and Co., 1908, p. 204.

反,它们隐含在论证的前提、选定的研究对象和目标中,或者在随后的特定建议选择中。因此,如果我们希望找到这些共同立场的证据,我们就必须在所提出的文本论据的层面上这样做,说明这些论据是什么,以及它们如何包含了已经列出的一般立场。然而,在这样做之前,我们可以简单地指出,这些共同立场不仅仅是由个别文本的理论逻辑所支持。犯罪学事业是一场自觉的社会运动,面向一个非常明确的实际方案,并得到一些有动机的组织和机构的支持。犯罪学话语的统一性和重复性,既要归功于这场运动和它的科学征战,也要归功于它的内部逻辑。

我已经提到,犯罪学是由“犯罪人到底是什么?”这个问题引发的调查和知识领域,这个问题构成了犯罪学的基础,它已经预设了一些操作,使这样一个问题能够被有意义地提出来。因此,正如我们所看到的,它假设了一种个体化的立场,将个人固定为适当的分析对象和单位,①并假设了犯罪个体与守法个体之间在定性和实证上的区别。

这两种立场中的第一种——“个人化”——并不难理解。正如我们所看到的那样,它被写进了既定的法律和刑事司法体系,同时也是古典法学框架所认同的立场。然而,“差异化”是一个与古典法理学及其规定的法律体系完全相悖的立场,尽管它是由监狱和当代政治策略推动的。在古典法学中,犯罪人和非犯罪人的唯一区别是一个偶然的事件:一个人选择了犯罪行为,而另一个人则没有。这种行为的差异没有显示出任何超越其本身的东西,每个案例中的个人都被假定具有类似的构成,即一个自由、理性的主体。

犯罪学在对这种逻辑的重新解释中找到了自己。在拒绝了自由意志和选择行动的“形而上学”之后,犯罪人和非犯罪人的区别具有了全新的意义。普遍决定论的法则废除了偶然性和自由意志的领域,并要求从因果关系角度来看待各种现象——甚至人的现象。正如斯宾诺莎(Spinoza)所说,“自由意志只是对行动原因的无知”。因此,犯罪和不

① 希利指出:“整个犯罪问题的动态中心将永远是犯罪人个人。”See W. Healy, *The Individual Delinquent*, 1915, p. 22.

犯罪之间的区别不再是一个偶然的或形式的问题,而是一种实质性和必然性的区别。一个犯罪人之所以犯罪,是因为他是以一种犯罪人的方式被造成的,非犯罪人则正好相反。“犯罪是人类个人状况的一种被发现的标志、症状和结果。”①在这种单一操作中,“自由意志”被决定论所取代,犯罪人以一种定性的方式被区分,并开始寻找犯罪的原因。

跟随这一行动的各个阶段,我们可以清楚地看到犯罪学事业是如何在话语上确立的。首先,对人类“自由意志”的批判。正如我们所看到的,基于实证主义的方法和精神病学的数据:“自由意志是一种错觉。人的运动、行动,就像世界上的其他运动一样,服从自然法则……这些法则中的第一条是,没有任何东西是无中生有的。所有的东西都是被创造出来的。”②

其次,从自由意志哲学转向人类行为及其决定因素的心理学。这一举措需要对人类行为的各种要素进行彻底的重新排序。它拒绝了将自我作为主权者的精神概念,即自我是“意识和意志的绝对君主”③。它拒绝了一个无形的、不可知的创造和选择点——人类灵魂,取而代之的是一个固定的实体——个体的性格或人格,它有明确的条件,可以调查,甚至可以改变。这种人格“不是单一的和独立的”,而是相当复杂的和“构成的”。④ 因此,加罗法洛认为:“我们知道,自我不能创造自己,性格已经由一系列的前述事实形成。”⑤克莱·肖(Claye Shaw)也认为:“个人性格才是意志的最终原因……与其说意志是自由的,不如说它是一个确定的过程。”⑥这种“性格”或“人格”的构建取决于“遗传、生理和社会环境”⑦,并形成了个人行为的基础和近似来源。

① H. M. Boies, *The Science of Penology*, 1901, p. 31.

② M. De Fleury, *The Criminal Mind*, Downey and Co., 1901, p. 57.

③ M. De Fleury, *The Criminal Mind*, Downey and Co., 1901, p. 35.

④ See M. De Fleury, *The Criminal Mind*, Downey and Co., 1901, p. 32.

⑤ R. Garafalo, *Criminology*, Heinemann, 1914, p. 274.

⑥ Claye Shaw, *Impulsive Insanity*, in The Transactions of the Medico-Legal Society, 1902 – 04.

⑦ B. Hollander, *Crime and Responsibility*, Ethological Society, 1908, p. 2.

这种从哲学到心理学的转变的影响是复杂而广泛的。首先,它促进了对人类主体进行积极了解的可能性。正如萨莱伊(Saleilles)所说,"在较新的观点中,人格……变得可以进行精确的心理学分析"①;正是基于这种知识,犯罪学将其作为一种关于犯罪人的高级话语形式。其次,它提供了一个在法庭上评估和管理的新对象。"必须根据新的知识重新考虑自由意志和责任的条款。我们只是具有不同潜力、耐力和能力的机器,根据机制的质量,我们应该被评判。"②最后,它开辟了技术上的可能性,可用于改变这个对象及其决定因素。正如德 · 弗勒里(De Fleury)生动地指出:"……灵魂就在那里,在我们的手术刀下。"③

这个操作的下一个阶段是一个简单的逻辑区分问题。如果人格或性格是个人行为的基础,那么不同形式的行为标志着不同形式的性格。现在,犯罪行为所象征的不仅仅是它本身,还是它所产生的犯罪特征的标志。正如博伊斯(Boies)所说:"犯罪人的道德堕落是其个人性格的实际状况,而不是一种短暂的激情或倾向。"④至少对犯罪学家来说,这种逻辑得到了经验的充分证实:正如马罗(Marro)所说,"所有研究犯罪人身体的人都被迫得出结论,他是一个独立的存在"。对此,加罗法洛补充说,"很少有人参观过监狱或教养院之后,还会坚持相反的观点"⑤。

因此,通过一个区分和分类的过程,追溯因果关系,犯罪学得出了独特的"犯罪特征"。正是在这一点上,我们看到了"病理学原则"的引入。根据迄今为止的操作逻辑,我们确定了一个对象,并根据其促进的行为类型对其进行分类。但到目前为止,还没有一个性格类型的等级制度。病理学概念的引入,固定了社会和个人"健康"的明确标准,并将犯罪性格置于该标准之下。它成为犯罪学的一个"定理":

---

① R. Saleilles, *The Individualisation of Punishment*, Heinemann, 1913, p. 184.

② A. Wilson, *Education, Personality and Crime*, Greening and Co., 1908, p. 236.

③ M. De Fleury, *The Criminal Mind*, Downey and Co., 1901, p. 2.

④ H. M. Boies, *The Science of Penology*, 1901, p. 3.

⑤ R. Garafalo, *Criminology*, Heinemann, 1914, p. 67.

“犯罪行为是人类性格中的一种病态。”①

“犯罪人不是一个正常人……相反,他代表了一个特殊的阶层,是人类通过遗传或后天的器官或生理突变而产生的变异。”②

“……犯罪总是异常现象或病理状况的结果。”③

我们应该注意到,这一原则毫无争议地引入标志着社会和政治标准被直接纳入犯罪学话语的范畴。犯罪行为不再是对传统规范的违反,而是偏离了“正常”。在将社会越轨行为视为个人病态时,这意味着国家的法律必须提供符合行为健康和正常的最低标准。犯罪学也就被定位为一门矫正学科,从根本上不批判现有的法律和社会关系。

这样,我们就有了犯罪行为的概念,它是一个独特的病理实体——“犯罪性格”——的产物和表现。或者说,由于人格被认为是复杂的而不是单一的,所以我们将“犯罪”作为个人性格的病理因素。在这个犯罪性的概念中,犯罪学既找到了它的理由,也找到了它的适用对象。因为如果犯罪性是犯罪行为的来源,那么对它的系统性了解——犯罪学——显然是必要的。而一旦知道并确定了这个对象,它就应该明确成为调查、观察和最终改造的目标——一个切实可行的目标。

但是,我们应该在这里停顿足够长的时间并因此注意到,这个实体的证据——犯罪的关键现象——完全是外部的和推断的。犯罪行为没有被发现、追踪或确定,以此在任何直接的意义上使我们能够看到它、触摸它、隔离它,或确定它的机制和运作模式。相反,它是一个从各种各样的行为中推测出来的实体,只是因为它们共同违反了所谓的“刑法”。这种推测得到了“证实”,不是通过直接观察的积极证据(人们有权期待实证主义科学),而是通过调查人员声称在犯罪人的身体和特征中发现的各种差异和污点的混合体(其中大多数是社会条件下的,或者是在人类特征的正常变化范围内的)。因此,“犯罪性”与它试图取代的古典“自由意志”和“理性”一样,都是一种形而上学的构造,尽

① H. M. Boies, *The Science of Penology*, 1901, p. 35.

② E. Ferri, *Criminal Sociology*, Heinemann, 1917, p. 38.

③ E. Ferri, *Criminal Sociology*, Heinemann, 1917, p. 11.

管与它声称的地位和论证形式正好相反。

总之,凭借声称从犯罪人的身体、大脑或“环境”中发现了犯罪行为,犯罪学为自己争取到了一个社会和科学的空间。在这一发现之后的一个世纪里,这一空间得到了扩展和广泛的研究,犯罪行为的地位和特征被反复审查和重新定位。它被视为一个实体,将个人完全定性为“犯罪类型”,或者被视为一个更有限的特征,可以影响个人、家庭甚至邻里。尽管如此,犯罪学家们仍然致力于这个假定性的对象。原因很简单,没有它的存在,犯罪学就不可能作为一个独立的话语或学科而有坚实的基础。因此,对犯罪行为的发现就是对犯罪学本身的发现。在理论阶段,犯罪学的任务是调查犯罪行为;而在实践阶段,(监狱学)则是将犯罪行为从个人和社会中消除。

(一)对犯罪行为的调查

如果说犯罪行为的发现建立了一门有关进一步调查的科学,那么它也产生了进一步调查的程序、设备和合格人员的需要。犯罪学一直要求法律系统向非法律专家开放,所需专业知识的确切性质根据有关犯罪学家的预言而有所不同——如霍兰德(B. Hollander,他本人是医学博士)认为,“犯罪需要智能和科学的处理,这取决于对医学专业的进一步学习”①;阿尔伯特·威尔逊(Albert Wilson)认为,犯罪人“需要仔细检查……不是由警察、律师甚至法官,而是由心理学家”②;利德斯顿(Lydston)则建议“由具有广泛信息和对犯罪的生理方面和社会学原理有透彻了解的明智而有经验的人指导”③。其他要求则不那么具体,或者要求“由心理医生进行医学心理学检查”,或者仅仅是“高度和专门训练的人员”,但该方案的一贯主旨是引入非法律性质的专家人员。

---

① B. Hollander, *Crime and Responsibility*, Ethological Society, 1908, p. 13.

② A. Wilson, *Education*, *Personality and Crime*, Greening and Co., 1908, p. 236.

③ G. Frank Lydston, *The Diseases of Society* (*the Vice and Crime Problem*), 1904, p. 599.

事实上,犯罪学论证的愿望是将法医调查的对象从“犯罪事实”转移到“事实所揭示的代理人的犯罪性”①。如果律师、法官和司法程序足以调查“行为”和“事实”,那么对犯罪行为的调查则需要其他的相当手段。因此,要求建立评估中心、“精神和身体观察站”和“法庭诊所”,并完善刑事诉讼程序,赋予这些机构以应有的权力。② 人们呼吁“发展足以满足刑事审判和听证中精神病学所要求的机制,包括法院诊所和精神病学家,并最终对所有犯罪人进行例行的强制性的精神病检查,在向法院提出处置和治疗囚犯的建议方面享有自由与权力”③。如果像菲利声称的那样,“刑事科学的当前和未来的伟大真理”④,在于“刑事治疗的个性化——针对那个人,以及那个人的犯罪原因”,那么这种个性化就意味着一个非常明确的过程或程序。然后,它意味着一个评估、分类和区分的系统,这就需要训练有素的“诊断”人员,以及无休止地生产分类方案和类型学。最后,正如我们将看到的那样,它意味着一系列广泛而不同的制裁、处置和治疗,以适应个人犯罪行为的不同类别、形式和类型。

(二)消除犯罪行为

我在有关犯罪学方案的讨论中一直强调,犯罪学不是单纯的学术追求,它实际上是一种应用性的、学科性的话语,目的是在权力机构和实践中建立自己的地位。我也强调过,构成科学调查重点的对象——犯罪性——也是一个实用的对象,是政策要求和实践的重点。

---

① R. Garafalo, *Criminology*, Heinemann, 1914, p. 408.

② M. A. Elliot, *Conflicting Theories of Penology in certain phases of criminal statutory legislation in thirteen states from* 1900 – 1927, Ph. D. Thesis, Northwestern University, 1929.

③ M. A. Elliot, *Conflicting Theories of Penology in certain phases of criminal statutory legislation in thirteen states from* 1900 – 1927, Ph. D. Thesis, Northwestern University, 1929, p. 36 – 27.

④ E. Ferri, *Criminal Sociology*, Heinemann, 1917, p. 6.

犯罪行为是一个中性的研究对象，但也是刑法实践和监管形式的目标。它是一个科学问题，也是一个需要解决、抨击和改造的社会问题。基于理论与实践的这种关键性统一，我们不难发现，犯罪学方案在很大程度上致力于研究明确的刑罚学，而且，上述共同的理论和讨论立场与共同的实践要求和建议方案相联系。

在确定了犯罪性是犯罪行为的真正来源之后，犯罪学家的实践方案只针对这一目标，并致力于消除这一目标(直到后来，"遏制"才被视为一个更现实的目标)。旧制度惩罚犯罪人"选择"了犯罪，然后让他自由地再次做出同样的选择，而新的犯罪学旨在一劳永逸地消除他的犯罪性。鉴于犯罪性的存在，有三种不同的消除模式可供选择。首先，犯罪性可以被改造。犯罪人个人可能会以某种方式被改造，从而实现他的社会适应或重新适应——他的性格会被改变，他的犯罪行为会被治愈。① 其次，在这种改革不可能或不切实际的情况下，可以简单地将犯罪行为消灭掉。因此，不可救药的犯罪人可以被处死，或流放，或被永久隔离，以便将其犯罪性从社会主体中清除。最后，对于未来而言，犯罪行为还可以被预防。如果犯罪的决定因素和原因本身能够被改变或消除，那么接下来的几代人就可以对这种情况进行免疫，并逐步实现其消亡。

事实上，几乎所有的犯罪学文本和宣言都同时提出了这三种模式或目标，因此亨利·博伊斯(Henry Boies)认为："对不可救药的犯罪人进行不间断的、持续的约束，对可治愈的犯罪人进行改造，以及对每个孩子进行健康的教育，构成了科学应对犯罪这一社会问题的一式三份的解决方案。"②再如"这个问题的解决包括三个基本阶段，即预防、改造和消灭，最后一个阶段是最重要的。"③1906年在都灵召开的犯罪人

---

① 被不同程度地描述为"矫正主义"或"刑事监护"(See De Quiros, B., *Modern Theories of Criminality*, Heinemann, 1911.)，甚至"道德矫正学"(See Hall, W. Clarke, *The State and the Child*, New Commonwealth, 1917, p. 409.)以及简单的"矫正"。它意味着积极的改造技术，而不仅仅是为个人提供空间或时间，使其有意愿改善自己。

② H. M. Boies, *The Science of Penology*, 1901, p. 447.

③ H. M. Boies, *Prisoners and Paupers*, G. P. Putnams, 1893, p. 292.

类学大会也指出:"指导无知的犯罪人,改造可改造的人,防止不可救药的人犯罪,是国家必须以忠诚和热忱履行的职责。"①最后,菲利说:"在社会学医学中,卫生措施(预防手段)、治疗性补救措施(赔偿和压制手段)和外科手术(消除手段)这三种类别构成了一个武库,使社会能够看到永久的保护手段。"②

因此,要通过预防、改造或消灭来消除犯罪行为。这个三重性的战略不仅需要评估和分类来确定犯罪人是可救治的还是不可救治的,也要有多种处置方式、制裁和技术来实现这些目标。因此,我们发现,犯罪学家们的一个主要要求是扩大刑事制裁和机构的范围,③包括少年感化院、机构中的预防性拘留、醉汉收容所、弱智教养机构、各种监狱制度、监督形式、有条件释放、无期徒刑和"犯罪前干预"。尽管不同的犯罪学家所推荐的制裁措施清单有一定程度的差异,特别是在绝育或处决等较有争议的创新方面,但总的来说,这些制裁措施大多得到了普遍认可。④

由此可见,新的犯罪学方案的支持者所提出的立场、论点和建议具有明显的一致性。事实上,如果我们进一步确定犯罪学家们讨论最多的具体议题,就会发现文献中反复讨论的都是同样的几个事项和问题。这种选择不是任意的或巧合的:比如最受欢迎的议题——青少年、惯犯、智力低下者、醉酒者——正是那些"科学"或社会政策最想讨论的议题;最"容易解释的"(未发育的少年,有缺陷的人)或最危险的类别(惯犯,职业小偷)被用来提供犯罪的基本模式,然后可以扩展适用于

---

① B. De Quiros, *Modern Theories of Criminality*, Heinemann, 1911, p. 96.

② E. Ferri, *Criminal Sociology*, Heinemann, 1917, p. 420.

③ 参照 1906 年都灵大会的决议:"……必须赋予法官较大的自由裁量权,并根据个别案件的紧急情况,从一系列的措施中选择相应的措施……" See B. De Quiros, *Modern Theories of Criminality*, Heinemann, 1911, p. 98; H. Ellis, *The Criminal* (1*st edition*, 1889), Contemporary Science Series, 1910, p. 25.

④ 关于这些建议的制裁措施的典型清单,参见 H. M. Boies, *The Science of Penology*, 1901; E. Ruggles-Brise, *Prison Reform at Home and Abroad*, Macmillian, 1925 中引用的辛辛那提大会的决议。正如后面要论证的那样,重要的是,犯罪学方案所建议的大多数主要制裁和技术实际上早于它。因此,例如 1870 年的辛辛那提决议与 40 年后的犯罪学建议在大多数方面是相同的。

既不危险也没有任何传统意义上的缺陷的犯罪者。

这种一致性的基础是什么？这种新的话语何以能在如此短暂的时间内，在如此大的国际范围内，建立起如此的稳定性和统一性？对这样一个问题的回答只能是暂时的，而且在某种程度上是推测性的。尽管如此，笔者还是想说，这种早期犯罪学话语的一致性基础并不在于经常发现的科学真理，而在于对早期工作的简单重复或转述，以及话语的意识形态("社会问题")基础的理论含义。如果仔细阅读这一时期的犯罪学方案的文本，可以惊奇地发现，这些言论背后缺乏任何实证数据的支撑。在很大程度上，这些文本只是对其他早期文本的评论、汇编或注释，往往没有增加什么新的或实质性的信息。尽管它声称自己是一门实证的科学，但在这个早期阶段，犯罪学更像一门新的神学，它有教条、注释和"传教士"。因此，随着时间的推移，该学科具有显著的重复程度和静态性质。

至于其理论基础，犯罪学一直致力于寻找犯罪行为的先行的、可观察到的原因。它致力于观察、联系和归纳的实证主义方法论，这意味着它从根本上具有折中的特点，准备在其解释中包含任何数量因素。不同的因果解释，包括不同的"因素"和决定性要素，并不总是被视为竞争或矛盾的说法。例如，在生物因素和社会因素的支持者之间最初的辩论阶段之后，大多数解释采取了折中的多因素方法，简单地列出了多种因素，以寻求全面性而不是连贯性。菲利的《犯罪社会学》一书很好地说明了这一点，该书在 1884 年首次出版时有 160 页，但到了 1900 年第 5 版时，通过积累其他"相关的因素"，犯罪文献不断增加，最终篇幅达到 1000 页。这种大规模的折中主义又是可能的，因为正如我们所看到的，犯罪学的研究对象和方向不是由科学发现而是由实际的社会政策问题所决定的。"犯罪"是一个需要"科学"解决方案的社会问题，其调查人员更多的是致力于这一解决方案，而不是关于人类行为的任何单一或一致的理论。

这种社会问题导向让笔者想到本节的最后一点。在为刑事监管提供新的原则和程序的关注背后，是国家作为这项事业的假定主体的一贯形象。正如古典法学是围绕着国家/个人关系的自由概念组织起来的一样，犯罪学也假定国家和个人是这一过程的适当主体和客体——

尽管这些术语的性质及其关系得到了根本性的修正,从自由主义模式转为更加专制和干预主义的模式。特别是,犯罪学的论点明确地指向了国家日益严重的干预主义,包括针对个人的手段的新概念。但是这种假设,即中央国家(而不是私人组织,或更多的地方行政部门)确实是这一过程的适当主体,以及可能证明这种立场的政治论点和意识形态,在这个方案中是如此根深蒂固,以至于它们大多没有被说出来。我们看到萨莱伊(Saleilles)强烈反对布罗克韦(Brockway)美国实验的私人性质,坚持认为只有国家才能被赋予刑罚职能,偶尔会议决议也会明确规定"国家的建立和控制",但更多的时候,这个问题在沉默的自证中被忽略了。① 然而,博伊斯在他的《科学刑罚学原则》一书中为我们提供了这一基本原则的表述,并表明不仅是政治,而且犯罪学的实际雄心也需要国家作为其主体:"除非由国家发起、指导和控制,以便将人口的每个单位纳入其持续范围和关怀,否则科学的刑罚学是不可能的,所有社会的刑罚努力都是徒劳的,或者比徒劳更糟糕。"②

四、犯罪学的社会影响

在详细描述了犯罪学的计划、条件、结构和要素之后,本文的最后几节将简要说明这一运动所带来的社会影响。笔者一开始就强调了新犯罪学与19世纪90年代的政治战略的相关性。这种相关性在于新方案所提供的监管和意识形态的可能性,这种可能性允许扩大有效的纪律控制,同时以一种具有强合法性的方式进行。正如我们所看到的,犯罪学允许产生一种区分,即从一般人群中区分出犯罪的领域和人群,这与古典法学所坚持的普遍主义形成了鲜明的对比。古典主义坚持所有

① See E. Ruggles Brise, *Prison Reform at Home and Abroad*, Macmillian, 1925, p. 93. 其中讨论了这个问题,并引用和赞同萨莱伊的反对意见。还可参见《第七届国际监狱大会会议记录报告》。[Report to the Secretary of State for the Home Department on the Proceedings of the Seventh International Penitentiary Congress (Buda-pesth) by E. Ruggles Brise P. P. 1906, p. 50.]

② H. M. Boies, *The Science of Penology*, 1901, p. 446.

的人都是平等的、自由的和理性的(来自基督教、人文主义以及自由主义理论),这对监管形式的运作和表述有明确的限制。所有的法律主体都必须不加区别地被看作平等的、公正的。只有通过他们的行为才能对他们进行评判,只有在这个基础上,法律才有权对他们的事务进行干预。[①] 因此,作为一种惩戒形式,传统的刑法受到了严重的限制。它通过具体的规定和禁止明确的行为来发挥作用,因此仅限于对这些行为进行监督,而不是对犯罪人本身进行一般的检查和控制。此外,刑法与合法性问题密不可分地联系在一起,它的禁令是对个人自由限制的公开宣示,需要以此为理由;它与政治义务的话语交织在一起,使其无法以必要的自由裁量权、灵活性或渗透力发挥作用。犯罪学的优势在于它拒绝了这种形式上的自由平等主义,它坚持质量上的区分,这将追溯出危险的阶级和犯罪行为的真正轮廓。但这一策略与以前在慈善或济贫法领域的尝试不同,这种差异尤其体现在条款和理由上。它摒弃了公然的道德主义和阶级偏见的区分,如"应得的/不应得的""可敬的/粗俗的",这在当时的政治上已无法容忍。相反,它用一种"科学"的话语来表述其区别,排除了对政治或道德的任何提及。在这个混乱的时期,犯罪学话语不言而喻的优势是它有能力从"不正常""病态"和毫无疑问的身体及精神"健康"规范的角度进行区分。

在19世纪末,选举权的扩大、非技术工人的大规模工会化,以及下层阶级政治力量的增长,使得对穷人采取公开压制的政策越来越不得人心。在这种情况下,刑事司法(以及英国《济贫法》和"科学慈善")明显的严酷性和阶级偏见越来越无法掩饰法律所再现的严重的社会和经济不平等现象。犯罪学一方面提供了一种科学和改革的方法,承诺促进国家和个人的福利,另一方面又以一种新方式描述了犯罪问题,从根本上将其与社会和政治进程分离开来。犯罪不再是那些生活困难的人的一种选择,他们的生活条件可以解释他们的"选择"。相反,它是一种特殊性格或体质的必然结果。

---

① 这并不是说,法律实际上是按照这些理想来实施的。但是,每当它偏向于考虑阶级或"性格"时,它总是冒着不符合其公共原则的丑闻的风险。

一个不断被定罪的阶级的存在——实际上是人口中贫困阶层的存在——现在可以通过提及这些人的自然的、本性的倾向来解释,从而排除对法律、政治或社会关系特征的所有提及。

因此,在可接受的意识形态条件下,差异化成为可能。这种话语转变也为纪律干预和监管提供了新的和扩展的基础。首先,由于"不正常"的范围可以超过"犯罪",犯罪学允许比刑法有更广泛的控制范围。它的支持者认为,法律不是衡量正常的绝对标准,甚至不是现有的最佳标准。个人的行为可能符合法律规定,也可能是不正常的、危险的和需要控制的。与此相反,犯罪学的条款允许——实际上是要求——对醉酒者、精神不健全者、流浪者、癫痫病人和惯犯等群体进行严格监管,这些人以前是"在法律范围内"的,而后是"无法控制的"。[①] 它甚至允许将这种病理逻辑和正常化的监管扩展到包括整个"贫民"和赤贫的穷人,正如亨利·博伊斯(Henry Boies)和优生主义者所明确指出的那样。[②]

其次,犯罪学声称有能力在犯罪人身体中(而不仅是在他们的行为中)识别"犯罪性",这就为一种预期的监管形式提供了可能。它产生了"犯罪前"、"接近犯罪"或"推定犯罪"等类别。他们还提出了先发制人的预防论。"那么很明显,刑法学的最高功能是在社会感染成

---

① See H. M. Boies, *Prisoners and Paupers*, G. P. Putnams, 1893. 例如,霍华德协会主张为醉酒者、癫痫患者和流浪者做出这种"规定"。正如该协会秘书托马斯-霍姆斯在 1907 年 9 月 17 日给《泰晤士报》和《每日电讯报》的信中所说:"醉酒者的呼喊声响彻大地,但除非这些可怜的受害者在一年内成功地落入警察手中至少四次,否则法律不会理会这种呼喊。" See Crime of the Empire and its Treatment. Annual Reports of the Howard Association for promoting the most efficient means of penal treatment and crime prevention, 1907, 1908, 1909, 1910. 另见昆廷,他将拘留权扩大到所有"社会效率低下的人"。See R. F. Quinton, *Crime and Criminals.*, Longmas, 1910, p. 119.

② See L. Darwin, The Habitual Criminal, in The Eugenics Review, No. 6, 1914－1915; L. Darwin, *The Need for Eugenic Reform*, John Murray, 1926; R. R. Rentoul, *Proposed Sterilization of Certain Mental and Physical Degenerates: An Appeal to Asylum Managers and Others.*, Walter Scott Publications, 1903; R. R. Rentoul, *Race Culture or Race Suicide.*, Walter Scott Publications, 1906. 关于优生学和犯罪学运动的相互影响的讨论,参见 D. Garland, *Punishment and Welfare*, Heinemann, 1985 forthcoming。

员的疾病转变为实际犯罪之前发现他们。"①

最后,将重点从犯罪人的行为转移到犯罪人本身,意味着一种新的和更有穿透力的干预形式。制裁的目的不是满足罪过的标准,而是改变性格的各个方面。制裁的持续时间、性质和严重性问题,不应受制于应得的和均衡性的考虑。此外,制裁应该是个性化的或个别化的,寻求以一种不必因考虑个人自由和隐私而感到尴尬的方式来处理犯罪人的个人结构。

"行为""罪行""非难""比例",所有这些都被认为是过时的、形而上学体系的标志。"新的刑罚学不再由复仇激活,也不看重罪行的道德严重性。'不要判断',这是它的格言。"②取代这些司法概念,犯罪学提出了健康标准、效用学说和社会保护措施。在这种新的逻辑中,衡量犯罪的标准不是其内在的道德严肃性,而是其重复的能力,其泛化的潜力,其症候式价值。③"惩罚是由犯罪人的变态程度来衡量的"④,而不是他的罪行,因此,企图与行动没有区别,倾向与实际做法一样危险。

但是,如果同时放弃司法推理的框架与合法性的限制和约束,那么在刑事系统和完全任意的权力之间还有什么可以阻挡呢?事实上,这个重要的问题在犯罪学家的讨论中几乎没有出现,只有雷蒙德·萨莱

① See H. M. Boies, *The Science of Penology*, 1901, p. 446. 卡斯特尔也曾指出:"精神医学正试图建立一个新的仪器……干预不一定总是来得太晚,因为它的基础是能够在行为实施之前预测到犯罪行为的可能性的知识。" See R. Castel, The Doctors and Judges, in Foucault, M. (éd.), I, Pierre Riviere, Harmondsworth: Pengium, 1975, p. 252. 德奎罗斯提供了"近犯罪人"一词。(B. De Quiros, *Modern Theories of Criminality*, London: Heinemann, 1911, p. 127.)博伊斯认为"推定犯罪人"的认定是"司法决定的充分替代品",正是在这种情况下,我们必须理解他的要求,即使用贝蒂隆鉴定系统来记录人口中每一个10岁以上个人的详细资料。(H. M. Boies, *The Science of Penology*, London, 1901, p. 60.)

② W. Clarke Hall, *The State and the Child*, New Commonwealth, 1917, p. 393.

③ See M. Foucault, *Discipline and Punish*: *The Birth of the Prison*, Allen Lane, 1977, p. 92 – 97.

④ 加罗法洛认为:"一旦以犯罪人的变态程度来衡量惩罚,以不充分的手段进行未遂的问题就完全消失了。如果未遂和已执行的犯罪一样,足以揭示行为人的犯罪性,那么这两者之间就没有区别了。" See R. Garafalo, *Criminology*, Heinemann, 1914, p. 312.

伊(Raymond Saleilles)明确提出了这个问题,他警告说不要用允许完全和任意的自由裁量权的"主观主义"取代古典制度的"客观主义"。①但是萨莱伊对这一问题的解决方案,以及大多数犯罪学家们不需要争论就能假定的解决方案,仍然是规定了道德的适当理想的科学规范以及身心健康标准的客观规则。这些规范和典范——每当讨论病症、差异或康复时被预设的实际价值和标准——从未被明确确定或充分描述,这是这场运动性质的一个重要证明。通常情况下,这些规范被简单地假定、默认,依据是来自类似社会的有理智的人在互相交谈中往往共享一个不言自明的价值和意识形态的框架。布拉德利(Bradley)很好地说明了这一假设,他在论证"社会手术"以及社区在这方面"不受限制的权利"时说:"我们可以不对福利进行定义,而且基于目前的目的,不需要将社区与国家进行区分。"②因此,要由科学的智慧和理性人的相互理解来确定社会健康的"客观"标准并采取行动。法律将被"正常化"所取代,惩罚将被改善性格、识别和修复行为异常所取代,但没有人认为有必要对通过这些程序实施的实际规范进行辩论,甚至描述。

犯罪学方案的主要价值也许就是它所声称的社会工程能力。犯罪学通过涉及诊断、预防和治疗的实用技术、工具和机构,来取代法律惩罚的无效细节。犯罪性现在是一个可知的积极实体,在科学调查和适当的实用技术帮助下,可以从社会主体中去除。但是,如果我们仔细研

① See R. Saleilles, *The Individualisation of Punishment*, Heinemann, 1913, p. 51, 79. 杰弗里提到,西班牙犯罪学家佩德罗-多拉多-蒙特雷罗值得关注,因为他"强调对个人权利的保护和对国家权力的限制"。See C. R. Jeffrey, The Historical Development of Criminology, in H. Mannheim, Pioneers in Criminology, Stevens and Sons, 1960, p. 388. 事实上,正如洛佩兹-雷伊所认为的,蒙特雷罗认为"个人和社会的利益"在矫正过程中变得相同。在应用刑事治疗时,个人权利应被视为从属于这种旨在对犯罪人进行道德矫正的治疗的有效性。See Lopez-Rey, M., Pedro Dorado Montero, in H. Mannheim, ed., Pioneers in Criminology, Stevens and Sons, 1960.

② F. H. Bradley, Some Remarks on Punishment, in The International Journal of Ethics, No. 4, 1983-1984, p. 270.

究这些主张,就会发现该方案一再为国家干预提供论据和合法性,实际上却没有提供什么有效的手段来实施这种干预。事实上,如果我们考虑一下这时提出的技术和装置,就会发现犯罪学在这方面的有力主张在某种程度上缺乏科学的实质。

在一般来说相当重复的文献中,最为常见的方面也许就是每篇文章中专门讨论监狱技术的部分。人们发现,同样的项目一次又一次地出现在书面上——"改造性"监狱、不定期判决、监督令、这种或那种形式的预防性拘留、通过驱逐出境、绝育甚至处决以进行部分或全部"消灭"。虽然这些建议的制裁措施可能与传统制度所列出的制裁措施不同,但它们几乎不构成预防和改造的技术"曲目"。当然,对感化院、无期徒刑、监督等的要求为角色的转变提供了空间,但问题是,很少有人讨论如何实现这种转变的问题。犯罪学几乎没有提供任何技术来支持其社会工程野心,尽管它声称如此。

当然,也有一些听起来很宏大的计划,比如"为监狱工作服务的神经电学",技术发明如"胸腔测量法"①,或者用特殊的体育锻炼方法来训练青少年,但这些都是通过令人印象深刻的说明方式来引用的,从未进行过任何详细的讨论。相反,改造必须依靠"个人影响"和"正常或健康人格的力量"②,以克服犯罪倾向的未指明的效果。监狱训练应涉及身体、智力 、道德等方面——但它总是这样,没有什么明显的成功。

事实上,唯一取得真正技术进步的领域是识别技术的发展。人体测量学、指纹识别、贝蒂隆系统(Bertillon system)、用难以改动的标志性语言标记犯罪人身体的精心设计的系统,以及其他各种识别技术得到了广泛的讨论和发展,这主要是因为它们得到了每个国家的警察和

---

① 布鲁克·费伯在1906年的都灵大会上提出了"神经电学",See B. De Quiros, *Modern Theories of Criminality*, Heinemann, 1911, p. 96. "胸腔测量法"是由莫索发明并得到龙勃罗梭认可的测试血液循环变化的装置,它的作用在于血液循环,对头脑中的东西作出反应。See C. Lombroso, *Crime, Its Causes and Its Remedies*, Heinemann, 1911, p. 253.

② H. D. Pepler, *Justice and the Child*, Constable and Co., 1915, p. 4 – 5.

监狱当局的全力支持。[①]

因此,犯罪学运动提供的技术武器包括一些精心设计的识别技术,一系列消除性的制裁手段,如驱逐出境、殖民地劳工、预防性拘留等(虽然这些都与犯罪学理论关系不大),并且相信可以依靠医学和精神病学来提供有效的康复技术,如果不是现在,至少也是在不久的将来。因此,就其技术概况而言,虽然犯罪学方案通过消除手段和警察技术提供了有效的社会防卫,但在预防或康复方面却几乎没有(任何有效的措施)。[②] 无论它如何将自己描述成一个治疗方案,实际上提供的均仍然是一种隔离和控制的技术。

在此可以注意到的最后一个社会影响是对扩张中的国家主义的促进,这反过来又意味着以牺牲其他部门为代价促进某些职业和职能部门的产生。[③] 犯罪学意味着监狱管理人员、法医学家、精神病学家以及其他"监狱学前专家"等人的地位和权力得到了提升,它拓宽了医学、精神病学甚至社会学的领域,以涵盖以前的司法领域,并试图将权力从司法机构转移到非法律的行政人员身上。因此,在某种程度上,实证犯罪学和古典学派之间的争论掩盖了各专业之间的竞争,这些专业寻求在社会分工中提升或捍卫自己的地位。但这场辩论的意义并不局限于

---

① See B. De Quiros, *Modern Theories of Criminality*, Heinemann, 1911; H. Gross, *Criminal Investigation*, Heinemann, 1911. 惯犯识别委员会的报告显示了早期官方采用的登记系统,使用了人体测量系统,如贝蒂隆法以及威廉·赫歇尔爵士和弗朗西斯·高尔顿开发的指纹法。这些系统很快被扩展到包括大多数囚犯和被定罪的犯罪人——往往是在警察局长的鼓动下。See Report of the Departmental Committee on the Identification of Habitual Criminals (1894) P. P. 1893-94, p. 72.

② 一些作家,如邦格、菲利或德文提出了预防的想法,但这些想法来自社会主义或社会改革方案,并没有在理论上融入犯罪学的讨论。这种从社会关系研究中分离出来的个人主义犯罪学是一个重要的发展,具有重要的政策影响。See W. A. Bonger, *Criminality and Economic Conditions*, *Boston*: *Little*, Brown and Co., 1916; E. Ferri, *Criminal Sociology*, Heinemann, 1917; J. Devon, *The Criminal and the Community*, John Jane, 1912.

③ 博伊斯指出:"国家必须提供熟练的监狱管理员来监督所有犯罪人的待遇。" See H. M. Boies, *The Science of Penology*, Putnams, 1901, p. 438.

理论层面,甚至也不局限于“偏差管理”的专业层面。犯罪学对法律主义的挑战,以及这些竞争性职业所承载的对立原则和价值,具有深刻的意识形态意义,虽然很少被承认,但却是这场斗争的核心。正如我们所看到的,犯罪学话语对个人“自由”、“责任”、“理性”和“权利”等既定概念提出了重大的政治和意识形态问题,为更广泛的社会政治和合法性领域提供了重要的可能性。因此,犯罪学在争取权力机构地位的斗争中所取得的成功程度,是过去一百年来发生的政治变革的有力指标,也奠定了这门“人的科学”在其中的地位。

The Criminal and His Science: A Critical Account of the Formation of Criminology at the end of the Nineteenth Century

Written by David Garland, translated by Li Bo & Wu Xintong, proofread by Jiang Jize

[**内容摘要**]目前犯罪学在国际社会已获得广泛的关注与认可,但是其历史和发展轨迹似乎没有得到充分的关注与论证,而这关系着犯罪学理论框架的正当性。大卫·加兰德的研究表明:实证主义犯罪学的产生与物理主义、科学主义具有密不可分的联系,其反对古典主义的“形而上学”术语,主张形成关于犯罪人的科学的和精确的知识。实证犯罪学理论具有深刻的意识形态意义,其所提出的解决犯罪问题的方法实质上是国家对个人进行的干预与控制,是对“正常”与“反常”标准的垄断,具有明显的政治意图。遗憾的是,实证犯罪学的产生和发展压制了人口中的弱势阶层,而没有将社会从犯罪问题中解放出来。

[**关键词**]犯罪学;古典主义;实证主义;意识形态;国家干预

Abstract: Although criminology has gained widespread attention and recognition, its history and development trajectory failed to attach adequate attention and argumentation, which is related to the legitimacy of the theoretical framework of criminology. The study by David Garland shows: the emergence of criminology is inextricably linked with physicalism and scientism, and its emergence and development have always adhered to the standpoint of positivism. It criticizes and opposes the terms of classicism, while advocating forming scientific and precise knowledge concerning the criminal. The theory of criminology has profound ideological significance, and the method proposed to solve crime issues is in essence the intervention and control of the individual by the state, and the monopoly of the "normal" and "abnormal" standards as well. Criminology has a clear political intention. Unfortunately, the consequence of the construction and development of criminology in 19 century is more often the continued repression of disadvantaged sectors of the population than the liberation of society from the problem of crime.

Keywords: criminology; classicism; positivism; ideology; state intervention

论毒品犯罪情境因素发挥作用的机理及其预防路径*

成　波**　黄明儒***

目　　次

一、引　　言

毒品犯罪①问题作为全球性公害，是当今人类社会面临的一项严

---

* 本文系国家社会科学基金项目“风险社会背景下行政犯扩张及其适用限缩研究”(19BFX061)的阶段性成果。

** 湘潭大学法学院刑法学博士生，湖南中医药大学马克思主义学院讲师。

*** 湘潭大学法学院教授、博士生导师。

① 本文立足于犯罪中观层面，将与毒品相关的犯罪行为作为一个类型进行研究，因而具体中带有一定的抽象性。本文认为犯罪学中的毒品犯罪概念是指围绕毒品直接发生的具有社会危害性，应当受到责罚的类型行为，既包括刑法学上关于毒品的具体犯

峻挑战，严重威胁着社会的安全稳定与发展。2022 年 6 月，国家禁毒委员会办公室发布了《2021 年中国毒情形势报告》，其中数据显示：2021 年共破获毒品犯罪案件 5.4 万起，抓获犯罪嫌疑人 7.7 万名，缴获毒品 27 吨，查处吸毒人员 32.6 万人次；截至 2021 年年底，全国现有吸毒人员 148.6 万名。①可见，当前我国毒品犯罪治理形势依然较为严峻，涉毒问题仍然比较严重。尽管随着"清源断流"专项行动的持续推进，全国毒情形势相较于过去而言整体向好，但与此同时，受百年变局与世纪疫情影响，国内毒情形势也随之出现新情况新变化，仍然在威胁着社会的安全发展，亟待应对与破解。②习近平总书记指出，毒品一日不除，禁毒斗争就一日不能松懈。③与毒品犯罪作斗争应成为当前一项常抓不懈、紧抓不懈的重要工作。然而，从近年来各地开展禁毒斗争实践来看，单纯依靠事后惩治并不能较好地防控毒品犯罪，若想禁绝毒品，必须从源头上予以遏制，正如"清源断流"战略也强调要加强溯源治理。因此，如何从源头上切断毒品犯罪的发生机理，实现关口前移、预防为先，成为禁毒斗争的重要内容。

犯罪情境预防是晚近以来世界范围内犯罪预防的主流趋势之一，是指"通过确认（identification）、管理、设计、调整等方式，持久、有机地改变情境，影响行为人的理性选择，减少犯罪的机会情境因素（situation

罪行为，亦包括违法意义上的吸毒行为。从当前毒品犯罪的情势来看，毒品犯罪之所以屡禁不止，主要是因为现实中存在相对稳定的毒品犯罪市场，即毒品市场中存在相对稳定的供需关系，因此，抑制毒品供需是预防毒品犯罪的根本。因此本文在将毒品犯罪作为类型行为的基础上着重对吸、贩毒行为进行研究，以降低个体对毒品的需求，减少毒品的供应，真正实现预防的目的。

① 参见中华人民共和国公安部：《〈2021 年中国毒情形势报告〉发布》，载中华人民共和国公安部网，https://www.mps.gov.cn/n2254098/n4904352/c8553476/content.html，2022 年 10 月 17 日访问。

② 参见中华人民共和国公安部：《〈2021 年中国毒情形势报告〉发布》，载中华人民共和国公安部网，https://www.mps.gov.cn/n2254098/n4904352/c8553476/content.html，2022 年 10 月 17 日访问。

③ 中华人民共和国中央人民政府：《习近平就禁毒工作作出重要指示》，载中华人民共和国中央人民政府网，http://www.gov.cn/xinwen/2018-06/25/content_5301084.htm。

opportunity)与促成情境因素(situation precipitators),从而达到犯罪预防的目的"[①]。据此,可以将情境预防简单地表述为:通过恰当地改变情境因素,防止因此诱发犯罪动机或利于实施犯罪行为的各种行为和措施。[②] 换言之,情境预防着眼于回答"人在什么情境下最容易犯罪",再采取措施将这种犯罪情境阻碍,以达到预防之效果,是一种全新而独特的预防视角。就犯罪生成的规律来看,无论是犯罪动机的产生还是犯罪动机向犯罪行为转化都并非仅凭行为人单方面来实现,而是要受行为人当时所处的情境特点制约。因此,通过有针对性地采取减少诱发犯罪动机的情境因素和限制犯罪机会向犯罪行为转化条件的措施,就能有效避免或减少犯罪发生。[③] 可以说,情境预防就是通过揭示犯罪发生的规律,对引起犯罪动机产生以及促使动机过渡到行为的外部环境进行干涉与控制,从而真正降低犯罪发生的概率。

犯罪学认为,犯罪发生是多因素综合作用的结果,而非单纯犯罪人个人的原因,[④]也即任何犯罪总是发生在特定的情境中,但这一情境并非由某种情境因素单独构成,而是由多种情境因素有机作用的结果。就毒品犯罪行为而言,它同其他社会行为一样,是个体人格对外在情境的一种具体应答,也遵循着"刺激—反应"的一般社会心理模式。[⑤] 换言之,个体只有在具体情境的作用(刺激)下,才会产生具有明确指向性的涉毒动机和将这种动机外化为现实的涉毒行为。行为人所置身于其中的情境,便是毒品犯罪情境因素发挥作用的结果。探索这一作用

---

① Derek B. Cornish & Ronald V. Clare, *Opportunities, Precipitators and Criminal Decisions:A Reply to wortley's Critique of Situational Crime Prevention*, Crime Prevention Studies, 2003, p. 79 – 80.

② 张远煌主编:《犯罪学》(第 4 版),中国人民大学出版社 2020 年版,第 253 页。

③ 参见张远煌主编:《犯罪学》(第 4 版),中国人民大学出版社 2020 年版,第 254 页。

④ 参见袁彬:《犯罪结构变化下轻罪的刑法区别治理》,载《人民检察》2022 年第 9 期。

⑤ See Castellan, *Wedgeworth, Abidireetional theory of Addietion: Examining Coping and the Factors Related to Substance RelaPse*, Addietive Behaviors, 1997, (22): 139 – 144.

机理,有利于把握毒品犯罪行为发生的具体过程,从而有针对性地对毒品犯罪情境因素施以控制力,以阻断情境因素的作用路径,使预防有的放矢,对症下药。

二、社会情境因素发挥作用的机理

任何犯罪都有犯罪动机,无缘无故的犯罪不可能存在。因而意欲探寻犯罪行为的发生机理首先需要了解犯罪动机的形成过程,这亦是犯罪预防的前提。所谓犯罪动机,就是推动个人实行犯罪行为的内部动力。① 需要说明的是,这里的内部动力虽然是一种心理力量,但它是受外部情势的影响才得以形成。正如"外部世界对人的影响表现在人的头脑中,反映在人的头脑中,成为感觉、思想、动机、意志"②,只有当个体对情境予以确认和体验后,才会对犯罪的决意、犯罪目标的确定和犯罪方式的选择产生真实的意义。那么,犯罪动机是如何形成的?一般认为犯罪动机的产生有三种表现形式:由内在需要引起的犯罪动机、由外在诱因引起的犯罪动机、内在需要与外在诱因交互作用形成的犯罪动机。③ 从这三种表现形式来看,"需要"是动机的基础。尽管现实中也存在外界诱因引起犯罪动机产生的情况,如激情犯罪,但由于犯罪诱因存在一定的偶然性,而难以稳定把握,故笔者尝试从情境因素作用于人之需要的角度,探寻犯罪动机的形成过程。

(一)生活背景诱发主体需要

人的需要包括物质与精神两个层面,每个人的需要以及需要的强度都与其所处环境有关。就毒品犯罪者而言,行为人在涉毒之前所处

① 参见储槐植主编:《犯罪场论》,重庆出版社 1996 年版,第 110 页。

② 韦建桦主编、中共中央马克思恩格斯列宁斯大林著作编译局编译:《马克思恩格斯选集》(第 4 卷),人民出版社 2012 年版,第 238 页。

③ 参见梅传强主编:《犯罪心理学》,法律出版社 2010 年版,第 85 页。

的基础生活背景包括个体基本情况、家庭环境、居住区环境。根据实证调查,大多数个体涉毒之前来自农村,属于中低收入群体,相当一部分人员处于无业或失业状态,而他们父母的职业也基本集中于农民、工人、个体商贩等,并未有较高的收入。可见,个人与家庭经济条件相当拮据。这样的外在形势刺激了个体对物质的需要,并且这种物质需要相较于来自经济宽裕家庭的人而言表现得更为迫切。不仅是物质的需求,大多数个体在涉毒之前为未婚状态,家庭结构中也多数出现父母感情不好、父母离异或父母一方去世的情况,这使行为人相较于一般人而言,对情感或者爱与尊重也有着更为浓厚的需要。当然,这些需要的存在无可厚非,是反映个体在一定社会条件和社会情境下成长出来的对物质与精神所追求的内容,该内容本身不应当承担起所有犯罪行为的恶性与惩罚本义,应以中性的地位而存在。毕竟并非每个人的需要都会转为犯罪需要,人可以通过自身的认知图式予以调节,用良性的方式将这些需要实现,只有当认知图式难以调节,而导致不惜以突破规则为代价完成需要的满足时,才认为这种需要将成为犯罪动机的基础,并对此予以负面评价。

通常而言,需要缺失会引起个体的紧张状态,为了消除紧张,在选择需要满足方式时充分考虑到需要满足方式的社会性与规则性,倾向于选择合理的、合法的方式或者调整自我的认知和情绪来实现需要的正常满足,这就是犯罪动机发展规律的真正意义。但是据笔者调研,就个体涉毒前的认知情况而言,大多数人处于低龄阶段,受教育程度较低,且在居住区基本未接受禁毒宣传教育等,认知方面表现出较差的分析问题、辨别真伪的能力,对周边其他人的涉毒行为表现出较低的防范心理,或者即使明知是毒品,也依然会想要依靠它来获取物质和精神的满足,如物质匮乏者意图通过贩卖毒品获取金钱,精神空虚者意图以吸毒来排遣消极情绪或追求时髦等。此外,多数个体在家中为独生子女或者排行最小,易在父母长辈的宠溺下滋生放纵心理,易采取以追求时尚、享乐等方式满足需要。因此,个体在涉毒之前所处的基础生活背景不仅诱发出其较一般人更为迫切的物质与精神需要,还影响其认知水平,导致难以控制需要或调节至合理的满足方式,进而使这种需要可能成为犯罪动机的基础。

(二)人际交往强化主体需要

事物的变化发展都有一个从量变到质变的过程。那么,作为犯罪动机形成基础的需要,也是个体心理活动的原动力,在外在情势的影响下同样会有一个从形成到发展的转变阶段。前已述及,个体涉毒之前所处的基础生活背景刺激需要的出现,且主体认知图式难以调控,而使需要可能朝不良方向发展。但由于此时个体的需要处于微弱阶段,一般仅有模糊的意向,所以在这种状态下的、还未完全明确的需要只能认为是刚好萌出犯罪动机的状态。只有在需要强烈到一定程度时,才会明确显现情感的倾向。

就个体涉毒之前所处的人际圈来看,多数人的朋友圈内存在涉毒人员,且在涉毒之前他们都不同程度地目睹过他人涉毒,这里主要是指吸毒的情形。调查也发现,涉毒者在初次涉毒时多数与朋友一起,从该种现状可以反映出人际交往对个体涉毒动机存在影响。比如,有涉毒人员在谈及吸毒理由时认为,人们吸毒是为了被同龄人认可,吸毒是一种社会活动,很少有人独自开始使用毒品,只有当看到有人在吸毒或者朋友提供了毒品时,人们才开始吸毒。① 可见,在涉毒之前,人际交往对个体涉毒动机的影响主要体现于对个体需要的强化作用,表现为朋友传递的涉毒信息与需要信息实现对接。具言之,从涉毒人员的心理来看,行为人在涉毒之前因所处的基础生活背景刺激了诸如对生理、物质、精神等需要,然而行为人当时并不具备正常满足这些需要的现实条件,而此时人际圈内正好传递出诸如“毒品可以有效满足生理需要、精神需要”“贩卖毒品可以获取金钱物质”等不良信息,迅速与个体的需要进行对接,而使个体的需要得以膨胀,为需要的满足灌输动力;且个体在人际交往中感染、模仿,导致其涉毒倾向显现。

---

① 参见[美]亨利·布朗斯坦主编:《毒品与社会手册》,时杰等译,法律出版社2019年版,第229页。

(三)生活事件促使动机形成

一般而言,犯罪动机的形成是内外因相互作用的结果。[①] 具言之,犯罪动机的形成需要两个条件:一是犯罪人的需要必须达到一定的强度;二是必须存在合适的外界诱因。[②] 当需要发展到可以达到质变的程度时,在外在情势的激化下,个体很容易明确认识到这种需要倾向并采用非法手段推动需要实现。前已述及,行为人在涉毒之前受人际交往因素的影响而使其需要增强,且行为人已经显现涉毒倾向,一旦有外界突发事件,便可能引起反应,使之决意用涉毒的方式满足需要,从而形成涉毒动机。笔者对 100 名涉毒人员开展的问卷调查结果显示,大多数行为人在初次涉毒之前都不同程度地经历了一些重大生活事件。同时,笔者从对涉毒人员的访谈中了解到,这些重大生活事件包括但不限于"家庭发生变故""自己挣的钱被异性伴侣赌博输掉了""伴侣一方出轨""生了大病精神不振"等。这些事件对行为人的生理、心理或者精神产生了严重刺激,激化了行为人本来具有一定强度的物质或者精神需要,以至于行为人非要满足不可。加之人际圈在这之前便已传递过毒品可以使这些需要得以满足的信息,于是个体的涉毒倾向转变为强烈的涉毒意图,且有意通过与毒品有关的手段满足需要,于是便形成了毒品犯罪动机。

三、物理情境因素发挥作用的机理

犯罪动机形成之后,并不必然能转化为行为,它还受制于即时的情境因素。这些情境因素既有可能是阻碍犯罪继续发生的情境因素,也可能是促进犯罪行为发生的情境因素。潜在犯罪人会对自身所处的情境

---

① 参见董邦俊、康杰主编:《犯罪心理学教程》,武汉大学出版社 2015 年版,第 143 页。

② 参见陈和华:《犯罪动机的本源、性质和形成》,载《政法论丛》2010 年第 2 期。

进行分析,选择最有利于犯罪行为实施的各类情境因素。这些精心选择和充分评估过的能最大程度促进动机转化为行为的因素就是物理情境因素。准确把握这些情境因素作用于行为的过程,是犯罪预防的关键。

(一)目标明确诱发犯罪动机

由于毒品犯罪属于无被害人的犯罪,因而在毒品犯罪中,最关键的目标对象便是毒品本身。对于潜在犯罪人而言,在行为阶段其犯罪动机必须具有明确的指向,即将犯罪动机转化为行为的第一步便是获取毒品。

首先,毒品的种类繁多,来源广泛多样,具有成瘾性,对满足潜在犯罪人的需要有着巨大的吸引力。根据最高人民法院的有关统计,当前涉案毒品结构逐步发生变化,传统、合成、新型毒品“三代并存”格局越发明显,麻精药品替代滥用问题不容忽视;海洛因、甲基苯丙胺、氯胺酮仍占据涉案毒品前三位,但涉甲卡西酮、γ-羟丁酸、合成大麻素、氟胺酮等新型毒品犯罪总体呈上升态势。[①] 可见,在海洛因防治压力依然巨大的情况下,第二代以及第三代新型毒品在涉案毒品中的比例逐渐攀升。根据调研的结果来看,当前大多数行为人的涉毒种类也基本集中为冰毒、K 粉、含合成大麻素的“上头电子烟”等新型毒品。

在中国,以冰毒、K 粉等为主的新型毒品(在西方被称为“俱乐部药”,因其主要兴起于俱乐部等娱乐场所而得此名)近些年也迅速与娱乐文化融合在一起,成了时尚、流行和前卫的文化标签。[②] 新型毒品在娱乐场所或娱乐场合中与场所内的音乐声响、酒精和可能存在的色情因素,形成一股彰显纵情娱乐的合力,吸引着潜在犯罪人靠拢。而从最

---

① 参见中华人民共和国最高人民法院:《党的十八大以来的人民法院禁毒工作》,载中华人民共和国最高人民法院网,https://www.court.gov.cn/zixun-xiangqing-363391.html,2022 年 10 月 17 日访问。

② 参见夏国美、杨秀石等:《社会学视野下的新型毒品》,上海社会科学院出版社 2017 年版,第 67 页。

新的毒品犯罪案例中也发现,第三代新型毒品还被包装成奶茶、饼干、跳跳糖等,更具伪装性和迷惑性,因此又被称为"实验室毒品"或"策划药"。[①] 与传统毒品相比,新型毒品主要有使人体产生兴奋或致幻的作用。人体在吸食新型毒品后短时间内就会出现幻觉、极度的兴奋,以至于出现假想,认为不愉快或惩罚性的刺激源开始消失,而呈现在眼前的是流光溢彩的景象、狂欢的激情和刺激的性爱。尽管事实是新型毒品具有极大的危害性,会让人产生难以戒断的心瘾,但新型毒品影响大脑神经,引起兴奋、致幻等特性却能对意图以毒品来满足生理、精神需要的潜在犯罪人产生巨大的吸引力。

其次,毒品来源的相对集中性使得具有犯罪动机的行为人更容易接触到毒品。调查发现,对于潜在犯罪人而言,初次涉毒的来源主要集中为亲友、一般熟人等,而日常来源则集中为毒贩(这主要针对非制毒者而言;对于制毒犯罪分子,主要为通过团队或组织获取制毒原材料,进而大宗交易毒品)、一般熟人、亲友等。这些人往往活动于潜在犯罪人周围,尤其对于初犯而言,亲友是最直接的来源。如在亲朋好友举行的某派对上,有可能以吸食毒品助兴,这种场合对于行为人来说便是接触毒品的大好机会。

最后,毒品具有的高额利润刺激潜在犯罪人"铤而走险"。基于情境预防的理论根据之理性选择理论,认为行为人所实施的犯罪行为是对犯罪所得与损失经过理智思考或决策后才实施的。[②] 具体而言,行为人选择实施毒品犯罪行为,是对毒品犯罪成本与毒品犯罪所得收益进行权衡后的结果。前者是可能因实施犯罪行为而受到的惩罚,后者则是可能获得的巨大的金钱利润,相比较成本与收益,潜在犯罪人认为犯罪收益大于犯罪成本,便会毅然选择实施犯罪行为。前已述及,多数涉毒人员原本在经济上并不宽裕,他们对物质需求的程度较大,而毒品本身存在的巨额利润刺激着这部分人追逐暴利,为了经济效益"铤而走险"。据了解,100 克海洛因,某一时期在云南边境地区的黑市价格

① 参见简洁:《推进毒品犯罪的检察治理》,载《检察日报》2022 年 8 月 30 日,第 5 版。

② 参见张远煌主编:《犯罪学》(第 4 版),中国人民大学出版社 2020 年版,第 259 页。

为200元左右,在昆明可卖到7500元,到广州则可高达1.5万元;如果贩运到港澳地区或国外,利润就更大。[①] 可见,地区间的毒品价格存在较大差异,有的相差几倍甚至十几倍,从而产生源源不断的"市场需求",刺激着具有物欲型动机的潜在犯罪人通过差价买毒卖毒,实施犯罪行为。

概言之,毒品本身作为引起犯罪的物理情境因素,其具有的成瘾性、来源的相对集中性与易接近性、高额利润性吸引着潜在犯罪人的目光,引导着潜在犯罪人的行为动向。

(二)时空便利强化犯罪动机

当潜在犯罪人锁定了明确的对象目标后,必须要有一定的时空支撑,以便将动机转化为行为。这种特定的时空情境因素传递给潜在犯罪人犯罪易得逞[②]的信息,使潜在犯罪人得以接收、存储、处理、识别和利用,以促成犯罪行为的实施。

时间在犯罪情境中具有特殊含义,通常潜在犯罪人之所以选定某一时间行动,原因是在该时间点行动犯罪易得逞。或者说,某个犯罪易得逞的时间刺激、强化了潜在犯罪人的动机,使之最后实施了犯罪。对潜在犯罪人而言,当某某因素出现或不出现时,某某犯罪得逞的机会便较大或较小。[③] 足见有利的时间于潜在犯罪人而言,具有十分重要的意义。调查数据显示,当前毒品犯罪时间在月份和时间段上呈现一定的规律性,[④]月份上主要集中为7~8月、11~12月、1~2月。7~8月正值酷暑,这一时期,人在生理上性欲易受刺激、心理情绪也容易因高温天气而躁动、兴奋、激动,行为上使用啤酒等酒精饮料较多,因而酒吧等娱

① 参见应培礼主编:《犯罪学通论》,法律出版社2016年版,第296页。

② 这里所说的犯罪易得逞,采用的是犯罪学中的概念,不同于刑法中的犯罪既遂,而是指实施犯罪达到预期犯罪目的的容易程度。简言之,犯罪易得逞即指在此时、此地犯罪机会较多、风险较小、成功率较高。

③ 参见白建军:《关系犯罪学》(第3版),中国人民大学出版社2014年版,第319页。

④ 这里的规律性是相对而言,并不能严格代表整个毒品犯罪的时间情势,但总体而言可以在一定程度上为我们在毒品犯罪预防研判时提供参考。

乐场所的生意进入旺季,这些信息易增强有涉毒动机的人,尤其是具有新型毒品犯罪动机的人的心理;而11~12月接近年底,这一时期属于返乡高峰,人口流动大,为具有贩毒、运毒动机的潜在犯罪人提供了有利的条件;1~2月则处于春节期间,亲朋好友齐聚一堂,潜在毒品犯罪人容易在这一时期形成合力,加之此时相关监管部门也因处于春节休假期间而容易出现监管空白,更是为潜在的毒品犯罪人创造了有利的时机。具体到时间段,初犯的具体时间段主要集中在20:00~24:00。这一夜晚时间段,因社会控制相对较弱,来自外界的监视也相对较少,为具有使用毒品、贩卖毒品等犯罪动机的人反馈了犯罪风险较低的信息。

在犯罪情境里,空间因素自然也蕴含了犯罪意向性特征,即在此地实施犯罪行为容易得逞。换言之,此地有许多优于彼地的易于实施犯罪行为的条件。空间在犯罪情境中既包括传统的实体场所,又包括现代网络空间。因此,它所传递的有利于犯罪得逞的信息也不全然是一般意义的房屋、街道等所含有的信息,还包括网络空间所传递出的信息。调研显示,一方面,传统空间下毒品犯罪行为实施地点主要集中于住宿客店、私家住宅、娱乐场所等具有相对封闭性的场域,其中,住宿客店的房间、私人住房还具有私密性、隐蔽性特点,这些场域反馈给潜在毒品犯罪人的信息主要为选择此地曝光率较低,犯罪风险较低。具言之,这些场所除却具有空间与外界相对隔离的特点,坐落的位置或在偏僻的郊区或隐藏于闹市区,也传递出交通状况良好、多通道便于逃跑、通信信号较好方便联络、有抽水马桶和大型垃圾箱方便随时丢弃毒品或涉毒工具等有利信息。另一方面,因传统实体场所在一定程度上囿于距离等因素而影响毒品交易,因此多数具有贩、运毒动机的人也不断接收着来自网络新兴空间的信息。当前网络毒品犯罪不仅通过网络空间的论坛、贴吧、QQ、微信、聊天室等大众化的通信社交平台建立联系,还使用阅后即焚等新型通信软件,采用代号、术语进行联系,[①]抑或通过网络购物等电商平台实现毒品或制毒工具及方法买卖,再借助电子

① 参见《最高检召开新闻发布会　依法惩治新型毒品犯罪》,载《上海化工》2022年第4期。

支付以及寄递方式完成交易。尤其是随着加密通信系统、暗网平台、数字货币等相关技术的融入，毒品交易大肆向互联网深层次的暗网空间进行转移，[①]如2017年就破获暗网寄递毒品犯罪案件1499起，抓获犯罪嫌疑人1789名，缴获毒品12.1吨。[②] 可见，当前毒品犯罪网络化、智能化特点突出，线上线下交织更为紧密，“互联网+物流寄递+电子支付”非接触式犯罪手段逐渐成为毒品贩运的新常态。[③] 这也反映出，正是这些网络平台载体给潜在的毒品犯罪人传递着能及时传讯、跨区域范围广、流通速度快、脱离监管、匿名性、隐蔽性强、“人、毒、财”分离等有利于作案的信息，引导着潜在犯罪人的下一步动作。

（三）社会控制疏漏促使行为发生

前已述及，时间、空间情境因素能为已有涉毒动机的潜在犯罪人传递易得逞信息，引导其行为，但这并非意味着潜在犯罪人在这些时空条件下必然能将动机转化为行为，而是还需加以考虑社会控制是否存在疏漏。比如涉毒者不会选择在众目睽睽之下使用毒品，毒贩亦不会在警察检查之时交易毒品。通常而言，潜在犯罪人不会选择在社会控制力量较强之时铤而走险实施犯罪行为。事实上，潜在犯罪分子也会识别、权衡时空情境因素传递出的易得逞信息，并考量在即时情境之下社会控制力量是否存在，风险是否大于收益。若此时此地实施犯罪无异于飞蛾扑火，潜在犯罪人一般会保留动机而暂时不转化为行为；而如若此时社会控制存在疏漏，潜在犯罪人便有机可乘，从而抓住时机实施行为。因此，社会控制疏漏因素是促使犯罪动机转化为行为的关键因素。

---

① 参见杨骅、付琳：《数字化时代毒品犯罪智能侦查模式研究——以贩毒犯罪侦查为视角》，载《北京警察学院学报》2022年第5期。

② 参见唐伟庭：《新型毒品犯罪的特征及矫治对策——基于150个样本案例的分析》，载《犯罪与改造研究》2022年第9期。

③ 参见中华人民共和国最高人民法院：《党的十八大以来的人民法院禁毒工作》，载中华人民共和国最高人民法院网，https://www.court.gov.cn/zixun-xiangqing-363391.html，2022年10月17日访问。

据笔者调研,当前在毒品犯罪中,存在法治不完善、监管不力、公众意识淡薄等社会控制疏漏因素,这些因素的存在引发了时间、空间、社会死角,为潜在毒品犯罪人实施行为提供了关键的便利因素。时间死角通常是指无人监视犯罪发生的空白时间段,①包括无人监管与刑事规制的空窗时间;②空间死角则是由于视线被建筑物体遮挡,或因管理员一时或长时不在而形成的遮挡空间。当前在毒品犯罪领域,一方面,因规制毒品犯罪的法律法规仍有待完善,尤其是对互联网毒品犯罪的法律规制相对滞后,使得网络空间存在监管真空的情况,形成网络时间死角与空间死角,为潜在的毒品犯罪人实施毒品犯罪创造了有利条件,如在"暗网+虚拟货币+寄递物流"这种新型的毒品犯罪模式中,涉毒动机转化为行为的转化率就非常之高;另一方面,因警力不足、信息化侦查手段有待加强,导致现实中难以形成全面及时的检查制度,即使对毒品犯罪重点区域、场所进行突击检查也难免流于形式,收获甚微,加之相关企业、场所的内部管理亦存在不规范之处,容易导致时间死角、物理空间死角出现。此外,随着城市化进程的不断推进,现代化建筑越来越高大密集,但这一幢幢的高楼大厦却容易遮挡人们的视线,而使越来越多的毒品犯罪分子倾向于更加充分地利用暴露在外的空间,从而也容易形成空间死角,让毒品犯罪分子有机可乘。

社会死角主要是因居民之间缺乏沟通、互不关心、缺少应有的责任感,削弱了社会监视功能,从而形成的有利于犯罪的环境条件。在商品经济社会中,社会流动性大,传统形成的社区凝聚力逐渐解体,使得居民之间形成陌生人社会,互不关心,这无形之中也削弱了人们彼此间的监视力量。加之,有关毒品犯罪预防宣传教育覆盖面不广、直观性不强、影响力不大,导致民众这一最广泛的社会控制力量难以得到充分发挥,从而给潜在犯罪人创造了社会死角。最终当时间、空间、社会死角

---

① 参见王益、张春悦、吴永发:《〈治家〉中的空间预防思想及对当代住区安全设计的启示》,载《江淮论坛》2017 年第 3 期。

② 参见杜方正:《我国国有企业刑事合规制度研究》,东南大学 2020 年博士学位论文,第 45 页。

在时空情境中出现并相互结合时,潜在犯罪人便趁机将犯罪动机转化为犯罪行为。

四、毒品犯罪情境因素影响犯罪发生的理论模型

借助情境预防理论对毒品犯罪发生路径的研究,在实证数据描述和解释分析情境因素作用机制的基础上,建构一个毒品犯罪情境因素发挥作用的理论模型(见图1),有利于为控制毒品犯罪情境因素提出因应之策奠定基础。

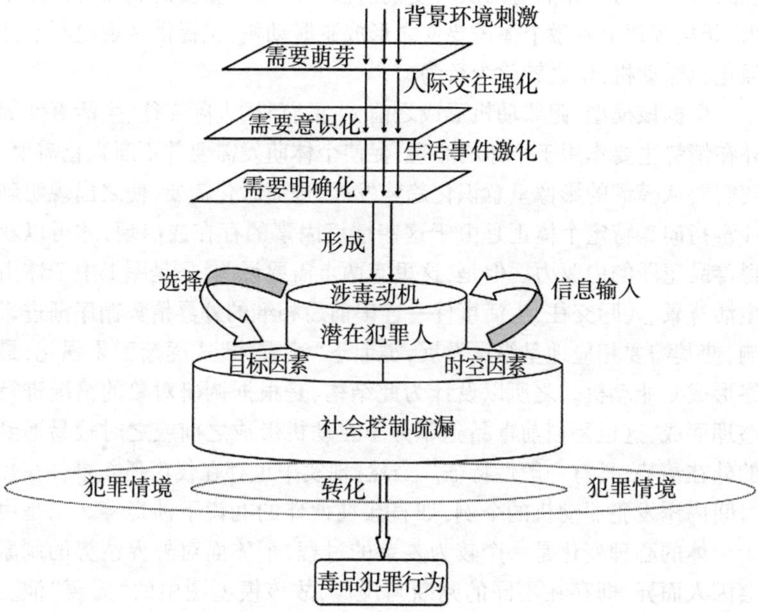

图1 毒品犯罪情境因素影响犯罪发生的理论模型

笔者所建构的这个毒品犯罪情境因素影响犯罪发生的理论模型图为纵深结构,从上往下的发展脉络为刺激—需要—动机—行为。箭头所指的方向表示影响与作用。概言之,即为生活背景环境刺激"需

要”,“需要”在人际交往中得到加强、在生活事件的影响下形成动机。目标因素使动机明确化,时空因素使动机得以加强、蓄势待发,社会控制疏漏促使动机转化为行为。

一般地说,犯罪发生所不可或缺的两个条件,即动机和机会。鉴此,该模型图是以犯罪动机的形成、动机转化为行为作为两个关键的节点,并且这两个节点是在外在情势的刺激下得以出现。当然,这并非意味着完全忽视犯罪人,而是降低其重要性,仅将犯罪人作为参与犯罪情境的一个主体。这亦解释了图1中个体在外在情势的刺激下经历了人—潜在犯罪人(犯罪动机)—现实犯罪人(犯罪行为)的转变。而情境因素在参与主体的这两次转变的阶段中发挥了重要的刺激与催化作用,既从客观上刺激个体需要使之形成犯罪动机,又提供客观便利条件强化犯罪动机,使之转化为行为。

根据该模型,犯罪动机形成之前,生活背景、人际交往、生活事件等外在情势主要作用于个体的心理,促使个体萌发需要并不断强化需要,使需要从模糊的影像呈意识化趋势发展,进而激化需要,使之出现明确涉毒指向。特定个体正是由于这些情境因素的存在或出现,才得以获得毒品犯罪的内驱力。但是,这里有两点需要说明:一是图1中个体由生活背景、人际交往、生活事件一连串前后相继的外界情势循序渐进影响,使其需要相应地呈纵深发展,类似于“滚雪球”式逐渐积累强化,最终形成犯罪动机。之所以设计为此结构,是根据调研对象的情况进行整理而成,这也是当前毒品犯罪分子在动机形成之前或之时较易遇到的外在情势,具有一般性特征。当然,现实中也存在仅由孤立事件在短时间内诱发犯罪动机的个例,如直接在伙伴的劝说下涉毒等。二是由于个体的心理变化是一个较为复杂的过程,个体面对外界情势的刺激会因人而异,即存在不同的判断与反应,故该模型图中的“需要”演变为动机的过程是无法解释所有毒品犯罪人在面临外界情势影响时的心理过程。事实上,找到一个包罗万象、完美无缺的理论框架或模型来解释所有毒品犯罪者的心理变化过程在当前也几乎没有可能。因此,笔者旨在以客观刺激与主观反应的一般心理过程为模型,以个体需要在外界情势刺激下的一般发展规律为脉络,予以充分展示在情境因素影响下的犯罪动机的形成过程。

当犯罪动机形成以后,个体成为潜在犯罪人。此时,犯罪动机向行为的转化,必须存在或出现能为潜在犯罪人所利用的便于实现其犯罪意图的某种外在情势,而这种对犯罪动机转化为行为具有实质性影响的因素则为物理情境因素。如图1所示,目标因素与时空因素为潜在犯罪人传递易得逞信息,刺激并强化潜在犯罪人的犯罪动机,影响潜在犯罪人的行为选择。目标因素对潜在犯罪人的影响主要表现为:毒品的成瘾特性、可接近的难易程度、高额利润性,决定着潜在犯罪人是否着手实施他所意图的毒品犯罪以及实施的程度。若较难接近与意欲实施的毒品犯罪行为相关的毒品目标,那么潜在犯罪人的动机将会处于抑制状态。时空因素对潜在犯罪人的影响主要表现在将犯罪动机转化为犯罪行为时是否安全,也即被发现的可能性大小。如前所述,毒品犯罪在某些时空出现最多,这实际也是以理性选择理论作为根据。潜在犯罪人做出权衡风险与收益的理性选择是基于特定时空传递的信息,特定时空之所以能成为潜在犯罪人的选择,则因社会控制存在疏漏。社会控制疏漏使时间、空间、社会死角出现,有力地推动了犯罪的发生。社会控制疏漏因素与目标因素、时空因素相互作用,构成了一个复杂的整体,即犯罪的机会结构。这种犯罪机会结构的出现,使得潜在犯罪人有机可乘,最终将犯罪动机转化为行为。而在犯罪行为发生以前,这些刺激或促进犯罪动机出现并发展的各种情境因素互相作用,结合而成的场景即为犯罪情境。

总体而言,该模型图围绕毒品犯罪中情境因素的作用机制,立足于情境预防的基础理论,以理性选择理论、防范空间理论为理论核心,以死角理论、犯罪机会理论、犯罪场理论等充实框架,予以理论建构,以期为控制情境因素,预防毒品犯罪明确方向。

五、毒品犯罪情境预防的路径

情境预防理论重点研究犯罪行为,但并非意味着忽视行为人在犯罪中的地位与作用,而是将行为人作为认知并评价情境的参与者。因此,当客观情境对行为人产生作用的同时,行为人亦可发挥主观能动性对情境予以改变或选择。鉴于此,通过改变情境的方式可以影响行为人的理性选择。具体可从犯罪人这一微观角度出发,设计犯罪人自身认为的不利于实施犯罪的外在环境,通过对周围的时间、地点、社会控制等因素予以条件改变以最大限度地强化犯罪人“不能犯或不易犯”的主观意识,进而达到阻止犯罪发生或降低犯罪率的目的。此为犯罪情境预防的重点,旨在减少或消除犯罪机会,使犯罪分子难以犯罪。

犯罪情境预防措施相较于传统宏观的、抽象的犯罪预防对策而言更为细化,更具策略性、灵活性和可操作性。早在情境预防理论发展初期,就以灵活多样的预防措施引起人们的关注与推崇。[①] 情境预防理论的领军人物克拉克亦十分注重探究情境预防的具体措施,并在长期实践中系统总结出5大类25项具体措施,成为当前最具代表性的情境预防技术(见表1)。[②]

表1　5大类25项情境预防技术

项目	增加犯罪难度	提升犯罪风险	降低犯罪收益	减少犯罪刺激	排除犯罪借口
预防技术	1. 目标物强化 2. 通道入口控制 3. 出口检查 4. 犯罪转向 5. 控制犯罪工具、武器	6. 扩大关护 7. 加强自然监控 8. 减少匿名性 9. 利用现场控制者 10. 强化正式监视	11. 隐藏目标 12. 移开目标 13. 标志财产 14. 瓦解黑市 15. 灭除犯罪收益	16. 减少挫折感和压力感 17. 避免冲突 18. 减少情绪冲动 19. 化解同伴压力 20. 阻止不良模仿	21. 制定规则 22. 张贴告示 23. 唤醒良心 24. 帮助守法 25. 毒品和酒精的控制

在上述五大类措施中,增加犯罪难度,是以让犯罪人远离犯罪的目标和犯罪的工具为目的;提升犯罪风险,是指强化监视、检查体制,以便发现犯罪;降低犯罪收益,目的是使犯罪所得的利益减少;而减少犯罪刺激、排除犯罪借口,旨在避免引发犯罪动机或抑制潜在犯罪人的犯罪

---

①　如在情境预防理论的指导下,英国政府免费分送的《预防被害有效指南》这本小册子,就包含了近四百种防止受害的小窍门,分为家人、家里、职业和社区四个部分,十分具有实用性。参见张远煌主编:《犯罪学》(第4版),中国人民大学出版社2020年版,第264页。

②　See Derek B. Cornish & Ronald V. Clare, *Opportunities, Precipitators and Criminal Decisions: A Reply to Wortley's Critique of Situational Crime Prevention*, *Crime Prevention Studies*, 2003, p. 90.

动机。[1] 细化的25项措施,均具有针对特定犯罪预防的实用性和实效性。基于此,笔者尝试以这5大类最具代表性的情境预防措施为基础,并借鉴克拉克细化的25项情境预防措施(但并不局限于此),结合毒品犯罪的情境特点,探索出适合毒品犯罪情境预防的具体措施。

(一)社会情境因素的控制

如前所述,个体犯罪动机的产生主要为社会情境因素刺激个体需要并不断强化个体需要的结果,既是如此,预防犯罪动机的形成则主要针对社会情境因素予以改造,以降低该情境因素对个体的刺激。一般而言,一个完整的犯罪情境是由特定的人与环境相互作用形成,这使得犯罪情境具有一定动态性,而在这种动态情境下行为个体本身又具有不确定性,故使得情境预防本难以明确具体对象。但是在现实生活中,存在部分较易沾染毒品的"涉毒高危群体",前已述及,当前该类人群主要为流动性强、低龄、未婚、文化程度较低、低收入或无业人员。因此,以该类人群为重点关注人群,并对容易刺激这类人群心理的情境要素施以减少犯罪刺激的预防措施,会更具针对性、可操作性。

1. 改造生活背景

生活背景指个体涉毒之前所处的对其有直接影响的生活环境,主要包括家庭环境与居住区环境。因此,改造生活背景并非对宏观社会环境或结构的调整,而是试图通过改造对个体有直接影响的客观环境,以改善个体的需要。具体从以下两方面着手:

一方面,改变家庭环境。首先,需要尽力健全家庭结构。有研究表明,青少年涉毒者的家庭结构呈异常状态的数量远远高于普通青少年群体。[2] 较多涉毒品犯罪的青少年,往往都因家庭结构不够健全导致渴望关爱而不得,从而引起心灵扭曲而出现涉毒倾向。因此,健全的家

① 参见张远煌主编:《犯罪学》(第4版),中国人民大学出版社2020年版,第265页。

② 参见王鹏飞:《青少年吸毒的高危因素及防控措施分析——基于对6省市涉毒青少年的实证考察》,载《中国青年社会科学》2020年第2期。

庭结构是弱化极端心理需要和预防青少年毒品犯罪的首要保障因素。家庭结构健全既包括形式的健全,亦包括内容的健全。形式健全是指家庭成员完整,没有缺失;内容健全是指家庭氛围和谐,家庭成员相处和睦。据此,对于形式健全的家庭而言,应注重为青少年创造一个融洽的生活环境,给予孩子应有的监护和关爱。而对于形式结构不健全的家庭,如离婚、丧偶的家庭,应由与青少年共同生活的亲人或周围其他人创造良好的生活环境,格外注意弥补家庭结构的残缺性,通过多元方式避免孩子的残缺感,给予孩子心灵关怀。其次,对于经济基础较差的家庭,父母应注意引导子女树立正确的金钱观与金钱获取的方式,避免子女受到拜金主义影响而出现为获取金钱不惜涉毒的倾向。最后,父母应施以灵活有效的教养方式。当前,不少涉毒品犯罪的青少年往往因父母溺爱而出现无知或放纵心理。因此,父母应抓住教育时机,对孩子的不良倾向予以及时制止与监管,并在日常生活中利用某些事件或行为,随时随地教会子女关于抵制毒品的常识。比如,在家长与孩子一起看电视,看到关于禁毒的节目或毒品犯罪案例时,家长便可趁此机会向孩子讲解吸毒的危害以及如何避免接触毒品的常识,从而达到预防效果。

另一方面,改变居住区环境。首先,应完善硬件设施。通过设立能便捷居民日常生活的便民服务站,以降低居民生活压力、减轻心理负担。其次,要注重倡导美好健康生活模式。通过为居民提供经济、教育和娱乐等多方面的参与机会,增进居民之间的交流,提高居民集体归属感,引导居民采取一种健康、充实、进取、向上的生活方式,从而实现个体精神和社会生活的美好状态。最后,对于失业者应加大关注,避免该群体因为生活困难而陷入无助空虚,最终走向毒品犯罪之不归路。诚如古人云,“无业以度日,遂起为非之心”。因此,通过采取多样化的劳动技能培训以增强失业人员的职业自信心,抑或通过办理就业登记、搜集就业信息,为待业人员拓宽就业渠道,能减少居住区内无业者数量,从而提高居住区范围内的安全性,亦降低这些人员形成涉毒倾向的可能。

2. 干预人际交往

作为“社会关系的总和”,人必然和周围的人发生着各种各样的社会关系,比如邻里关系、朋友关系等。一个人的人际圈环境对于个体心理或行为具有较大影响,正所谓“近朱者赤,近墨者黑”。涉毒者初次涉毒行为多源于身边朋友的带动,或禁不住其他涉毒者的诱惑与施压,或出于一种模仿心理。因此,针对该种情况实施的情境预防措施,亦可从这两方面着手。

一是消除同伙诱惑或压力。具体可通过组建社会帮教工作系统密切关注无业青年等涉毒高危人群,做好涉毒高危人群家属和周围人群的联系沟通工作。联合家属密切注意该类人群的周围环境,如左邻右舍、街道、社区以及经常出入的娱乐休闲场所等地的治安,了解以上场所有无吸贩毒人员出没,并通过家庭成员尽可能多地收集该类人群的活动信息,阻断他们与吸贩毒人员或潜在人员往来。

二是阻止不良模仿。好的人际环境容易相互影响,不良人际环境亦是如此。当某个体或群体的人际圈中出现了毒品犯罪活动,若该犯罪行为未受到及时、有效的惩处,那么,会有越来越多的个体或群体模仿该毒品犯罪行为而引发更严重的后果。正如对一个被破坏了的窗户,若无人切实维护,路过的人可能因此认定这里无人维护而打破更多窗户,结果导致整个街区的荒废,此即“破窗效应”。简言之,失序现象若未被及时遏制,则会导致更加普遍的失序,而严重犯罪总是在失序行为未受到约束的区域滋生。[①] 因此,为了避免这种恶性循环的出现,必须提高禁毒部门应对涉毒行为的时效性,对涉毒行为发生地予以及时整治,阻止涉毒行为不良模仿的发生。

3. 减少生活刺激

针对涉毒高危人群而言,生活负面事件(如失恋、失业、冲突等)使他们陷入极度痛苦、压抑或苦闷状态,导致他们意欲借毒品寻求解脱或追求刺激。这些负面事件既有人为的也有意志以外的,因此,相应的预

---

① 参见[美]乔治·凯林、[美]凯瑟琳·科尔斯:《破窗效应:失序世界的关键影响力》,陈智文译,生活·读书·新知三联书店2014年版,第24页。

防措施既应注重尽量减少人为刺激以控制负面情境发生,又需努力提升个体在应对意外事件上的抗挫折能力,有效缓解其负面情绪。

一是避免冲突。一些涉毒者在初次涉毒前,往往遭受过来自外界的刺激,比如遇到不公平对待而与他人发生激烈冲突,个体因此会受到困扰,最后可能转向涉毒以寻求解脱。对此,可以通过以村镇、街道、住宅小区为单位建立警务室、心理咨询室、调解组织等,采取预防在先、消除隔阂、化解矛盾的方式,促进家庭和睦与邻里友善,降低冲突发生的概率。

二是减轻公众的挫折与压力感。日常生活中,个体或多或少会产生一些消极情绪,这本属正常,但如若这些负面情绪得不到适当调节与宣泄,那么负能量便可能会膨胀,最终影响人的心理,引起失范行为甚至是犯罪行为。如笔者调研发现,部分沾染毒品的人初次吸毒是想借用毒品的致幻性让自己忘却烦恼,但实际上毒品的成瘾性让行为人越陷越深、身心受损。因此,改善环境、帮助个体抵抗挫折也是预防毒品犯罪的有效措施。具体而言,可以通过在社区设置柔和的灯光、播放舒缓的音乐,以帮助居民调节情绪、放松心情;还可以尝试在社区附近开设“适度发泄吧”,根据不同程度的情绪设置相应的合理的发泄途径,让情绪得到缓和。同时,组织开展居民素质拓展活动,尤其组织涉毒高危群体参与,提高居民抗压能力和自我控制力,使个体在遇到外界刺激时可以通过主观认知进行调节,正确面对困难与不良影响,自觉抵制毒品。

(二)物理情境因素的控制

如前所述,物理情境因素是实施犯罪行为的关键性因素。那么,如何控制这些情境因素,使之无法成为犯罪的“催化剂”,传递出难以得逞的信息,从而让潜在犯罪人放弃选择,就成为毒品犯罪情境预防的关键。

1. 增大目标获取难度

增加对目标的控制实质上是对犯罪实施的可用资源施加预防力。

在毒品犯罪中,毒品是潜在犯罪人利用的犯罪资源。因此,必须增大潜在犯罪人接近犯罪资源与获取目标(毒品)的难度,以有效预防犯罪行为发生。

一是加强对易制毒化学品以及麻精药品的监管。当前毒品犯罪中所涉毒品占比最大的是由易制毒化学品、麻醉药品、精神药品加工而成的新型合成毒品。由于这些合成毒品种类繁多且更新速度较快,因此,监管控制的及时性和有效性关系到防止这些毒品传播的效果。鉴于此,一方面要让监管有据可依,及时将发现的未被列管的麻精药品和易制毒化学品列管,健全相关的管制法律体系。如 2021 年,我国正式将整类合成大麻素列入《非药用类麻醉品和精神药品管制品种增补目录》,此后实施的贩卖含合成大麻素、氟胺酮等 18 种新精神活性物质制品的行为,以贩卖毒品罪论处;①2021 年 9 月,我国将 γ-丁内酯等 6 种物质列入国家易制毒化学品品种目录,从根本上封堵制毒渠道。② 另一方面,应强化对易制毒物品、制毒工具、麻醉药品、精神药品的监管,堵塞监管漏洞,③尤其是严格管制重点品种与重点环节,对生产、经营、流通等各环节予以动态全程监控、闭环管理,严密防范易制毒物品流失。④ 对此,可以考虑建立一个专门的管理部门予以统一管理,防止出现部门间衔接不紧密,相互推诿责任的现象。⑤ 还要明确管理者责任,督促企业落实主体责任,深入排查化工园区、物流园区及重点企业,⑥

① 参见简洁:《推进毒品犯罪的检察治理》,载《检察日报》2022 年 8 月 30 日,第 5 版。

② 参见王小兰、李晓霞:《生产、销售含毒品成分的食品案件办理实践与思考》,载《中国检察官》2022 年第 18 期。

③ 参见元明、肖先华:《依法惩治新型毒品犯罪　推进毒品问题综合治理——最高人民检察院第三十七批指导性案例解读》,载《中国检察官》2022 年第 18 期。

④ 参见姜东良、梁平妮、匡雪:《发挥检察监督职能　惩治预防毒品犯罪》,载《法治日报》2022 年 7 月 10 日,第 6 版。

⑤ 参见黄明儒、曾亚丽:《从供需法则看"严打"毒品犯罪刑事政策》,载《南华大学学报(社会科学版)》2020 年第 1 期。

⑥ 参见常汝:《我国毒品治理良好态势得到进一步巩固》,载《人民公安报》2022 年 9 月 15 日,第 1 版。

并在排查过程中至少保证两人同时在场、同时排查,起到相互监督的作用,避免排查流于形式,让易制毒物品管理置于阳光之下。此外,还可以在园区、仓库等地安装监控设备,以防止不法分子偷盗易制毒物品而使之流入制毒途径。

二是通道出入口控制。该项措施在日常生活中十分常见,主要是指将潜在犯罪人或者犯罪目标排除在犯罪可能发生地之外。如在楼栋进出口配备电子防盗门或使用智慧门禁采用人脸识别系统管理人员出入,极大地降低入户犯罪发生概率。在毒品犯罪预防中,可以通过在重点场所、重点区域的出入口配备安检人员,设置安全检测仪、毒品检测仪等,将携带毒品的人群及时控制,防止进一步扩散。

三是运输车辆及人员、物品检查。一方面,毒品往往隐藏于正常货物中运往销售地,通常这些货物中具有能够放置东西且不易被人发现的储物空间,比如带有储物功能的生活用品、有存放口袋的衣物等用以隐藏毒品;还有通过具有一定特殊气味的东西来掩盖毒品本身的味道,如麻古具有异香,往往被藏于水果或茶叶中以混淆气味。因此,对这些货运车辆应该予以严格控制,在重点运输要道设置关卡进行检查。尤其是对物流运输车辆,这些车辆中的物品在交寄之时就应该予以查验,以防毒品随车运输至各地交易。另一方面,应在机场、火车站、汽车站、口岸、码头等重要安检场所对来往人员、物品、货物以及交通工具进行毒品检查,防范犯罪分子将毒品夹杂在随身物品中予以贩运或者以人体藏毒运毒的方式运输毒品。具体而言,既要创新安全检测技术,在当前主要以防爆检测与金属危险品检测等为主的安检技术中加入毒品探测技术,如基于能量色散的 X 射线衍射(energy dispersive X-ray scattering,EDXRS)技术被证明是一种合适的方法,[①]又要在保证检测精度的前提下提升检测的速度和效率,准确、快速地检测出物品中夹杂的毒品或者人体组织包裹的毒品,以阻断毒品贩运流通。

---

① 参见马敏阳等:《基于 BP 神经网络算法的人体藏毒能谱识别》,载《南京工程学院学报(自然科学版)》2019 年第 1 期。

2. 完善时空防范措施

潜在犯罪人实施犯罪行为离不开便利的时空条件。当时空要素向潜在犯罪人传递出“有机可乘”的信息时,潜在犯罪人便会选择这些有利的时间点和空间场所进行犯罪。那么,针对时空要素的情境预防便可以通过人为增加犯罪障碍、加强监视以增大犯罪风险、向潜在犯罪人传达难以实施犯罪的信息等方式,使潜在犯罪人在障碍和监视面前自动放弃所预谋的犯罪。比如在商场安装监控,使潜在犯罪人因自知处于紧密监视状态之下而放弃在此地实施犯罪行为。因此,针对毒品犯罪的时空要素,可以设计如下情境预防措施:

一是定时跟进。通过各种耳目、关系和从业人员对潜在犯罪人的实际情况进行动态监控,在重点活跃的月份、时段、行业、地域进行专项集中打击行动,如开展全国公安机关夏季治安打击整治“百日行动”、重点物品“见底行动”“集群打零”“寄递渠道禁毒百日攻坚”“除根”“净边”等专项行动,形成整治毒品犯罪的凌厉攻势和高压态势,使潜在犯罪人感到在此时此地不易得逞,以阻截犯罪的发生。

二是实行涉毒高危场所的网格化管理。① 车站码头、集贸市场、娱乐场所、宾馆酒店、出租屋等场所人员构成复杂,人、财、物高度聚集且流动频繁,社会信息交流量大,极易发生毒品犯罪,属于涉毒高危场所。因此,针对这些重点场所应成立专门的联防队伍和治保组织,落实社区民警带队巡逻制度。具体可设计为按涉毒高危场所的地理布局分成合理单元,每个单元内采取专人负责,根据不同场所的不同涉毒情况采取有针对性的管理方法。比如针对娱乐场所,可根据场所守法经营情况将场所分为较好、一般、重点三个等级,根据场所等级分别有重点地进行检查。不仅如此,鉴于夜店、KTV、酒吧等娱乐场所成了新型毒品犯

---

① 我国网格化管理的创始地和发源地是北京市东城区,该区将辖区内的地域科学地按照标准划分为若干个网格个体,配备专门的社区网格巡查人员,随身携带先进的电子数据采集系统和GPS,对所巡视的单个片区实施全天候监控,在遇到问题时,通过高效的指挥体制,调动社区人员迅速解决问题,即使遇到短时间无法解决的难题,通过不断发展壮大的指挥规模,及时反映到北京的相关负责主体,寻找解决方法。该网格化管理方式大大提高了社区问题的解决效率,为城市治理打开了新路径。

罪的"重灾区",故还应加强对娱乐场所的日常监管,严格规定营业时间,经常进行全面盘查;[①]针对宾馆酒店、出租屋等,可着重加强对住宿、租住人员的登记管理,不定期地禁毒巡防,并将场所的涉毒情况、涉毒人员情况等相关信息录入网络系统,不断推进信息化管理且定期更新,以使涉毒高危场所时刻处于监管之下,令潜在犯罪人难以行动。

三是加强监控监督。一方面,在毒品犯罪热点区域、交通路口均分布监控摄像系统,扩大监视覆盖面,加强正式监视;另一方面,通过邻里守望、街道守望及其他守望计划来增强社区、出租屋等区域的防范,使社会居民成为监督者,提高潜在犯罪分子实施犯罪的被捕可能性,从而阻碍其继续犯罪。

四是减少匿名性。该项措施主要针对当前具有涉毒高发风险的物流寄递行业内的毒品犯罪预防。当前,毒品犯罪手段"人、毒、财"分离化明显,尤其在疫情防控常态化背景下,"网络+寄递"的形式已成为贩运毒品的重要方式。[②] 该种毒品犯罪形式因匿名性较大而隐蔽性较强,增加了侦查的难度,因此提升物流寄递环节的预防水平,减少匿名性、切断毒品寄递流通渠道,是提升犯罪难度、阻断毒品犯罪的有效途径。具言之,其一,实行物流寄递实名制,有条件的情况下全面推广人脸识别寄收件,一旦发现存在异常,则可以通过实名收寄系统对涉案人员进行及时有效的查控;其二,将同城急送、智能快递柜等新业态纳入监管范围,增强收寄柜在身份核验方面的智能性和功能。[③]

3. 截堵社会控制疏漏

社会控制的强弱程度影响着潜在犯罪人能否顺利实施犯罪行为。如前所述,潜在犯罪人不会选择在众目睽睽之下实施毒品犯罪行为,相

---

① 参见唐伟庭:《新型毒品犯罪的特征及矫治对策——基于150个样本案例的分析》,载《犯罪与改造研究》2022年第9期。

② 参见中华人民共和国最高人民检察院:《最高检举行"依法惩治新型毒品犯罪推进毒品问题综合治理"新闻发布会》,载中华人民共和国最高人民检察院网,https://www.spp.gov.cn/spp/yfczxxdpfz/xwfbh.shtml,2022年10月17日访问。

③ 参见康强:《网络毒品犯罪治理对策》,载《检察风云》2022年第15期。

反,他们会对所处情境进行分析判断,寻找控制力量薄弱的有利时机,以利用社会控制疏漏顺利地将犯罪动机转化为行为。因此,针对毒品犯罪行为的预防也必须截堵社会控制疏漏,避免出现“死角”,以阻止犯罪动机向行为转化。具体可以采取如下预防措施:

一是完善制度,加大对网络毒品犯罪的监管。当前利用互联网交易、现代物流贩运毒品的犯罪活动之所以猖獗,原因在于互联网具有隐蔽性、快捷性、跨区域性、非接触性等特征,其本身能为毒品交易提供方便,而与此同时,针对互联网毒品犯罪的法律规范相对滞后且规制力度存在不足,又为潜在毒品犯罪分子实施犯罪行为创造了便利条件。因此,完善互联网相关法律制度、加大监管力度才能让潜在毒品犯罪分子无缝可钻。首先,可以通过完善关于计算机和网络信息系统安全保护方面的法律规范,加强互联网法治建设,使互联网安全保护法律制度化、规范化,让网络毒品犯罪防控有据可依。比如进一步完善禁毒法,加快针对互联网毒品犯罪的刑事立法,出台有针对性的司法解释,适当对现有罪名进行扩张解释;①还有学者提倡参照《网络安全法》和与网络毒品犯罪的相关司法解释,适当降低第三方平台主观明知的认定标准,提高第三方平台、机构的监管、监督责任。② 其次,增加网络警察在总警力中的比例,增设专职网警,严密毒品犯罪情报系统。联合网安、技侦部门,利用技术手段对网络信息的内容进行过滤,拦截涉毒信息。需要说明的是,此处“过滤”不代表审查所有网络信息的具体内容,而是通过设置含有涉毒隐语、表述等词汇的数据库,对相关信息予以过滤,因此这一数据库必须定期予以调整更新,以适应工作需要。③ 同时还可利用现代人工智能新兴技术构建涉毒隐语的自动识别模型④等。

---

① 参见王天:《我国网络毒品犯罪防控体系的构建》,载《人民检察》2017 年第 17 期。

② 参见徐伟、李睿恒:《网络毒品犯罪调查分析及治理对策研究——以 200 例典型案例为样本》,载《山西警察学院学报》2022 年第 3 期。

③ 参见李尧:《毒品犯罪信息化趋势及其信息化侦查对策》,载《净月学刊》2015 年第 1 期。

④ 参见康强:《网络毒品犯罪治理对策》,载《检察风云》2022 年第 15 期。

最后,强化警企合作。防控网络毒品犯罪单纯依靠公安部门的力量远远不够,还需联合多方社会主体建立协作机制,形成工作合力以加强对涉网络毒品犯罪的监管。比如充分运用知名互联网企业的技术支撑,借助“网络爬虫”等技术手段,实时监控暗网活动;①警企共同构建识别“人体运毒”招募行为的数据模型,查找并识别具有招募嫌疑的线上广告,对该类违法信息予以过滤、清理等;②有关部门完善定位设备登记管理制度,落实智能设备市场准入和备案登记制度,防范行为人利用定位设备进行监听、跟踪和实时轨迹监测等实施网络毒品犯罪。③

二是制定规则,排除借口。该项措施是为了排除企业、经营者、房主等禁毒责任意识不强而出现放纵、包庇毒品犯罪活动的情况。通过明确重点行业领域、涉毒高危场所的管理责任,以加强行业、场所内部对涉毒活动的控制。比如物流寄递企业要落实岗前培训制度,使从业人员了解实名收寄制度、收寄验视制度以及明确自身从业职责内容等,④要求物流寄递工作人员必须对寄运货物、人员身份进行查验与登记。企业还可以推行预防网络毒品犯罪的合规计划,从合规计划实施方案上来看,企业必须对新员工开展业务培训,对老员工进行定期培训并扩展培训内容,有条件的企业可以将毒品分辨的基础知识纳入培训内容中。⑤ 再如,公安机关与司法部门可定期针对娱乐场所经营者开展普法宣传和禁毒知识培训讲座,以促使他们培养自觉防毒、拒毒意识与能力,并责令经营者签订禁毒工作责任书,依法承担娱乐场所内禁止

---

① 参见戴红霞等:《涉网络毒品犯罪治理进路》,载《人民检察》2020年第22期。

② 参见谢玲:《“人体运毒”案件的特点与源头治理》,载甘肃禁毒网,http://www.gsjdxc.com/Show/6158,2022年10月17日访问。

③ 参见石易灵:《“互联网+”背景下网络毒品犯罪防治研究》,载《云南警官学院学报》2022年第2期。

④ 参见阎语、庄妍:《多起毒品犯罪典型案例涉及物流快递领域》,载《中国交通报》2022年7月15日,第3版。

⑤ 梅传强、周鹏程:《论网络毒品犯罪中安全管理义务的实现路径》,载《河南警察学院学报》2022年第2期。

任何涉毒犯罪活动的义务和责任。[①] 执法部门应严格旅店的登记住宿管理规定，对于违反规定的旅店单位和个人及时严肃处理，公安机关不定期地进行检查，分期分批进行整顿；此外，关于出租屋房东责任的明确，也应将禁毒内容纳入其中，以增强房东的禁毒责任意识。由此来看，采取清晰明确规则的方式，并且让这些规则内容被广泛地认识与了解而不至于含混不清，能够有效减少将不清楚规则内容作为借口进而包庇犯罪的行为发生。

三是张贴告示，以提示公民应当守法。该措施在日常生活中得到了广泛的应用，如在公共场所张贴禁止吸烟、不要随意乱丢垃圾等标语，以提醒公民遵守规则。具体在毒品犯罪中，可在车站、地铁站、机场、码头、公园广场等公共场所张贴禁毒标识；在公交车、长途大巴车载电视上播放禁毒宣传视频；[②]在KTV等娱乐场所包厢和过道的醒目位置悬挂禁毒标识，在包厢的屏幕上滚动播放禁毒标语；在宾馆酒店前台、房间内放置禁毒宣传手册等，以时刻警示出入的人群，提示公民应当守法。

四是唤醒全民禁毒意识。禁毒贵在预防，预防重在教育。这项措施强调的是通过宣传教育的方式使社会形成对毒品“人人喊打”的局面，从而强化群众的监督力量，形成严密的社会控制。其一，将禁毒教育纳入课程教育体系，实现普通中小学校、中等职业学校与高等学校毒品预防教育全覆盖。[③] 可根据不同年级的特点与学业情况设置相应的禁毒课程。[④] 比如，根据中小学生年龄特点编写专门的禁毒教材，实现禁毒“从娃娃抓起”；针对大中学生，则配置与禁毒相关的公选课程。

① 参见常进锋：《预防与惩治青少年涉毒犯罪的法治路径述评》，载《中国青年社会科学》2018年第5期。

② 参见于阳、黄烨：《中美城市青少年毒品犯罪的时空分布与防范对策》，载《青少年犯罪问题》2021年第5期。

③ 参见郭凤军：《新时代合成毒品犯罪快速蔓延原因及治理对策探析》，载《警学研究》2020年第4期。

④ 参见李沛、陈帅锋：《基于成瘾特点的合成毒品供需分析及其防控对策研究》，载《广西警察学院学报》2021年第5期。

鉴于毒品问题涉及医学、法学、道德、性问题等诸多方面,势必会涉及多个学科,这就要求在配置公选课程时注意与其他相关专业课程的衔接,以形成教育合力。其二,广泛开展禁毒宣传教育,尤其是深入校园、社区、农村、城乡接合部等重点区域,针对青少年、社会青年、流动人口、农村人口等重点人群有针对性地开展禁毒普法宣传教育。同时,还应根据不同的对象群体探索创新禁毒普法宣教的方式方法,提升禁毒宣教的实效性。比如,针对青少年群体容易受到毒品诱惑或不法分子欺骗的特点,可通过线下开展法治副校长宣讲、模拟法庭、禁毒知识竞赛等多样形式,抑或用青少年喜闻乐见的方式,在网络平台开展禁毒宣传教育,①揭示毒品的隐蔽性、迷惑性,尤其是引导青少年有效辨别伪装成"食品""饮料"的新型毒品,增强青少年识毒、防毒、拒毒意识。针对社区居民,可以通过动画或短视频等公众喜闻乐见的形式提高他们分辨涉毒信息的能力,营造不吸毒、不涉毒的禁毒氛围,②还可以围绕禁毒宣传教育编排广场舞、广播操等,通过寓教于乐的形式使居民在健身中潜移默化地提升禁毒意识。对于农村地区人员,可以考虑根据当地民族民风、传统习俗进行禁毒宣传教育,也可以请一些在当地德高望重的人来协助进行禁毒宣传等。③ 其三,畅通举报渠道,发动群众力量。应积极建立并畅通毒情监督举报热线以及举报人保护制度,将毒品犯罪活动压制在监视之下,使潜在犯罪人迫于监视压力而取消行为实施。

(三)毒品犯罪情境预防的理论模型

笔者针对前述毒品犯罪情境因素影响犯罪发生的理论模型,试图通过对影响犯罪动机形成与行为发生的情境因素施以控制力,建构一

① 参见胡江:《毒品犯罪网络化的刑事治理》,载《西南政法大学学报》2020年第5期。

② 参见徐伟、李睿恒:《网络毒品犯罪调查分析及治理对策研究——以200例典型案例为样本》,载《山西警察学院学报》2022年第3期。

③ 参见应培礼主编:《犯罪学通论》,法律出版社2016年版,第301页。

个抑制毒品犯罪情境因素发挥作用的理论模型，以达到毒品犯罪的有效预防目的。具体模型建构如图2所示。

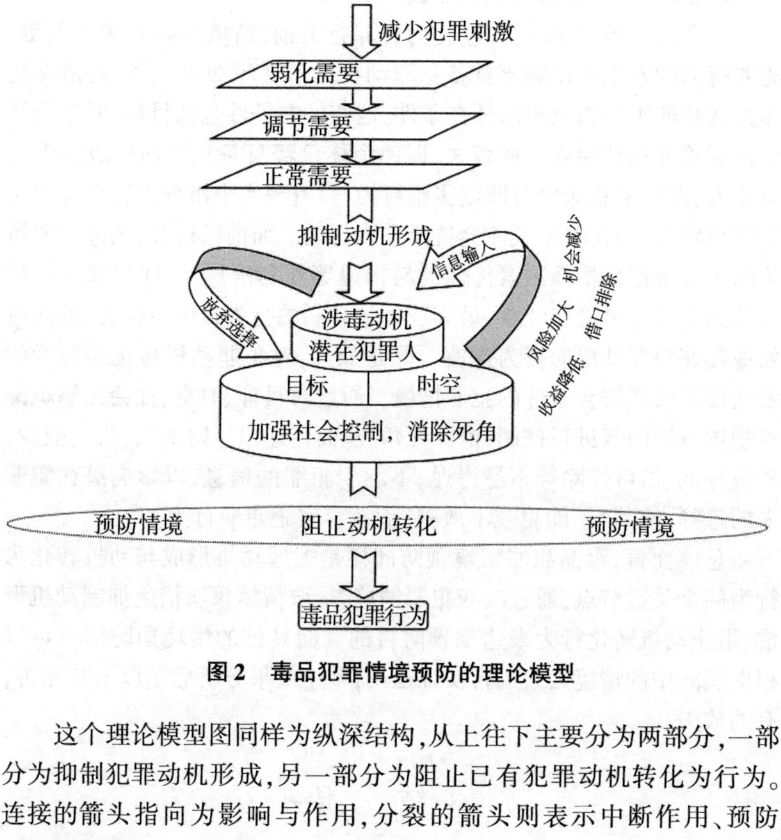

图2 毒品犯罪情境预防的理论模型

这个理论模型图同样为纵深结构，从上往下主要分为两部分，一部分为抑制犯罪动机形成，另一部分为阻止已有犯罪动机转化为行为。连接的箭头指向为影响与作用，分裂的箭头则表示中断作用、预防成功。

具体而言，抑制犯罪动机形成的关键是通过采取措施使个体需要无法激化，保持正常。它主要围绕减少犯罪刺激这一情境预防措施展开，通过改造生活背景、引导个体健康生活、弱化不良需要；干预人际交往、消除同伴压力带来的不良影响；减少生活刺激、调节需要以使之正常。当然，由于个体心理在面临外在情势时存在不同，即使施以情境预防措施对外在情势予以调整,也依然可能会存在个别不适用之情形而依旧产生犯罪动机,成为潜在犯罪人。但是通常而言,在这些情境预防措施的作用下,犯罪动机难以形成。

当个体具备犯罪动机,转化为犯罪行为前,情境预防亦尤为关键。犯罪行为的发生不仅需要具备犯罪动机的潜在犯罪人,还需要潜在犯罪人选择便于实施犯罪的外在条件,这些外在条件包括目标、时空及社会控制等便利性因素。换言之,即使个体已经具备犯罪动机成为潜在犯罪人,也并不意味着会即刻实施行为,只有现实中出现有利于犯罪实施的情境时,潜在犯罪人才会选择采取行动。而前已述及,选择犯罪情境的主要依据是情境因素传递的易得逞等便利信息,潜在犯罪人在接收信息后权衡风险与收益,最终选择最有利的行为目标与机会,进而有效地促使犯罪动机向行为过渡。既是如此,对犯罪动机转化为行为的阻断便是改变符合条件的犯罪情境。通过对目标、时空、社会控制疏漏等物理情境因素进行控制,消除死角,从而传递出风险加大、机会减少、收益降低、借口排除等不易得逞、不利于犯罪的信息,以影响潜在犯罪人的选择,使其"不能犯或不敢犯"而放弃实施犯罪行为。

总体而言,毒品犯罪情境预防同样是把握动机形成与动机转化为行为两个关键节点,通过改变犯罪情境,采取情境预防措施抑制动机形成、阻止动机转化行为来达到预防目的。而具体的情境预防措施可以根据实际中的情境因素进行实证运用,基于效果分析后予以不断完善,有的放矢。

六、结　　语

尽管我国毒情在经过近年持续治理后呈整体向好态势,但当前受国际国内多种因素影响,禁毒工作仍面临诸多风险挑战。① 新型毒品

---

① 参见中华人民共和国最高人民法院:《党的十八大以来的人民法院禁毒工作》,载中华人民共和国最高人民法院网,https://www.court.gov.cn/zixun-xiangqing-363391.html,2022年10月17日访问。

犯罪呈增长趋势、涉案毒品结构更加多元、毒品网上交易更趋活跃、毒品滥用人数仍然较多等，严重威胁人民群众的身心健康与社会的和谐稳定发展，亟待应对与破解。从近些年毒品犯罪治理实践来看，严厉打击毒品犯罪固然能起到一定的犯罪治理效果，但若想有效解决毒品犯罪问题更应该从源头治理，强调预防为先。情境预防是基于对传统犯罪预防的反思，将犯罪预防研究的重点从犯罪原因转向犯罪行为，通过分析犯罪情境因素，从情境角度探寻情境因素与犯罪行为发生的关系，再以控制情境因素为途径避免或者阻止容易产生犯罪的情境出现或采取培养阻却情境出现的方式来预防犯罪。该犯罪预防针对犯罪情境因素采取的预防措施具有突出的可操作性，可极大地降低犯罪成本，应用于毒品犯罪预防领域具有积极的现实意义。鉴于此，笔者运用情境预防理论分析现实中毒品犯罪行为发生的情境，探索影响毒品犯罪动机形成的社会情境因素与促使动机转化为行为的物理情境因素共同发挥作用的机理，并在此基础上对情境因素提出具体的预防措施，构建毒品犯罪情境预防之理论模型。当然，毒品犯罪发生情境并非一成不变，相反，随着毒品犯罪出现的新变化也会出现新的犯罪情境，因此需要在把握情境因素作用规律的基础上，有针对性地提出新的更多切实可行的毒品犯罪情境预防措施，如此才能更好地发挥犯罪预防作用，适应毒情变化，动态有效减少毒品犯罪的发生。

On the Mechanism of Drug Crime Situation Factor and Its Prevention Path

Cheng Bo & Huang Mingru

[**内容摘要**]毒品犯罪的发生，是影响犯罪动机形成的社会情境因素与促使犯罪动机转化为行为的物理情境因素综合作用下的结果。毒品犯罪情境因素发挥作用的机理是以犯罪动机形成、动机转化为行为作为两个关键节点。具体表现为生活背景诱发“需要”，“需要”在人际交往中得以加强、受生活事件影响形成动机；目标因素使动机更明确，

时空因素增强动机并使之蓄势待发,社会控制疏漏促使动机转化为行为。相应地,毒品犯罪情境预防的路径为抑制犯罪动机形成、阻止已有犯罪动机转化为行为。其中,抑制犯罪动机形成之关键是通过改造生活背景、干预人际交往、减少生活刺激等措施使个体需要无法激化,保持正常;阻止犯罪动机转化为行为之关键则是通过对目标、时空、社会控制疏漏等物理情境因素予以控制,增加犯罪难度、减少犯罪机会,使潜在犯罪人"不能犯或不敢犯"而放弃实施犯罪行为。

[**关键词**]毒品犯罪;情境因素;犯罪机理;情境预防

Abstract: The occurrence of drug crime is the result of the comprehensive action of social situational factors which influence the formation of criminal motive and physical situational factors which promote the transformation of criminal motive into behavior. The mechanism of drug crime situational factors is the formation of criminal motivation and the transformation of motivation into behavior as two key nodes. Specifically, life background induces " need ", which is strengthened in interpersonal communication and influenced by life events to form motivation; Objective factors make motivation clearer, spatio-temporal factors enhance motivation and make it ready for action, and the lack of social control promotes the transformation of motivation into behavior. Accordingly, the path of situational prevention of drug crime is to inhibit the formation of criminal motivation and prevent the existing criminal motivation from transforming into behavior. Among them, the key to restrain the formation of criminal motivation is to make the individual needs cannot be intensified and keep normal by reforming the life background, interfering with interpersonal communication and reducing the stimulation of life. The key to prevent the transformation of criminal motivation into behavior is to increase the difficulty of crime and reduce the opportunity of crime by controlling the physical situation factors such as the target, time and space, and the omission of social control, so that the potential criminals "cannot commit or dare not commit" and give up committing criminal acts.

Keywords: drug crimes; situational factors; mechanism of crime; situational prevention